本书出版得到“龙图法律教育基金”的资助

2022
第 1 辑·总 第 11 辑

师大法学

ECNU LAW REVIEW

华东师范大学法学院 组编
张志铭 主编
雷槟硕 孙光宁 执行主编

法律出版社
LAW PRESS · CHINA
北京

图书在版编目(CIP)数据

师大法学. 2022 年. 第 1 辑 : 总第 11 辑 / 华东师范大学法学院组编 ; 张志铭主编. -- 北京 : 法律出版社, 2023

ISBN 978-7-5197-8252-8

Ⅰ. ①师… Ⅱ. ①华… ②张… Ⅲ. ①法学-文集
Ⅳ. ①D90-53

中国国家版本馆 CIP 数据核字(2023)第 163646 号

师大法学(2022 年第 1 辑 · 总第 11 辑)
SHIDA FAXUE (2022 NIAN DI-1 JI · ZONG DI-11 JI)

华东师范大学法学院 组编
张志铭 主编

策划编辑 蒋 橙
责任编辑 蒋 橙
装帧设计 鲍龙卉

出版发行 法律出版社
编辑统筹 法律应用出版分社
责任校对 朱海波
责任印制 刘晓伟
经 销 新华书店

开本 710 毫米×1000 毫米 1/16
印张 21 **字数** 318 千
版本 2023 年 9 月第 1 版
印次 2023 年 9 月第 1 次印刷
印刷 北京建宏印刷有限公司

地址:北京市丰台区莲花池西里 7 号(100073)
网址:www.lawpress.com.cn
投稿邮箱:info@lawpress.com.cn
举报盗版邮箱:jbwq@lawpress.com.cn

销售电话:010-83938349
客服电话:010-83938350
咨询电话:010-63939796

书号:ISBN 978-7-5197-8252-8
定价:79.00 元

凡购买本社图书,如有印装错误,我社负责退换。电话:010-83938349

卷首语

司法是社会公平正义的最后一道防线，作为司法产品的案例，则是社会公平正义防线的筑基石、防波堤。无论是案件的当事人，还是社会公众，都会从案例中管窥法律世界的一丝堂奥，而这其中散发的就是当事人与社会公众对社会公平正义的感受与感知。一方面，当事人从案例中获得正义，期冀通过案例的裁判得到公平对待；另一方面，社会公众虽忽视日常案例，但会在热点案例中探知所处世界的正义。因此，夯实社会公平正义的筑基石、巩固社会公平正义的防波堤，需要法官做好每一次司法裁判，通过每一次司法裁判形成优良的司法产品——案例。

如果对案例作一个截面分析，可以看到案例异彩纷呈的样态与形式：既有宏观的制度安排，也有微观的部门法教义探讨。在制度层面，学者们更关注判例制度、案例指导制度的制度本身，分析制度运行的难点、痛点与问题点；在部门法教义层面，学者们更关注特定案例涉及的法教义学知识，试图从案例的富矿中挖掘司法的经验、智慧。但无论从哪个视角切入、运用何种知识框架分析，案例作为一个关键词，汇集了不同学者对公平正义的理解。

当然，案例的法理不仅在案例或案例制度之内，还在案例或案例制度之外。案例或案例制度作为整个司法制度、法律制度的组成部分之一，不能也无法避开整个司法制度、法律制度的背景。如果我们将法律系统比作一个工厂，司法系统就是这个工厂的特定车间，这个厂区的工作就是生产名为“案例”的产品。相应地，法官、检察官、律师，以及公证人员、仲裁工作者、法律学者等主体是案例这条生产线、司法这个车间的“工人”，可能律师负责选择、供给原材料，法官具体负责生产、打磨产品,检察官则既可能参与产品的原材料供给,也可能负责产品检验,公证人员、仲裁工作者、法律学者等主体也有相应的分工。作为一个职业共同体,大家所共同致力的是生产出案例,为社会提供纠纷的解决方案、行动的稳定预期,以及内心渴求的公平正义。为此,我们不得不考虑案例的"生产线"、案例所在的工厂或车间,以及司法工厂所配备的"生产设备"。否则,对于法律职业共同体来说,生产案例不免"巧妇难为无米之炊"。

案例或案例制度之外的法理既可能是基本的法哲学论题,也可能是乍看起来与案例并无直接关联的部门法教义。对于法律适用者而言,要作出一个法律判断,可能需要运用民法、刑法、行政法、商法、劳动法、环境法等部门法的知识,也可能需要调动自己关于法律与道德关系的基本判断。无论是具体的部门法教义学知识,还是抽象的法哲学原理,抑或法律制度发展的历史脉络,都构成案例做成的知识储备、分析框架。具有更丰沛的知识,司法生产的案例才能更扎实,才能实现其作为筑基石、防波堤的作用。

本辑文章共分五个主题。其中,"案例的法理"与"部门法案例法治"部分可以看作两种视角的案例分析。前者侧重于案例制度本身,内含一种案例研究的反身性自觉;后者则将案例用作素材,自发使用案例,发掘案例中的部门法法理,试图从司法实践中汲取经验智慧,搭建理论与实践的沟通桥梁。"司法制度"部分以法院为中心考察司法制度,为案例提供制度供给,做好案例制度的"基础设施建设"。"法哲学论思"部分在更深层次探讨,与案例并无直接关联,实际却提供着案例运作理念层面支持的基础问题。诚如德沃金所言,所有法律理论背后都潜藏着"法是什么"这一问题。任何具体的案例问题,都潜藏着深刻的法哲学论思。"论文"部分则更加异彩纷呈,既有宪法、立法法、公司法、劳动法等传统部门法的研究,也有以党内法规为主题的研究,视角各异,但都在各自领域做着纵深研究,构成微观案例操作层面的教义铺垫。

最后,斗胆将鲁迅先生在《秋夜》里的经典名句作一个改用,以作为卷首语的结尾和全辑的开端:在本辑中,可以看到两种研究,一种是直接关涉案例的研究,另一种是非直接关涉案例的研究。

雷槟硕

2023年3月12日

目录
Contents

案例的法理

部门法案例法治

司法制度

法哲学论思

论文

案例的法理

指导性案例在刑事审判中的现实困境及化解路径*

孙光宁**

内容摘要：与其他部门法指导性案例相比，刑事指导性案例的数量较多，但是刑事审判援引指导性案例的比例较低。这种现实困境有多种成因：审判实务工作者对罪刑法定原则存在固化理解，没有将指导性案例及时吸纳；刑事审判有许多特殊之处，在一定程度上不利于援引指导性案例；刑事指导性案例总体上仍然偏少，没有形成规模效应，而且对既有抽象规则的重复内容过多；刑事指导性案例的效力偏低，没有与其他刑事诉讼制度形成有效配合。以上困境的化解需要多种路径的协同推进：最高人民法院应当重视在发布相关司法解释时同步发布配套指导性案例，并考虑与其他国家机关联合发布指导性案例；同时，对刑事指导性案例的官方文本进行细致编辑，适当突破原审裁判文书的内容；刑事指导性案例在内容上应当减少对既有抽象的重复，尽可能为刑事审判提供"增量规则"；在思维层面上，各级法院和刑事法官应当更新对罪刑法定原则的认识，积极提升刑事指导性案例的效力与实效。

关键词：指导性案例　最高人民法院　罪刑法定　正当防卫　裁判文书

一、指导性案例在刑事审判中的困境及其成因

作为主要的指导性案例类型之一，刑事指导性案例备受关注。最高人民法

---

* 为保证理论与实践相结合的水平，本文写作过程中展开了对山东省相关地市法院的实证调研，获得了来自一线刑事法官的反馈数据和信息，具体内容穿插在文中相应论述中。

** 山东大学法学院（威海）教授，法学博士。

院发布的第一批 4 个指导性案例中就有 2 个是刑事指导性案例。在后续的多批指导性案例中,刑事指导性案例也占据很大比重。而且,除了最高人民法院之外,最高人民检察院发布的多数指导性案例也属于刑事案件。可以说,刑事指导性案例已经受到了最高司法机关的高度重视。

但是,“徒法不能以自行”,发布数量上的优势地位并不能保证实施效果。对于指导性案例而言,裁判文书直接援引或者引述的数量是衡量其实践效果的主要指标。刑事指导性案例在这方面并没有展现出与发布数量同等的优势。根据 2020 年的数据统计,在 147 例指导性案例中,民事类指导性案例已经发布的 54 例中有 40 例被裁判文书引述,应用的案件数量达到了 5351 个。与之相比,刑事指导性案例当时已经发布 26 例,其中 18 例被引述,但是,应用案例的数量仅有 126 个。其他部门法指导性案例的发布数量与应用案件数量分别为行政法指导性案例 25 例和 1389 个、知识产权指导性案例 22 例和 151 个、执行类指导性案例 15 例和 200 个、国家赔偿指导性案例 5 例和 121 个。〔1〕 由此可见,最高人民法院发布的指导性案例的数量与其实践应用的比例差距还是非常大的,审判实践并没有高度重视此类指导性案例。

类似情况也发生在最高人民检察院发布的指导性案例中。同样根据 2020 年的统计数据,最高人民检察院当时已发布 24 批 93 例指导性案例,从内容上已经全面覆盖刑事检察、民事检察、行政检察、公益诉讼检察“四大检察”,从发布速度上也有明显提升,但是,已被应用于司法实践的检察指导性案例共有 14 例,尚未被应用的有 79 例。援引检察指导性案例的案件仅有 52 个,其中检察指导性案例第十二批正当防卫主题的 4 例指导性案例,都被援引且占据应用案件的半数以上。〔2〕 与最高人民法院的指导性案例相比,最高人民检察院发布的刑事指导性案例实际应用的数量更少,比例更低。

虽然在案例指导制度运行十余年的背景下,各个部门法的指导性案例被援引的数量和比例都比较低,但是,刑事指导性案例在这方面的比例明显更低。

---

〔1〕 参见郭叶、孙妹:《最高人民法院指导性案例 2020 年度司法应用报告》,载《中国应用法学》2021 年第 5 期。

〔2〕 参见郭叶、孙妹:《最高人民检察院指导性案例司法实践研究》,载《中国检察官》2022 年第 5 期。

这种情况与刑事指导性案例的数量以及整个刑事案件的数量并不相称。这说明法官在很大程度上并没有重视刑事指导性案例的应用。而且,从已有刑事指导性案例的运用案件来说,法官主动检索并参照的比例更低,反而是当事人(主要是其代理人)有更强的动机强调参照相应的刑事指导性案例。

简言之,刑事指导性案例在司法实践中受到了更大的"冷遇",其困境主要表现为与发布数量和援引案件数量极不相称的参照援引比例。"指导性案例发布之后,无论是在控辩双方建议参照的情况下抑或法官主动援用的情况下,法官借鉴或引述指导性案例对裁判理由进行阐明的情况依然罕见,这种重处断结果而轻说理过程的窘境未明显改观。"[1]综合既有的研究成果和本文的调研结论,造成刑事指导性案例上述困境的原因至少包括以下几个方面。

首先,从事刑事审判的法官对罪刑法定原则存在固化理解。遵循罪刑法定原则是审判刑事案件的首要特征,明显区别于民事案件,这种情况决定了刑事案件的法官拥有更狭窄的自由裁量权。对于长期习惯于适用抽象规则(包括刑法及其相关司法解释)的法官来说,指导性案例属于新生事物,在其效力地位并不非常明确、难以称得上是正式法律渊源的背景下,法官不愿公开承认指导性案例属于罪刑法定中的"法"。"我国历朝历代都非常重视案例(判例)在法律实践中的作用。但目前,我国参考大陆法系国家的制定法,以成文法为主,判例被排斥于法源之外。这无疑在很大程度上影响着我国案例指导制度的构建、发展和完善。"[2]换言之,司法实践中,法官对罪刑法定原则给予了固化理解,并没有接受指导性案例作为刑事审判的依据或者参考之一。[3] 也有学者认为,在坚持罪刑法定原则的背景下,同时考虑我国刑事司法解释数量极多的现实,指导性案例的功能、作用必然受到限制。其实,在没有抽象性司法解释的大陆法系国家,判例法的适用同样存在要避免与罪刑法定原则相抵触的问题,也会

[1] 杨楠:《指导性案例与规范性司法解释关系的实证考察——以刑事司法为例》,载《华中科技大学学报(社会科学版)》2019 年第 2 期。

[2] 舒洪水:《建立我国案例指导制度的困境和出路——以刑事案例为例》,载《法学杂志》2012 年第 1 期。

[3] 在本文的实证调研中,针对"罪行法定中的'法',应否包括刑事指导案例?"这一问题,约 90%的刑事法官给予了否定回答,这在很大程度上说明,指导性案例并没有被认可为刑事裁判的理由或者依据。

警惕法官通过案件处理创制法律的问题。所以,对刑事判例制度总会有冲击罪刑法定原则的担忧,法官在处理当前案件时,对判例的选择、运用自然就会很慎重。[1] 对于指导性案例而言,我国法官还存在不少生疏和模糊的认识,最高人民法院也处于探索之中。有实证调查表明,当前一些法院的法官对案例指导制度缺乏明确的认识。有的法官不清楚指导案例的效力,不清楚指导案例与参考性案例、研究性案例的区别;还有很多法官不知道指导案例有哪些,审判实践中甚至存在参照指导案例而被改判的情况;特别是刑事法官基于罪刑法定原则等因素,不敢、不愿编写刑事案例,更不敢应用指导性案例。[2] 可以说,在整个案例指导制度运行都不顺畅的背景下,刑事指导性案例的参照适用受到对罪刑法定原则固化理解的消极影响,因此更没有被司法实践普遍接受。

其次,刑事审判自身的独特内容和方式产生了一些消极影响。除了特别强调罪刑法定原则之外,刑事审判有很多自身独特的内容和方式,这些内容和方式与民事审判和行政审判差异较大,也对刑事指导性案例的运用产生了多种影响,当然也包括消极影响。例如,民事审判主要涉及当事人之间的财产关系和人身关系,尤其是以财产关系为主。在对民事关系的处理中,法官拥有更多的自由裁量权,相较于当事人更有优势地位;而在刑事审判中,法院则需要面对同属国家机关的公安机关和检察机关,自由裁量的范围和优势地位都要低于民事审判,最高人民法院发布的指导性案例能否以及在多大程度上受到其他国家机关的认可和接受,对于法院而言带有更多的不确定色彩。又如,刑事审判的严厉结果使其更容易成为舆论关注的对象,法院对刑事案件的处理也更为严格甚至是保守。任何两个案件之间的差异是绝对的,而相似之处是相对的,通过类比推理参照刑事指导性案例更可能出现一些被指摘之处,尤其是法官没有具备绝对权威且对指导性案例并不熟悉的情况下。这一点与前述对罪刑法定的固化理解有着内在一致之处。此外,刑事指导性案例主要侧重于法律适用方面,而刑事审判中关于认定事实方面,法官还面对着更加复杂的情况:刑事证据更多地呈现为言词证据,稳定性较差,其运用也更易受办案人员主观因素的影响,

---

〔1〕 参见周光权:《刑事案例指导制度:难题与前景》,载《中外法学》2013年第3期。

〔2〕 参见杨治:《困境与突破:刑事案例指导制度的实践运行样态及功能实现》,载《法律适用》2017年第6期。

刑事案件事实认定的复杂性使办案人员对指导性案例本身的真实性和可适用性抱有疑虑，刑事司法过程所涉权力、利益关系的多样性，使参照指导性案例处理当下案件的考量过程复杂化，这使案例指导制度在刑事司法中的实施呈现出独特性的一面。[1] 从以上几个方面可以看到，刑事指导性案例的参照适用面对着刑事审判独特的内容与形式，其中很多内容与形式存在并不利于充分发挥刑事指导性案例的因素，影响着刑事指导性案例参照适用的实际效果。

再次，刑事指导性案例总体上数量仍然偏少，难以形成规模效应，且文本编辑水平参差不齐。在转型时期，社会形势的急剧发展产生了大量新问题，对各种法律都会产生冲击，刑事法律也不例外。以有限的刑法条文（包括司法解释）应对无限丰富的社会冲突，必然会使前者显现不足，从事刑事审判的法官迫切需要各种权威性资料减少或者降低刑法不足所产生的消极影响，尽可能地实现罪刑法定。这种情况也凸显了刑事指导性案例的必要性。但是，现有的刑事指导性案例的数量太少，难以充分满足上述需求。自 2011 年发布第一批指导性案例以来，截至 2022 年 4 月，最高人民法院共发布了 178 个指导性案例，其中刑事指导性案例仅有 27 个（不含刑事诉讼法案件），年均不到 3 个。相较于纷繁复杂的刑事审判，这种数量等级仅是沧海一粟，无法满足刑事审判工作的实际需要。从刑法修正案及其相应的司法解释不断出台，可以看到，刑事审判在这方面的需求还是非常强烈的。[2] 这一点对于检察机关发布的指导性案例来说同样适用。“出于规模效应需要，应视情况增加检察指导性案例数量，遴选出创造性、典型性、普适性较强的案件，便于类案参照适用。通过基础数量提升，丰富检察指导性案例类型，为多种类案提供创新规则或审查思路，有助于在检察官内心形成办案的‘路径依赖’，使检察官主动研习和参照检察指导性案例成为

---

〔1〕 参见秦宗文、严正华：《刑事案例指导运行实证研究》，载《法制与社会发展》2015 年第 4 期。

〔2〕 本文的调研问卷设计了“在刑事审判中是否经常遇到刑法规定比较模糊和概括的情况？”这一问题，对此，“经常遇到”和“偶尔遇到”的比例分别约为 40% 和 60%，从未遇到疑难案件的情况几乎没有。这说明在罪刑法定原则的指引下，刑事法官需要尽可能地寻找确定的裁判依据。在此基础上，针对“如果刑法规定比较模糊和概括，而司法解释尚未出台，去哪里寻找相应的裁判理由、裁判依据或者参考资料？”这一问题，刑事法官寻求的资料包括省内类似案件、省外类似案件、刑事审判参考、典型案例、专家观点等，搜索的途径则包括中国裁判文书网、法信等，其中明确提及指导性案例的仅有约 25%。

常态。"[1]与之类似,当事人一方也对指导性案例有着强烈需求,主要原因在于面对复杂多变的现实境遇,《刑法》文本规范不可避免地存在模糊性、滞后性与不周延性。[2] 对于众多的刑事审判疑难问题提供各种指导或者指引,司法解释有着全面和系统的优点,但也存在滞后性的内在缺陷,具备针对性和及时性的刑事指导性案例应当在这方面发挥重要作用。现有的刑事指导性案例数量太少,无法为从事刑事审判的法官提供全面、有效的指引或指导,也无法成为其工作习惯或者路径依赖。随着最高人民法院不断发布刑事指导性案例,这种情况会有所改观,但是相较于刑事审判的迫切需要,还是远远不够的。从英美法系判例制度发展的经验可以看到,只有相关判例的数量达到相当的规模,判例才能在司法实践中发挥全面、有效的作用。相较于先例制度的长期历史发展,案例指导制度只有十余年的时间,在案例数量的积累方面远远落后,自然也难以成为刑事审判的有效依据。[3] 除了发布数量有限之外,现有刑事指导性案例的文本编辑也存在参差不齐的情况,影响了其被刑事审判认可和接受。如同司法解释一样,刑事指导性案例也有官方正式的统一文本,是法官参照和学习的主要对象。与司法解释不同的是,刑事指导性案例有案件事实部分,这一部分决定着后续的法律适用部分和裁判说理部分,是指导性案例独有的内容。指导性案例的正式文本源于原审的生效裁判文书,且经过最高人民法院编辑。现有的部分刑事指导性案例在文本编辑方面十分出色,例如指导案例 61 号马乐案在裁判理由部分的论证就比较丰富,从立法目的、法条文意和立法技术等方面展开分析说理,为《刑法》第 180 条第 4 款援引法定刑的情形提供了准确理解,也使最终结论建立在可靠的基础之上。但是,还有很多刑事指导性案例的论证较为粗糙和简略,没有充分展示相关法律适用的过程和理由,难以使后案法官有效地研习和参照。例如,与马乐案同属第十三批指导性案例的"徐加富强制医疗案"(指导案例 63 号),该案的裁判理由部分只有 400 多字,仅重复了

---

[1] 董史统等:《检察指导性案例在刑事办案中的应用》,载《人民检察》2021 年第 15 期。

[2] 参见雷娜:《刑事指导性案例裁判援引的考察与反思》,载《政法学刊》2020 年第 1 期。

[3] 在本文的调研问卷回应中,对于刑事指导性案例的了解程度,"非常了解"、"一般了解"和"不了解"的刑事法官比例分别约为 20%、65%和 15%。这种数据反映了刑事法官还没有充分了解刑事指导性案例的内容,也会相应地降低后续参照适用的比例。

裁判要点的结论，却没有对裁判要点展开分析和论证。又如，指导案例 97 号王力军非法经营再审改判无罪案的裁判理由部分只有 200 余字，完全没有论述本案核心内容“王力军买卖玉米的行为不具备社会危害性、刑事违法性和刑事处罚必要性”所成立的理由，因此指向性和说服力较差。与之类似，指导案例 87 号对在司法实践中早已普遍存在的“刷单”辩解，确立起“无相关证据予以证实的，不予采纳”的裁判要旨；肯定了在计算网络假冒注册商标犯罪数额时，应当先扣除“刷单”虚增的销售数额部分，其后依据网店销售流程证据与“被告人供述、证人证言、抽样调查询问……被告人所做记账笔记本”等多项证据综合认定犯罪数额的证明思路。但是，因第 87 号案裁判文书的篇幅有限以及案情的特殊性，其以“无相关证据予以证实”为由不予采纳“刷单”辩解的说理过于简单，有未完待续之感。[1] 从现有已经发布的刑事指导性案例来看，文本编辑的篇幅和水平也在不断提升，通过裁判理由部分展示法律适用方面的论证也更加丰富，但是，鉴于文本编辑的重要性，最高人民法院还应当继续在这方面进行提高和完善。

又次，在实体内容上，刑事指导性案例的裁判要点过多重复既有的司法解释或者规范性文件，没有为刑事审判提供“规则增量”。与发布频率较低和文本编辑不足相对应的，是刑事指导性案例对已有的抽象规则重复过多。出于统一法律适用和罪刑法定的需要，刑事审判的抽象规则需要完整一致，应当尽量减少不必要的重复，在这一点上，刑事指导性案例仍然存在一定缺陷。根据《〈最高人民法院关于案例指导工作的规定〉实施细则》第 9 ~ 11 条，指导性案例的裁判要点是裁判文书能够直接援引的唯一对象，从这个意义上说，裁判要点是整个指导性案例文本的点睛之笔。从第一批指导性案例开始，刑事指导性案例的裁判要点就比较明显地重复了既有的司法解释或者规范性文件，例如，第一批指导性案例中的指导案例 3 号，其裁判要点与相关司法解释或者规范性文件的重复内容见表 1。

---

〔1〕 参见贺志军、莫凡浩：《涉“刷单”网络假冒注册商标犯罪数额之推定证明——以最高人民法院第 87 号指导性案例为切入点》，载《中国刑警学院学报》2019 年第 3 期。

表 1 指导案例 3 号与相关司法解释或者规范性文件的比较

指导案例 3 号裁判要点	相关司法解释或者规范性文件
1. 国家工作人员利用职务上的便利为请托人谋取利益,并与请托人以"合办"公司的名义获取"利润",没有实际出资和参与经营管理的,以受贿论处	2007 年最高人民法院、最高人民检察院《关于办理受贿刑事案件适用法律若干问题的意见》 第 3 条关于以开办公司等合作投资名义收受贿赂问题。第 2 款规定国家工作人员利用职务上的便利为请托人谋取利益,以合作开办公司或者其他合作投资的名义获取"利润",没有实际出资和参与管理、经营的,以受贿论处
2. 国家工作人员明知他人有请托事项而收受其财物,视为承诺"为他人谋取利益",是否已实际为他人谋取利益或谋取到利益,不影响受贿的认定	2003 年《全国法院审理经济犯罪案件工作座谈会纪要》 第 3 条第 2 款"为他人谋取利益"的认定:为他人谋取利益包括承诺、实施和实现三个阶段的行为。只要具有其中一个阶段的行为,如国家工作人员收受他人财物时,根据他人提出的具体请托事项,承诺为他人谋取利益的,就具备了为他人谋取利益的要件。明知他人有具体请托事项而收受其财物的,视为承诺为他人谋取利益
3. 国家工作人员利用职务上的便利为请托人谋取利益,以明显低于市场的价格向请托人购买房屋等物品的,以受贿论处,受贿数额按照交易时当地市场价格与实际支付价格的差额计算	2007 年最高人民法院、最高人民检察院《关于办理受贿刑事案件适用法律若干问题的意见》 第 1 条关于以交易形式收受贿赂问题。国家工作人员利用职务上的便利为请托人谋取利益,以下列交易形式收受请托人财物的,以受贿论处: (1)以明显低于市场的价格向请托人购买房屋、汽车等物品的; (2)以明显高于市场的价格向请托人出售房屋、汽车等物品的; (3)以其他交易形式非法收受请托人财物的。 受贿数额按照交易时当地市场价格与实际支付价格的差额计算
4. 国家工作人员收受财物后,因与其受贿有关联的人、事被查处,为掩饰犯罪而退还的,不影响认定受贿罪	2007 年最高人民法院、最高人民检察院《关于办理受贿刑事案件适用法律若干问题的意见》 第 9 条关于收受财物后退还或者上交问题。第 2 款规定国家工作人员受贿后,因自身或者与其受贿有关联的人、事被查处,为掩饰犯罪而退还或者上交的,不影响认定受贿罪

从表1对比中可以看到,指导案例3号的四个裁判要点都已经在相关司法解释或者规范性文件中有相应或者相同表述,指导案例3号只是通过案例的方式将其重复。类似情况也发生在指导案例11号中,其裁判要点与相关司法解释的规定对比见表2。

表2 指导案例11号与相关司法解释或者规范性文件的比较

指导案例11号裁判要点	相关司法解释或者规范性文件
1. 贪污罪中的“利用职务上的便利”,是指利用职务上主管、管理、经手公共财物的权力及方便条件,既包括利用本人职务上主管、管理公共财物的职务便利,也包括利用职务上有隶属关系的其他国家工作人员的职务便利	1999年最高人民检察院《关于人民检察院直接受理立案侦查案件立案标准的规定(试行)》 贪污案:贪污罪是指国家工作人员利用职务上的便利,侵吞、窃取、骗取或者以其他手段非法占有公共财物的行为。“利用职务上的便利”是指利用职务上主管、管理、经手公共财物的权力及方便条件
	2003年《全国法院审理经济犯罪案件工作座谈会纪要》 第3条第1款关于“利用职务上的便利”的认定:“刑法第三百八十五条第一款规定的‘利用职务上的便利’,既包括利用本人职务上主管、负责、承办某项公共事务的职权,也包括利用职务上有隶属、制约关系的其他国家工作人员的职权。担任单位领导职务的国家工作人员通过不属自己主管的下级部门的国家工作人员的职务为他人谋取利益的,应当认定为‘利用职务上的便利’为他人谋取利益”
	刑法学界通说认为,利用职务上的便利是指利用本人职务范围内的权力,即自己职务上主管、负责或者承办某种公务的职权所形成的便利条件。对于领导而言,包括指挥、命令、指示其下属工作人员具体处理在其职权范围内有关事项的权力
2. 土地使用权具有财产性利益,属于《刑法》第382条第1款规定中的“公共财物”,可以成为贪污的对象	2008年最高人民法院、最高人民检察院《关于办理商业贿赂刑事案件适用法律若干问题的意见》 第7条规定商业贿赂中的财物,既包括金钱和实物,也包括可以用金钱计算数额的财产性利益,如提供房屋装修、含有金额的会员卡、代币卡(券)、旅游费用等。具体数额以实际支付的资费为准

从表1、表2中可以看到,在最初几批刑事指导性案例中,各种裁判要点重复已有司法解释或者规范性文件规定的情况比较常见。如前所述,第十二批正当防卫专题指导性案例被裁判文书参照援引的次数是非常多的。在这一批刑事指导性案例

中,出现了大量与后续司法解释或者规范性文件雷同的情况,集中体现在《关于依法适用正当防卫制度的指导意见》之中。虽然司法解释或者规范性文件吸收了指导性案例的相应内容,但是这种雷同也在一定程度上消解了指导性案例的重要性和独立性。结合最高人民检察院发布的相同主题指导性案例,《关于依法适用正当防卫制度的指导意见》与正当防卫指导性案例在内容上的对比见表3。

表3　相关司法解释与案例内容对比

《关于依法适用正当防卫制度的指导意见》	最高人民法院、最高人民检察院 指导性案例裁判要点的相近表述
第5条:对于非法限制他人人身自由、非法侵入他人住宅等不法侵害,可以实行防卫	指导案例93号:对正在进行的非法限制他人人身自由的行为,应当认定为《刑法》第20条第1款规定的"不法侵害",可以进行正当防卫。 检例第46号:在民间矛盾激化过程中,对正在进行的非法侵入住宅、轻微人身侵害行为,可以进行正当防卫……
第9条:防卫行为与相互斗殴具有外观上的相似性,准确区分两者要坚持主客观相统一原则,通过综合考量案发起因、对冲突升级是否有过错、是否使用或者准备使用凶器、是否采用明显不相当的暴力、是否纠集他人参与打斗等客观情节,准确判断行为人的主观意图和行为性质	检例第48号:单方聚众斗殴的,属于不法侵害,没有斗殴故意的一方可以进行正当防卫。单方持械聚众斗殴,对他人的人身安全造成严重危险的,应当认定为《刑法》第20条第3款规定的"其他严重危及人身安全的暴力犯罪"
第12条:防卫是否"明显超过必要限度",应当综合不法侵害的性质、手段、强度、危害程度和防卫的时机、手段、强度、损害后果等情节,考虑双方力量对比,立足防卫人防卫时所处情境,结合社会公众的一般认知作出判断。在判断不法侵害的危害程度时,不仅要考虑已经造成的损害,还要考虑造成进一步损害的紧迫危险性和现实可能性。不应当苛求防卫人必须采取与不法侵害基本相当的反击方式和强度	指导案例93号:判断防卫是否过当,应当综合考虑不法侵害的性质、手段、强度、危害程度,以及防卫行为的性质、时机、手段、强度、所处环境和损害后果等情节。对非法限制他人人身自由并伴有侮辱、轻微殴打,且并不十分紧迫的不法侵害,进行防卫致人死亡重伤的,应当认定为《刑法》第20条第2款规定的"明显超过必要限度造成重大损害"。 检例第45号:在被人殴打、人身权利受到不法侵害的情况下,防卫行为虽然造成了重大损害的客观后果,但是防卫措施并未明显超过必要限度的,不属于防卫过当,依法不负刑事责任

续表

《关于依法适用正当防卫制度的指导意见》	最高人民法院、最高人民检察院指导性案例裁判要点的相近表述
第 13 条:“造成重大损害”是指造成不法侵害人重伤、死亡。造成轻伤及以下损害的,不属于重大损害。防卫行为虽然明显超过必要限度但没有造成重大损害的,不应认定为防卫过当	检例第 46 号:……防卫行为的强度不具有必要性并致不法侵害人重伤、死亡的,属于明显超过必要限度造成重大损害,应当负刑事责任,但是应当减轻或者免除处罚
第 14 条:对于因侵害人实施严重贬损他人人格尊严、严重违反伦理道德的不法侵害,或者多次、长期实施不法侵害所引发的防卫过当行为,在量刑时应当充分考虑,以确保案件处理既经得起法律检验,又符合社会公平正义观念	指导案例 93 号:防卫过当案件,如系因被害人实施严重贬损他人人格尊严或者亵渎人伦的不法侵害引发的,量刑时对此应予充分考虑,以确保司法裁判既经得起法律检验,也符合社会公平正义观念
第 15 条:根据刑法第二十条第三款的规定,下列行为应当认定为“行凶”:(1)使用致命性凶器,严重危及他人人身安全的;(2)未使用凶器或者未使用致命性凶器,但是根据不法侵害的人数、打击部位和力度等情况,确已严重危及他人人身安全的。虽然尚未造成实际损害,但已对人身安全造成严重、紧迫危险的,可以认定为“行凶”	检例第 47 号:对于犯罪故意的具体内容虽不确定,但足以严重危及人身安全的暴力侵害行为,应当认定为《刑法》第 20 条第 3 款规定的“行凶”。行凶已经造成严重危及人身安全的紧迫危险,即使没有发生严重的实害后果,也不影响正当防卫的成立
第 17 条:刑法第二十条第三款规定的“其他严重危及人身安全的暴力犯罪”,应当是与杀人、抢劫、强奸、绑架行为相当,并具有致人重伤或者死亡的紧迫危险和现实可能的暴力犯罪	指导案例 93 号:对非法限制他人人身自由并伴有侮辱、轻微殴打的行为,不应当认定为《刑法》第 20 条第 3 款规定的“严重危及人身安全的暴力犯罪”。 检例第 48 号:单方持械聚众斗殴,对他人的人身安全造成严重危险的,应当认定为《刑法》第 20 条第 3 款规定的“其他严重危及人身安全的暴力犯罪”

最高人民法院和最高人民检察院发布的关于正当防卫的指导性案例有不少值得肯定的特点:(1)坚持“法不能向不法让步”的法治精神,应当摒弃“以结

果论”“谁能闹谁有理”等错误做法,依法予以认定,鼓励人民群众同不法侵害作斗争。(2)坚持以事实为根据,以法律为准绳的法治逻辑。最高人民法院、最高人民检察院指导性案例、典型案例细致分析了不法侵害人的加害行为和防卫人的防卫行为,关注到刀具的长度、防卫人的姿势、双方力量对比等细节问题,体现出高度严谨的态度。(3)坚持法理情相统一的价值评价,主动使案件处理传达出鼓励正当防卫、提倡见义勇为的社会价值取向。〔1〕但是,从表1、表2、表3中的相关对比内容可以看到,刑事指导性案例对司法解释的重复已经成为一种常态。有学者进行了总结认为,多数刑事指导性案例可以分为以下几种类型:(1)对现有法律、司法解释和实践通说的重复;(2)对不存在法律争议问题的解释;(3)对原则性要求的再宣示。余下的寥寥可数的案例,或许才是真正具有指导性意义的。但问题在于,这些案例的说理本身或多或少存在缺陷,也受到了广泛的质疑。〔2〕这种情况并不利于指导性案例获得独立地位并长期有效发展。因为处理刑事案件的法官需要规则的“增量”,也就是比现有抽象规则更加具体、明确,可操作性也更强的指引或者指导,而不是仅用另一种形式表述的相同规则。长期重复司法解释将逐渐使法官丧失对指导性案例的关注,更加不利于案例指导制度长期稳定的发展。当然,在案例指导制度初创时期,在最初的几批指导性案例中,重复已有的司法解释是一种比较保守和稳妥的方式,对于缺乏相关经验的最高人民法院来说,采取这种保守和稳妥的方式是可以理解的,甚至在一定程度上,对于启动案例指导制度是必要的。但是这种重复的情况不应长期存在,随着案例指导制度的逐渐运行成熟并被接受,指导性案例应当与司法解释错位发展,在扬长避短的基础上取长补短、相互配合。“通过对司法解释与指导性案例优缺点的分析,我们可以发现两者其实是互补的,从裁判思维上来讲一个是演绎思维,一个为归纳类比;从涵摄范围上来看,一个较普遍,一个较特殊;从文字表述上来讲,一个抽象,一个具体;从目前数量上来看,一个较多,一个较少;从现阶段司法国情来看,基层司法者非常依赖司法解释,

---

〔1〕参见黄琳、王惠:《刑事政策视野下正当防卫制度的适用——以“两高”指导性案例、典型案例为例》,载《人民检察》2021年第1期。

〔2〕参见陈悌:《建构与自发之间——对刑事案例指导制度之质疑与反思》,载《福建警察学院学报》2017年第2期。

而对指导性案例还较为陌生;从司法实践来讲,我国司法者能熟练运用司法解释裁判案件,却缺乏适用指导性案例的相关技术。"[1]

最后,刑事指导性案例的效力等级偏低,未能引起刑事审判的足够重视,也未能与其他刑事诉讼制度形成有效配合。在案例指导制度的正式规定中,无论是《关于案例指导工作的规定》还是其实施细则,都没有对指导性案例的效力等级进行直接规定。2018 年修订的《人民法院组织法》第 18 条规定:"最高人民法院可以对属于审判工作中具体应用法律的问题进行解释。最高人民法院可以发布指导性案例。"这一修订条款实际上确立了最高人民法院可以制定司法解释和发布指导性案例,但是,二者的效力关系仍然不明确。就该法条的直接文义而言,司法解释应当与指导性案例有相同的效力等级。但是,有学者认为:"从法律效力上看,下级人民法院在审判实践中虽然需要遵循指导案例,但并没有相应的配套措施进行规范,在实践中,指导案例强制性不及司法解释,因此,指导性案例比司法解释的效力层次应该更低。鉴于此,目的解释在指导性案例中的作用发挥,不应该超出在司法解释中的作用限度。"[2]换言之,指导性案例的实际影响力不及司法解释。这里需要明确的概念是"效力"与"实效"的关系:前者为固态静止,由其制定的主体而确定相应等级;后者为动态变量,受到多种社会因素的影响而调整。因此,效力与实效并非同一概念,不应混淆。在实际审判工作中获得广泛认可和接受的司法解释,并不必然在效力层面上高于指导性案例。进言之,很多法律条文在具体性和可操作性上存在缺陷,而相应的司法解释能够弥补这些缺陷,但是,这种现实情况并不意味着司法解释的效力高于法律。同样的道理适用于最高人民法院和最高人民检察院各自发布的指导性案例在效力等级上的关系:最高人民法院的指导性案例与最高人民检察院的检察指导性案例都是对个案的说理和论证,不具有法的强制约束力,两者都指导法律适用,体现了最高司法机关对下级司法机关行使自由裁量权的规范监督和业务指导,其效力不应存在高下之分。两者虽然分属不同的司法系统,但参照适用的效力应当是同等的,法官或检察官遇有合适的案例时,都有参照

〔1〕 李森:《刑事指导性案例同司法解释的关系——补充说的证成》,载《齐鲁学刊》2017 年第 3 期。

〔2〕 肖志珂:《论目的解释在刑事指导案例中的运行规则》,载《政法学刊》2019 年第 4 期。

适用的职责。[1] 虽然最高人民法院的刑事指导性案例被裁判文书援引的次数要多于最高人民检察院的刑事指导性案例,前者的实际影响力要大于后者,但是,发布二者的司法机关处于同等地位,这两种指导性案例在效力等级上也应当是相同的。“名不正则言不顺”,在现有的制度规定中,指导性案例的效力等级付诸阙如,不利于引起法官的重视,特别是对于强调罪刑法定原则的刑事审判来说。除了在效力等级上缺少明确规定之外,刑事指导性案例未与其他刑事诉讼司法制度形成有效配合,也影响了刑事指导性案例的实际效果。在狭义法律层面上,直接涉及指导性案例的仅有修订的《人民法院组织法》和《人民检察院组织法》,在主要的诉讼法中都没有关于指导性案例的直接规定。在最高人民法院发布的规范性文件中,只有少量内容涉及指导性案例,但大多是比较宏观的指向性规定,具体的实质内容也明显偏少。例如《关于加强和规范裁判文书释法说理的指导意见》《关于统一法律适用加强类案检索的指导意见(试行)》《关于完善统一法律适用标准工作机制的意见》《全国法院贯彻实施民法典工作会议纪要》《关于推进案例指导工作高质量发展的若干意见》等。可以说,在比较重要的刑事诉讼制度中,刑事指导性案例几乎没有存在感,没有有效嵌入刑事诉讼过程中,自然也无法引起刑事审判各方参与者的关注,难以发挥实际影响力。

从以上几个方面的分析可以看到,刑事指导性案例在审判实践中所面临的困境,既有案例指导制度方面的原因,也有刑事审判特定方面的原因。对于案例指导制度的推行者——最高人民法院来说,以上原因中有部分内容应当归于最高人民法院的决策不当。当然,在中国复杂的刑事审判中推进案例指导制度,对于最高人民法院来说也是一种冲击和挑战,需要照顾多方利益关系的最高人民法院,也很可能缺少必要的时间、精力和经验。但是,鉴于刑事指导性案例所能够发挥的重要作用,最高人民法院还是应当继续对其展开完善,地方法院在审理刑事案件时还是有对刑事指导性案例的迫切需要,中央和地方两个层面的共同努力,才能够为完善刑事指导性案例提供最优方案和最强动力。具体到应对困境的化解路径而言,需要针对刑事指导性案例面临困境的以上成因采

---

〔1〕 参见张晓江等:《刑事检察指导性案例的具体运用》,载《人民检察》2021 年第 15 期。

取相应的对策,大致可以按照从形式到内容的顺序,从刑事指导性案例的产生、适用以及刑事审判法官的思维层面展开。

二、指导性案例在刑事审判中困境的化解路径:联合发布与细致编辑

在案例指导制度运行的诸多环节中,以官方正式发布为时间节点可以分为前后两个阶段:前一个阶段主要内容是指导性案例的征集、遴选和文本编辑,主要由最高人民法院主持操作,为后一个阶段提供素材和对象;后一个阶段则侧重于指导性案例的参照适用,主要由各级法官掌握把控。在前一个阶段化解刑事指导性案例的现实困境,重点措施在于联合其他相关部门或者同主题司法解释共同发布刑事指导性案例,并对遴选成功的刑事指导性案例的正式文本进行细致编辑。

(一)联合相关部门或者同主题司法解释共同发布刑事指导性案例

在刑事指导性案例所面临的困境中,数量上的缺乏是非常明显的"瓶颈",制约着后续各个制度运行环节的展开和效果。迄今为止,最高人民法院发布的刑事指导性案例年均不到3个,这种发布速度远无法满足刑事审判的现实需要,大幅提升刑事指导性案例的数量和类型已经成为破解刑事指导性案例现实困境的当务之急。

在一般意义上提升整体指导性案例的数量,有一些可供采用的现实措施。一方面,法院系统内部推荐可以继续挖潜。地方法院可以出台更有效的措施,激励一线法官推荐指导性案例,尤其是在考核与晋升方面有所侧重;对于各地方法院内部的优秀案例,尤其是进入内部文件的参阅性案例,以及地方高级人民法院编制的参考性案例,更应当由高级人民法院向最高人民法院推荐;对于以往已经发布,仍然有生命力和影响力的典型案件和公报案例,最高人民法院也应当积极进行筛选,择优转化为指导性案例。甚至还有观点提倡通过扩大发布主体的方式提升刑事指导性案例的数量。如果将各省、自治区、直辖市及其辖区之内各地区的法律适用标准都交由最高人民法院和最高人民检察院以指导性案例的方式予以统一,必然增加最高人民法院和最高人民检察院的工作压

力,既不现实也没有必要。在围绕案例指导制度的调研中,中级人民法院、基层人民法院都希望享有在本辖区范围内发布指导性案例的权力。当然,盲目地赋予各级法院、检察院发布指导性案例的权力,也必然会损及指导性案例的权威性和司法的统一性。[1] 另一方面,在社会推荐渠道中,人大代表、政协委员和其他关心案例工作的人士,尤其是各个法学院校和案例指导专家委员会的委员,都应当更加积极地向最高人民法院推荐指导性案例。这些一般意义上的途径或者渠道,对于增加各个部门法指导性案例,是通用的。

对于刑事指导性案例而言,还有一些比较特殊的途径有利于迅速增加自身的数量,比较集中的是最高人民法院与其他相关部门联合发布指导性案例。借鉴制定和发布司法解释或者规范性文件的既有经验,最高人民法院经常与其他部门联合发布共同业务范围之内的司法解释或者规范性文件。例如最高人民法院、最高人民检察院《关于办理海洋自然资源与生态环境公益诉讼案件若干问题的规定》,最高人民法院、最高人民检察院《关于办理破坏野生动物资源刑事案件适用法律若干问题的解释》,最高人民法院、最高人民检察院《关于办理危害药品安全刑事案件适用法律若干问题的解释》,人力资源社会保障部、最高人民法院《关于劳动人事争议仲裁与诉讼衔接有关问题的意见(一)》,最高人民法院、司法部《关于为死刑复核案件被告人依法提供法律援助的规定(试行)》,最高人民法院、最高人民检察院《关于办理危害食品安全刑事案件适用法律若干问题的解释》,最高人民法院、最高人民检察院《关于办理窝藏、包庇刑事案件适用法律若干问题的解释》,最高人民法院、最高人民检察院、公安部《关于办理电信网络诈骗等刑事案件适用法律若干问题的意见(二)》等。由于刑事诉讼属于共同的业务范围,最高人民法院经常与最高人民检察院共同发布司法解释或者规范性文件,这种合作积累了相当丰富的经验。鉴于此种长期合作的顺畅关系以及迅速增加刑事指导性案例的需要,最高人民法院和最高人民检察院也应当努力寻找机会共同发布指导性案例。

最高人民法院和最高人民检察院联合发布指导性案例有着比较明显的支

[1] 参见杨雄:《刑事案例指导制度之发展与完善》,载《国家检察官学院学报》2012 年第 1 期。

持理由。[1] 例如,任何刑事案件的发生并非专属于审判机关或者检察机关,而是二者共同参与的司法过程,最高人民法院和最高人民检察院可以将各地方法院和检察院纳入联合发布指导性案例的主体之中,特别是处理同一刑事案件的法院和检察院同时向上推荐,说明二者对于该案件十分认可,凝聚了双方共识的刑事案件也经历了更加严格的检验,具备更高质量适应司法实践的需求,也有更大的可能性被遴选成功。又如,最高人民法院和最高人民检察院联合发布指导性案例可以保证指导性案例的质量,进而在刑事法治中提升统一法律适用的水平。司法解释和指导性案例都是统一法律适用的基本措施,最高人民法院和最高人民检察院在联合制定司法解释中积累的经验也可以照搬到联合发布指导性案例方面,任何能够以二者名义发布的指导性案例,可以同时在各地法院和检察院中得到参照适用,对处理刑事案件的法院和检察院提供了相同的实体规则或者可以参照的案件事实,这样形成的相同标准有助于提升统一法律适用的水平。这一点对于影响力较低的最高人民检察院指导性案例而言更为重要。在实践运作方面,最高人民法院和最高人民检察院在马乐案中达成了不约而同的共识,将该案件分别以指导案例 61 号和检例第 24 号为名予以公布。虽然是分别公布并非联合公布,但是,对于同一案件的认可和遴选表明了最高人民法院和最高人民检察院在联合发布指导性案例方面有着基本相同的实体标准,以此可以为未来联合发布刑事指导性案例提供共识基础。[2]

除了与最高人民检察院联合发布指导性案例之外,最高人民法院还可以积极探索与其他部门联合遴选和发布刑事指导性案例。例如,公安部虽然在 2010 年就发布了《关于建立案例指导制度有关问题的通知》,但是仍然没有发布具体的指导性案例。在刑事诉讼中,最高人民法院、最高人民检察院和公安部也经

---

〔1〕 在本文的调研中,所有刑事法官的反馈意见都赞同最高人民法院和最高人民检察院联合发布刑事指导性案例,受访者提供的理由包括提高效率、维护司法权威、具有较强的指导性、为类案裁判提供参考和统一法律适用等。

〔2〕 对马乐案中刑法规范的解释分析可参见孙谦:《援引法定刑的刑法解释——以马乐利用未公开信息交易案为例》,载《法学研究》2016 年第 1 期;叶良芳、申屠晓莉:《论理解释对文理解释的校验功能——"两高"指导性案例马乐利用未公开信息交易案评释》,载《中国刑事法杂志》2018 年第 1 期;张辰:《谈刑事裁判中类比论证的有效应用——以"马乐案"再审判决书为视角》,载《法律适用》2020 年第 24 期等。

常联合发布司法解释或者类似文件,三者之间在刑事案件的处理中也有很多业务交流,同样具备联合发布指导性案例的基础,这一点与前述最高人民检察院的联合发布有类似之处。例如,最高人民检察院和公安部曾经联合编发涉疫犯罪典型案例,用于指导涉疫情防控刑事案件的办理。除此之外,中央纪委国家监委也开始发布"执纪执法指导性案例",与最高人民法院的指导性案例在目的指向、体例结构、参照要求等方面有很多相似之处。[1] 执纪执法指导性案例有不少内容涉及职务犯罪的情况。如果特定案件中的责任人同时违背了党纪国法,最高人民法院也可以联合中央纪委国家监委共同发布指导性案例,这种方式对于统一党纪国法的适用也是大有裨益的。

除了在制定主体层面上增加联合遴选发布的措施之外,增加刑事指导性案例的数量还可以采取与相同主题司法解释联合或者同步发布的方式。在现阶段,刑事司法解释的影响力和被司法实践认可的程度要远大于刑事指导性案例,在形式上互补的司法解释和指导性案例完全可以服务于同一主题的法律适用问题。最高人民法院在这方面已经有了初步探索,例如 2020 年 9 月,最高人民法院、最高人民检察院、公安部《关于依法适用正当防卫制度的指导意见》发布时,也有 7 个涉及正当防卫的典型案例同时发布作为配套。采取这种方式的理由包括:一方面,正当防卫所涉问题复杂,一些问题如不结合具体案情进行阐明,很难说深、说细、说透,故有必要用案例来诠释和充实;另一方面,以案说法只能立足具体案件、围绕案件所涉的具体问题展开说理,无法对正当防卫制度适用中方方面面的问题作出全面系统的回应。[2] 这种"指导意见 + 典型案例"的联合发布方式,有助于实现"点面结合"的效果。在 2020 年 12 月最高人民法院发布的第二十六批指导性案例中,指导案例 144 号就以正当防卫为主题,可以说,最高人民法院和最高人民检察院发布的后续刑事指导性案例,有助于司法实务工作者更好地理解并适用关于正当防卫的指导意见。在发布时间上的同时或者同步,能够推动同一主题的司法解释或者规范性文件与指导性案例产

---

〔1〕 参见屠凯、张天择:《论执纪执法指导性案例的参照适用问题——与最高人民法院指导性案例比较的视角》,载《山东大学学报(哲学社会科学版)》2022 年第 2 期。

〔2〕 参见姜启波、周加海等:《〈关于依法适用正当防卫制度的指导意见〉的理解与适用》,载《人民司法 · 应用》2020 年第 28 期。

生有效互动,从抽象和具体两个层面为刑事司法提供指引或者指导。基于这种考虑,制定司法解释或者规范性文件的主体就会有意识地收集、整理并吸收相同主题的刑事案件,以发布司法解释或者规范性文件为契机,增加相同主题的指导性案例数量。有观点建议加强司法案例裁判者与司法解释起草者之间的流动与交流,让司法解释起草者来源于办案经验丰富的员额法官,让司法案例裁判者有参与起草司法解释的经历,通过人员的多岗位历练与双向流动,为案例指导制度与司法解释制度互动提供人事保障。[1] 这种建议很具有合理性与可行性。在最高人民法院已经对此有所探索和尝试的基础上,"司法解释 + 指导性案例"的联合发布方式有非常广阔的发展前景。

(二)对遴选成功的刑事指导性案例文本进行细致编辑

联合其他相关部门或其司法解释的发布,为将相应的刑事指导性案例编入特定批次或者主题,但是,法官还需要阅读具体的刑事指导性案例文本才能够获得全面的了解和认知,为后续的参照适用奠定基础。现有指导性案例正式文本的体例结构包括编号和标题、关键词、裁判要点、相关法条、基本案情、裁判结果、裁判理由,前四部分是为了便于检索查询和参照适用,在裁判文书基础上归纳和添加的,后三部分基本上分别来源于裁判文书中的法院经审理查明事实、裁判主文和本院认为的理由部分。[2] 在这些体例结构中,对审判案件最具有启发和指导作用的是裁判要点和裁判理由这两个部分。

对于裁判要点的概括方式,国内学者已经有了比较全面的分析。作为整个指导性案例文本的点睛之笔,裁判要点的概括需要满足较高要求。"编写者要像仙人炼丹一样把裁判的杂质与水分挤掉,而后形成一个精致的结论。裁判要点应当坚持越简单、越明确、越精练越好。当法律关系复杂的案例可以生发出很多裁判要点时,必须有所取舍。"[3] 从现有指导性案例文本来看,裁判要点直接提供了抽象规则,与法律或者司法解释单一法条十分类似,甚至形神兼备,便

---

〔1〕 参见姜远亮:《指导性案例与司法解释的关系定位及互动路径——以刑事审判为视角》,载《法律适用》2019 年第 8 期。

〔2〕 参见胡云腾、吴光侠:《〈关于编写报送指导性案例体例的意见〉的理解与适用》,载《人民司法·应用》2012 年第 9 期。

〔3〕 胡云腾:《谈指导性案例的编选与参照》,载《人民法院报》2011 年 7 月 20 日,第 5 版。

于法官在裁判文书中直接援引。裁判理由部分则更加细致和丰富,是连接裁判要点与案件事实的有效纽带,集中展示了裁判结果的理由及其论证过程,是指导性案例区别于司法解释或规范性文件的独有部分。但是,如前所述,很多刑事指导性案例的裁判理由部分太过简略,无法充分展现法律适用的全面理由,更无法为后案法官提供有益启示。这很容易导致裁判要点受到过分重视、裁判理由部分受到严重忽视,长此以往,指导性案例无法与司法解释或规范性文件形成明确区分,案例指导制度独立存在的价值就会降低,这些危害都是潜在而严重的。大量的指导案例对案情的压缩过于严重,部分关键事实交代不清,属于对原裁判文书的过度修订与裁剪,因此需要纠正乃至弥补。[1] 因此,在已经征集遴选出刑事指导性案例的基础上,如何细致编辑这些案例的正式文本,同样是非常重要和关键的,相应的完善措施可以从宏观基础和微观操作两个层面展开分析。

一方面,提升裁判文书的整体说理水平能够为编辑刑事指导性案例的文本提供坚实的宏观基础。虽然所有指导性案例文本都以原审生效裁判文书为基础,但是,刑事裁判文书还有其独特之处。刑事案件中,举证责任、裁判依据的标准都要高于民商事案件,而且由于刑事处罚的严厉性,刑事被告会对裁判文书的说理依据和论证过程更为关注,也更容易提出质疑。因此,刑事案件裁判文书的说理更应当做到充分、全面、翔实和细致。越是能够达到以上要求的裁判文书,越是能够有效说服当事人和其他法律职业者,当然也越是能够为遴选指导性案例提供编辑的良好素材。但是,现有刑事案件裁判文书的说理普遍不够理想,也影响了指导性案例的取材。例如,前文中曾经论及指导案例 97 号"王力军非法经营再审改判无罪案"的正式文本论述过于简略的问题,这一情况来源于其终审裁判文书的论述。[2] 换言之,在原审生效判决文书中就没有关于刑事违法性、社会危害性以及刑事处罚必要性的细致论述,相应地,指导案例

---

〔1〕 参见朱桐辉、余薇:《"两高"刑事指导性案例的文本分析及改进》,载《昆明理工大学学报(社会科学版)》2014 年第 2 期。

〔2〕 (2017)内 08 刑再 1 号判决书中的关键表述为:"本院再审认为,原判决认定的原审被告人王力军于 2014 年 11 月至 2015 年 1 月,没有办理粮食收购许可证及工商营业执照买卖玉米的事实清楚,其行为违反了当时的国家粮食流通管理有关规定,但尚未达到严重扰乱市场秩序的危害程度,不具备与刑法第二百二十五条规定的非法经营罪相当的社会危害性和刑事处罚的必要性,不构成非法经营罪。"

97 号的正式文本也没有相应的具体分析。虽然这一案件具有较强的社会影响力，也更新了对非法经营罪的认识和适用，但是，仅从过于概括的正文中难以获得对审判类似后案的有效启发。因为每个案件的事实在绝对意义上并不相同，如何准确认定刑事违法性、社会危害性以及刑事处罚必要性，指导案例 97 号没有给出具体的认定标准和方法，其指导意义十分有限。虽然单一案例的指导意义有限，不可能仅通过一个刑事指导性案例就能为识别和认定刑事违法性、社会危害性以及刑事处罚必要性提供全面标准，但是，仅提及“刑事违法性、社会危害性以及刑事处罚必要性”而没有任何分析，距离满足刑事审判的现实需要还是远远不够的。由此可见，只有从总体上提升刑事案件裁判文书的论证说理水平，才能够为遴选和编辑指导性案例的正式文本提供源源不断的有效素材。“大力推进司法改革，充分调动一线法官解释的积极性，赋予其应有的法适用解释权，在刑事判决书中重视逻辑推理，准确概括控辩双方的诉讼主张，全面展示法官内心确信的形成过程，真正有指导意义的指导性案例有‘源头活水’，刑事案例指导制度的良性发展才是可以期许的。”[1] 当然，这种裁判文书说理水平的提升绝非一日之功，需要多个方面的多种制度形成良性互动才能逐步成功。

另一方面，指导性案例正文的具体行文应特别关注“增量规则”。在指导性案例的正式文本中，裁判要点提供了直接的抽象规则，作为类似案件说理的依据，这一点与英美法系的先例有明显不同。在英美法系中，所有案件都有成为先例的潜在资格，是否以及被援引的程度取决于很多因素，例如，作出判决的法院层级越高，其先例的权威性和影响力也越大，后案的法官在援引先例问题上拥有较大的自由裁量权。但是在中国案例指导制度运行的过程中，最高人民法院垄断了发布指导性案例的权利，这对遴选出来的指导性案例也提出了较高要求，同时意味着指导性案例应当解决刑事审判中的疑难问题，或者为解决这些疑难问题提供思路。处理不同案件是法官工作的常态，多数普通案件并不需要复杂的推理，带有疑难色彩的案件为法官的审判带来了挑战，是法官需要获得指导的场景。法官并不会关注普通案件，而是更关注疑难案件。这就意味着，

[1] 周光权：《刑事案例指导制度的发展方向》，载《中国法律评论》2014 年第 3 期。

指导性案例应当定位为疑难案件而非普通案件。进言之,造成案件疑难的主要原因是法律规范与案件事实并不相匹配,无法形成有效对接。通过证据所获得的案件事实是不可更改的,解决疑难案件的关键在于如何准确进行法律适用。无法与案件事实准确对接的法律,往往存在各种问题,如模糊、概括、空白、缺漏等。在这种情况下,指导性案例就应当通过裁判要点以及裁判理由部分的论述,提供能够与案件事实准确对接的法律规则,这种规则对既有规则进行了补充、扩展、细化,甚至是填充,是“增量规则”。这种“增量规则”体现了指导性案例的创造性,是其生命力和独有价值所在,自然也应当在指导性案例的正式文本中得到有效凸显。具体来说,虽然某一刑事案件包含的事实及其对应的规则可能有很多,但是,真正能够体现“增量规则”的内容,一般而言并不多,最高人民法院在编辑指导性案例的正文时,就应当围绕增量规则展开集中论述,主要是对核心问题结合相应的案件事实提供依据和理由。

此时需要特别注意的问题是,虽然原审裁判文书的论述是基础素材,但是真正有效的编辑工作并不应仅局限于这些裁判文书,在适当的时候应当进行扩展分析。例如,针对指导案例97号裁判理由论述过于简单的情况,应当提供更加详细的理由分析:刑事违法性是行为触犯《刑法》法规,具有构成要件符合性,是法条文本层面的评价;社会危害性是行为实质违法的评价;应受刑罚惩罚性是行为人对其触犯刑律的危害行为可谴责性的评价。危害性和可谴责性是在刑事违法性基础上的实质评价,认定的犯罪不仅违法而且有害、有责,方能合乎天理人情。[1] 最高人民法院在指导性案例裁判理由部分提供的论证理由,不可能如学术研究那样详细,但是,分别就刑事违法性、社会危害性和应受刑罚惩罚性提供略微详细的分析,是完全能够做到的。太多拘泥于原审生效的裁判文书,特别是那些论述不够细致的文书,将大大降低指导性案例的实践意义。如果最高人民法院认为不适宜在裁判理由部分增加超出原审裁判文书的内容,也可以借鉴最高人民检察院指导性案例的体例结构,在每个指导性案例中增加“指导意义”部分。通过这个部分直接表明最高人民法院遴选相应指导性案例的目的,并可以对裁判理由部分的未尽之意进行明确和扩展,这些内容比裁判

〔1〕 参见阮齐林:《刑事司法应坚持罪责实质评价》,载《中国法学》2017年第4期。

理由部分更加直白地表明了最高人民法院的意图和指引，能够有效突出“增量规则”的存在及其参照适用的方式，也能够在体例结构上受到法官更多的重视，值得将来在对指导性案例的体例结构进行完善时充分吸收。

三、指导性案例在刑事审判中困境的化解路径：提供增量规则，减少无谓重复

“指导性案例制度的建构，实际上正是想在一定程度上克服成文法的局限性，运用案例判决的既判性、权威性特点，统一同案或类案的法律适用，同时指导以后的司法审判，节约司法成本进而实现司法正义。指导性案例具有解释法律和创法功能已是不能回避的事实。”〔1〕但是，在已有的刑事指导性案例中，裁判要点重复司法解释或者规范性文件的情况并不罕见，刑事指导性案例的整体释法特征和创造性不强。这些情况并不利于维持案例指导制度的长期运行，也不利于刑事指导性案例获得认可和接受，需要采取相应的措施予以纠正。指导性案例和司法解释都有各自的特点和优势，完全能够共同推动统一法律适用，重要的前提是明确二者各自发挥作用的定位。“刑事指导案例的具体性、个案性、说理性的特点，不仅可以解决刑法解释中的‘兜底解释’问题，其个案裁判的具体性，使得完全可以在一个具体罪名中实现多案例的解释，比刑法解释更丰富直接，也使得法官有更明确的参照。而对于《刑法》总则中规定的引用与理解，在裁判理由中的丰富说理，也将对《刑法》总则的规则设定有所活化，因此，刑事指导案例与刑法解释的分工，是今后刑法解释制度的发展趋势。”〔2〕虽然司法解释或者规范性文件与指导性案例都能够提供增量规则，即对刑法规范进行细化、扩展、延伸甚至填补，但是，二者的分工并不相同。刑事司法解释更加系统和全面，但是同样存在需要在个案中的“再解释”，而且有滞后性的缺陷。“针对特定类型的案件或者特定的专门问题，如果已经出台了司法解释，那么，对于司法实践中面临的新情况和新问题，在已有司法解释未做明确规定的情况

---

〔1〕 舒洪水：《如何建立我国的案例指导制度——以刑事案例为例》，载《人民论坛》2012 年第 5 期。

〔2〕 李佳欣：《论刑事指导性案例对刑法解释功能的补足》，载《当代法学》2020 年第 5 期。

下,可以通过发布指导性案例的方式弥补司法解释的缺漏,指导司法实践。"[1] 对现有司法解释中不明确的地方,不宜再制定司法解释来填补"漏洞",而应尽可能通过发布指导性案例的方法解决。今后应当尽量减少刑法司法解释的数量,以培养基层司法工作人员的刑法解释能力、独立裁判能力、充分说理能力,不与罪刑法定原则相抵触,同时为指导性案例的发展赢得制度空间。[2] 以往司法解释的出现很大原因是审判人员缺乏足够的法律业务水平与能力,难以形成准确独立的司法判断;而现今司法队伍的整体水平已经大大提升,司法者的法律意识和业务能力远胜从前,基本具备了独立理解和适用法律的水平。在司法水平有保障的情况下,由办理具体案件的司法者完全独立地理解和适用法律,不仅符合司法规律,而且是世界各国的普遍做法。[3] 这就为更好地适用指导性案例、减少对抽象司法解释的依赖提供了坚实的人员能力基础。

从源头上说,刑事审判中有很多具有疑难色彩的案件并没有被推荐到最高人民法院,也没有成为备选指导性案例,自然也并不为刑事审判实践所广泛认知。如果这些案件的裁判文书能够详细说理,那么其被遴选为指导性案例的可能性就会大大提升,这一点与前述化解刑事指导性案例困境的路径也是直接相关的。换言之,化解刑事指导性案例现实困境的诸多路径都是相互关联的,并非独立存在,将其分别论述只是各有侧重。具体到指导性案例需要重点提供的增量规则来说,刑事指导性案例虽然也有填补法律漏洞及空缺的职能,但其更侧重于对法律规定较为原则、模糊或者有歧义的内容的解释,针对的主要是刑法缺乏明确的指向,同时缺乏司法解释的疑难案件。这决定了一般解释型的案例应是我国刑事指导性案例的主体部分,对法律没有规定或者明显滞后形成的刑法空缺问题,主要依靠立法途径或者司法解释解决。[4] 换言之,刑事指导性案例主要针对刑法规范和相应司法解释中的部分模糊笼统之处,提供更加细致的增量规则,并不能大规模列举特定刑法规范涉及的所有类型。当然,对于特

[1] 张倩:《刑事指导性案例司法适用问题研究》,载《法律适用》2014 年第 6 期。

[2] 参见周光权:《判决充分说理与刑事指导案例制度》,载《法律适用》2014 年第 6 期。

[3] 参见夏勇、沈振甫:《论刑事指导性案例与条文化司法解释的关系》,载《广西大学学报(哲学社会科学版)》2021 年第 2 期。

[4] 参见马翔:《刑事案例指导制度的实证研究》,载《山东审判》2015 年第 6 期。

定刑法规范的类型化积累,可以通过前后相继的多个刑事指导性案例予以分别体现和充实。因此,最高人民法院在遴选刑事指导性案例时,也需要注意与以往公布的案例有所区别,尽量提供多种类型的具体案例。在最初几批的刑事指导性案例中,多数为定罪判决型,如果指导性案例均为定罪甚至加重判决,则会对下级人民法院产生一种误导,即刑法只能用来保护社会,只能为了照顾被害人的利益而损害被告人的权益,这对基层司法人员无疑是一种偏差的指导,对司法适用标准是一种片面的统一。[1] 因此,在大幅提高供给数量的基础上,刑事指导性案例也需要通过提供涉及同一刑法规范的多种案件类型,加强对刑事审判的指导。

在提供增量规则或者创新规则时,刑事指导性案例很可能面对特定争议,这种争议不仅可能存在于当初处理案件时,也可能延续到被遴选公布之后。从指导性案例的疑难案件定位来说,增量规则或者创新规则本身就要面对一定风险,也可能伴随一定争议。没有创新,仅是重复已有刑法规范或司法解释,当然不会存在争议。刑事指导性案例中出现的争议并非合法与否、正确与否的争议,而是在多种并存且难以相互说服的结论中选择其一。“正是由于争议的实质性存在,所以才会存在一个超越涵摄之外的类比的存在。如果缺少了争议的实质存在,则大前提和小前提本身不会存在多少异议,类比就不是问题,也不需要前述的四类路径大动干戈,也不存在事实与规则之间的往复求证。无法提炼出的一套新的规则和标准,自然也无法为以后提供一个所谓的权威性的参照。”[2]“具有指导意义的判例的生成基本都围绕着争议性的或者说例外性的案件而展开,由此也带来了对规则的进一步补充和突破。尤其是突破,实际上是建立一种新的规则或对规则贯彻的新的理解,而不只是为了说明一个规范使用的规范性。”[3]从这个意义上说,存在争议是体现刑事指导性案例创新性的标志之一,在一定程度上能够成为遴选指导性案例的参考标准。指导案例 61

〔1〕 参见李森:《刑事案例指导制度的中国问题与德国经验——以“癖马案”为视角》,载《湖南社会科学》2016 年第 3 期。

〔2〕 孙万怀:《判例的类比要素:情景、中项与等值以刑事裁判为视角》,载《中外法学》2020 年第 6 期。

〔3〕 孙万怀:《刑事指导案例与刑法知识体系的更新》,载《政治与法律》2015 年第 4 期。

号马乐案就是非常典型的例证:在案件事实及其对应的《刑法》条文都非常确定的前提下,如何理解《刑法》条文的含义及其相互关系就成为争议的焦点。2014年3月,深圳市中级人民法院一审对马乐案作出判决,其后深圳市人民检察院提出抗诉,而广东省人民检察院支持了该抗诉。2014年10月,广东省高级人民法院二审裁定驳回抗诉,维持原判。判决生效后,广东省人民检察院提请最高人民检察院抗诉。2014年12月,最高人民检察院按照审判监督程序向最高人民法院提出抗诉。2015年12月,马乐案由最高人民法院再审改判。对于该案的焦点问题,即如何理解《刑法》第180条第4款的规定,处理该案的各级司法机关之间存在巨大争议,也最终推动了该案同时被最高人民法院和最高人民检察院遴选为指导性案例。

四、指导性案例在刑事审判中困境的化解路径:明确效力等级,更新思维理念

在与司法解释的交叉纠结中,指导性案例的正式效力并没有得以明确,特别是应当援引而未援引的情况应当承担何种责任或者后果更是语焉不详。这种付诸阙如的规定影响了刑事案件法官对指导性案例的重视,自然也影响了后续的参照适用。因此,明确刑事指导性案例的效力等级,也是化解其现实困境的路径之一。[1]

虽然《人民法院组织法》第18条并没有明确司法解释与指导性案例之间的效力等级关系,但是,最高人民法院的一些文件已经暗示司法解释的效力高于指导性案例。例如,2021年修订的最高人民法院《关于司法解释工作的规定》第27条规定:"司法解释施行后,人民法院作为裁判依据的,应当在司法文书中援引。"而《〈最高人民法院关于案例指导工作的规定〉实施细则》第10条规定:"各级人民法院审理类似案件参照指导性案例的,应当将指导性案例作为裁判

---

〔1〕 在本文的调研中,约90%的刑事法官肯定了"刑事指导案例应当成为刑事审判的重要参考",但是,又有近70%的刑事法官对将来引述指导性案例给予了否定回答,理由主要是"法无明文规定"。这种数据对比反映了刑事法官对指导性案例的肯定,同时因缺少明确的法律规定而拒绝承认其为正式法源,进而影响刑事指导性案例的明确参照适用。

理由引述,但不作为裁判依据引用。”从最高人民法院以上两个文件的比较中可以看到,司法解释可以作为裁判依据,但是,指导性案例只能作为裁判理由而不能作为裁判依据。就狭义界定而言,裁判依据的效力明显大于裁判理由,因此,司法解释的效力高于指导性案例。还有部分同时涉及司法解释和指导性案例的文件持有类似观点。例如,《最高人民法院统一法律适用工作实施办法》第1条规定:“本办法所称统一法律适用工作,包括起草制定司法解释或其他规范性文件、发布案例、落实类案检索制度、召开专业法官会议讨论案件等推进法律统一正确实施的各项工作。”按照中国官方文本的行文习惯以及现实中各项措施的实际影响力,“司法解释或其他规范性文件”排在“发布案例”之前,由此可以获知司法解释的效力高于指导性案例。二者效力等级的差异更为明显地体现在最高人民法院《关于加强和规范裁判文书释法说理的指导意见》第13条之中,该条规定:“除依据法律法规、司法解释的规定外,法官可以运用下列论据论证裁判理由,以提高裁判结论的正当性和可接受性:最高人民法院发布的指导性案例;……”根据此条规定,法律法规和司法解释属于较为正式的裁判依据,或者正式的法律渊源;而指导性案例和其他材料属于非正式法律渊源。司法解释与指导性案例之间的效力等级差别由此可见一斑。

最高人民法院通过以上规定在一定程度上暗示了司法解释与指导性案例之间效力等级的差别,背后的原因很可能在于最高人民法院并未在案例指导制度方面具备足够的经验,将指导性案例界定为较低的法律渊源,可以减少在参照适用过程中产生的风险。具体到刑事指导性案例来说,由于刑罚处罚的严厉性和对罪刑法定原则的强调,刑事审判援引刑事指导性案例需要更加谨慎,比其他部门法的司法裁判更需要减少参照适用过程中的风险。与之相比,最高人民法院在制定和适用司法解释方面拥有更加丰富的经验,在意识层面上也更加认可司法解释,这一点对于习惯于抽象规则的刑事审判法官来说也是同样的。“在审理刑事案件过程中,法官的思维逻辑已经形成固定的模式:根据在案的相关证据,查找刑法及司法解释的相关规定,形成最终的判决。在这个过程中,大多数法官并不会去查阅有无指导性案例与其正在办理的刑事案件具有高度的相似性。"[1]长期形成的工作习惯很难在短时间内发生重大改变,刑事法官也不例外。面对出现或者可能出现的解释疑团时,更多也是依赖上级的指示或者"纪要"等支持。这种传统的"懒惰",深深地熔铸在法官裁判思维习惯之中。忽视指导性案例的惯性与中国司法审判的具体环境是分不开的,在传统成文法理念培养下形成的思维模式决定了法官对明确裁判规则的重视,而对缺乏指引的纯粹说理往往有所忌惮,不敢随意适用,从而压缩了指导性案例的适用空间。[2] 因此,在刑事法官的思维观念中,司法解释的效力是明显高于指导性案例的。

从这个意义上说,司法解释与指导性案例在效力等级上的差别,反映了最高人民法院和刑事审判法官在思维层面上的区别对待。目前,已有部分实务观点对司法解释和指导性案例的效力等级差别进行了反思,更倾向于二者具有同等的效力等级。"指导性案例是最高人民法院审判委员会讨论确定的,其裁判要点是最高人民法院审判委员会总结出来的审判经验和裁判规则,可以视为与司法解释具有相似的效力。因此,在司法实践中,指导性案例的裁判要点既可以作为说理的依据引用,也可以作为裁判的依据引用。"[3]这种观念上的变化,在一定程度上是伴随指导性案例影响力的提升而出现的。虽然案例指导制度的运行状态并不理想,但是,指导性案例的影响力的确在与日俱增,越来越多的司法实务工作者关注了指导性案例,这种关注为后续的参照适用奠定了良好基础,也反映了法律职业群体相应思维观念的转化。

具体到刑事指导性案例的特殊性来说,更新罪刑法定的理解理念也是提升其影响力的重要途径。作为刑事审判的基本原则,罪刑法定原则必须遵守,这一点是保证刑事审判合法性的底线。"刑事指导性案例的形成,不仅是为了做到同案同判与统一法律适用,也是为了提升司法者的司法能力,从实质上尽可能地确保罪刑法定原则的适用。"[4]但是,如何与时俱进地理解罪刑法定原则

---

〔1〕 张祥宇:《刑事案例指导制度的困境与出路》,载《公安学刊》2020 年第 4 期。

〔2〕 参见李涛、范玉:《刑事指导性案例的生成、适用障碍以及制度突破》,载《法律适用》2017 年第 4 期。

〔3〕 胡云腾:《关于参照指导性案例的几个问题》,载《人民法院报》2018 年 8 月 1 日,第 5 版。

〔4〕 刘艳红、刘浩:《社会主义核心价值观对指导性案例形成的作用——侧重以刑事指导性案例为视角》,载《法学家》2020 年第 1 期。

并在刑事审判中贯彻落实,也是同样重要的问题。“在刑事法领域,指导性案例首先应遵行罪刑法定原则,其次再判断刑事指导性案例与当前案件的关联程度、裁判规则的论证程度、裁判理由的说理程度、裁判判决的稳定程度。尤其条文含义解释型裁判要点在罪刑法定原则的框架之内,对刑法规范进行解释。”〔1〕质言之,更新的罪刑法定理念应当将指导性案例也纳入“法”的范围,虽然指导性案例目前只是裁判理由而非裁判依据,但是,能够进入刑事裁判过程产生一定的影响,就能够为更有效地遵守罪刑法定原则提供助力。在我国,成文化的法律和法规几乎是唯一的法律渊源,对于刑法而言尤为如此,条文化的法律规范是刑法唯一的渊源。因此,作为指导性案例原素材的案例在形成的过程中必然严格受成文刑法的约束。与民事指导性案例相比,刑事指导性案例的成文法约束性更为突出。根据罪刑法定原则的要求,《刑法》条文的理解与适用只能以严格解释的方式进行。刑事指导性案例所确立的裁判规则必须与其背后法律所在的体系保持协调,以保证自身的正当性。〔2〕在保证遵守罪刑法定原则的基础上,最高人民法院在遴选刑事指导性案例时,应当注意收集来自刑事审判一线法官的智慧与经验,及时将针对疑难问题的解决方法通过指导性案例的方式予以固定并扩展,这一过程同时是为将来出台同一主题的司法解释积累经验。司法解释与指导性案例在良性互动基础上形成的合力,能够推动刑法的统一适用,实质上也是罪刑法定原则的贯彻落实。这种观念可以概括为“以事实为根据,以法律为准绳,以案例为参照”。〔3〕因此,及时更新对罪刑法定原则的理解,明确罪刑法定原则能够包容和吸收指导性案例,二者是和谐融贯而非相互排斥,这些内容应当进入刑事法官的思维观念。

以上思维观念的转变并非一日之功,而是一个循序渐进的过程,也需要特定外在制度予以推动。有观点建议将指导性案例援引纳入案件承办人员的工作考核,在司法实务中,当遇到与刑事指导性案例相似的案例时,如果不适用指

---

〔1〕 付玉明、汪萨日乃:《刑事指导性案例的效力证成与司法适用——以最高人民法院的刑事指导性案例为分析进路》,载《法学》2018 年第 9 期。

〔2〕 参见沈振甫:《论刑事指导性案例裁判规则的生成》,载《中国刑警学院学报》2020 年第 6 期。

〔3〕 参见张阳:《向度与纬度:刑事指导案例的再思考》,载《中国人民公安大学学报(社会科学版)》2018 年第 1 期。

导性案例的裁判要点及理由，应当说明不适用的原因，否则将产生一定司法行政后果。此外，对于参照指导性案例工作杰出的办案人员，制定相应的奖励实施细则以资鼓励。[1] 特别是对于应当援引刑事指导性案例而未援引的情况，无可信理由对指导性案例背离的不利后果，只宜针对案件本身(且应科学评价)，而不应直接牵连于司法者(除非违法)，不能直接以裁判背离指导性案例乃至被撤销、改判等为由，对司法者施以降职、降级或减薪等处罚。[2] 最高人民法院对此的相关规定主要体现在《最高人民法院统一法律适用工作实施办法》第 19 条。[3] 相较于该条款的规定，前述建议更加具体明确，更能够有效激发刑事法官的观念转变。

除了直接针对刑事法官的措施之外，推动罪刑法定的更新认知还可以借助集体的力量。《最高人民法院统一法律适用工作实施办法》专门就法院内部审委会的工作给予了专门强调。我国审判委员会具有指导审判实践、总结审判经验、统一裁判尺度等功能，对审理的案件，若发现待决案件与指导性案例案情存在实质相似或案件当事人及其辩护人、诉讼代理人引述指导性案例作为控(诉)辩理由，但经办法官拟不予参照的，应提交审判委员会评议，评议结果应向上一级法院报告或请示。[4] 再结合类案检索等机制的共同作用，对罪刑法定原则的更新认知能够在刑事法官思维层面更加快速地实现。

总体而言，刑事指导性案例面临着不少困境，这些困境的解决需要特定时间的积累，也需要主动采取措施加速相应化解路径的实施。这些化解路径不仅与最高人民法院以及刑事法官的观念意识相互伴生、相互影响，而且这些化解路径之间也存在这种关系。在借鉴域外判例制度经验的基础上，最高人民法院

---

[1] 参见钱宁:《刑事案例指导制度:困境与优化进路》，载《合肥工业大学学报(社会科学版)》2021 年第 1 期。

[2] 参见张开骏:《刑事案例指导制度的困境与展望》，载《广西大学学报(哲学社会科学版)》2015 年第 4 期。

[3] 《最高人民法院统一法律适用工作实施办法》第 19 条规定:“审判人员参加专业法官会议、梳理案件裁判规则等情况应当计入工作量。各部门和审判人员推荐或编纂案例被审委会确定为指导性案例，或者对具体法律适用问题的研究意见被审委会采纳形成审委会法律适用问题决议的，可以作为绩效考核时的加分项。”

[4] 参见郭兰君:《刑事指导性案例“应当参照”的困境与出路——以刑事法律适用的统一性为思考方向》，载《海峡法学》2016 年第 1 期。

应当更早地转变思维观念，不能完全依赖地方法院的实践推动，而应继续提高对指导性案例的重视，及时吸收刑事法官的创造性探索和法学界的理性分析，从案例指导制度的顶层设计入手，推动刑事指导性案例被刑事法官认可和接受，发挥刑事指导性案例的预期效果。

中国特色案例法治中的微观权力关系

——以刑事审判为视角

张文波*

内容摘要：在最高人民法院发布的指导性案例之外，还存在数量庞大的典型案例、参考案例、汇编案例，汇集了中央和地方两个方面的法律智慧，并与指导性案例形成良性互动的态势，共同构成了中国特色的案例法体系，对司法实践产生了重大影响。指导性案例在司法实践中的"遇冷"，与我国特有的政治哲学观念和文化背景有直接的因果关系，也与司法解释对指导性案例形成的"挤压现象"密不可分，这既是经验主义与唯理主义的分野，也凸显了社会主义语境下司法民主化与精英化的张力。指导性案例的报送和遴选机制，使地方性知识上升为普遍经验，但也应避免案例生成和适用过程中急功近利的心态。

关键词：指导性案例　案例法治　权力关系

中国的案例指导制度经过了一个较长时期的酝酿和筹备过程，[1] 发展到今天，已经事实具有了"准法源"的效力。[2] 自 2010 年 11 月最高人民法院发布《关于案例指导工作的规定》起，从 2012 年 1 月 11 日至 2023 年 1 月 11 日，最高人民法院共发布 36 件刑事指导性案例。在案例适用过程中，指导性案例适用率低和法官对案例"求贤若渴"的状态形成鲜明对比。大部分指导性案例仍

---

* 天津市第一中级人民法院刑二庭审判员，四级高级法官，天津市社会治理研究中心特约研究员。

〔1〕 参见刘树德：《司法改革热问题与冷思考》，人民法院出版社 2014 年版，第 74 页。

〔2〕 参见雷磊：《指导性案例法源地位再反思》，载《中国法学》2015 年第 1 期。

处于沉睡状态,案例适用存在严重的不均衡现象。[1] 曾有不少学者就指导性案例的适用比例较低的问题,进行深入研究,对于其中存在的主、客观因素也都有细致的分析。有学者将法官隐性参照指导性案例或扩展适用指导性案例,均作为指导性案例适用失范的实践表征。[2] 也有学者发现指导性案例可能存在错误,[3]这正是由地方性知识的限度所导致的。当然,还有学者批评中国指导性案例的行政化逻辑有可能增加法官的非司法性负担,并削弱法官的独立性。[4] 以上这些针对指导性案例的批评自有其合理性,但似乎仍然有进一步挖掘的可能性。以往文献对指导性案例的选编、检索、识别等具体技术的运用,已有较为充分的讨论,本文更为关心的是,作为本土生长出来的鲜活的法治资源,以指导性案例为核心的中国特色案例体系背后,究竟蕴藏着何种权力关系以及如何解释指导性案例"曲高和寡"的奇怪现象。

一、案例法治的观念背景

一方面,目前除了最高人民法院对指导性案例的部署外,尚未看到有来自更高层次的政治权威的肯定,这与学术界所期待的指导性案例应当具备的功能和价值极不相称。另一方面,我们可以从中国特色的政治语境下看待这一问题。一般观念认为,指导性案例相较于司法解释而言,处于补充和辅助的地位,但在观念背景上二者截然不同。司法解释是"集体理性"的产物,是在司法层面对立法活动的"镜像模拟",存在大量人为建构的知识和规则;而案例制度的背后是经验哲学理念,案例是法律经验和社会经验的凝结,案例天然与经验相关联。经验主义与唯理主义之争是西方思想史上最重要的命题之一。在大陆法

[1] 参见程财、孙建文:《指导性案例司法应用的检视与完善——以法官的认知与习惯为视角》,载《司法改革评论》2019 年第 2 辑;郭叶、孙妹:《最高人民法院指导性案例 2021 年度司法应用报告》,载《中国应用法学》2022 年第 4 期。

[2] 参见侯晓燕:《指导性案例适用失范的现状、成因及其出路——以指导性案例 24 号的参照情况为分析视角》,载《交大法学》2022 年第 4 期。

[3] 参见张骐:《再论类似案件的判断与指导性案例的使用——以当代中国法官对指导性案例的使用经验为契口》,载《法制与社会发展》2015 年第 5 期。

[4] 参见郑智航:《当代中国法院的功能研究》,北京大学出版社 2020 年版,第 214 页。

系的观念体系中,一般更强调理性的力量;而在英美法系,更倾向于对理性保持必要的审慎,更相信经验的传承。特别是在现代性的指引下,人们更加相信依赖纯粹理性可以克服自身的局限和不足。在西方政治哲学中,自启蒙运动以来对人的理性的张扬,构成了贯穿整个西方近现代思想史的观念谱系。尤其是在我国的政治观念体系中,理性不仅是个人得以解放的前提,同时意味着全体社会成员的理性应当上升为国家意志,并成为现代性下的最终使全社会走向更好光明前途的保证。这使得主权在民、人民主权等概念成为集体理性的最好诠释。而经验哲学、经验主义,在中国长期革命斗争的语境之下,成为一个带有一定负面色彩的词汇。因此,指导性案例的"遇冷",与我国特有的政治哲学观念和文化背景有直接的因果关系。

指导性案例是较为典型的法律精英化的产物,裁判规则是法官个人司法经验理论化的产出过程,通过复杂的权力运作机制,指导性案例中的法官个人知识发酵为国家知识。[1] 尽管中国古代史料和文学作品中有大量"青天断案"的记载,但在社会主义和集体主义的语境下,并不崇尚过于突出法官个人的决断价值和智慧。判例法更多体现在带有某种法官精英化的个人化色彩,在中国这样一个更强调"整体"、更重视"单位"的国度内,对于过分凸显个人化治理的模式,甚至会被贴上"不讲政治"的标签。法官最好能够"严丝合缝"地适用法律,充当无差别的"功能性角色"。从党政系统的角度来看,更希望通过立法层次的完善来改良法治运行状况,而不是依赖法官个人创造性地运用法律技术。在中国特有的社会政治语境下,对这种个人化和精英化的治理模式带有某种本能的警惕。而从改革开放以来的历史实践来看,从依政策治理向依法治理的转型过程中,如果没有更高权威的加持,这种较低位阶的个人化治理是难以为继的,也是不被容忍的。因此,知识的生产者以"匿名化"方式存在,这正是司法裁判经过层层过滤之后的必然结果。

指导性案例在司法实践中的"遇冷",除了受到特定的政治文化语境和体制性因素的影响之外,也与司法解释对指导性案例形成的"挤压现象"密不可分。有的指导性案例之所以适用率较低,并不是因为其提炼的规则缺乏普遍适用

[1] 参见葛天博:《法官个人知识对指导性案例的影响》,载《人大法律评论》2018年第3辑。

性,而是因为已被吸收进后续的司法解释之中。例如,指导案例3号“潘某梅、陈某受贿案”中关于“国家工作人员低价购买房产的受贿数额,按照交易时市场价格与实际支付价格的差额计算”的裁判要点,本身就是最高人民法院、最高人民检察院《关于办理受贿刑事案件适用法律若干问题的意见》相关规定的重申。指导案例11号“杨某虎等贪污案”中关于“利用职务上的便利”的裁判要点,已为最高人民法院、最高人民检察院《关于办理贪污贿赂刑事案件适用法律若干问题的解释》所吸收。指导案例93号“于某故意伤害案”中关于防卫过当及指导案例144号“张那木拉正当防卫案”中关于正当防卫的裁判要点,已为2020年最高人民法院、最高人民检察院、公安部《关于依法适用正当防卫制度的指导意见》所吸收。这表明,最高人民法院试图将个案的指导原则上升为具有更强法律适用效力的努力。有的指导性案例在颁布当时尚有较强的参考价值,但随着国家司法政策的调整,也逐渐不再适用或者仅具有宣示意义。例如,在指导案例12号“李飞故意杀人案”中,对于故意杀人手段残忍但有其他从轻处罚情节的,可判处死缓限制减刑。但近年来,随着最高司法机关死刑核准政策的不断收紧,各地法院过去认为能够核准的杀人案件,常常由于各种原因未能核准。在这种情形下,既然死刑立即执行得不到最高司法机关的支持,那么只能退而求其次,死缓限制减刑反而作为“顶格处罚”成为保留选项。这样,很多情况下为了区别杀人案件中的不同情节,对于一般杀人更多使用死缓乃至无期徒刑。

一项规则是否具有强制拘束力,首先看其是否具有不可替代性。例如,当法官审理故意杀人案件时,如果在判决中不依据《刑法》第232条之规定,则根本找不到可以替代的其他依据对被告人定罪量刑。但是对于相当一部分指导性案例而言,即便不参照该案例,法官在现有的法律和司法解释以及最高人民法院其他政策性文件的指导下,仍然可以作出恰如其分的裁判结果。例如,对于王志才故意杀人案,即便法官没有注意到或未适用该案例,仍然可以根据最高人民法院《关于贯彻宽严相济刑事政策的若干意见》的有关精神,对被告人不适用死刑立即执行。这也是不少学者发现实务界存在大量“隐性适用”指导性案例的原因。

如果单纯从业务角度去观察,在长达10年的时间里,仅出台了30多个刑事指导性案例,这显然远远不能满足法官审理案件的实际需要。但如果将指导性案例的功能和价值局限于同案同判统一法律适用,这本身当然无可非议,但从最高司法机关关于指导性案例的诸多表态上,可以发现还隐藏着另一种“雄心壮志”,即借助发布指导性案例进一步强化司法权威。在案例法治的体系中,我们发现智慧、知识和专业判断高度依附于阶层化的、等级化的司法体系。从中华人民共和国成立以来,人民法院就建立了自上而下的审级体系。在这样的体系之中,案例背后所体现的是法官个人的判断智慧,但是这种话语表达高度往往依赖于所在的平台。甚至会出现更高一级的普通法官的话语权,要超过下一级法院的院庭长,同样一个法官,在不同层级的法院的工作有不同的话语权的情况。原始的、个人化的决断被集体的、分层次的科层体系和政治权威判断取代,当初仅在个案意义上发挥作用的某个地方判例,由此被赋予了新的生命力。

因此,指导性案例的一个隐性功能,是为地方法院防止地方党政领导干部的不当干扰,提供了更真实有力的素材、议题和出口。相对于地方党政系统而言,位于中央层级的最高人民法院处于相对超脱的地位,可以以“四两拨千斤”的方式将下级法院从复杂的地方权力格局中解脱出来,例如,某中级人民法院在审理一起故意杀人案件时,如果相似的作案手段、犯罪情节和被告人的认罪态度与指导案例 4 号“王志才故意杀人案”基本类似,且在此情况下为舆论所关注而成为热点案件时,带着朴素正义观念的民众乃至地方党政领导,往往会抱着“杀人偿命,天经地义”的认知,来审视和期待案件的结果。那么在这时,最高人民法院的指导性案例可以成为审理该案的法院和合议庭的参考依据,这要比原则性地去讲“少杀慎杀”有效得多。

中国特色案例法治体系的生成,让基层人民法院和法官对法治的横向参与度大大增强,也让中央与地方关系之间被楔入了某些变量。在传统的中央与地方关系的定位中,中央处于强势的决策地位,而地方处于弱势的执行层级。尽管过去也提倡“地方首创精神”,但地方的创新举措往往会被提炼和转化为中央文件的一部分。在案例法治体系中,中央不仅承认地方的知识和智慧的价值,而且完整保留了地方性知识原有的风貌。按照马克斯 · 韦伯的观点,在所有的权力类型中,由知识所凝结成的理性而产生的权力是最为持久可靠的。因此,地方法院所贡献的地方性知识,在最高人民法院的背书下发酵为普遍化的权力。

对指导性案例的重视,意味着最高司法机关不再试图一劳永逸地解决问题。

二、案例体系的权力关系

除指导性案例外,还有最高人民法院职能部门发布的典型案例、授权省级人民法院发布的参考性案例、汇编案例,由此形成了中国特色的案例法体系。[1] 有观点提出,司法化改造条件的缺失,决定了现阶段我国案例生成机制必然具有行政化样态。[2] 从表面上看,最高人民法院的指导性案例、公报案例以及《刑事审判参考》中的相关案例,几乎没有哪个案件是最高人民法院直接参与审理过的,但这并不意味着最高司法机关不存在司法化改造的机制。早在1999年,最高人民法院就发布了《关于审判工作请示问题的通知》,明确了地方各级人民法院遇有疑难复杂案件可以逐级报请最高人民法院的做法,在实务界俗称"内审制度"。这一机制与领导干部干预过问案件、法院内部签批案件等违反司法改革精神的做法并不相同。最高人民法院在2011年发布的《关于规范上下级人民法院审判业务关系的若干意见》,为案件请示进行诉讼化改造提供了制度性基础。也就是说,现有的指导性案例和《刑事审判参考》中的案例,其中有一部分是经最高人民法院内审程序批复认可的处理意见。实际上,最高人民法院也意识到了使用批复解释个案所存在的种种风险,因而逐渐用案例的方式代替。例如,奸淫幼女案的司法解释引发了众多争议,在当时即有不少司法人员提出,如果以专门案例进行发布和分析、探讨,同样可以提炼出相应的规则,并且能发挥更好的效果。因此,在此基础上形成的相关判例,事实上代表了最高人民法院的意见,具有相当权威的适用效力。

司法解释的制定过程较为繁复,一般需要经过长期的酝酿以及与其他机关的沟通,甚至在一些专业领域还要征求相关国家部委的意见,[3] 特别是在2005

---

[1] 参见彭宁:《中国特色案例制度的现状与挑战》,载《中国案例法评论》2017年第2期。

[2] 参见陶文婷:《论我国指导性案例的生成机制——以刑事审判为考察视角》,载《南海法学》2022年第5期。

[3] 如在食品药品安全领域、自然资源领域的司法解释,需要征求国家市场监管部门和国土资源部门的意见。

年 12 月,第十届全国人大常委会第四十次委员长会议通过《司法解释备案审查工作程序》后,对司法解释进行审查的程序性要求越来越严格。相较于司法解释,指导性案例的制作过程和效率要高得多。司法解释在大陆法系的语境下,也走向了成文法的模式,因而不免存在挂一漏万的情况。往往是出台一个司法解释,按下葫芦起了瓢,解决了此问题又冒出彼问题,需要不断“打补丁”进行升级,[1]况且司法解释模式还存在与实践脱节的危险。[2] 而通过发布指导性案例的方式,不仅节省了制定和颁布司法解释所耗费的时间成本和复杂的审批环节,而且以主题式、集中发布指导性案例,也有助于统一解决实践中遇到的难题。

目前,指导性案例面临的主要困境是“供需严重不平衡”。对于某些法院内部争议较大的问题,急需参考指导性案例时却往往“远水解不了近渴”。以笔者较为熟悉的职务犯罪案件为例,实际上绝大部分争议焦点表现为证据问题,一旦证据搜集到位,反而法律定性的问题会迎刃而解。特别是对于被告人身份特殊的职务犯罪案件,很难找到普遍适用的指导性案例。主要考虑到一些案件细节不便透露,且这些案件往往是一事一议,即便公布也不宜普遍适用。同时考虑到职务犯罪重大而敏感,如果单以某个指导性案例作为依据,很可能在适用中缺乏足够的权威性和说服力。这主要是因为,职务犯罪中案件的重要程度往往不取决于案情的复杂程度,甚至犯罪数额的多少,而主要取决于被告人本人的身份、地位和影响力。也就是说,在案件审理过程中,司法机关所赋予的重视程度以及后续所投入的司法资源会因为被告人的身份出现截然不同的待遇。例如,在某个生效案例中,如果被告人级别较低,即便在法律定性和量刑方面具有相当程度的参考性,但在遇到较高级别的职务犯罪案件时,直接适用此类案例仍然会有“不合时宜”的尴尬。虽然这看起来有些“看人下菜碟”的庸俗,但却是司法机关不得不面临的境况。又如,对于故意伤害致人死亡案件的量刑,

---

〔1〕 最典型的就是对非法吸收公众存款罪的规制,最高人民法院先后在 2010 年制定《关于审理非法集资刑事案件具体应用法律若干问题的解释》,2014 年、2019 年出台办理非法集资刑事案件的意见,2022 年发布《关于修改〈最高人民法院关于审理非法集资刑事案件具体应用法律若干问题的解释〉的决定》。

〔2〕 参见李拥军:《司法的普遍原理与中国经验》,北京大学出版社 2019 年版,第 178 页。

始终没有找到一个较为合适的案例，特别是涉及故意伤害致人死亡的起刑点，极易成为舆论的引爆点。

指导性案例的生成机制中，自上而下的报送是一个关键而必需的环节。也就是说，什么样的案例成为指导性案例，一方面是通过最高人民法院在各地报送的判例中"优中选优"，另一方面也要靠"供给方"的有效输出，即众多的地方法院向最高人民法院逐级报送有分量、有价值、有推广意义的典型案例。一旦某个法院的案例被遴选为指导性案例，不仅能够获得不言而喻的巨大荣誉，同时获得了某种对全国范围内的审判影响力。对于地方法院和法官而言，这不仅是一份荣誉，也极易滋生巨大的"诱惑"。因此，不排除某些地方法院为取得指导性案例的"优先权"，而催生某种急功近利的心态，即在审理案件时先设定一个迎合主流价值观念的结论，甚至主动迎合学术界的某种偏好和所谓的"政治正确"，再按图索骥就案件结果进行论证。例如，曾有一段时期因接连发生"于某案"和"昆山龙哥案"等轰动性案件，正当防卫一度成为学术界和社会热烈讨论的话题。[1] 从最高人民法院的角度来看，也希望下级法院能够及时报送合适的正当防卫类案例，以正确引导社会价值。恰在此时，笔者接触到一起故意伤害案件，被告人与被害人因酒后发生争吵，遂互相踢踹对方，被害人在伸腿踢被告人时，被告人顺势将被害人推倒在地，造成被害人轻伤二级的后果。该案是一起典型的因民间琐事发生的轻微互殴案件，虽然发生了轻伤以上的后果，但考虑到冲突时间较短、被害人存在过错等情节，可对被告人从轻处罚。但该案承办法官认为"正当防卫"是当时社会的热点话题，如果将本案认定为正当防卫而出罪，则有望申报典型案例甚至指导性案例。但事实上，该案在法院内部饱受争议。因此，即便是最终处理结果一致，但论证的程序不同，也会产生截然不同的效果。

三、案例市场的竞争态势

在我国庞大的案例系统中，最高人民法院的指导性案例当然具有最高效

[1] 笔者所在部门即向最高人民法院报送了"张那木拉正当防卫案"，后被遴选为第 144 号指导性案例。

力,但由于相应的数量较少,使得在大部分案件中难以做到只适用指导性案例,这就使得其他以最高人民法院名义出版的各类图书、刊物所推出的案例,成为约定俗成的参考性案例,并在实务界产生巨大影响力,这在一些法官访谈中也得到了印证。[1] 在 2000 年以后,一些地区的中级、高级人民法院已经开始独立探索案例指导制度,并陆续发布了相当数量的典型案例,在统一法律适用方面发挥了积极作用。[2] 由此形成了一个以指导性案例为主、其他案例资源为辅的多层次、多位阶的案例体系。[3] 司法判决不产生法律但是必然形成裁判规则。[4] 我国的案例指导制度是对西方判例法的某种修正,是将原有判决提炼出更为简单实用的裁判要点,这意味着司法知识的密度更为集中,相关信息高度浓缩。当然,这也容易带来信息失真或信息遗漏的风险。由于受到篇幅的限制,刑事指导性案例并未全文刊载裁判文书,对于事实认定和裁判理由也极力浓缩,但过于精简的表达不利于法官充分了解案件事实及推理过程,无法充分汲取案例作者的裁判思路和裁判方法,案例的指导功能也大打折扣。[5] 尽管指导性案例的适用有裁判要点的相似性比对,但由于前一案例的高度浓缩和概括,后一案例在案卷、庭审等细节上不能做到完全对应,因而也会出现镜像失真甚至"差之毫厘,谬以千里"的不当适用。

对于刑事司法工作而言,最高人民法院刑事审判部门联合主办的《刑事审判参考》在众多案例类刊物中异军突起,甚至在某种程度上已经可以和指导性案例分庭抗礼。究其原因,正是由于其具备了以下三个条件:一是弥补了指导性案例对具体的法律适用问题论证不足的缺陷;二是弥补了指导性案例覆盖面不够的缺陷;三是作者和刊物的级别决定了案例的效力。《刑事审判参考》的相当一部分案例,本身就是最高人民法院的审判人员亲自撰写,其中不少作者日

---

〔1〕 参见唐震、李鹏飞:《基层法官谈案例援引》,载《法律方法与法律思维》2011 年第 7 辑。

〔2〕 参见于同志:《刑法案例指导:理论 · 制度 · 实践》,中国人民公安大学出版社 2011 年版。

〔3〕 参见方乐:《指导性案例司法适用的困境及其破解》,载《四川大学学报(哲学社会科学版)》2020 年第 2 期。

〔4〕 参见于同志:《谈裁判规则的归纳与生成》,载《人民法院报》2008 年 5 月 14 日,第 5 版。

〔5〕 参见林志雄、张佳佳:《正本清源:刑事指导性案例功能实现之三维路径——以 18 件应用案例和 F 中院刑事法官问卷调查为实证分析样本》,载《司法体制综合配套改革与刑事审判问题研究——全国法院第 30 届学术讨论会获奖论文集》(上),人民法院出版社 2019 年版。

后走上了重要的领导岗位,或者成为全国知名的审判业务专家。曾有观点认为,指导性案例本质上属于最高人民法院作出的批复,但事实上,反而是《刑事审判参考》中的部分案例更近似于批复,是“准司法解释”。最高人民法院《关于司法解释工作的规定》中将对省级法院就审判工作中具体应用法律问题的请示给予答复的形式,命名为“批复”,属于司法解释的范畴。有些《刑事审判参考》刊载的案例,就是在内审程序中对请示案件的批复基础上改编而成,特别是那些有最高人民法院法官署名的案例,基本上都属于此类范畴。只是相关的参考性案例隐去了批复的案号和最高人民法院的落款,但其裁判要旨正是批复的基本内容。例如,针对村民委员会是否能够成为单位犯罪的主体,公安部曾专门出具批复,否认村委会具有单位资格,[1]但法院和检察院对此一直存在异议。随着各类单位犯罪层出不穷,实践中这一批复精神已满足不了办案的实际需要。但在我国特殊的权力格局中,想要制定一项规则难,想要否定一项规则难上加难,尤其是公开否定一项由其他部门制定的规则更是要面临巨大的挑战。所以,尽管上述批复出台多年,却很难出现新的替代规则。直到最高人民法院“另辟蹊径”,借助具体的案例分析,[2]将这一问题做了更符合实际情况的解释,从而不动声色地化解了上述难题。

需要注意的是,在司法机关出版的专门案例类刊物之外,还有不少学术界举办的学术刊物刊登司法案例。但这些刊物由于稿件来源有限,难以形成持续性的影响力,特别是相当多的实务界人士难以获取相关出版信息,更谈不上进一步的援引。有些案例类刊物经过学界长期打磨,已经跻身核心期刊之列,如中国人民大学民商事法律科学研究中心主办的《判解研究》、国家法官学院主办的《法律适用·案例版》。但作为学术期刊,更为看重的是学术界的引用率,而较少考虑实务界的援引情况,案例的指导价值只是学术作品的副产品。同时,由于学术刊物对学术规范、语言风格、字数篇幅等均有较为严格的要求,使得作者的群体主要集中在学者身上,而1万字左右的篇幅是大多数公务繁忙的法官

---

〔1〕 2007年公安部《关于村民委员会可否构成单位犯罪主体问题的批复》(公复字〔2007〕1号)。

〔2〕 参见杨雪梅、王少兵:《赵石山、王海杰、杨建波非法占用农用地案——擅自以村委会名义将村山坡林地承包给村民作为墓地使用的定性》,载最高人民法院刑事审判第一、二、三、四、五庭编:《刑事审判参考》(总第125辑),人民法院出版社2020年版。

难以胜任的。此外,对于同一个案件而言,学者看到的往往是成形的、已被提炼的事实,而法官面对的是残缺、碎片化的材料,事实的拼接、重述会改变原本的面目,细节的流失也会使案件在结论上大相径庭。这就造成了这些刊物上的案例在学术上可能有相当的价值,但在实务界的影响力相对有限。

对于制作和颁布指导性案例,最高人民法院和最高人民检察院都意识到这是一片“富矿”。相比人民法院系统指导性案例的数量和规模,检察系统指导案例大有后来居上之势,[1]但检察案例的天然劣势在于缺乏裁判的终局性。在司法实践中,一个较为常见的规律性现象是,在程序的启动上,上游对下游影响极大,但在结论的裁判上,上游对下游的影响极小。从行政级别上讲,由最高人民检察院制定的指导性案例要远高于法院系统一般参考性案例,但即便如此,法官并不会轻易援引检察系统指导性案例。无论这其中是否包含了某种“意气之争”,至少大部分法官不情愿检察指导性案例主导法院的审判工作。因此,对于法官而言,检察指导案例的影响微乎其微。除非遇到法院和检察院在案件处理上意见相左,而检察院的指导性案例明显有利于法官反驳公诉人的意见时,法官才会突然“积极”起来,以彼之矛攻彼之盾。但需要注意的是,有相当一批检察系统不起诉案件所提炼出的规则,对于审判工作有十分重要的参考价值。[2] 中国法律传统中一直有“举轻以明重”的类比原则,即如果在情节较重案件中做非罪化处理,那么在情节较轻案件中,则毫无疑问应当进一步适用非罪化处理。据此,可以更好地把握司法实践中不同罪名的入罪门槛。特别是在当前检察系统倡导慎捕慎诉的司法理念之下,其推出的不起诉指导案例,尤其应当得到法院系统的重视,在处理罪与非罪的案件时作为重要参考,以更好地落实宽严相济的刑事政策。

正常情况下,最高人民法院对省高级人民法院、中级人民法院和基层人民法院的影响力是层层衰减的。对于广袤的、分布众多的中级人民法院和基层人民法院而言,最高人民法院很难通过人事上的影响来实现其权力的弥散。指导

---

〔1〕 截至 2022 年 7 月最高人民检察院已经发布 38 批,共计 157 件指导性案例。

〔2〕 例如,检例第 90 号“许某某、包某某串通投标立案监督案”、检例第 91 号“温某某合同诈骗立案监督案”、检例第 92 号“上海甲建筑装修有限公司、吕某拒不执行判决立案监督案”、检例第 93 号“丁某某、林某某等人假冒注册商标立案监督案”。

性案例是最高人民法院创设的一种新型权力，最高人民法院通过指导性案例进一步对中级人民法院和基层人民法院形成制约关系。这体现出一种新的形态：第一是收权，即最高人民法院的各个部门对于本业务条线形成了某种权力的制约，所有的案件审理都应遵循最高人民法院对口审判部门的指导；第二是限权，即由于各地法院在类似案件上没有做到同案同判，造成了相当程度的舆论危机和司法公信力危机，最高人民法院为解决这一问题而采取了更为具象和直观的案例指导方式，将各地法院的审理模式予以统一。此外，指导性案例背后存在某种隐蔽的权力生产机制，是发达地区对欠发达地区的一种渗透和影响。例如，对于办理内幕交易罪而言，外地法院几乎很难遇到类似案件，而在拥有证券交易所的上海、深圳等地，大量上市公司聚居于此，金融行业异常繁荣和发达，此类案件的发生概率要远高于中西部地区，因而这些案件所在的当地法院，近水楼台般拥有了审理此类案件的话语权。甚至在某种程度上，这种审理经验即便是更高一级的人民法院也难以具备，一旦这些法院审理证券交易犯罪的案件，通过最高人民法院背书的方式成为通行的做法和经验，那么在事实上就是发达地区对非发达地区的影响，将以案例指导的方式进一步扩散。

四、案例适用的互动方式

在以诉讼为中心的刑事司法制度中，法官是诉讼各方围绕案例展开游说的核心目标。案例适用的主体是法官，包括律师、检察官、当事人、学者以及其他所有的参与人员都扮演了推动、影响、配合的角色。这其中的互动关系，本身就是一种权力技术的运用。在所有的诉讼主体中，律师最有热情、有动力向法官推荐指导性案例或参考性案例，但也恰恰是这种态势，让律师和法官之间常常充满误解和怨气。在一些法官看来，律师连基本的案件事实和法律定性问题都没有搞清楚，其所提交的案例或者与案件并不具有相关性，或者在基础事实方面存在显著差异，此类案件是在干扰审判，有意误导法官的判断；而在律师看来，法官粗暴蛮横地拒绝接收自己辛苦检索的案例，或者对律师提交的案例不理不睬，这是一种司法的独断专行，充分表明法官的“傲慢与偏见”。而一些上不了台面的细节往往成为造成“信息不对称”的罪魁祸首。例如，一些法院对调研工作不够重视,在《最高人民法院公报》《刑事审判参考》《人民司法》等刊物的订阅上,仅能满足审委会委员的需要,一般法官则不予配发;还有的法院由于地方压缩、削减财政支出,办案经费捉襟见肘,因而干脆取消了对有关刊物的订阅。实践中,甚至出现律师拿着最新的"权威"案例,而法官浑然不知的窘境。在某种程度上,知识和信息的占有与权力的分配出现了倒置。

有相当一部分法官,在面对律师提交的案例时,会告知对方"我们不是判例法国家"。事实上,这是一种借助政治话语的丰富含义来抵消对方所提交案例的合法性、合理性的语言策略,也是站在政治正确的立场上,采用的一种"事实上推出去"的应对方式。由于政法队伍自身较强的政治属性,当我们在讨论我国"是不是判例法国家"时,就已经脱离了原有语境,而转换到在司法工作中是否坚持党的绝对领导和社会主义司法体系的"大是大非"的判断中。尽管这种论证方式在逻辑上存在漏洞,但这也使法官可以节省大量资源,避免了在技术层面上是否采纳律师提供案例所带来的一系列困扰。

有观点认为,法官引用指导性案例,常常是在策略性互动中的被动选择,是回应当事人诉求的结果。[1] 实际上,真实的情形往往是法官主动寻求指导性案例作为外援。在承办法官处理疑难案件,特别是在没有法律和司法解释明确支持的情况下,在提交员额法官会议或审委会讨论时,相关院、庭领导往往会询问承办法官,该案是否有其他权威判例的支持或参考?如果这时承办法官能够提交相应的比较有分量的相似性判例,那么在说服上级领导和审委会、员额法官会议接纳同意承办人的意见上,将起到十分关键的作用。

就法官适用指导性或参考性案例的步骤而言,一定是在审理疑难复杂案件的过程中,遇到了相关的法律或司法解释空白,如不考虑其特殊情节而直接适用一般性的法律或司法解释规定,将可能作出较为背离一般社会正义观念的裁判结果。在此情况下,承办法官往往会主动检索相关判例,以期能够在处理方式上寻求更好的解决思路。由于指导性案例的数量有限,这一环节反而会很快略过。在检索过程中,一般通过法院内部的法信检索系统进行检索,如果有多

---

〔1〕 参见熊静波、林洹民:《由内在态度决定的权威——对指导性案例规范性的再评估》,载《法学评论》2016 年第 6 期。

个可供参考的案例,则优先选择《最高人民法院公报》案例、《刑事审判参考》或最高人民法院下属机构出版的相关刊物或案例汇编。《最高人民法院公报》的案例虽然同样有较高参考价值,但存在明显的刑事/民事分野。例如,《最高人民法院公报》曾刊登"尹某军与颜某奎健康权、身体权纠纷案",明确刑事案件的受害人因犯罪行为受到身体伤害,未提起刑事附带民事诉讼,而是另行提起民事侵权诉讼并主张残疾赔偿金的,应予赔偿。该判例允许法院判决残疾赔偿金,改变了现有的刑事附带民事诉讼模式,且是具有较高效力的公报案例,但是在实践中仍然援引较少。究其原因,正是因为该案发生在民事领域,而现行刑诉法司法解释规定故意伤害案不支持附带诉讼人关于残疾赔偿金的主张,因而刑事法官对民事判例未必"买账",也不敢轻易突破刑诉法司法解释的限制。

学术界较为关心的是,法官对于指导性案例和众多参考性案例的适用,究竟持何种态度。但对于大多数一线办案人员而言,并不关心学术界热烈讨论的诸如指导性案例究竟属于法官造法还是法官释法等话题,[1] 而是司法解释或指导性案例哪个更实用就用哪个。[2] 地方法院对于指导性案例的适用是具有差异性的,不同地方的法院对同一案例有不同的态度,同一法院对不同的案例也有不同的态度。同时在法院内部,由于审级的约束关系,使得不同层级法院作出的判决以及由此形成的案例,也会对法官所审理案件在适用案例时形成影响。对于 a 市 B 区法院而言,如果该法院的某判例被遴选为最高人民法院指导性案例,这一案例能够对 a 市中级人民法院产生当然效力。这在某种程度上就颠覆了审级制度关于上下级法院之间的业务指导关系,[3] 在正常情况下,这种模式并不会产生较大问题。但需要注意的是,由于法院内部呈报指导性案例的部门,往往不是业务部门,而是研究室,这就导致在上级法院逐级上报的过程中,有可能出现上下级法院业务部门对同一法律适用问题有不同看法,但研究室仍然予以上报的情形。这在事实上,使得上级法院不得不接受其本来并不同

---

〔1〕 参见徐静:《指导性案例制度形成中的权力互动机理研究》,载《江西社会科学》2021 年第 7 期。

〔2〕 换句话说,如果从填补法律空白、开创司法适用先例的角度,可以概括为法官造法;如果从澄清法律概念、扩大司法适用范围的角度来看,就是法官释法。

〔3〕 参见葛天博:《法官个人知识对指导性案例的影响》,载《人大法律评论》2018 年第 3 辑。

意的下级法院的意见,造成某种制度性困境。因此,一审法院更有动力去寻找和发现参考性案例,因为担心被二审法院改判,特别是对于许多疑难复杂案件、特殊情况而言,下级法院反而比上级法院更有发言权。

在特殊情形下,法官审理案件对案例的应用更为灵活机动。即便基本的案件事实并不相似,但是相关判例传递出的裁判理念足以支持案件结论时,同样可以作为参考依据。例如,笔者在承办一起诈骗亲属案件中,该案被告人以帮助解决就业为由,通过微信匿名联系其表妹并诈骗其表妹钱款 60 万元。后被害人报案,公安机关将被告人抓获归案,被告人父母在第一时间归还被害人赃款,并得到了被害人的谅解。在庭审中,被害人家属多次请求法庭不予追究被告人的刑事责任。从本案的社会危害性和人身危险性的角度来看,被告人的犯罪情节区别于社会上发生的较为严重的诈骗财产的案件;从被告人与被害人的关系来看,平时交往较为密切。为使家庭亲情不至于因本案的处理受到损害,本案确有酌情处理之处。但检索指导性案例和其他公报案例后,并无类似判例,仅在《刑事审判参考》中有一例被告人盗窃其叔祖父财产被免予追究刑事责任的案例。[1] 尽管案由不同、被告人与被害人的关系不同,但从案例中所体现的裁判精神和司法理念是一致的,即最大限度保障家庭关系的正常维系。也正是基于这样的考量,笔者最终在参考相关判例的情况下,对被告人免予刑事处罚,在向审委会汇报时也获得了一致支持,取得了良好的社会效果。

另外,当法院和检察院就某个具体的法律适用问题产生较大争议时,即使双方检索到同一个较为权威的典型案例,也仍然会根据各自的立场来解读案例的内涵,加之有些案例本身为了立论的周延而有一些原则性的表述,这种"既要—又要"式的概括表达往往成为争论双方各执一词的依据。例如,笔者曾在《刑事审判参考》发表过一篇关于以股权转让方式实现土地使用权流转的定性的案例分析。由于此类案件牵连甚广,且从政策性的角度来看,国家对土地要素市场持开放和鼓励的态度,因而原则上应作出罪处理,但是,由于土地领域犯罪手段多样,也不能一概排除极端情况下扰乱土地市场秩序并需要追究刑事责

---

〔1〕 参见《文某被控盗窃案(第 87 号)——处理家庭成员和近亲属之间的偷窃案件应当注意的刑事政策》,载《刑事审判参考》(总第 13 辑),法律出版社 2001 年版。

任的可能性。[1] 某地法院恰好正在审理此类案件,且与检察院争论极其激烈,法院和检察院的承办人均辗转联系到笔者,希望就案件处理给予明确答复。对此,笔者也只能以较为原则性的表态,提供一些参考和建议,而无力说服持反对意见的一方。由此可见,即便效力和导向都很明确的案例,在涉及重大案件的审理时,也不得不面临被修正甚至被搁置的窘境。

五、结　语

《〈最高人民法院关于案例指导工作的规定〉实施细则》第 10 条规定,“各级人民法院审理类似案件参照指导性案例的,应当将指导性案例作为裁判理由引述,但不作为裁判依据引用”。这固然是指指导性案例的法律效力有限,但也意味着最高人民法院在推广指导性案例的同时,对下级法院并非无限授权,而是希望适用此类案例的法院能够发挥主观能动性,将案例中的裁判要点加以充分运用和发挥,以进行司法知识的再生产。

有学者指出,最高人民法院发布的指导性案例如果缺乏足够的竞争力,则在“案例市场”中同样不会得到“消费者”(广大法官)的认可。[2] 因此,指导性案例应建立分层次、阶梯式的诉讼化改造案例模式,让中、高级人民法院的相关案例,从隐性适用变成显名适用,更具有规范化和制度性的作用。当然,从避免上级法院发回、改判的实用角度来看,按照上级法院已经成熟了的裁判观点审理案件显然效果更好。从地方性知识能够正确运用的角度来看,按照二审法院的观点,也更符合本地的生活习俗、社会观念和发展水平。尽管上级法院作出的判例在辖区法院范围内具有无可置疑的影响力,但完全按照上级法院判例“亦步亦趋”也存在“时效”问题,即往往会随着上级法院相关审判人员的岗位调整而“人亡政息”。因此,相较而言,制度化和体系化的指导性案例在适用的

〔1〕 参见张文波:《青岛瑞驰投资有限公司、栾钢先非法转让土地使用权案(第 1451 号)——在土地开发经营过程中,以股权转让方式实现土地使用权流转的定性》,载《刑事审判参考》(总第 130 辑),人民法院出版社 2022 年版。

〔2〕 参见李友根:《指导性案例为何没有约束力——以无名氏因交通肇事致死案件中的原告资格为研究对象》,载《法制与社会发展》2010 年第 4 期。

周期上要更为持久。可以预见的是,指导性案例和参考性案例的数量以及规模在未来将不断扩大。

有相当多的观点为指导性案例还不具备强制效力而忧心忡忡,甚至呼吁最高人民法院应尽快将指导性案例提升至与司法解释同等的法律地位和效力。笔者认为,指导性案例的价值,恰恰在于其"柔性治理"的功能和对司法解释予以补充乃至纠偏的定位。从法律程序上讲,如果指导性案例要具备司法解释的法律效力和地位,则应当同样经过全国人大法工委的审议和备案。目前,这种做法并没有相应的法律依据,立法机关一般情况下也不会将具体个案的指导作为其日常工作的主要内容。而一旦指导性案例被赋予强制约束力,很可能会遭到地方法院的软抵抗,使其本来鲜活的生命力随之萎缩。因此,对于指导性案例的适用,应当更多采取制度性的激励措施,而不是一旦未援引指导性案例就要招致各种惩戒,从而尽量为司法技艺的运行留出富有弹性的空间。

指导性案例司法适用如何说理*

——原则建构与实践反思

马光泽**

内容摘要：指导性案例的适用效果最终需要通过说理表现出来，因此说理构成了指导性案例司法适用的重要组成部分。从规范层面分析，指导性案例司法适用涉及的说理原则主要包括针对性说理原则、充分性说理原则以及条理性说理原则。从实践层面反思，在针对性说理原则的贯彻上，应避免漠视性说理、选择性说理以及误解性说理等问题的出现。在充分性说理原则的贯彻上，应注意说理的全面性和深入性；同时，在繁简分流的理念引导下，应结合不同的案件情形区别对待。在条理性说理原则的贯彻上，当下的重点在于，需要对制定法、指导性案例以及有关指导性案例延伸说理三者之间的逻辑关系进行疏通。

关键词：指导性案例　司法适用　说理　原则建构　实践反思

一、问题的提出

司法是维护社会公平正义的最后一道防线，而公正是司法的生命线和灵魂，能否切实地实现司法公正关乎司法公信力建设的成败。当下，在从运行机制层面稳步、有序地推进司法体制改革为司法公正创造外部环境的同时，还需要回归根本，从案件质量层面提升司法的公正性，而后者的关键在于统一法律

---

* 本文系2022年度河南省哲学社会科学规划青年项目“人民法院执行公共政策的原理与机制研究”（2022CFX030）的阶段性成果。

** 河南大学法学院校聘副教授，法学博士。

适用。在过去很长一段时期内,我国在促进统一法律适用目标的实现上主要依赖发布司法解释,但由于司法解释具有较强的抽象性,导致其并未能有效地承担统一法律适用的功能。作为补充,指导性案例从幕后走向台前。与司法解释有所不同,指导性案例是在个案的基础上形成的,因此其较司法解释更具有具体性,从而能够更加精准地约束法官的自由裁量权和统一裁判尺度。鉴于指导性案例具有显著的优势,其在司法实践中越来越受到重视,中央文件一再强调要重视指导性案例,如《中共中央关于全面推进依法治国若干重大问题的决定》指出,要"加强和规范司法解释和案例指导,统一法律适用标准"。《法治中国建设规划(2020—2025 年)》再次重申,要"加强和完善指导性案例制度,确保法律适用统一"。

从现实角度来看,指导性案例能否良好地发挥促进统一法律适用的功能,取决于其在司法实践中能否正确、合理地得到适用。通过文献梳理与观察,学界既往对指导性案例司法适用的研究主要集中在参照方法上,〔1〕而对指导性案例司法适用的说理问题关注不足。此种缺憾不仅是研究兴趣导致的,同时存在规范解读上的诱因,《〈最高人民法院关于案例指导工作的规定〉实施细则》第 10 条规定,"各级人民法院审理类似案件参照指导性案例的,应当将指导性案例作为裁判理由引述,但不作为裁判依据引用"。依此来看,适用指导性案例已然是在从事说理的工作,此种意义上,对指导性案例适用本身似乎无说理的必要。该解读存在一定的误解,因为就实践理性哲学的角度而言,即使指导性案例是作为裁判理由存在的,但在个案的情境中,如何表明其并非仅是一种表征因果关系的说明性理由而是具有正当性的,则依赖于进一步的说理。〔2〕此外,从新一轮的司法改革来看,裁判文书说理已经成为司法体制改革之外提升司法"软"质量的重点所在。最高人民法院《关于加强和规范裁判文书释法说理的指导意见》对裁判文书说理的目的做了强调,"裁判文书释法说理的目的是通过阐明裁判结论的形成过程和正当性理由,提高裁判的可接受性,实现法律效果和社会效果的有机统一"。由此可以看出,指导性案例统一法律适用作用

〔1〕 参见孙光宁:《指导性案例参照适用中的案件事实相似性判断》,载《国家检察官学院学报》2022 年第 3 期;孙海波:《案例指导制度下的类案参照方法论》,载《现代法学》2020 年第 5 期。

〔2〕 参见陈景辉:《实践理由与法律推理》,北京大学出版社 2012 年版,第 53 ~ 57 页。

的发挥,并不简单意味着法官在同类案件的审判上借助指导性案例最终得到了相同的裁判结论,同时意味着要对裁判结论的形成过程和正当性理由加以阐明。

指导性案例司法适用的说理与一般的裁判说理具有共性,同时具有自身的一些特殊性。本文以共性原则为架构,在此基础上结合实践观察,对指导性案例司法适用说理的特殊问题作出分析。

二、针对性说理原则

(一)针对性说理原则及其理据

针对性说理原则是适用指导性案例时应遵守的首要说理原则,此前,一些学者从司法裁判说理这一普遍论题对该原则作了一些阐发,如有学者指出,"裁判文书在性质上是法律作品而非文学作品,在体裁上是议论文而非散文。法官的说理要紧紧围绕可能影响司法裁判结论的必要之点来进行。要针对诉讼主张和诉讼争点、结合庭审情况进行说理,做到有的放矢"。〔1〕 从要义来看,针对性说理原则的行为规范性主要体现为,法官应当通过说理来努力化解当事人的质疑,这在实务界也得到了认可,"增强裁判文书的说理性,必须善于抓住案件中的疑点和当事人的疑惑,展开说理"。〔2〕

进一步深入理论层面进行反思,针对性说理为什么一定要围绕当事人的质疑来下功夫？该问题涉及的一个前提性问题是,针对性说理的对象为什么是当事人？早在1999年最高人民法院通过"'一五'改革纲要"提出要"加快裁判文书的改革步伐……增强判决的说理性"〔3〕之背景下,就有学者敏锐地认识到,"司法判决书的预期受众问题将是中国司法裁判文书改革中一个无法回避的问题,将会是一个有很多甚至较长期学术争议的问题"。〔4〕 而从审判场景的变迁

〔1〕 雷磊:《从"看得见的正义"到"说得出的正义"——基于最高人民法院〈关于加强和规范裁判文书释法说理的指导意见〉的解读与反思》,载《法学》2019年第1期。

〔2〕 胡云腾:《论裁判文书的说理》,载《法律适用》2009年第3期。

〔3〕 《人民法院五年改革纲要》(法发〔1999〕28号)第13条。

〔4〕 苏力:《道路通向城市:转型中国的法治》,法律出版社2004年版,第219页。

来看,“司法广场化”向“司法剧场化”的现代性转变所带来的一个后果是,法官在说理上首当其冲面对的是诉讼参与人。[1] 应当说,诉讼参与人是多样化的,但基于利益上的强关联性而对司法裁判所产生的强期待性决定,当事人无疑是裁判说理面对的突出主体,[2]法官和当事人共处于一个交互的“表达者—听众者”的裁判说理结构中,即“当事人力图让法官接受自己的观点,否则法官的裁决有可能不利于己身;而法官作出的最终裁判也需要尽量获得当事人的接受和认可,否则,当事人完全可以通过其诉讼权利(如上诉和申诉)的行使来质疑甚至推翻原来的裁判结论”。[3] 法官想要提高司法裁判的可接受性,就需要借助裁判文书的说理来说服当事人,因此如果当事人对指导性案例的理解提出了一些质疑,而法官并未对这些质疑作出回应,那么说服当事人的目的就很难实现,司法裁判的可接受性也会随之变得虚弱。

(二)指导性案例针对性说理原则贯彻的问题归类

既然针对性说理原则对于提高司法裁判可接受性颇为重要,那么在适用指导性案例的过程中应如何贯彻该原则?以问题为导向,根据实证观察来看,在适用指导性案例时,在针对性说理原则的贯彻上,应注意并杜绝以下几种问题的出现:

第一,漠视性说理,是指在当事人对适用指导性案例提出质疑的情况下,法官最终关于是否适用指导性案例给出了与质疑相左的结论,但对该质疑采取漠视的态度。例如,“汕头市顺鑫龙贸易有限公司与曲某买卖合同纠纷案”,该案的基本案情和一审适法情况为:[4]

原告曲某从被告汕头市顺鑫龙贸易有限公司购买了一辆汽车,后发现该车存在对划痕进行喷漆修复的情况,而当时汕头市顺鑫龙贸易有限公司的销售人员并未将这一情况告知曲某。为此,曲某认为汕头市顺鑫龙贸易有限公司的做

---

[1] 参见舒国滢:《从司法的广场化到司法的剧场化——一个符号学的视角》,载《政法论丛》1999 年第 3 期。

[2] 参见方乐:《司法说理的市场结构与模式选择——从判决书的写作切入》,载《法学》2020 年第 3 期。

[3] 方乐:《司法说理的市场结构与模式选择——从判决书的写作切入》,载《法学》2020 年第 3 期。

[4] 参见广东省汕头市中级人民法院民事判决书,(2019)粤 05 民终 1082 号。

法构成了销售欺诈，遂向法院提起了诉讼，一审法院适用指导案例 17 号支持了曲某的主张。

汕头市顺鑫龙贸易有限公司不服一审判决进行了上诉，其围绕“维修”到底应作何理解，对一审法院适用指导案例 17 号提出了质疑，“一审判决引用的最高人民法院 2013 年 11 月 8 日发布的第 17 号指导性案例，认为：汽车销售者承诺向消费者出售没有使用或维修过的新车，消费者购买后发现系使用或维修过的汽车。但该案例涉及的是‘使用或维修过’的新车，与案涉车辆情况不同。本案车辆不是翻新车，是有合格证的新车，这个情况和 17 号案例完全不同，17 号案例是经过大修的，包括发动机被告也是承认经过大修，是两种不同情况，所以不能用 17 号案例作为本案参考”。[1]

二审法官在裁判时对指导案例 17 号能否适用给出了肯定性的回答，但这一回答显然并没有对上诉人汕头市顺鑫龙贸易有限公司有关“维修”的理解所提出的质疑进行反驳性说理，而是直接予以漠视，“最高人民法院 2013 年 11 月 8 日发布的第 17 号指导性案例（张某诉北京合力华通汽车服务有限公司买卖合同纠纷案）认为：汽车销售者承诺向消费者出售没有使用或维修过的新车，消费者购买后发现系使用或维修过的汽车，销售者不能证明已履行告知义务且得到消费者认可的，构成销售欺诈，消费者要求销售者按照消费者权益保护法赔偿损失的，人民法院应予支持。一审法院引述上述案例恰当”。[2]

第二，选择性说理，是指当事人对适用指导性案例提出了几项质疑，但法官在进行反驳性说理时仅针对其中某几项或某一项来展开，而没有顾及其他质疑。例如，“江某、中国人寿财产保险股份有限公司高安支公司机动车交通事故责任纠纷案”，该案的基本案情和适法情况为：[3]

罗某驾驶一辆重型厢式货车在一个路口左转弯时与孙某驾驶的小型轿车发生碰撞，造成原告江某受伤。公安局交警大队作出的道路交通事故认定书，认定罗某负此次事故的全部责任、孙某及江某不负责任。后江某以罗某、席某以及重型厢式货车关联的保险人中国人寿财产保险股份有限公司某支公司（以

---

〔1〕 广东省汕头市中级人民法院民事判决书，（2019）粤 05 民终 1082 号。

〔2〕 广东省汕头市中级人民法院民事判决书，（2019）粤 05 民终 1082 号。

〔3〕 参见江西省宜春市中级人民法院民事判决书，（2019）赣 09 民终 51 号。

下简称人寿保险公司)为被告向法院提起诉讼,主张侵权损害赔偿。一审法院查明,被告罗某驾驶的重型厢式货车的实际所有人为被告席某,被告罗某系被告席某雇请的司机;该车在被告人寿保险公司投保了机动车交强险及第三者责任险100万元且有不计免赔,被告人寿保险公司应在上述保险范围内理赔原告的损失。但在侵权责任认定上,一审法院认为,所涉交通事故外伤参与度为30%,残疾赔偿金及完全护理依赖费应按照外伤参与度30%计算。

一审结束后,江某和人寿保险公司均提起上诉。其间,上诉人江某援引指导案例24号主张一审判决适法错误,"上诉人在此次交通事故发生前都是正常人一样,并没有出现任何的身体不适,是此次事故外力才导致上诉人出现瘫痪,构成一级伤残,归根结底都是由于外力的损害结果。同时关于参与度的问题,《最高人民法院关于案例指导工作的规定》第7条明文规定,最高人民法院发布的指导性案例,各级人民法院审理类似案件时应当参照。而最高人民法院审判委员会讨论通过2014年1月26日发布的荣某英诉王某、永诚财产保险股份有限公司江阴支公司机动车交通责任纠纷案裁判要点指出,交通事故受害人没有过错,其体质状况对损害后果的影响不属于可以减轻侵权人责任的法定情形"。[1] 上诉人人寿保险公司围绕指导案例24号的适用问题做了答辩,其提出了三点质疑:(1)指导案例24号暗含的适用前提是符合可预见原则,即指导案例24号的基本案情是荣某英患有骨质疏松症,这种病症在老年人群体普遍存在。(2)荣某英外伤参与度为75%,主要原因在于交通事故。(3)最高人民法院公布的指导性案例并非法律法规或司法解释,无普遍约束力。[2]

二审法官在裁判时对指导案例24号能否适用给出了肯定性的回答,"最高人民法院审委会讨论通过并于2014年1月26日发布的第24号指导案例,裁判要点为,交通事故受害人没有过错,其体质状况对损害后果的影响不属于可以减轻侵权人责任的法定情形。参照该指导案例,本案受害人江某虽存在颈椎间盘突出的疾病,但并不必然导致一级伤残和高位截瘫的严重伤情,之所以构成一级伤残是本案交通事故发生外力介入产生的后果"。[3] 但仔细观察会发现,

---

〔1〕 江西省宜春市中级人民法院民事判决书,(2019)赣09民终51号。

〔2〕 参见江西省宜春市中级人民法院民事判决书,(2019)赣09民终51号。

〔3〕 江西省宜春市中级人民法院民事判决书,(2019)赣09民终51号。

法官关于为何适用指导案例 24 号所作的说理,仅是围绕外伤参与度这一问题来展开的,并未顾及对上诉人人寿保险公司提出的另外两项质疑。就第三项质疑来说,根据《〈最高人民法院关于案例指导工作的规定〉实施细则》第 10 条的规定可知,[1]指导性案例虽然不是法律法规、司法解释,但其作为裁判理由是具备适用的效力的,只不过不能单独适用而已,然而由于专业知识不对称,通过适用指导性案例来作出裁判对当事人来说可能不能理解。因此针对这一质疑,即使法官心中可以得出明确的答案也应进行说理,否则就不能很好地说服当事人。

第三,误解性说理,是指当事人对适用指导性案例提出了质疑,但法官在进行反驳性说理时误解了质疑的内容。例如,"包某与惠山区洛社镇魏星李华日用品店产品销售者责任纠纷案",该案的基本案情和适法情况为:[2]

包某在惠山区洛社镇魏星李华日用品店购买了几桶某品牌的食用油,其发现该日用品店销售的某品牌的食用油在食品标签上特别强调添加、含有橄榄油的成分,但却并未进行明确的标示。其认为此举不符合《消费者权益保护法》的规定,因此向法院提起诉讼主张 10 倍惩罚性赔偿。该案相继经过了一审和二审程序,法院最终以《消费者权益保护法》为据作出了 3 倍惩罚性赔偿的裁判结果。

包某认为一审、二审法院的裁判结果属于适法错误,遂向江苏省高级人民法院申请了再审,其间,包某援引指导案例 60 号作为再审申请理由,认为一审、二审基于未标明橄榄油含量的食品油不属于实质性影响食品安全的论断,作出的仅支持 3 倍惩罚性赔偿的裁判结果与指导案例 60 号并不相符,"食品标签、食品说明书上强调添加、含有橄榄油成分,但未标示橄榄油含量的,属违反《中华人民共和国食品安全法》的行为,不能用瑕疵免责。最高人民法院指导案例 60 号《盐城市奥康食品有限公司东台分公司诉盐城市东台工商行政管理局工商行政处罚案》对此已作明确认定。而涉案一、二审判决认定涉案未标明橄榄油含量的食品油不属于实质性影响食品安全的情形,与上述最高人民法院指导

---

〔1〕《〈最高人民法院关于案例指导工作的规定〉实施细则》第 10 条规定,"各级人民法院审理类似案件参照指导性案例的,应当将指导性案例作为裁判理由引述,但不作为裁判依据引用"。

〔2〕参见江苏省高级人民法院民事裁定书,(2018)苏民申 975 号。

案例相冲突”。[1]

在对再审申请进行审查时,法官对为什么不适用指导案例 60 号支持再审申请人 10 倍惩罚性赔偿的请求作了反驳性说理,“最高人民法院指导案例 60 号,盐城市东台工商行政管理局对盐城市奥康食品有限公司东台分公司作出工商行政处罚,是基于食品经营者在食品标签、食品说明书上特别强调添加、含有一种或多种有价值、有特性的配料、成分,而未标示所强调配料、成分的添加量或含量行为所实施的行政处罚,包某以此认为涉案食品油即属于实质性影响食品安全的情形,依据不足”。[2] 其中存在的问题在于,法官显然误解了再审申请人包某围绕适用指导案例 60 号所提出的质疑的内容,具言之,再审申请人包某认为根据指导案例 60 号裁判要点的规定,对于食品标签特别强调添加、含有某种有价值、有特性的成分却并未明确标示的情形,是否会对食品安全构成实质性的影响都不影响消费者的 10 倍惩罚性赔偿请求权。而再审审查的法官将此项质疑性主张理解为,对于食品标签特别强调添加、含有某种有价值、有特性的成分却并未明确标示的情形,如果能够证明它会对食品安全构成实质性影响,法院应当对消费者提出的 10 倍惩罚性赔偿请求予以支持。该认识与再审申请人包某所提出的质疑恰恰是相反的,此种情况下,遑论能够对当事人的质疑进行针对性的说理。

三、充分性说理原则

(一)充分性说理原则及其理据

充分性说理原则,是指法官要尽可能全面、深入地展示适用指导性案例得出某个裁判结论的理由是什么,而不能像“黑箱”式的“自动售货机”一样,从事实直接导出结论。[3] 对充分性说理原则的认识需要澄清的一个前提性问题,即充分性说理是否有必要?

---

〔1〕 江苏省高级人民法院民事裁定书,(2018)苏民申 975 号。

〔2〕 江苏省高级人民法院民事裁定书,(2018)苏民申 975 号。

〔3〕 参见[德]马克斯 · 韦伯:《论经济与社会中的法律》,[英]埃德华 · 希尔斯、[英]马克斯 · 莱因斯坦英译,张乃根译,中国大百科全书出版社 1998 年版,第 309 页。

现实中流行的一种认识是,指导性案例本身就是作为说理性的资源存在的,在适用制定法时援引指导性案例作为裁判理由已经满足了说理的需求,因此无须再作进一步的说理。该认识有正确的一面,也有错误的一面。正确的一面体现在,其切中了制定法与指导性案例内外部证成关系,"内部证成处理的问题是:判断是否从为了证立而引述的前提中逻辑地推导出来;外部证成的对象是这个前提的正确性问题"。[1] 对制定法的适用属于内部证成,对指导性案例的适用则属于外部证成,也即指导性案例为某一制定法作为规范前提得以适用提供了理由。错误的一面体现在,尽管指导性案例为制定法的适用提供了理由,但指导性案例的适用在许多时候也需要说理,这是因为指导性案例在缓解制定法不确定性的同时,自身也面临着不确定性的问题,例如,指导案例 24 号规定,"交通事故的受害人没有过错,其体质状况对损害后果的影响不属于可以减轻侵权人责任的法定情形",这一规定为在交通事故侵权案中受害人的体质状况对侵权责任的克减是否有影响给出了答案。但什么算作"体质状况",骨质疏松等身体机能退化症和心脑血管疾病是否都涵盖在内?在进入司法实践层面时,这一概念又存在一定的不确定性,这也是现实中在适用指导案例 24 号时对此产生争议的原因所在,而对指导性案例不确定性的消除依赖于充分的说理。

(二)指导性案例充分性说理原则贯彻的基本方法

在对充分性说理原则的必要性作出阐释之际,接着需要思考的一个问题是,在适用指导性案例的过程中应如何贯彻该原则?对该问题解决的前提是需要对充分性说理的基本逻辑有所了解。

充分说理的基本要求为,在作出某种判断或给出某种结论时,应对支持的理由有全面的把握。例如,在千禧年之际,许多国外的经济学者都在唱衰中国经济,称中国正走向"奇迹的黄昏",而在反驳这一谬论时,如果仅列出中国消费市场庞大这一理由显然是不充分的,其他可以阐发的有力理由还在于中国快速发展的高科技产业为经济发展提供了强劲动力、中国的人力资源质量在逐步提升、世界各大经济主体对中国有深度的依赖、中国拥有广阔的海外市场、中国的

---

[1] [德]罗伯特·阿列克西:《法律论证理论——作为法律证立理论的理性论辩理论》,舒国滢译,商务印书馆 2019 年版,第 270 页。

城乡二元结构为经济发展留有充足的空间等。从结构上透视,对全面性的强调,对应的是“V 形”说理结构。[1] (见图 1)

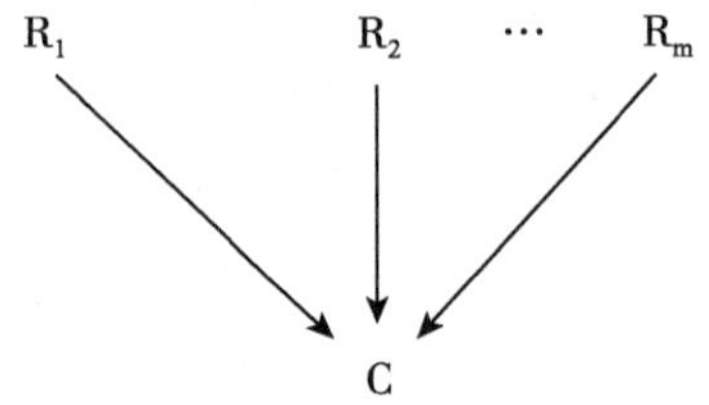

图 1　“V 形”说理结构[2]

在一些时候仅全面地找到种种理由还不足以说服对方,因为一个问题在回答上可能会呈现继续被追问的态势,例如,在反驳中国经济衰退论时,提出的一个理由为,中国快速发展的高科技产业为经济发展提供了强劲动力。但这一论断从何而来？对这一问题的回答需要进一步从说理上进行拓展,可以提供的理由如中国的互联网产业、电子通信产业、航空航天产业、智能机器制造产业等都正在飞速地发展,每年创造了千亿元计的巨大经济效益。通过这个简单的例子,应认识到,充分性说理有时还需要走向深入,可能是单一性理由的深入,也可能是多样性理由的深入。在结构上,主要表现为对“V 形”说理结构的纵向拓展,以二阶拓展为例,该逻辑如图 2 所示:

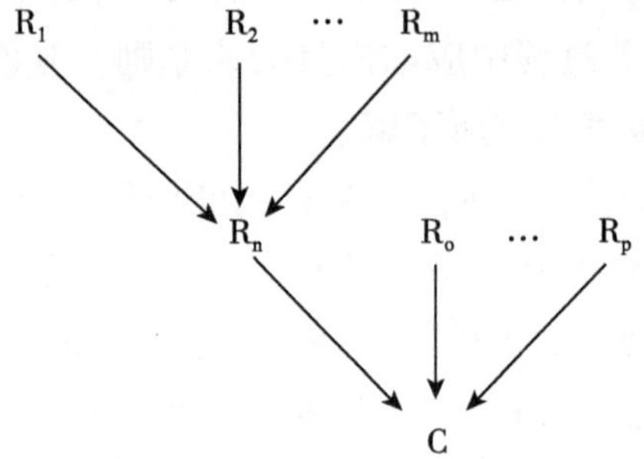

图 2　“V 形”说理结构纵向拓展

---

〔1〕 参见谷振诣、刘壮虎:《批判思维教程》,北京大学出版社 2006 年版,第 117 ~ 118 页。

〔2〕 图中的 R_1、R_2、R_m 等表示理由,C 表示结论。下图同。

指导性案例适用说理是一般说理的具体体现，因此对其充分性原则的建构就需要符合一般说理的充分性要求，只不过在指导性案例适用说理中还存在一种参与因素——事实。仍以二阶拓展为例，综合起来，可以将指导性案例适用说理之充分性原则的结构表示如图 3 所示：

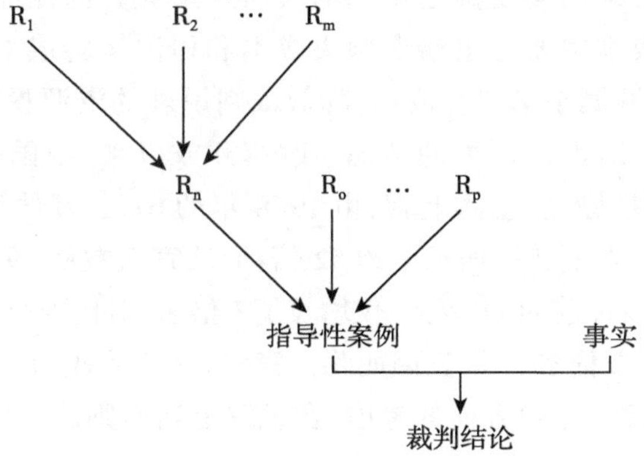

图 3　指导性案例充分性说理原则之理想型结构

图 3 的理想型结构表明，在指导性案例适用说理上，要想达到满意的状态，应当从横向层面找到尽可能多的理由，从纵向层面尽可能深入地拓展。但进入实践层面，一个不得不面对的问题在于，在充分性说理的实现上是“一刀切”还是应结合不同的案件情形作区别性的对待？

从当前裁判文书说理制度的改革来看，区别对待是主流的声音，也是改革的创新点和重点所在，这集中体现在“繁简分流”此一命题性主张上。《人民法院第四个五年改革纲要（2014—2018）》第 34 条指出，“根据不同审级和案件类型，实现裁判文书的繁简分流。加强对当事人争议较大、法律关系复杂、社会关注度较高的一审案件，以及所有的二审案件、再审案件、审判委员会讨论决定案件裁判文书的说理性。对事实清楚、权利义务关系明确、当事人争议不大的一审民商事案件和事实清楚、证据确实充分、被告人认罪的一审轻微刑事案件，使用简化的裁判文书，通过填充要素、简化格式，提高裁判效率。重视律师辩护代理意见，对于律师依法提出的辩护代理意见未予采纳的，应当在裁判文书中说明理由”。

此规定背后有两个基本的考虑:其一,对司法效率的考虑。效率是公正的孪生兄弟,没有效率作保障,就会大大降低公正所能给人们带来的满足感,行为法律经济学的研究成果也印证了这一看法,奖励的心理贴现率伴随时间的推延是呈下降趋势的,[1]一个案件在一个月之内得到公正解决和在一年之后得到公正解决,给人带来的满足感是不同的。而效率提升的侧面就是降低成本,总体来说,司法成本主要是由错误判决成本和司法运转成本构成的,在裁判说理上投入的资源属于第二种成本,降低裁判说理的资源投入反映为司法效率的提升。其二,对诉讼压力的考虑。改革开放以来,中国的诉讼案件开始呈现逐年增长的趋势,从总体上看,由 1978 年的 61.3 万件左右增长到 2019 年的 3160.5 万件左右,[2]增长了约 52 倍;而法官人数从 1978 年的 6 万人增长到法官员额制改革前的 21 万人,仅增长了 3 倍多,对比现今的 12 万多员额法官来看,仅增长了 2 倍多。[3] 正因如此,"案多人少"才成为当前司法实践中的一个突出问题。综合这两方面的考虑,在说理上当简则简、当繁则繁无疑具有合理性。

在"繁简分流"裁判文书说理改革背景下,以当事人为重点性的说理对象,结合《人民法院第四个五年改革纲要(2014—2018)》第 34 条的规定,对指导性案例适用之充分性说理原则的贯彻可作如下区分:

第一,当事人在涉及指导性案例的问题上争议不大,且属于通过解释——演绎来适用指导性案例的情形,法官只需满足最低限度的充分性说理要求即可。具言之,法官在基于认定的事实来阐述适用指导性案例的合理性时,必须全面地指出指导性案例裁判要点的构成要件与事实之间的对应关系,而不能只抓住个别构成要件便得出裁判结论。

举一反例来增进理解,该反例所涉案件为"韩某与河南豪邦玻塑股份有限公司民间借贷纠纷案",此案是一起以人格混同为由请求关联公司承担连带清

---

〔1〕 See Christine Jolls, Cass R. Sunstein & Richard Thaler, *A Behavioral Approach to Law and Economics*, in Stanford Law Review, 5(1998).

〔2〕 参见朱景文主编:《中国人民大学中国法律发展报告(2011):走向多元化的法律实施》,中国人民大学出版社 2011 年版,第 83 页;周强:《最高人民法院工作报告——2020 年 5 月 25 日在第十三届全国人民代表大会第三次会议上》,载《法制日报》2020 年 6 月 2 日,第 2 版。

〔3〕 参见罗灿:《司法改革背景下裁判文书说理繁简分流研究》,法律出版社 2018 年版,第 100 页。

偿责任的案件。原告韩某认为被告河南豪邦玻塑股份有限公司与河南豪邦家电有限公司属于关联公司,财产无法区分,存在人格混同现象,以此向法院起诉请求判决河南豪邦玻塑股份有限公司对其与河南豪邦家电有限公司之间的债务承担连带清偿责任。这起案件事实比较清晰,总体上争议不大,被告河南豪邦玻塑股份有限公司无正当理由拒绝出庭,书面答辩意见中仅主要围绕系个人债务问题进行了辩解。

在一审期间,法官通过查询指导性案例,发现指导案例 15 号与该案的案件事实具有对应性,因此援引指导案例 15 号作出了裁判,其在判决书的说理部分指出,"根据《最高人民法院关于案例指导工作的规定》第 7 条'最高人民法院发布的指导性案例,各级人民法院审判类似案例时应当参照'的规定,参照最高人民法院发布的 15 号指导案例,案涉两个公司已经丧失独立人格,构成人格混同。豪邦家电公司与豪邦玻塑公司虽在工商部门登记为彼此独立的企业法人,但在实际上相互界限模糊,人员、资产、财务严重混同,构成人格混同"。〔1〕从该说理中实际上是看不出法官是何以判断豪邦家电公司与豪邦玻塑公司存在人格混同的,因为法官只是援引了指导案例 15 号便随之得出了结论,而深入裁判文书的事实认定部分观察,可以发现,法官在该部分对指导案例 15 号的构成要件所对应的事实进行了调查和认定。但其中存在的问题在于,法官所列举的种种调查结果,其实仅表明豪邦家电公司与豪邦玻塑公司在人员上存在混同,而对指导案例 15 号裁判要点规定的财务、业务混同等事项并未涉及,〔2〕这就表明法官所作的说理是存在欠缺之处的。

第二,当事人在涉及指导性案例的问题上争议较大,或属于通过类比推理来适用指导性案例的情形,法官不仅需要全面地指出指导性案例裁判要点的构成要件与事实之间的对应关系,还需要在此基础上进行更为深入的拓展性说理,而不能仅停留在初步判断的层面。

此种充分性说理在实现上是存在一定难度的,因为它需要在指导性案例的尽头作出更进一步的说理,这无论是对法官的专业知识还是业务能力都是一个

〔1〕 河南省新乡市红旗区人民法院民事判决书,(2018)豫 0702 民初 2044 号。

〔2〕 参见河南省新乡市红旗区人民法院民事判决书,(2018)豫 0702 民初 2044 号。

不小的考验。从建设性的角度来讲,最为重要的是明白此种充分性说理的操作要义是什么,反思来说,操作要义在于对法律方法论的运用,正如有学者所言,"裁判文书说理是通过说理证明裁判结论的正当性,在相当程度上说,与法律推理、法律论证存在交叉,且主要是使用法律推理进行法律论证"。[1] 在此,以一个涉及法律解释方法论的案例作以阐发。该案涉及对指导案例17号的适用,其基本案情为:[2]

2017年9月15日,张某在丰泰汽车销售服务有限公司购买了一辆白色新骐达牌轿车。提车后两天,张某在为新车配置GPS及进行装饰时,从汽车装配人员处得知"该新车天窗周围有被喷过车漆的痕迹"。随后,该装配人员根据经验判断,告知张某该新车天窗周围可能曾被物体严重砸损,以喷车漆来掩盖新车被损害的痕迹。张某认为丰泰汽车销售服务有限公司向自己出售的车辆存在维修情况,而没有予以告知,丰泰汽车销售服务有限公司存在欺诈行为。遂向法院提起了诉讼,要求丰泰汽车销售服务有限公司退还购车款,并主张购车价格1倍的赔偿金94,672元。

在一审期间,被告丰泰汽车销售服务有限公司针对原告张某的诉讼请求所提出的一个主要的辩解理由为,其对车辆天窗周围划痕的处理属于《乘用车新车售前检查服务指引》(PDI)上所说的"乘用车新车售前检查行为",而不是"维修",因此其所交付的车辆仍属于新车的范畴。围绕被告丰泰汽车销售服务有限公司是否存在欺诈行为这一争议问题,法官最终作出了肯定的判断,其给出的理由为,"即使江门利泰公司未告知涉案车辆维修情况,但丰泰公司作为专业汽车销售公司,在接收车辆检查时应当知道车辆曾维修的情况,丰泰公司辩解对涉案车辆维修情况不知情,本院不予采信。丰泰公司隐瞒车辆维修情况的行为显然为了追求或放任张某与其订立汽车买卖合同的结果,其主观故意明显。最高人民法院指导案例17号明确将未向消费者告知新车维修相关情况的行为认定为有欺诈的故意"。[3]

在该案中,如果被告丰泰汽车销售服务有限公司对其喷漆修复行为属于

[1] 罗灿:《司法改革背景下裁判文书说理繁简分流研究》,法律出版社2018年版,第2页。

[2] 参见广东省开平市人民法院民事判决书,(2017)粤0783民初3503号。

[3] 广东省开平市人民法院民事判决书,(2017)粤0783民初3503号。

"维修"没有争议,而只是主张其并没有隐瞒之故意等情形,此种情况下,法官认为喷漆修复行为属于"维修",其直接对这一行为作出定性式的表述即可,没有强制性的义务必须对这一问题继续作出说理。但实际的情况是,被告丰泰汽车销售服务有限公司对喷漆修复行为被原告认定为"维修"存在较大的争议。此种情况下,法官就不能简单地作出判断即被告丰泰汽车销售服务有限公司对喷漆修复行为属于"维修"即可,其还需要进一步对这一判断背后的理由进行阐述。上述所展示的法官之说理存在的问题在于,尽管法官最终的结论是没问题的,但却没有对被告丰泰汽车销售服务有限公司对喷漆修复行为是否属于"维修"这一问题作出针对性的回应,进而引发了说理不充分的问题。而如果要围绕这一问题进行充分说理,该如何实现?一如前述,要义在于学会运用法律方法论,下面作具体分析:

首先,需要明确在该问题的解决上可能运用到的解释方法。从普通含义解释来看,"维修"在一般大众的认知当中指的就是为使产品保持或恢复到原初状态而采取的一定的措施,在这一释义之下,对车辆天窗周围划痕进行处理符合"维修"的普通含义。但被告丰泰汽车销售服务有限公司对 PDI 的援引提示法官,"维修"有技术含义的一面,因此对"维修"作何解释还需要考虑技术含义解释的问题,法官需要查阅 PDI 的内容。PDI 在区别"维修"的意义上提出了"新车售前检查行为"的概念,行业中有时也称作"整车行为",其是指为确保乘用新车产品质量,在交付消费者前所进行"修补、校正、更换等行为",其中包括运输、储存过程中造成的乘用车新车(含随车附件)的损坏、遗失、污染、附件与乘用车新车不符,以及出现非原厂规定部件等情况瑕疵项。在 PDI 中,只要不是运输、储存过程之外涉及人为造成新车损害(如碰撞),都被宽泛地定义为"新车售前检查行为"。

其次,法官需要进一步对这两种解释何者优先的问题作思考。按照一般的解释方法,技术含义解释要优于普通含义解释,[1]不过其前提是技术含义没有超出其所针对的群体。PDI 针对的是汽车经销商,但它对"维修"和"新车售前检查行为"的区别显然不仅对汽车经销商构成了影响,而且影响了消费者的利

〔1〕 参见魏治勋:《法律解释的原理与方法体系》,北京大学出版社 2017 年版,第 166~168 页。

益。因此对“维修”的解释不能简单地遵循技术含义解释优于普通含义解释的规则,而是要在二者之间作权衡,当然,这在实践操作中是一个比较复杂的问题,在此作扼要性陈述:(1)将车辆天窗划痕喷漆修复定义为“新车售前检查行为”过于偏离“维修”的普通含义;(2)车辆天窗划痕的喷漆修复肉眼即可观察到,因此它对车辆的外观有影响,放到交易市场上,在一定程度上降低了车辆的财产价值,对消费者的权益造成了一定的负面影响;(3)信息不对称因素的存在,决定消费者在市场上处于弱势地位,因此对消费者进行倾斜保护存在合理性;(4)此案中,原告仅对被告主张购车价格1倍的赔偿金94,672元,权利行使有度,对汽车销售行业的发展没有构成冲击,符合《消费者权益保护法》“维护社会经济秩序”的基本目的。综合这几点理由,将车辆天窗划痕喷漆修复定义为“维修”更具合理性。

为了回应争议,上述说理其实就不仅是指出指导性案例的构成要件与事实有对应关系那么简单,它还存在一定的拓展性:第一,指出对应关系,车辆天窗划痕喷漆修复属于“维修”行为;第二,作出更进一步的说理,即通过解释方法的运用表明前述判断是正确的。同样,类比推理也需要运用具体的法律方法论(主要是目的论)作出更进一步的说理,因为类比推理在某种程度上已经超出了指导性案例裁判要点的文义,不运用法律方法论作出更进一步的说理往往就会导致得出的结论过于突兀,缺乏说服性。

四、条理性说理原则

(一)条理性说理原则及其理据

条理性说理原则是适用指导性案例说理时所应遵循的另一重要原则,对该原则的理解需要从其先行词“条理”的释义着手。清代考据学集大成者戴震在《孟子字义疏证》中对“条理”作了具体的解读,“在物之质,曰肌理,曰腠理,曰文理,得其分则有条而不紊,谓之条理”。[1] 现代大众辞书《辞海》也给出了释

---

〔1〕(清)戴震:《孟子字义疏证》,中华书局2008年版,第41页。

义,“条理”意指“层次;系统”。[1] 综合来看,“条理”其实主要讲究的就是说理的层次性和关联性。

评价某种说理是否是优质性的说理,不仅需要考虑其是否针对当事人的质疑作出了理据充分的回应,而且需要考虑其是否具有条理性。同样的说理内容,因条理性上的差异有时会造成不同的说理效果。从消极面讲,对说理的条理性问题处理不当,有时会导致说理的逻辑看起来极为混乱,或一些说理内容看上去有牵强附会之感,这在一定程度上会对说理的说服性效果造成不良的影响。

(二)指导性案例条理性说理原则贯彻的难点突破

在指导性案例条理性说理原则的贯彻上,当前最为突出的问题在于,许多法官在参照指导性案例的说理过程中,不能很好地理顺作为裁判依据的制定法、作为裁判说理资源的指导性案例,以及对指导性案例所作的延伸说理这三者之间的逻辑关系,这也是指导性案例条理性说理原则贯彻的难点所在。除此以外,根据调研中从一些基层、中层法官等群体所了解到的情况来看,不知如何处理这三者之间的逻辑关系实际上已经对法官参照指导性案例构成了巨大的阻碍,也即许多法官正是因为不知如何处理这三者之间的逻辑关系,才不愿去适用指导性案例,或最终选择了隐性适用的策略。

首先,厘清制定法与指导性案例之间的逻辑关系。基于比较法的视角来看,在制定法不断扩张的现代语境下,过于强调判例法与制定法互不相干的论调已经不合时宜,但即使判例法受制定法的影响在运作上受到了极大的限制,[2]它却并不以制定法为基础,因为其本身就具有独立的法源地位,如此才有如何使二者保持合拍(synchronize)的难题呈现在法官面前。[3] 承认此点,可以得出的结论是,制定法并不构成判例法司法适用之规范前提。与判例法形成鲜明对比的是,指导性案例在司法适用中只能被当作说理性的裁判理由而非裁

---

〔1〕《辞海》编辑委员会编纂:《辞海》,上海辞书出版社 2002 年版,第 2257 页。

〔2〕 See James McCauley Landis, *Statutes and the Sources of Law*, in Harvard Journal on Legislation, 1(1965).

〔3〕 See Roger J. Traynor, *Statutes Revolving in Common-Law Orbits*, in Catholic University Law Review, 4(1967).

判依据,此种情况下,指导性案例必须附属于制定法才能发挥作用。就此而言,在适用指导性案例的说理顺序上,制定法是需要位列在前的。

其次,厘清指导性案例与围绕其适用所作的说理之间的逻辑关系。尽管指导性案例本身是作为说理性的资源存在的,但在适用指导性案例的过程中,规范与事实之间的张力仍需要通过说理来弥合,而不是简单地把指导性案例摆在那里。由于此种说理是作为指导性案例的延伸物存在的,因此其需要附属于指导性案例而存在,体现在说理顺序上,指导性案例需要位于围绕其适用所作的进一步说理之前,而不是相反。

从实践层面对裁判文书说理进行观察来看,其实法官在说理时首先面对的并不是事实,而是对裁判结论有影响的法律问题,例如,在高空抛物案的责任判定上,经查证,张三卧室阳台上的花瓶掉落将李四砸伤,但事发当时张三不在家,那么张三是否有过错?接着,法官在规范与事实之间来回穿梭、夹叙夹议地得出某个确定的裁判结论。为更能凸显层次感,基于纵向视角对条理性说理原则所涉及的诸多要素之关联次序作展示。(见图 4)

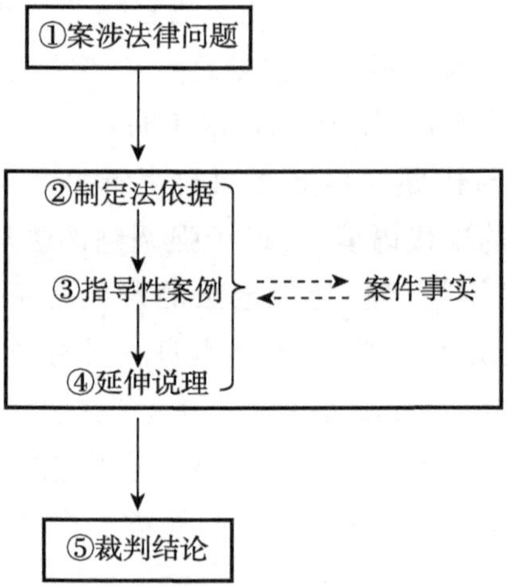

图 4 指导性案例适用说理之条理性原则所涉要素关联次序

通过图 4 可以清晰看到,在适用指导性案例的说理过程中,先行出场的是案涉法律问题,继而是制定法依据,然后是作为裁判理由的指导性案例,再次是对指导性案例所作的延伸说理,最后是裁判结论。

五、结　　语

在指导性案例推行伊始,许多学者或多或少对其抱有怀疑性的态度,担忧这样一种类似判例法的事物能否在我国的本土语境下成长起来,它会不会是一种畸形,又是否会对我国既有的法律体系构成冲击,一时间,指导性案例似乎是看不到未来的。在种种担忧与质疑声中,指导性案例实际上已经扎根并运转起来。在这一背景下,最需要思考的是指导性案例司法适用的规范化问题。这不仅涉及指导性案例司法适用之推理过程的规范化,还涉及作为外在表现的说理之规范化。在民众对司法可接受性要求越来越高的背景下,只有切实提升说理的质量,才能最终保证指导性案例的司法适用取得良好的效果。

后民法典时代之新范式：裁判规范萃取型案例研究

张世超*

内容摘要：先例抽取型案例研究是以抽取个案中有拘束力的先例性规范为重点的案例研究。本文在先例抽取型案例研究的基础上进一步改良，提出裁判规范萃取型案例研究方法。该方法包含"案例择选—规范萃取—规范检验"三个环节。案例选择上，笔者认为应以个案对法体系发展的实质增量为内在标准，以案例能否揭示法律漏洞为形式标准；规范萃取上，学者从事的分析研究与法官的法律续造活动一体同源，可化用法律续造之方法；最后，为划定所提规范之射程，增加提取规范之可靠性，应当将提取规范与法体系的整体或局部相整合。

关键词：规范抽取　规范萃取　法律发现　法教义学

一、问题的提出

2020年5月28日，第十三届全国人大第三次会议高票审议通过《中华人民共和国民法典》。《民法典》的颁行实施宣告我国正式迈入"民法典时代"。作为一部固根本、稳预期、利长远的基础性法律，《民法典》对全面推进依法治国、实现治理体系和治理能力现代化具有重大意义。[1] 然而，随着《民法典》的颁

* 清华大学法学院博士研究生。

〔1〕 习近平：《充分认识颁布实施民法典重大意义　依法更好保障人民合法权益》，载《求是》2020年第12期。

行，大规模的立法活动将归于沉寂，司法驱动法律发展将占据日益重要的位置，司法如何驱动法律发展将成为后民法典时代的重要议题。〔1〕

司法如何驱动法律发展？司法裁判的推动力量不可小觑。〔2〕个案裁判中所蕴含的创新性要素可生成新的规则，并转化为促进法学发展的实质增量，最终推动法学的发展与裁判的进步。这种创新性要素通常寄身于法官为裁断案件而创造的裁判规范中，相应地，甄别并提炼出隐含于司法案例中的裁判规范是个案价值挖掘的关键。因此，"规范抽取"理应成为案例研究的关注重点。〔3〕遗憾的是，长期以来，我国并未真正发育出以规范抽取为主要方法的案例研究形态。〔4〕为克服上述弊病，开掘案例的本土资源，以解亘教授为代表的学者借鉴日本"判民型"案例研究范式，培育出了"先例规范抽取型案例研究"这一本土化改良版本。〔5〕

先例规范抽取型案例研究注重抽取个案中有拘束力的先例性规范。该研究方法提供了较为完整而成熟的研究路径，在一定程度上填补了规范抽取式案例研究在我国的理论空缺。但因规范抽取方法的局限性，先例规范抽取型案例研究在后民法典时代无法完全叩应法律发展的需求，亟待自我更新与完善。那么，能否有针对性地克服先例规范抽取型案例研究的局限，并在此基础上加以完善，使该研究方法既保有其既存优势，又能凝萃出个案之精华呢？本文拟对此作出尝试。

---

〔1〕 参见韩世远：《法律发展与裁判进步：以合同法为视角》，载《中国法律评论》2020 年第 3 期。

〔2〕 在《民法典》颁行前，已有学者关注到个案对裁判进步与法典编纂的重要推动作用。参见李友根：《论司法个案推进法律发展的机制》，载《法律适用》2019 年第 20 期；汤文平：《从个案规范到民法法典化——以"乔丹案"对司法解释及民法典草案的影响为例》，载《现代法学》2020 年第 3 期。

〔3〕 参见解亘：《先例性规范的抽取》，载《法律适用》2019 年第 4 期。

〔4〕 参见周江洪：《作为民法学方法的案例研究进路》，载《法学研究》2013 年第 6 期。

〔5〕 先例规范抽取型案例研究的系列研究，参见解亘：《案例研究反思》，载《政法论坛》2008 年第 4 期；解亘：《先例性规范的抽取》，载《法律适用》2019 年第 4 期；解亘：《论学者在案例指导制度中的作用》，载黄卉等编：《中国案例指导制度：理论 · 实践——判例研读沙龙 Ⅱ》，上海三联书店 2019 年版，第 62 ~ 64 页。关于日本"判民型"案例研究的介绍，参见［日］大村敦志等：《民法研究指引：专业论文撰写必携》，徐浩等译，北京大学出版社 2018 年版，第 243 ~ 274 页。此外，韩世远教授、章程教授在论文中也部分地论及先例性规范抽取的案例研究方法。参见韩世远：《法律发展与裁判进步：以合同法为视角》，载《中国法律评论》2020 年第 3 期；章程：《继受法域的案例教学：为何而又如何？》，载《南大法学》2020 年第 4 期。

二、超越“方法论无政府主义”:先例规范抽取型案例研究

(一)先例规范抽取型案例研究的优越性

1. 规范抽取目的明晰

先例规范抽取型案例研究是以先例性规范提取为重点的案例研究。裁判规范是案例中最具价值的菁华部分,案例的其他构成部分只是“沉没成本”。[1] 然而,真正聚焦于发现“裁判规范”并形成定型化研究路径的案例研究却相对稀少。

在我国案例研究的系谱中,更为常见的是解题式案例研究与论文式案例研究。[2] 但两者并未将研究的着力点置于提取“裁判规范”之上。解题式案例研究是以“法律适用”为中心的案例研究类型,鉴定式案例分析是其中最具代表性也是方法论最为成熟的一个子类。[3] 解题式案例分析是法教义学在法学教育中的对应物。法教义学将法规范视为“不可否定的前提”并以此为“论证链条之出发点”。[4] 这决定了制定法规范是解题式案例研究不可动摇的锚点,制定法规范的准确适用则是此类案例研究所服膺的最终目标。为获致此目标,作为分析对象的案例可以是真实存在的裁判实例,也可以是加工或简化后的改编案例,甚至可以是充满趣味性的杜撰案例。[5] 案例取材的多样性从另一侧面说明,法官为裁断案件而创造的裁判规范并非解题式案例研究的重点。解题式案例研究的重点在于解决“谁以什么为法律基础向谁请求什么”的法律适用问题。[6] 只要案例内容围绕一个或多个法条组织而成,通过对案情的研究和分

---

〔1〕 参见顾培东:《效力抑或效用:我国判例运用的功利取向》,载《法商研究》2022 年第 5 期。

〔2〕 关于解题式案例研究、论文式案例研究的介绍,参见周江洪:《作为民法学方法的案例研究进路》,载《法学研究》2013 年第 6 期。

〔3〕 鉴定式案例分析方法的详细介绍,参见吴香香:《请求权基础:方法、体系与实例》,北京大学出版社 2021 年版,第 4 ~ 52 页。

〔4〕 [德]卡尔 · 拉伦茨:《法学方法论》,黄家镇译,商务印书馆 2020 年版,第 296 ~ 297 页。

〔5〕 如北京大学刘哲玮教授编订的诉讼基础理论案例研习题中,就囊括了“隐秘的角落案”“平原上的夏洛克案”等改编自热播剧集的改编案例。参见刘哲玮:《诉的基础理论与案例研习》,法律出版社 2021 年版,第 209 ~ 237 页。

〔6〕 参见周江洪:《作为民法学方法的案例研究进路》,载《法学研究》2013 年第 6 期。

析，研习者能够准确地“找法”“适法”即可。换言之，法律思维训练是解题式案例研究的潜在目的。

论文式案例研究对案例素材的处理和加工则更加多样化。不过，学者对案例素材的使用总是服务于论文观点论证，并最终落脚于研究者的学术主张。故而，学者更多地与裁判立场刻意保持距离，试图以更加理性的外部视角对案件所载明之法律理论加以臧否。在论文式案例研究中，学者始终与自身学术立场更加“亲密”。即便在行文过程中，研究者有意或无意地进行了规范提取的作业，也尚不能断定在论文式案例研究内部已形成了以个案中“法律发现”为内核的研究模式。发现并提取案例中的裁判规范只是学者法律论证的附带产物，是证立学术观点的辅助手段。总体来说，论文式案例研究以学术观点为内核。案例素材的运用方式并无常法，而是取决于研究者个性化的处理。论文式案例研究与其说是一种案例研究的方法，倒不如说是以案例为素材的个性化研究之集成。

先例规范抽取型案例研究与两者不同。该研究方法将先例性规范的提取作为案例研究的首要目的，专注于个案裁判规范的价值挖掘，致力于通过研究性操作发现具备先例性价值的法规范。相较于以“法律适用”为中心的解题式案例研究，先例规范抽取型案例研究更加强调“法律发现”。与论文式案例研究相比，先例规范抽取型案例研究更注重提取法官的判决依据，而非凸显学者的学术主张。因此，先例规范抽取型案例研究是真正以规范抽取为目的的案例研究类型。

2. 规范抽取方法成熟

先例规范抽取型案例研究不仅具有明确的规范提取意识，还提供了成熟的先例规范抽取方法。这一方法又可进一步划分为三种类型：[1]第一种是在阅读理解判旨的基础上抽取规范。此时，研究者需要提取出判决理由中包含的法律理论。这一法学理论通常由结论命题和部分理由命题构成。第二种是按照案件事实与结论的对应关系抽取，具体包括定型化事实的抽取、定型化结论的抽取以及两者的关联作业。其中，最为重要的是定型化事实的抽取，具体的提

---

〔1〕 参见解亘：《案例研究反思》，载《政法论坛》2008 年第 4 期。

取方法大致是将对裁判结果具有重要性的案件事实抽象化,最终形成要件 A + 要件 B + 定型化事实 C = 法律效果 D 的固定程式。第三种是整合理解判例法总体的方法。该方法不仅需要提取单个案件的裁判规范,还应在多个关联案件的发展脉络中把握裁判规范的演进过程。所提取之系列规范应具备一贯性和不矛盾性。在这三种类型中,尤以定型化事实与定型化结论的提取为主流。

3. 规范抽取主体多元

先例规范抽取型案例研究的另一优势是规范抽取主体的多元性。从目前的研究格局来看,法官往往是案例研究撰写的主力军。法官参与案例研究撰写具有沟通理论与实务的积极意义,这当然值得肯定与支持。但在法官群体之外,先例规范抽取型案例研究更加强调学者在裁判规范提取与阐发作业中的主体性。〔1〕

一方面,学者较之于法官更具有价值中立性。学者对案例的选择不受审级、法院层级、效力位阶等限定。另一方面,学者对裁判规范及其背后所寓之法学理论更具批判性思维,不受限于科层体制的制度性约束。此外,学者从事案例研究也有助于贴近实践,激发学术灵感。就此而言,最有发言权的当属德国法学家耶林。1858 年冬发生的一起关涉船舶一物二卖的真实案件冲击了他此前笃信的概念法学,直接促成其法律思想由概念法学向目的/利益法学的转换,堪称学术生涯中的"大马士革事件"。在这一案件中,耶林真正看到了"个案目的突破普遍法律原则的震撼"。〔2〕 而这种震撼及其带来的变革印证了个案对理论及方法创新的突破性力量。学术理论创新又可进一步反哺立法与司法,形成理论与实践,立法与司法的良性互动。如我国《民法典》第 997 条独创性地设立了人格权禁令制度。这一制度就与著名的"钱钟书书信案"渊源颇深。〔3〕 该案发生时,我国尚未规定人格权侵权的诉前禁令制度,只能辗转适用民事保全的规定,对人格权侵权的救济并不周延。因此,《民法典(草案)》各分编在总结

〔1〕 参见解亘:《论学者在案例指导中的作用》,载黄卉等编:《中国案例指导制度:理论 · 实践——判例研读沙龙Ⅱ》,上海三联书店 2019 年版,第 62 ~ 64 页。

〔2〕 吴从周:《概念法学、利益法学与价值法学:探索一部民法方法论的演变史》,中国法制出版社 2011 年版,第 63 页。

〔3〕 参见王利明:《论侵害人格权的诉前禁令制度》,载《财经法学》2019 年第 4 期。

实践经验的基础上增加了第997条。

(二)先例规范抽取型案例研究的局限性

先例规范抽取型案例研究颇具先锋性的方法论意识,使其在众多案例研究范型中始终发挥着不可替代的作用,但该方法本土化适用过程中仍存在案件遴选标准模糊、择案范围受限、所提取的规范缺乏可靠性检验等局限。

1. 案件遴选标准模糊

先例规范抽取型案例研究将先例拘束力作为案例的遴选标准。此处的先例拘束力并非产生于司法制度性框架的"法源"意义上的"规范拘束力"。裁判活动本身是一种往复进行的类型化认知活动,该类型化特质意味着既决判决与后续判决之间总是存在一定的相关性。[1] 无论案例是否被赋予制度性权威而升格为法律渊源,既决判决均可通过因循、仿习等判例的自发性生成方式对后案产生事实上的影响力。[2] 只要在先判决例未被明确推翻,均具备先例性价值。[3] 换言之,先例拘束力所强调的不是"应当遵循"的强力,而是"可被遵循"的潜力。但如果进一步追问,如何甄别案件是否具有"可被遵循"的潜质,先例规范抽取型案例研究则未给出明确阐述。如果宽泛地将先例拘束力等同于基于案件相似性而产生的事实影响力,就意味着案情相似的任何个案都可以成为评价对象,研究者仍然要作出进一步抉择。尤其是在不同判决的说理路径和裁判立场存在差异时,评价对象的选择困境会被进一步放大,研究者应读取哪一案件中的裁判规范,先例规范抽取型案例研究未能予以说明。因此,先例规范抽取型案例研究看似通过"先例拘束力"给定了选案标准,但由于该标准相对模糊,无法真正为案件筛选提供直接有效的指引。

2. 案件遴选范围受限

如前所述,先例规范抽取型案例研究倾向于宽泛地界定案件的"先例拘束力"。这在一定程度上体现出该研究方法力图淡化案件遴选标准对制度性权威的依附色彩,肯定裁判规范因符合客观或法学共同体的共同价值观念而产生的

---

[1] 参见张志铭:《司法判例制度构建的法理基础》,载《清华法学》2013年第6期。

[2] 参见顾培东:《判例自发性运用现象的生成与效应》,载《法学研究》2018年第2期。

[3] 参见张千帆:《"先例"与理性:为中国司法判例制度辩护》,载武树臣主编:《判例制度研究》(下),人民法院出版社2004年版,第1008页。

"价值拘束力"。[1] 案例的择选对象不限于具备准法源资格的指导性案例,而是放宽至一切具备实质正当性且可能对后续类案产生事实影响力的案例。这有助于拓宽案例遴选范围,为研究者提供更为广阔的选案空间。但在实操过程中,先例规范抽取型案例研究实质上的择案范围要比其所称之范围更加狭窄。研究者并未彻底摆脱案例层级越高越好,规范拘束力越强越好的天然倾向,先例规范抽取型案例研究的倡导者也坦承指导性案例、公报案例或高层级法院的案例通常更具分析价值。[2] 因此,先例规范抽取型案例研究的评价对象不可避免地向高层级法院的司法案例,尤其是指导性案例收敛。

先例规范抽取型案例研究并未真正贯彻"案例不问出处"的理想信条,这一方面肇因于裁判拘束力客观上的强弱之别。尽管先例规范抽取型案例研究设置了开放的遴选标准,但相较于中、基层人民法院的一般性案例,指导性案例的参照效力已逐步为人们所共认,高层级法院的案件影响力高于低层级法院也符合人们的普遍认知。另一方面,案例选择的倾向性也与先例规范抽取的内在要求相关。尽管先例规范抽取型案例研究由学者主导,但学者在研究中的作用不是批判性地创造新的裁判规则,而是负责还原、提取和固定法官在裁判中创造的高质量裁判规范,学者只是司法裁判的传声筒和扩音器。

此外,规范抽取要求研究者提取定型化事实与定型化结论,这意味着裁判文书中的案件事实宜尽量覆盖案件重要事实,以增强事实提取的准确性;裁判说理与论证也以充分、翔实为佳,以保障规范提取的正当性。如此一来,能够满足规范抽取要求的裁判文书,至少应具备案情充实、说理充分两大要素,这是先例规范抽取型案例研究在选案上的隐性标准。这一隐性门槛在一定程度上妨碍了部分案情的突破性意义,但说理不尽充分的案件成为先例规范抽取型案例研究的评价对象。近年来我国"案多人少、诉讼爆炸"现象突出,以 2019 年为例,该年法官人均受理案件数为 250.53 件,[3] 部分经济发达地区人均办案数量

---

〔1〕 雷磊:《指导性案例法源地位再反思》,载《中国法学》2015 年第 1 期。

〔2〕 参见解亘:《先例性规范的抽取》,载《法律适用》2019 年第 4 期。

〔3〕 参见任重:《"案多人少"的成因与出路——对本轮民事诉讼法修正之省思》,载《法学评论》2022 年第 2 期。

普遍超过400件,个别地区已超500件,[1]几乎相当于日均一案。除此以外,法官的案件审理还要受到审限制度的制约。在这样的案件饱和度及审限要求下,很难期待法官,尤其是中、基层人民法院的法官对案件作极尽全面而详细的法律研究,并在此基础上作出判决。相较而言,学者将指导性案例与较高层级法院的案例作为规范抽取的对象也是无奈之举。

3. 规范可靠性无从检验

尽管先例规范抽取型案例研究致力于提取案件中的裁判规范,但须注意的是,学者所提取的先例性规范无论与司法裁判多么贴近,所提取之规范终究不是具有规范拘束力的"效力渊源"。[2] 借用"二阶观察"这一视觉隐喻还原先例规范抽取型案例研究的规范提取过程,案例研究是对法官创造裁判规范之过程的再观察,学者识别出的规范不再是法官在裁判中创造的"一手"规范,而是反映研究者学术观点的研究成果。质言之,被学者提取的先例性规范只是一种具有裁判规范外观的法律学说。即便案例研究的对象是指导性案例,学者主体视角的介入也会使得所提取之规范成为学者的"一家之言",而不再具备指导性案例的拘束力,更不能当然地取得源于"制度性权威"的正当性。[3]

此外,在规范抽取过程中,定型化事实的抽象程度、定型化事实与所提炼的定型化结论如何予以关联,说到底仍由研究者自行把握。所提取规范的质量如何,很大程度上取决于研究者基于学术素养的个性化剪裁。因此,所提取之规范是否准确、是否具备科学性、能否整合于既存之法体系仍然需要经过一道检验工序。那么,如何验证规范提取的可靠性呢?在萨维尼的法源理论中,"科学法"是法律渊源的有机组成部分。若一项研究能够详细处理和分析裁决的法律

---

[1] 参见何帆:《2021年修正民事诉讼法评述》,载 https://mp.weixin.qq.com/s/OjykHPMmv5nHYYPQk-QHig,2023年3月12日访问。

[2] 法律渊源的类型划分同样百家争鸣,未有定论。故本文选择了相对较新的分类方案——效力渊源/认知渊源。效力渊源指的是能够使裁判成为有效裁判的前提。参见雷磊:《法的渊源:一种新的分类法及其在中国语境中的运用》,载《河北法学》2021年第11期。

[3] 制度性权威是指法律渊源作为司法裁判之依据的性质,在司法领域,其最典型的来源是裁判活动的制度性框架,典型如英美法的"遵循先例原则"。制度性权威与事实性权威和说服性权威不同,前者服务于证成司法论证活动"依法裁判"的基本属性,而后两者致力于降低判决被推翻的风险和增强判决的说服力。故而后两种权威不能归于"法源"范畴。参见雷磊:《指导性案例法源地位再反思》,载《中国法学》2015年第1期。

关系和规则,扭转裁决的混乱,并消除裁决的不确定性和偶然性,那么此种学术研究就具备了科学法的表征。〔1〕 尽管萨维尼对法律渊源的界定与我国当下法律渊源的概念不甚相同,但这一观点至少揭示出规范可靠性检验的一条线索——若法律界及社会公众对所生成之规范有普遍的信赖,也即成为通说,可视为该规范的可靠性获得验证。〔2〕 不过,个案规范能否具备沉淀为通说的土壤,具有极大的偶然性。如果案例自身的影响力有限,未能激起广泛讨论,或该案例研究本身的关注度与讨论度不足,恐怕无法满足规范可靠性检验的前提。是故,若要保障先例规范抽取的可靠度,还须探索一种更为易行的检验方式并补全这道检验工序。

三、后民法典时代的转型路口:从“先例规范抽取”到“裁判规范萃取”

(一)先例规范抽取型案例研究之扬弃

先例规范抽取型案例研究具有规范抽取目的明晰、规范抽取方法成熟与规范抽取主体多元(强调学者参与)的多重优点,但该方法在案例遴选标准、遴选范围与可靠性检验方面仍有所局限。那么,如何克服上述局限呢?裁判规范萃取型案例研究不失为一种选择。

裁判规范萃取型案例研究致力于提取法官从制定法以外的其他法源中提炼出的具体裁判规范,尤其是法官续造之规范。通常而言,法官在裁断案件时会依据成文法或司法解释等具有拘束力的效力渊源。效力渊源通常是法官进行事实涵摄时找到的大前提。但规范供给不足时,法官也会从制定法以外的其他法源中提炼出适用于个案的具体裁判规范,从而将单纯的“找法”转换为更具创造性的规则提炼活动。韩世远教授曾以“咖啡萃取”生动地譬喻此种创造性

〔1〕 参见[德]萨维尼:《当代罗马法体系Ⅰ:法律渊源·制定法解释·法律关系》,朱虎译,中国法制出版社 2010 年版,第 79 页。

〔2〕 参见葛云松:《简单案件与疑难案件——关于法源及法学方法的探讨》,载《中国法律评论》2019 年第 2 期。

的“找法”作业,将其称为“法之萃取”。[1] 裁判规范萃取型案例研究即得名于此。萃取出的创造性规范既是法官法律续造的成果,也是裁判规范萃取型案例研究关注的对象。那么,裁判规范萃取型与先例规范抽取型案例研究有何差异?又在哪些方面克服了先例规范抽取型案例研究的弊端呢?

1. 细化案例遴选标准,叩应创新需求

裁判规范萃取型案例研究以促进现行法规范体系的发展为目标。案例所蕴含之规范对改良现行法体系的贡献度是案例选取的内在标准。规范抽取的目的是为现有法体系的改良和完善带来实质增量。这一价值取向的隐含前提是制定法仍有未尽完善之处,也即制定法存在漏洞,而个案恰好是发现此漏洞的契机,从而具备了修补漏洞的必要。

设置该遴选标准的正当性在于,法律作为历史的有机部分,既是现实存在的,也是正在生成中的。[2] 法典的大厦虽已落成,但法律的发展不应止步。一方面,制定法不可避免地存在漏洞,尤其对于实践中不断涌现的新情况,法典未必能如人们所期求的那样,提供适用于一切可能发生之案件的完美知识,有必要通过制定法以外的价值予以填补和修正。[3] 另一方面,立法活动本质上是各方力量博弈的结果,是立法者主观意志的外在呈现。其中的主观性与偶然性未必合于法的体系性和科学性,甚至可能偏离后者。条文与体系的背离往往隐而不彰,有必要对此加以甄别和检讨;法律语言的简洁性与精确性势必以内容的抽象化和空洞化为代价。简扼的法律语言在提升概括性的同时也斩断了意义的脉络关联,[4] 只有通过实践中成功或失败的例证将制定法的内容具体化,其真正含义才得以复现,实用价值才得以张扬,否则就会沦为具文。[5] 若法典不能在既有基础上完善自身、因应时变,则无异于为法学打造了一个光鲜的“单

---

〔1〕 参见韩世远:《法律发展与裁判进步:以合同法为视角》,载《中国法律评论》2020 年第 3 期。

〔2〕 参见[德]蒂堡、萨维尼:《论统一民法对于德意志的必要性——蒂堡与萨维尼论战文选》,朱虎译,中国法制出版社 2009 年版,第 104 页。

〔3〕 这些价值包括但不限于自然法、罗马法、习惯、裁判、法理、基本原则等。参见[德]萨维尼:《论立法与法学的当代使命》,许章润译,中国法制出版社 2001 年版,第 56 ~ 57 页。

〔4〕 参见[德]卡尔·拉伦茨:《法学方法论》,黄家镇译,商务印书馆 2020 年版,第 571 ~ 572 页。

〔5〕 参见[德]萨维尼:《论立法与法学的当代使命》,许章润译,中国法制出版社 2001 年版,第 19 页。

身牢房”,从此创造性的学术成果将无用武之地,法官也将沦为“涵摄机器”。[1]因此,后民法典时代的案例研究亦应叩应法典完善与法律发展的需求,使案例研究服务于对制定法的漏洞填补与法律续造。

鉴于此,推动法学发展这一抽象价值就被转化为更加具体的外在标准:个案最好能揭示出既有法体系的漏洞,且个案裁判生成的规范能够填补该漏洞。那么,案例选取最为直接的操作方式就是在个案中识别法律漏洞的存在。因此,相较于先例规范抽取型案例研究,裁判规范萃取型案例研究的遴选标准更为具体且有指向性。

2. 释放学者能动性,拓宽案例选择范围

先例规范抽取型案例研究择案范围受限的主要原因,在于该研究方法对裁判说理质量的隐性要求。先例规范提取不以学者为中心,而以裁判为中心,所提取规范必须建立在法官判决的基础上。因此,法官的规范提取成果对于研究者有直接的规定性,研究者必须将其自身完全置于法官的视角下,模拟法官“造法”,重走法官获致判决结论的心路历程。研究者只能将法官的法发现尽可能原汁原味地提取出来,而不能“越权”提出新的解释路径。因此,在案情介绍充实的基础上,案例研究对裁判说理与判决结果也有较高的质量要求。

裁判规范萃取型案例研究更强调续造规范的创新性以及对既有法律体系的补充性,研究者在裁判规范萃取的过程中既可以与法官续造之规范重合,也可以与之相异。换言之,研究者并非将其自身完全置于法官的视角下,而是将法官裁判行为之整体作为其观察对象。法官的提取成果仅具有参考价值,对于研究者并无直接的规定性。即便裁判说理本身质量不高,只要该案件具有创造性价值,研究者仍可发挥能动性,在给定事实的基础上,萃取出有益的裁判规范。如此一来,案例选择的范围也就不再拘泥于说理质量较高的指导性案例与高层级法院案例。

3. 完善规范检验工序,增强规范可靠性

规范萃取的主要方式是法律续造,但其未必能提供可靠的结论,提取法规

---

〔1〕 Hans Wuestendoerfer, Die deutsche Rechtswissenschaft am Wendepunkt, (1918)110 AcP 224. 转引自[德]赖因哈德·齐默尔曼:《罗马法、当代法与欧洲法:现今的民法传统》,常鹏翱译,北京大学出版社2009年版,第57页。

范的可靠性仅具有盖然性。凡涉及法律续造，就不可避免地触及法治国原则要求下立法与司法的职权划分问题。多数情况下，个案标准的适用性是不可预测的，它可能完全超出了法官的预见范围。若法院执意通过个案确立一项一般性的规则，这种做法将明显违反立法机关与司法机关的职权划分。裁判规范萃取型案例研究作为学者的一种研究方式，并不会直面法律续造的越权问题。该研究方法虽立足于个案规范的提取，但志在超越个案并为日后立法提供有价值的参考，那么研究者就负有确保续造规范之可靠性的"连带责任"。如前所述，学术共同体的检验是保障萃取规范可靠性的一种方式，但该方式偶然性因素较大，且操作困难。

为提升所提取规范的可靠性，裁判规范萃取型案例研究将个案规范向法体系的回溯作为案例研究的最后一个环节。法学理论不以"澄清事实"为己任，而是致力于阐明法律上的脉络关联，尤其是将法条或更广泛的规则体系的内容整合为逻辑上和评价上都无矛盾的体系或者部分体系。[1] 这就要求对法学理论进行检验不能根据某种事实来进行，而是必须根据现行法规范、被公认的法律原则或者至少最初被认定为确实存在的部分体系来进行。裁判规范被萃取后，研究者还须检验所萃取之规范与其他规范、法律目的是否协调一致，作为研究结论的续造规范，能否无矛盾地嵌入既有的法体系或部分法体系。经过这道验证工序，规范的适用边界可通过与法体系的嵌合程度得以探明，个案规范的普适性与可靠性亦由法体系背书。体系整合环节的增加弥补了先例规范抽取型案例研究中可靠性检验环节的缺位。

（二）裁判规范萃取型案例研究之展开

通过对先例规范抽取型案例研究的扬弃，裁判规范萃取型案例研究在以下方面克服了前者的局限：（1）明确将案例所蕴含之规范对改良现行法体系的贡献度作为案件选取标准；（2）研究者所提取之规范可与法官裁判思路相合或相悖；（3）萃取的个案规范仰赖制定法体系的检验与背书。上述要素将影响并塑造裁判规范萃取型案例研究的研究步骤，即案例选取、规范萃取与规范验证。

---

〔1〕 参见［德］卡尔·拉伦茨：《法学方法论》，黄家镇译，商务印书馆2020年版，第566页。

1. 步骤一:案例选取

规范抽取的目的是为现有法体系的改良和完善带来实质增量,也即对法学发展有所增益。以此为准据,实质增量这一抽象概念就被转化为更加具体的外在标准:个案最好能揭示出既有法体系的漏洞,且个案裁判生成的规范能够填补该漏洞。那么,在何种场景下更易出现法律漏洞,从而为个案研究提供线索呢?我们可以在萨维尼对漏洞的认识中发现一些端倪。萨维尼认为需要通过类推进行的法发现存在两个等级:第一等级是出现了超越制定法的漏洞,也即出现了一个新的、迄今未知的法律关系,以至迄今形成的实在法中并不存在与此法律关系的原型相对应的法律制度。[1] 此时便需要构建新的法律制度,构建的方式当然可以是自由度更大的立法活动。但若问题以诉讼的方式暴露,法官就必须以判决的方式作出回应。例如新型的商业交易模式或新兴权利领域中,可能沉积了大量有挖掘价值的判决。第二等级是制定法内的漏洞,也即已知的法律制度中产生了新的具体法问题,而制定法对此并无直接规定。[2] 此类漏洞在浩如烟海的公开案例中可能不易发觉,不过,我国的案例指导制度或许可以提供一定的线索和参照。既有研究发现,我国的案例指导制度虽以示范性的法律解释为主要任务,但也会发布漏洞填补型的案件。[3] 因此,此类漏洞填补指导性案例以及担负类似功能的其他示范性案例均可成为研究的对象。其他示范性案例或普通案例若能指示法律漏洞填补,亦可成为研究对象。

2. 步骤二:规范萃取

以推动法学发展为价值导向,裁判规范萃取型案例研究的适用领域应限定于法律发现,即漏洞填补。法律漏洞划定了法官进行法律续造的边界。[4] 法律续造的方法自然成为萃取法规范的手段。裁判规范萃取型案例研究是研究

---

〔1〕 参见[德]萨维尼:《当代罗马法体系Ⅰ:法律渊源 · 制定法解释 · 法律关系》,朱虎译,中国法制出版社 2010 年版,第 225 页。

〔2〕 参见[德]萨维尼:《当代罗马法体系Ⅰ:法律渊源 · 制定法解释 · 法律关系》,朱虎译,中国法制出版社 2010 年版,第 225 页。

〔3〕 该研究统计了最高人民法院截至 2015 年发布的 44 个案例,发现其中涉及法律解释的案件有 37 个,占总数的 80%,直接适用的有 2 个,漏洞填补的有 5 个。参见雷磊:《指导性案例法源地位再反思》,载《中国法学》2015 年第 1 期。

〔4〕 参见[德]卡尔 · 拉伦茨:《法学方法论》,黄家镇译,商务印书馆 2020 年版,第 462 页。

者首先将自身置于法官视角，模拟裁判过程，重新对判决认定的事实进行判断。这是对法官思考轨迹的复刻，研究者在此过程中运用法律续造方法并无挂碍。

具体到法律续造的方法，制定法内的漏洞填补方法是“类推”。法学方法论意义上的类推是狭义的类推。[1] 狭义的类推是将制定法针对某事实构成(A)或者若干彼此类似的事实构成而设定的规则，转用于制定法未作调整，但与前述事实构成“类似的”事实构成(B)。[2] 狭义类推基于同类事物同等对待的公正性要求，转用的基础是法律评价上的关键点。若构成要件具有相似性，则应被同等对待。[3] 狭义类推的逻辑推导过程：M是P(大前提)，S与M类似(小前提)，故S是P(结论)。[4] 该推论过程如图1所示：

$$\frac{\begin{array}{c} M \rightarrow P \\ S \sim M \end{array}}{S \rightarrow P}$$

图1 狭义类推的逻辑推导过程

将S与M作同等评价这一环节不是演绎推理，而是类推。但整体而言，狭义类推仍然具备司法三段论的演绎逻辑框架。若以类推方式进行漏洞填补，需要注意的事项有二：(1)找寻类似性，即确定比较中项；(2)以比较中项为媒介，对被比较的事实构成进行价值评价。那么，如何确定比较中项呢？拉伦茨认为需要回归制定法规则的目的和基本思想，[5] 萨维尼则认为其可产生于法律关系及其原型之实践性质的总体直观。[6] 对于超越制定法的续造，也可参酌法

---

〔1〕 “类推”这一概念有广义和狭义之别。广义上的类推是一种思维方式，是个案的比较。这一思维方式的表现形式为：某事实构成(F1)与另一事实构成(E)具备某种相似性，即比较中项(R)。基于该相似性，可将F1与E(F2)等置，并得出E(F2)是F1的结论。参见[德]阿图尔·考夫曼：《法律获取的程序——一种理性分析》，雷磊译，中国政法大学出版社2015年版，第116～117页。与狭义的类推相比，广义上的类推注重的不是抽象的同一性，而是差异中的一致性。参见吴从周：《类型思维与法学方法》，台湾大学1993年硕士学位论文，第132页。

〔2〕 参见[德]卡尔·拉伦茨：《法学方法论》，黄家镇译，商务印书馆2020年版，第479页。

〔3〕 参见[德]卡尔·拉伦茨：《法学方法论》，黄家镇译，商务印书馆2020年版，第479页。

〔4〕 参见吴从周：《类型思维与法学方法》，台湾大学1993年硕士学位论文，第133页。

〔5〕 参见[德]卡尔·拉伦茨：《法学方法论》，黄家镇译，商务印书馆2020年版，第483页。

〔6〕 参见[德]萨维尼、格林：《萨维尼法学方法论讲义与格林笔记》，杨代雄译，法律出版社2014年版，第225页。

律交往的需求、结合事物的本质、遵循法伦理性原则的要求予以处理。[1]

3. 步骤三:规范验证

裁判规范萃取型案例研究的最后一道工序是萃取规范的验证环节。该环节的实质是检验新生规范与既有体系的各个部分是否存在矛盾。这种整合作业需要首先识别出潜在矛盾之所在。一般来说,体系内部构造中的各个组成部分都可能对新规则产生排异反应。在法教义学范畴内,体系是"法律判决(针对权利)—法律关系—法律制度"的动态结构,[2]这是主观权利视角下的法体系结构。此外,客观法意义上的体系还包括法概念和法规则。其中,"概念"是体系结构的"砖石",也是解释的最小基本单元。将主观权利的三个组成部分与客观法下的法概念与法规则相组合,可大致得出体系的框架结构:

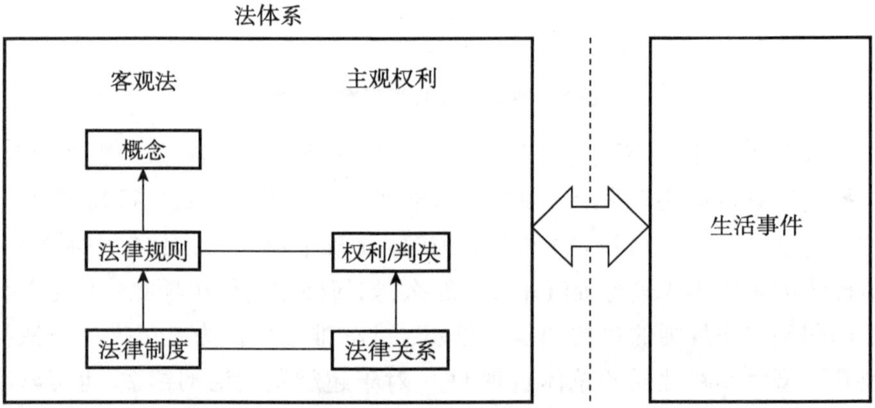

图 2　法体系结构

图 2 所涉及的体系之各组成部分,均可成为检验矛盾之对象。例如,续造的内容涉及对体系中既存概念的具体化,则需要考虑新的概念内容与既有概念在不同规则中的使用方式是否会产生不一致和不协调。若的确存在矛盾,则需要重新审视续造法规范对既有规范的安定性是否扰动过大,并重新评估续造方案的可行性。若法律续造不足以实现个案正当性,则可尝试运用法律解释方法

[1] 参见[德]卡尔 · 拉伦茨:《法学方法论》,黄家镇译,商务印书馆 2020 年版,第 520 ~ 529 页。

[2] 参见杨代雄:《萨维尼法学方法论中的体系化方法》,载《法制与社会发展》2006 年第 6 期。

消除矛盾。若无法消除潜在矛盾，可能意味着该问题需要诉诸立法论才能妥善解决。

（三）裁判规范萃取型案例研究之功能

通过对先例规范抽取型案例研究的扬弃，一方面，裁判规范萃取型案例研究承袭了先例规范抽取型案例研究桥接法学理论与实践的沟通功能。[1] 另一方面，裁判规范萃取型案例研究在后民法典时代亦可担负起案例研究修补法典、调适法典的功能。

就案例与成文制定法的关系而言，裁判规范萃取型案例研究可发挥填补并完善制定法漏洞的功能。法典是一国法学成果之大成，但法典不是万能的，它并不能如人们所期求的那般提供关于一切案件的完美知识。[2] 一方面，制定法不可避免地存在漏洞，需要动用制定法以外的价值予以填补和修正；[3] 另一方面，法律语言的简明性总是以内容的空洞化为代价，在提升概括性的同时也斩断了意义的脉络关联。[4] 若非通过实践中成功或失败的例证将制定法的内容具体化，法典的真正含义就难以复现，实用价值亦无法张扬，法典终将沦为具文。[5] 更值得警惕的是，立法活动本是各方力量博弈的结果，是立法者主观意志的外在呈现。立法中的妥协性与偶发性要素有可能使部分法规范偏离整体法体系，将法律适用导入片面之途。鉴于裁判规范萃取型案例研究将发现法律漏洞作为内在的案例遴选标准，融合了法律漏洞填补与法律续造的方法。因此当规则概念模糊时，所萃取之规范有助于规则的具体化；当规则出现漏洞时，所萃取之规范有助于漏洞填补；当规则适用造成不公平时，所萃取之规范有助于法律续造。

若考虑案例与我国法律继受现状的关联，裁判规范萃取型案例研究亦能发

---

〔1〕 参见孙海波：《关注案例，超越个案》，载《燕大法学教室》2021 年第 4 期。

〔2〕 参见[德]萨维尼：《论立法与法学的当代使命》，许章润译，中国法制出版社 2001 年版，第 17 页。

〔3〕 这些价值包括但不限于自然法、罗马法、习惯、裁判、法理、基本原则等。参见[德]萨维尼：《论立法与法学的当代使命》，许章润译，中国法制出版社 2001 年版，第 56～57 页。

〔4〕 参见[德]卡尔·拉伦茨：《法学方法论》，黄家镇译，商务印书馆 2020 年版，第 571～572 页。

〔5〕 参见[德]萨维尼：《论立法与法学的当代使命》，许章润译，中国法制出版社 2001 年版，第 19 页。

挥与我国民法典“重层继受”这一特征相匹配的调适功能。作为法制后发型国家,我国的民事立法是混合继受的结果。[1] 不仅民法典具有重层继受的属性,民事诉讼法亦如此。我国现代民事诉讼法制及理论深受日本法、苏联法的影响,而日本法多移植德国法而成,苏联法亦有充满法国法色彩的沙俄《民事诉讼章程》之“遗风”。[2] 以民事诉讼法的三大脊梁“诉讼标的”“证明责任”“既判力”为例,此三项制度或多或少都带有法律移植的色彩。诉讼标的制度因历史原因,受苏联法影响颇深;[3] 证明责任分配制度几经周折,最终也选择了德国“血统”的规范说;[4] 既判力制度中,与既判力密切相关的预决效力亦与苏联民事诉讼法中裁判的预决性有所关联。[5] 因此,我国民事实体法与程序法均具有混合继受的性质。

在混合继受程度较高的法域中,案例研究不仅肩负着强化与确认体系的知识传授功能,更担负着法体系的延展与调适的功用。[6] 裁判规范萃取型案例研究在规范检验环节纳入了法教义学的体系检验框架,也因而具备了法教义学所拥有的调和法律系统与其他社会系统的适变能力。[7] 这一能力与前述案例研究的修补功能高度相关。随着社会复杂性的升高,对法律的可概观性及规范间的相互协调之需求也相应增加,而应变与调适并不总是大规模的、革命性的,而是平滑渐进的过程。个案作为社会变化最为灵敏的“传感器”,恰好是测试与检验制定法是否因应时变的“探针”。通过在个案中的不断试错,既试探并调整

---

〔1〕 关于继受民法的讨论,详见章程:《民法学的地平线——继受民法学与公私法的接轨》,北京大学出版社 2021 年版。该书第一至第五章以宏阔的视角比对了日本等民事立法与学术发展的继受史,并与我国现状相对照,指出我国民事法学重层继受的属性。

〔2〕 参见陈刚:《法系意识在民事诉讼法学研究中的重要意义》,载《法学研究》2012 年第 5 期。

〔3〕 参见任重:《论我国民事诉讼标的与诉讼请求的关系》,载《中国法学》2021 年第 2 期。

〔4〕 参见最高人民法院修改后民事诉讼法贯彻实施工作领导小组编著:《最高人民法院民事诉讼法司法解释理解与适用》(上),人民法院出版社 2015 年版,第 316 页。另参见任重:《罗森贝克证明责任论的再认识——兼论〈民诉法解释〉第 90 条、第 91 条和第 108 条》,载《法律适用》2017 年第 15 期。

〔5〕 参见王亚新、陈晓彤:《前诉裁判对后诉的影响——〈民诉法解释〉第 93 条和第 247 条解析》,载《华东政法大学学报》2015 年第 6 期;陈刚、宫楠、邓继好:《民事诉讼法制现代化——基于法系意识的探讨》,北京大学出版社 2020 年版,第 174 ~ 175 页。

〔6〕 参见章程:《继受法域的案例教学:为何而又如何?》,载《南大法学》2020 年第 4 期。

〔7〕 参见顾祝轩:《民法系统论思维——从法律体系转向法律系统》,法律出版社 2012 年版,第 66 ~ 67 页。

了继受法典的边界,又使既有体系得以延展。

四、余　论

案例研究的价值在于推动既有法体系的创新发展。以此为取向的裁判规范萃取型案例分析方法,是以个案对法学体系创新的贡献度为实质选取标准,并将该标准外化为可揭示法律漏洞的案件。在扩大案件可选范围的同时,保障了案件的学术价值。该方法包含“选取、萃取、验证”三项主要步骤,所萃取之规范最终可通过能否整合于既有法体系之整体或局部的方式加以检验,为研究成果的可靠性增加了另一重安全阀。体系整合这一步骤有助于检验规范提取的结果,并提升该研究方法的科学性。

不过,该方法并非万能。首先,学者并非庭审的亲历者,其全部阐发仅能建基于信息记载有限的裁判文书之上,受限于裁判认定的事实。其次,本文研究方法主要针对个案,并未解决类案或群案的规范提取问题,后两者在学术研究中同样担任着重要的角色。最后,本文研究方法仅代表案例研究的一种方法,除上述类案和群案研究外,尚有个案利益衡量的方法等其他个案的创造性使用方式,本文暂无力作全面梳理。不过,诚如萨维尼所言,科学所取得的任何接近真理的成果,并非仅凭一人之力,我们是与包括同代在内的过往几个世纪的联合力量一起工作。[1] 本文仅是在前人的肩膀上蹒跚迈出了尝试性的一步,个案在法学研究中的使用方法还有待法律人共同体勠力同心、共同发展。

---

〔1〕 参见[德]萨维尼、格林:《萨维尼法学方法论讲义与格林笔记》,杨代雄译,法律出版社2014年版,第1页。

部门法案例法治

精神损害赔偿在违约中的适用

——基于司法案例的统计与分析

曹晟旻[*]　卫昊源[**]

内容摘要:违约责任领域是否可以适用精神损害赔偿,这一问题在学界争议颇大。我国一直采用严格的二元民事责任体系,认为精神损害赔偿仅适用于侵权责任领域。随着经济发展和社会变迁,将精神利益纳入合同内容的案例越来越多,这就要求司法实践对新的社会关系和社会利益的争议作出回应。我国《民法典》第996条规定,主张违约责任不影响受损害方请求精神损害赔偿。这为违约精神损害赔偿制度提供了巨大空间,也体现了违约精神损害赔偿入法的趋势。但是该条款在请求权基础、人格权界定范围方面仍然不够清晰,且在既非违约也非侵权的情形下存在救济空白。只有借助司法案例对违约精神损害赔偿问题的理论和实务现状进行分析,探讨承认违约精神损害赔偿的正当性,才能为违约精神损害赔偿制度的构建提出有效建议。为此不仅要对精神法益作出准确界定,还要在立法上选择原则禁止——例外允许的模式,并增设"精神法益损害赔偿请求权",作为违约精神损害赔偿制度的一般性规定。同时违约精神损害赔偿制度应当限制适用的合同类型,即合同中必须体现精神法益或与精神法益具有密切联系。该制度还需包含可预见性原则、涉人身性规则、减损规则、损益相抵规则、免责情形等作为主要规则内容,并建立赔偿数额评定标准作为辅助性规则。

关键词:司法案例　违约责任　精神损害赔偿　精神法益　责任竞合

---

* 中国海洋大学副教授,法学博士。

** 山东康桥律师事务所律师。

一、司法案例中的违约精神损害赔偿问题

(一)违约精神损害赔偿问题的总体情况

违约精神损害赔偿问题一直是司法实践中的难点问题,由于社会需求变化与合同内容的发展,精神利益已经成为合同缔结的重要需求,精神损害事实也广泛存在于合同关系之中。针对合同中发生的精神损害赔偿问题,本文通过中国裁判文书网,检索关键词"精神损害",案由为"合同纠纷",搜索了 2009 年 1 月 1 日 ~2022 年 2 月 18 日的相关案件。

从图 1 来看,涉及精神损害赔偿诉求的合同纠纷案件总体呈现增长趋势。这说明社会需求的发展和变化体现在了合同内容的发展之中,财产交易不再是合同缔结的唯一目的,追求或涉及精神利益的合同正在涌现。2021 年《民法典》施行后,该类案件的数量有所下降。

图 1 违约精神损害赔偿年度涉案数量统计

从案件类型来看,涉及精神损害的合同纠纷最多发于主给付义务为提供服务的合同,因为从表 1 来看,服务类合同是合同纠纷涉及精神损害的高发领域,其中服务类合同以运输合同、医疗服务合同、承揽合同、旅游合同为主,物业服务、家政服务、庆典服务类合同由于合同性质也显得尤为突出。这些类型的合同的共同点是合同主要义务体现了非财产利益,对该义务的违反势必会造成精神

利益减损,极易引发精神损害。且图1和表1都表明,精神损害广泛存在于合同纠纷之中。

表1 违约精神损害赔偿所涉合同类型及案由

单位:件

案由	案件数量	案由	案件数量
运输合同	3623	餐饮服务合同	35
医疗服务合同	846	娱乐服务合同	24
承揽合同	585	保管合同	18
旅游合同	498	教育培训合同	17
物业服务合同	221	法律服务合同	14
保安服务合同	70	网络服务合同	7
家政服务合同	60	殡葬服务合同	7
庆典服务合同	53	演出合同	2
酒店服务合同	47	有线电视服务合同	2
电信服务合同	37	邮寄服务合同	1

从地域上看,浙江省涉及违约行为和精神损害赔偿请求的案件最多,为916件,占比最高,江苏、山东、河南、广东、北京紧随其后,主要集中在我国东部地区。(见图2)

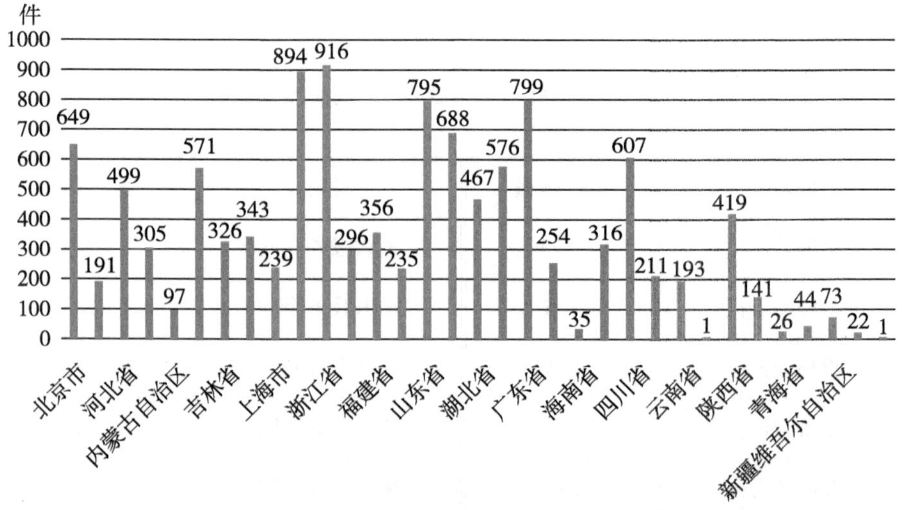

图 2　违约精神损害赔偿案件地域分布

从法院层级来看,基层人民法院虽能处理绝大多数案件,但中级人民法院和高级人民法院受案率也较高,最高人民法院也有实际审理案件的表现。(见图 3)

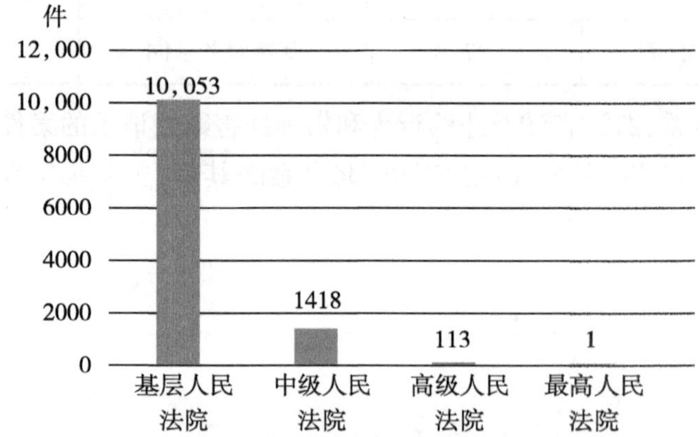

图 3　受理违约精神损害赔偿案件法院层级

从案件审理程序来看,一审程序占比 86.8%,二审程序占比 11.8%,1.4% 的案件是再审案件。总体来讲,该类案件的上诉率较高,体现了司法实践中对

此类问题较难一审结案,当事人对判决内容往往存在较大争议。(见图4)

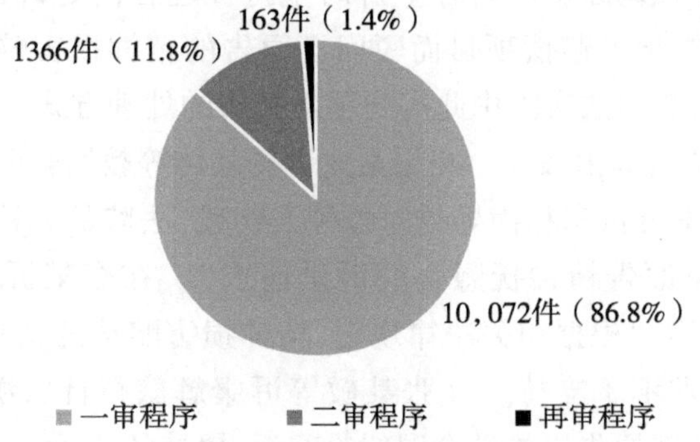

图4 违约精神损害赔偿案件审理程序

(二)违约精神损害赔偿问题的典型案例

精神损害赔偿请求在越来越多的合同纠纷案件中体现,但我国民法尚未明确承认违约精神损害赔偿,所以司法实践中对该类问题的处理并不统一。面对涉及违约精神损害赔偿的案件,司法机关的态度大致可以分为驳回与支持精神损害赔偿两类:驳回的理由则主要分为"无法律依据""案由错误""违反可预见性原则""缺乏事实依据或理由不充分"四类;而支持的又分为"依照合同约定支持""依据侵权责任法支持""以违约行为确实给当事人造成精神损害为由支持"三类。在《民法典》施行之后,依据《民法典》第996条支持合同纠纷中的精神损害赔偿的案件也逐渐增加,对此从中选取了部分案例进行简评。

1. 驳回赔偿的典型案例与理由

(1)以无法律依据为由驳回。在徐某民诉上海奉贤区明馨艺术养老院服务合同纠纷案[1]中,法院认为:"本起事件法律上存在侵权责任与违约责任的竞合。徐某民在提起本案诉讼时强调存在精神损害赔偿内容,而合同违约之诉的赔偿项目中并无精神损害赔偿项目的法律依据,又鉴于徐某民在二审审理中经释明后仍强调以协议为由进行服务合同纠纷诉讼,本案二审案由可调整为服务合同纠纷并就此查明事实,进行处理。"此类案件的共同点是缺乏法律依据,也

---

〔1〕 参见上海市第一中级人民法院民事判决书,(2016)沪01民终6538号。

就是缺乏法律明确承认违约精神损害赔偿这一依据。二审法院认可了一审法院认定的案由,而强调原审原告在上诉时坚持提起合同之诉,最后因违约责任领域并未规定精神损害赔偿项目而驳回了原告的精神损害赔偿请求。以无法律依据为由驳回,是司法实践中此类问题最高频的处理方式。

(2)以案由错误为由驳回。在朱某龙诉杨某传等教培合同纠纷案[1]中,被告驾驶教练车与案外汽车相撞导致原告等人伤残,法院的判决是"因本案系合同之诉,不应支持原告精神抚慰金的诉讼请求"。在李某诉张某丽合同纠纷案[2]中,法院认为:"根据相关法律规定,精神损害赔偿的请求应以侵权为由,故本案对该项请求不予支持。"在张某敬等诉康辉旅行社旅游合同纠纷案[3]中,法院认为:"本案原告以旅游合同纠纷起诉,属违约之诉,且经本院向原告方释法原告方明确为违约之诉,故本案应当按照违约之诉的规则进行处理。原告张某敬主张精神抚慰金,于法无据,本院不予支持。"在刘某兵等诉益阳东方巴士客运合同纠纷案[4]中,法院认为:"一审法院已释明法律关系竞合后,原审原告仍选择以合同纠纷主张权利,故不再支持一审法院所支持的 5 万元精神抚慰金。"这几起案件体现了一个共同特征:案件当事人以合同纠纷为由提起精神损害赔偿,且后两个案件法院已向当事人释明法律关系竞合,当事人仍坚持以合同纠纷为由主张权利,最终法院驳回其精神损害赔偿请求。当案由为合同之诉时,诉求中的精神损害赔偿就成了一个无须讨论的问题,客观存在的精神损害也就无法得到救济。受制于举证难度等条件,以及违约但不构成侵权情形下无法主张侵权责任,受害人选择违约之诉往往是无奈之举。但该类案件法院往往无法对法律进行突破适用,也就无法救济当事人的合法权益。

(3)以违反可预见性原则为由驳回。在中山市鸿运汽车运输有限公司与潘某容、卢某东、卢某静等公路旅客运输合同纠纷案[5]中,法院推翻了一审判决[6]支持的精神抚慰金。一审法院认为:"双方形成客运合同法律关系,承运

---

〔1〕 参见山东省胶州市人民法院民事判决书,(2014)胶民初字第 976 号。

〔2〕 参见辽宁省凌海市人民法院民事判决书,(2013)凌海大民初字第 00864 号。

〔3〕 参见河南省郑州市管城回族区人民法院民事判决书,(2013)管民二初字第 2027 号。

〔4〕 参见湖南省益阳市中级人民法院民事判决书,(2016)湘 09 民终字 478 号。

〔5〕 参见广东省中山市中级人民法院民事判决书,(2021)粤 20 民终 2268 号。

〔6〕 参见广东省中山市第二人民法院民事判决书,(2020)粤 2072 民初 4855 号。

人应当对运输过程中旅客的伤亡承担损害赔偿责任。”一审法院以合同法律关系为由支持了精神抚慰金,但二审法院改判为不支持。二审法院判决“合同之诉的赔偿范围主要是对财产损失的赔偿,而且是可预见性的财产损失的赔偿,精神损害非物质性损失不在赔偿范围之列,故一审支持了潘某容等四人诉求的精神损害抚慰金不当,应予以纠正”,认为合同中的精神损害不可预见,所以驳回精神损害赔偿请求。

(4)缺乏事实依据或理由不充分。在朱某芳与深圳市现代有轨电车有限公司城市公交运输合同纠纷案〔1〕中,一审法院认为:“朱某芳未提交伤残等级鉴定报告等材料,故其该项主张,缺乏事实依据,该院不予支持。”二审法院维持了这一判决。一审法院与二审法院都明确本案系合同纠纷,以无事实依据认定伤残为由驳回精神损害赔偿请求,但是回避违约精神损害赔偿问题。本案的处理方式不具有普遍指导意义,因为如果违约行为被证明客观存在,那么其判决结果依然在不同地域和情形下具有巨大的不统一性。

2. 支持赔偿的典型案例及依据

(1)依照合同约定支持。在王某芬诉雅安市众程公司运输合同纠纷案〔2〕中,原告乘坐被告客运车辆,因被告追尾而受伤,构成违约。本案系客运合同纠纷,原告主张精神损害赔偿时,法院采取了支持的态度。法院认为:“法律并未排除违约精神损害赔偿,而且保险附加有精神损害赔偿责任的保障条款,说明保险合同双方对赔偿中的精神损害均有预见,另外,人保财险芦山支公司对精神损害赔偿当庭予以认可。”被告的追尾行为同时构成违约与侵权,但法院未采取责任竞合理论来处理本案,而是以被告的投保内容证明其预见到了精神损害,从而酌定精神抚慰金。法院的判决理由体现两个因素:一是本案中的精神损害具有可预见性,二是保险公司认可精神损害赔偿,而究竟哪一个因素更为重要,本案判决未予体现。同时,法院将法律未明确规定违约精神损害赔偿制度解释为“也未明确排除”,从而实现对当事人的救济。类似的做法在指导案例42号中亦有所体现:“在相关制定法和司法解释都没有明确的制度条件下,该

〔1〕 参见广东省深圳市中级人民法院民事判决书,(2020)粤03民终25762号。

〔2〕 参见四川省宝兴县人民法院民事判决书,(2015)宝兴民初字第291号。

指导性案例明确了精神损害赔偿在国家赔偿案件中的存在,既是对相关法律规范的扩展(甚至是突破),更是有效回应了司法实务中的社会需求。"[1]但这样的做法在司法实践中不具有稳定性,在处理违约精神损害赔偿案件中不具有普遍指导意义。

(2)依据侵权责任法支持。在杨某与周口市东新区人民医院医疗服务合同纠纷案[2]中,法院认为:"依据《医疗美容服务管理办法》认定被告方有过错,依据《侵权责任法》第 54 条、第 55 条、第 58 条第 1 款第(1)项,因被告的医疗行为对原告的面部造成了一定损害,原告诉请精神抚慰金,本院酌情支持 3000 元。"本案中,法院依据侵权法中医疗损害责任相关规定判决被告应当向原告支付赔偿,支持了精神抚慰金。虽然本案的案由是医疗服务合同纠纷,但法院并未以案由错误为由驳回原告的精神损害赔偿请求,而是依据侵权法支持了精神损害。可见,当法院判断受害人应当得到救济时,往往不会依据违约责任论证说理支持精神损害赔偿,如果侵权法中有较为特别的规定,法院也会直接采用侵权法相关规定判决。

(3)以违约行为确实给当事人造成精神损害为由支持。在冉某等诉袁某婚庆服务合同纠纷案[3]中,经法院查明,"双方未形成书面合同,以口头方式约定被告策划婚礼,但婚礼记录的光盘中缺失了许多重要画面,系内存卡丢失所致。被告的疏忽导致合同目的未能完整实现,构成了违约责任"。法院认为:"婚庆服务是一种特殊类型的服务,被告的违约行为给原告造成了无法弥补的损失,造成了严重的精神损害,被告应当适当赔偿原告精神抚慰金,确定被告赔偿原告精神抚慰金 2000 元。"在雷某与北京公交集团公交运输合同纠纷案[4]中,经查明,案外人全责引发交通事故致使原告受伤,在交通事故层面被告无责。法院认为:"本案中不存在免责事由,承运人应当对运输过程中旅客的伤亡承担损害赔偿责任。根据《中华人民共和国民法典》第 996 条,原告主张的精神损害抚慰金 1 万元,具有法律依据,金额并无不当,本院予以支持。"这两个案子的违约

---

[1] 孙光宁:《案例指导的激励方式:从推荐到适用》,载《东方法学》2016 年第 3 期。

[2] 参见河南省周口市川汇区人民法院民事判决书,(2016)豫 1602 民初 2011 号。

[3] 参见重庆市涪陵区人民法院民事判决书,(2009)涪法民初字第 470 号。

[4] 参见北京市朝阳区人民法院民事判决书,(2021)京 0105 民初 64111 号。

方都不存在侵权行为,故第一个案子绕开违约责任与精神损害赔偿的关系这一法规空白,利用公平原则来救济受害人,体现了这一空白所造成的尴尬情形。但是第二个案子审判时《民法典》已出台,原告依据违约责任提请赔偿,法院采取了明确支持的态度。《中华人民共和国民法典释义》认为本条损害人格权责任竞合情形下精神损害赔偿的规定。〔1〕本案中被告的行为并未同时构成违约责任与侵权责任,本案中法院的理解超越了释义所主张的适用范围。考虑到过去法律并未明确承认违约精神损害赔偿,《民法典》新规的出现为违约精神损害赔偿制度的发展提供了空间,势必会使各地法院形成不尽相同的理解,从而使司法实践呈现出不统一的情形。

(4)以被告因不法行为对精神损害负有赔偿责任为由支持精神损害。在王某与嘉兴公交公司运输合同纠纷案〔2〕中,王某由于公交司机紧急刹车导致肋骨骨折,受害人王某提起违约之诉。本案系《民法典》违约精神损害赔偿第一案,法院判决:"本案系城市公交运输合同纠纷。原告搭乘被告运营公交车,双方形成客运合同关系,被告作为承运人应当对运输过程中旅客的伤亡承担损害赔偿责任。依据《中华人民共和国民法典》第996条之规定,因一方当事人的违约行为,损害对方人格权造成严重精神损害,受损害方选择请求其承担违约责任的,不影响受损害方请求精神损害赔偿,故本院对原告主张被告赔偿精神损害抚慰金予以支持,金额确定为5000元。"有了《民法典》第996条的新规,法院不得再以"无法律依据""案由错误"的理由简单粗暴地拒绝违约之诉中的精神损害赔偿请求,但是本案中法院仅指出精神损害的严重性以及被告负有赔偿责任,并未明确体现支持精神损害赔偿的依据是否是违约责任,而是依据《民法典》第996条直接支持请求,未作进一步阐释。法院的判决为当事人提供了救济,但是依然需要回避请求权基础问题,可见《民法典》第996条的适用目前还不具备完全的统一性。

---

〔1〕 参见黄薇主编:《中华人民共和国民法典释义》,法律出版社2020年版,第1823页。

〔2〕 参见浙江省嘉兴市南湖区人民法院民事判决书,(2020)浙0402民初5506号。

二、《民法典》第 996 条规定评析

《民法典》的颁布和实施意味着我国违约精神损害赔偿制度有了崭新的发展,其中《民法典》第 996 条规定尤为重要。该条文表明因违约行为导致合同一方当事人人格权受损,受损害方在主张违约责任的同时,不影响请求精神损害赔偿。

(一)《民法典》第 996 条的规范解读

《民法典》第 996 条规定是关于损害人格权责任竞合情形下精神损害赔偿的规定。当合同义务中包含了固有利益如人格权时,不履行此种合同义务就应当承担违约责任,但可能也要承担侵权责任。柳经纬教授认为该条款的法律性质"暧昧不清",且具有侵权责任的外观,相当于明确该精神损害赔偿请求权以侵权责任为基础。杨立新教授对本条款的理解是:"违约行为同时造成精神损害,受害人可以同时请求违约责任与侵权精神损害赔偿责任,也突出了侵权责任的性质。"李然等学者则通过体系解释,认为《民法典》第 996 条不与第 1183 条重复,所以应当定性为违约责任。而全国人大法工委民法室的《中华人民共和国民法典释义》认为,适用本条的前提是责任竞合情形下受损方请求对方承担违约责任,如果主张侵权责任则无须适用本条。可见,权威学者之间对本条适用的解读也不尽相同,若是指导司法实践,应当建立统一的标准,以明确该条款的请求权基础。

从适用该条的法律后果来看,通过整理《中华人民共和国民法典释义》中人大法工委民法室对"不影响受损害方请求精神损害赔偿"的理解:[1](1)受损害方应当证明违约方不履行合同义务或履行不符合约定,同时违约行为损害了自己的人格权并造成严重精神损害。(2)考虑违约方的过错程度、侵害的手段等具体细节,参考侵权责任的模式来确定精神损害赔偿数额。(3)主张违约责任时适用《民法典》第 577 条关于违约责任的规定,同时要遵循该法第 584 条所体现的完全赔偿原则、可预见性原则,以及该法第 590 条体现的不可抗力免责、

[1] 参见黄薇主编:《中华人民共和国民法典释义》,法律出版社 2020 年版,第 1825 页。

第591条规定的减损规则、第592条体现的与有过失规则等,作为该法第996条适用的限制条件,防止精神损害赔偿范围过于宽泛。

全国人大法工委民法室的《中华人民共和国民法典释义》的观点应当得到认同,《民法典》第996条的适用以责任竞合为前提,已经为我国建立了"竞合允许型"的违约精神损害赔偿制度。该条规定在适用时要满足四个构成要件,即权利主体为自然人、损害人格权、造成严重精神损害、违约行为与精神损害之间具有因果关系。以自然人为主体,就意味着排除了法人和其他组织请求精神损害赔偿的权利。而将损害人格权作为前提,就要准确界定"人格权"的范围,例如是否包含一般人格权,是否在司法实践中可以扩张解释为"人身权益"等问题,这些问题都要明确。精神损害的严重性要求排除轻微、偶尔的痛苦,也将轻微冒犯行为排除在适用该条规定的情形之外。因果关系作为构成要件代表违约行为必须直接导致精神损害,而根据该条的适用前提也可知,这一违约行为必须同时构成侵权责任,排除了违约行为导致间接损害和违约但不侵权的行为。

从《民法典》第996条所处的位置来看,立法将其置于人格权编而非将其置于合同编,可见其主要体现的适用前提是人格权受损而非存在违约责任。并且该条款采用了"不影响受损害方请求精神损害赔偿"的表述,只能说明受损害方的精神损害赔偿请求权不会因为主张违约责任而消灭,但也避开了讨论违约行为与精神损害赔偿之间的因果关系,也就因此模糊了精神损害赔偿的请求权基础问题。当事人提请精神损害赔偿,究竟是应当依据违约责任还是侵权责任,在《民法典》第996条并未明确规定。

《民法典》第996条的适用以人格权受损为前提,即不法行为违反法定义务从而产生损害赔偿责任,其请求权基础天然具有侵权责任的外观。如果承认该条款规定的精神损害赔偿责任为侵权责任,那么权利人在维权时事实上是以侵犯人格权为理由提起侵权责任诉讼,同时提起违约财产损害赔偿诉讼,两个诉讼互不冲突、相互独立。但是这样的做法只是给予了权利人两次维权的机会,缓解了过往侵权责任与违约责任只能二者择一的尴尬,当事人的诉讼难度、维权成本并没有因此降低。如果将《民法典》第996条规定的精神损害赔偿责任理解为以违约行为为前提,而该违约行为必须侵犯人格权,则权利人在维权时是以违约之诉同时请求财产损害赔偿和精神损害赔偿,这样一来精神损害赔偿的请求权基础体现为违约责任与侵权责任的聚合,即同一法律事实形成了两种责任。采用责任聚合的方式解释《民法典》第 996 条,会强调违约行为与精神损害之间的因果关系,可以在一定程度上加强违约精神损害赔偿制度的正当性。这两种不同的理解会使《民法典》第 996 条的适用产生巨大分歧,如果不能明确违约责任与精神损害之间的关系,并在《民法典》合同编予以体现,违约责任与精神损害赔偿之间的关系就无法捋顺,《民法典》第 996 条的司法实践也会因此产生巨大困扰。

(二)《民法典》第 996 条规定的精神法益

谈违约精神损害离不开对"精神法益"内涵的深入挖掘,应当从非物质需求层面、人格利益、精神法益是否具有可期待性、精神利益附着于财产权四个方面来探讨精神利益的内涵。

从非物质需求层面来看,精神利益与物质利益相区分,是在人的精神活动中体现或实现的利益,往往存在于人在社会关系中的需要和满足之中。在法学语境下精神利益的该种界定并不具有规范意义,但可以从中提取出"客体对利益主体的需求满足"这一元素,因为它直接证明了精神利益的有用性和可补偿性,对在违约精神损害赔偿问题中依据违约责任适用完全赔偿原则具有重要意义。

从人格利益方面来看,我国民法学界较为广泛接受人格权二分法,即物质性人格权和精神性人格权。物质性人格权以人身为客体,如生命权、健康权、身体权;精神性人格权则以权利人精神和心理上作为独立人格而存在的利益为客体。[1] 在该语境下,精神利益等同于精神性人格利益。根据该学说,精神利益的范畴要小于人格利益,其范围并不包含法律所列举的诸多具体人身权利,更接近一般人格权的内涵。精神法益的内涵应当包括人格利益。故"精神利益"也好,物质性和精神性人格权也好,都应当纳入"精神利益"的内容。

从精神法益是否具有可期待性方面来看,当合同的主要目的是精神追求或实现某种非财产利益时,精神法益便有了可期待性。前文所提到对精神利益实现的妨害正是将精神法益的可期待性斩断,从而使得合同目的落空。崔建远教

---

〔1〕 参见谢怀栻:《外国民商法精要》,法律出版社 2006 年版,第 57 页。

授称,在中国是否建立违约精神损害赔偿制度,不宜在传统合同法中原地踏步。[1] 因为合同的内容在发展,尊重追求精神利益的合同目的也是法律回应社会需求的正当方式。以非财产利益积极实现为主要目的的合同竞相涌现,证明精神法益并非恒量,精神法益可以受到减损,也可以积极地增加,通过合同行为追求精神利益的积极增加,是正当合理且早已存在的社会需求。

关于精神利益附着于财产权问题,我国《民法典》第 1183 条的相关规定较为清晰。损毁人身意义的物品不仅会使权利人损失财产价值,还会损失该物品对权利人独有的有用性。例如,对于时光和情感的纪念意义,抑或"睹物思人"的意义。一旦象征物毁损灭失,会对权利人现有的精神状态造成不可逆转的影响,也即对权利人的精神利益形成妨害。我们会发现在该种情形下,人身意义象征物的正常存在与否与权利人的精神利益能否维持形成直接因果关系,所以我们认为此时有一部分精神利益已经附着在财产权之上,且无论是违约行为(如保管合同)还是侵权行为(财物损毁),对该象征物的损毁都可以导致精神损害后果。

民事主体基于公平正义所存在的非物质需求可被归结为精神利益,但是若要把对社会公正的朴素情感上升为法律概念,就必须符合一定的法定前提。也就是说,这是一个从客观存在的社会利益提升为法益的过程。故综合来看,本文所认同的"精神利益"应当包含一般人格权、具体人格权及其衍生的非财产利益,也包括法律所承认的身份权益。除此之外,还包含了附着于财产权的人身利益。

违约精神损害的界定要以精神法益的内涵为基础,故本文依据"精神法益"内涵之识别,对"精神损害"作以下界定:违约行为导致受害人的人身法益和附着于财产权的人身利益减损,或是严重妨碍精神法益的实现,从而产生严重的精神痛苦。即前文所提出的以精神法益存在为前提,以减损和妨碍实现为两个方面。

---

〔1〕 参见崔建远:《精神损害赔偿绝非侵权法所独有》,载《法学杂志》2012 年第 8 期。

三、违约精神损害赔偿的模式选择

我国《民法典》第 996 条已经建立起竞合允许型的违约精神损害赔偿制度，但是保护范围过于狭窄，且有诸多界定不够清晰的地方。随着经济的发展与合同义务的扩张，《民法典》第 996 条实际上已经构建了竞合允许型的违约精神损害赔偿制度，但因其局限性无法满足当前司法实践的需要。所以违约精神损害赔偿制度要在立法模式层面寻求突破，在原则禁止—例外允许、一般允许、竞合允许三种基本立法模式中选择最合适的方案。

(一)三种基本的立法模式

原则禁止—例外允许立法模式最有代表性的是英国法，它的实践走过了从"违约非财产损害不予赔偿"到以判例确认违约精神损害赔偿的历程。1909 年的 Addis 诉 Gramophone Co. Ltd. 公司案突破了英国法院处理违约责任纠纷时不进行非财产损害赔偿做法，以判例的形式开创原则。在 1971 年的 Diesen 诉婚纱摄影公司案〔1〕与 1973 年的 Jarvis 诉 Swan Tours Ltd. 案〔2〕中，该原则也被司法裁判谨慎地突破。但是并未因此确立违约精神损害赔偿的规则与原则，只是将该案在适用"违约非财产损害不予赔偿"原则的情形中排除。此后英国通过赋予法官较大的自由裁量权，通过判例发展、创新的方式挖掘违约精神损害赔偿的适用情形。即作出例外规定，对合同目的是追求精神享受、摆脱痛苦，以及对追求精神利益遭受妨害的情形进行救济，后来还扩大到"合同的重要条款涉及精神利益"的情形，而无须是合同的唯一目的。〔3〕

法国采用了一般允许的模式，在合同领域普遍地承认了精神损害赔偿，范围最为宽泛。意大利最高法院以宪法精神为依据确立"生存损害"概念，建立违约精神损害赔偿制度，最终使合同法律关系被承认了"涉人身性"，〔4〕也充满了

---

〔1〕 参见解琳、张诤编著:《英国合同法案例选评》，对外经济贸易大学出版社 2004 年版，第 361 页。

〔2〕 参见王泽鉴:《民法学说与判例研究》，中国政法大学出版社 2005 年版，第 98 页。

〔3〕 参见[英]纳尔森 · 厄农常:《违约与精神损害赔偿》，肖厚国译，载梁慧星主编:《民商法论丛》(第 16 卷)，金桥文化出版有限公司 2000 年版，第 502 页。

〔4〕 参见许中缘、崔雪炜:《论合同中的人格利益损害赔偿》，载《法律科学》2018 年第 3 期。

一般允许模式的色彩，它的地位高过了侵权责任精神损害赔偿。《欧洲合同法原则》《国际商事合同》《欧洲合同法典》均采取了一般允许的模式。[1] 但是最先确立一般允许模式的法国法是以民事责任一元化为理论基础的，重视侵权责任与违约责任的同一性，学界和司法实践都经历了从"二元论"到"一元论"的发展趋势，最终法国法所确立的是"不竞合原则"。《法国民法典》第1382条规定，"任何行为"使他人受到损害，都应负赔偿责任。由于不区分损害行为，也就不区分财产损害与非财产损害。可见，法国法建立一般允许模式的立法和学理基础都与我国的现实情况有较大不同。

德国法在早期仅承认违约责任与侵权责任竞合时，合同中发生的精神损害才能得到救济。当不存在竞合时，法院否认违约精神损害赔偿，但可能会通过原则而非规则进行一定的"抚慰"。这与我国《民法典》时代的立法和司法实践的态度较为相似，判例多以无法律依据为由驳回违约精神损害赔偿的诉讼请求，但考虑到个案公平，可能会以精神损害赔偿请求权的名义判处金钱上的微弱支持。

(二)对"原则禁止—例外允许"模式的吸收借鉴

对比"原则禁止—例外允许"和"一般允许"的立法模式，选择"原则禁止—例外允许"模式更为妥当。"一般允许"模式对精神法益的保护范围更广，但是这也意味着几乎任何违约之诉中非违约方都有权提起违约精神损害赔偿，这不是一种健康的鼓励。如果贸然确立一般允许模式，会大大加剧司法机关工作压力，造成司法资源的大量浪费。同时二元民事责任体系更加重视违约责任与侵权责任在性质和目的上的区别而非同一性，所以建立一般允许模式在立法技术上是个难题，条件也不成熟。如果直接在《民法典》合同编一般性地允许违约精神损害赔偿，不仅为滥诉提供空间，也会与《民法典》总体上区分侵权责任与违约责任的体系形成冲突。

构建违约精神损害赔偿制度的目的是全面救济受害人合法权益，填补责任竞合理论下的救济空白，归根结底是为了回应社会需求从而实现当事人利益的衡平，而非在任何构成违约责任的情形中都要讨论精神损害赔偿问题。精神法

〔1〕 参见陆青：《违约精神损害赔偿问题研究》，载《清华法学》2011年第5期。

益损失的不可度量性和无形性本身,决定了它在违约责任领域的赔偿是一个慎之又慎也不为过的问题,采取“原则禁止—例外允许”的模式,是一种保险且有所缓冲的模式。李永军认为违约精神损害赔偿只是对二元体系的僵硬划分,不能适应边际案例现状的一种补充。[1] 这一观点应当得到认同,违约精神损害赔偿制度主要应当解决违约但不侵权的精神法益损害赔偿问题。“原则禁止—例外允许”模式因此显得尤为重要,原则上大多数合同类型不会也不能涉及精神利益的实现和处分,但在司法实践和立法更新修订中,“例外”情形会不断扩张和延伸,逐渐形成体系。而系统化的“例外”可以赋予法官较大的自由裁量权,判断被侵害的法益是否属于赔偿范围。将这一责任赋予司法实践一线公职人员,一定程度上通过不断在判例上的创新,挖掘“例外”的巨大空间,体现对合同领域精神法益的尊重和保护。构建违约精神损害赔偿制度的目的也不是让该领域成为一个容易“碰瓷”的“雷区”,规定什么情形下违约责任中可以适用精神损害赔偿,对恢复被破坏的社会关系、抚慰受损害方、增强司法实践统一性都具有重要意义。

采用“原则禁止—例外允许”模式并非判例法系国家的专利,成文法通过一般规定与特别规定的逻辑结构,可以更好地适用该模式。但是在面对新生事物的灵活性方面,判例法完全可以以个案公平为基础,总结归纳出例外情形的特征,成文法则需要将例外情形类型化,可能同时还要专门为例外情形设置损害赔偿请求权来达到体系完整和全面救济。在这一点上,我国《民法典》的体系就较为适合“原则禁止—例外允许”模式。由于二元民事责任体系的存在,违约中的精神损害主要依据责任竞合理论来处理,在顺应民事责任一体化的趋势并回应社会需求的过程中,《民法典》合同编原则上应规定“违约责任不涉及精神损害赔偿”,但对特定类型、特定目的的合同承认违约精神损害赔偿救济,从而确立一个有限制条件的违约精神损害赔偿请求权。

确立“原则禁止—例外允许”的立法模式,有助于当事人诉讼便利的提升。违约精神损害赔偿制度应当以违约责任作为损害赔偿请求权的基础,只要符合

---

[1] 参见李永军:《非财产性损害的契约性救济及其正当性——违约责任与侵权责任的二元制体系下的边际案例救济》,载《比较法研究》2003年第6期。

“例外情形”的界定,无论是违约但不侵权的情形还是违约与侵权竞合的情形都是如此。请求权基础一旦明确,以合同纠纷的理由提起诉讼就不会因为案由错误而被直接驳回请求,也就不存在“经法院释明后拒绝变更”。并且随着案情的进展,能够证明精神损害的证据被发现,原本合同之诉的当事人可以直接因此主张精神损害赔偿,既不需要分案处理或另行起诉,也不需要依赖法院在个案中对《民法典》第 996 条进行扩张解释。

四、违约精神损害赔偿的制度完善

(一)明确违约精神损害赔偿请求权

除了在《民法典》合同编中增设精神法益损害赔偿请求权,在此基础上还要对相关规定予以修订,主要如下:

笔者认为,应当在《民法典》合同编部分规定:原则上违约责任不涉及精神损害赔偿,但在特定类型的合同中,因当事人一方的违约行为导致受损害方的精神法益减损,受害方可依据违约责任请求精神损害赔偿。在后文中,将该条款记为“第一款”,违约精神损害赔偿适用的类型化合同也会在后文中体现。

第一,在前文所提及“第一款”中所提及的“精神法益”应当在《民法典》中作出明确界定。其内容既应当包括《民法典》第 990 条所涉及的一般人格权、具体人格权及其衍生的非财产利益,也应当包括法律所承认的身份权益,除此之外还包含了附着于财产权的人身利益。这一界定的适用范围不宜过宽,应当放在违约精神损害赔偿制度之内,建议通过司法解释予以明确,暂不通过《民法典》人格权编修改以体现其内容。

第二,《民法典》第 585 条规定的违约金应当独立于违约精神损害赔偿请求权。违约金条款本身具有惩罚性,且约定明确具体清晰,不适宜用在缺乏量化标准的精神损害赔偿问题上。且当违约金超过实际损失的 30% 时可以请求适当减少,该“实际损失”应解释为财产损失,而不应作扩张解释延伸至精神损害。如果精神法益损害纳入违约金衡量范围,不仅无法保障司法裁量的稳定性和公正性,还可能引发"对赌协议"[1]的存在。所以在实践中不应当约定精神损害违约金,而可以选择并用违约金与违约精神损害赔偿,[2]以解决如旅游合同、人格象征物保管合同、婚庆服务合同等领域的问题。

第三,《民法典》第 996 条应当作进一步明确规定。因为该条款的适用前提是违约责任与侵权责任的竞合,所以立法应对请求权基础作出明确规定。应当在条款之后增加内容,例如,增加"受损害方因此请求精神损害赔偿,应当符合本法合同编违约精神损害赔偿制度的相关规定"等此类表述,以明确请求权基础为违约责任。

第四,《民法典》合同编应明确违约精神损害赔偿请求权主体为自然人,不包含法人和其他组织。违约精神损害具有可补偿性,其原因在于精神损害属于自然人精神活动的后果的范畴,只能存在于有精神和情感的个体上,也就是自然人。这就意味着自然人是违约精神损害赔偿请求权的主体,法人和其他组织不在此列。2020 年修订的最高人民法院《关于确定民事侵权精神损害赔偿责任若干问题的解释》第 4 条明确了法人和其他组织不适用精神损害赔偿,仅有自然人可以获得精神损害赔偿。法人和其他组织不存在生命,无法进行精神活动,也就不存在精神利益。法人的人格权受到法律保护,但法人人格权往往在实践中以商誉的形式出现,其本质是基于民法平等原则对法人财产权利进行保护的载体,属于无形财产权利。违约精神损害赔偿请求权主体为自然人而排除法人和其他组织,与排除商事合同适用该制度的目的是相同的。违约精神损害赔偿相关制度的构建目的在于全面保护自然人的精神利益,贯彻《民法典》时代的人文关怀理念,而非对精神损害赔偿请求权作商业化的利用。

第五,突出诚实信用原则在违约精神损害赔偿制度的地位,体现在《民法典》合同编之中。诚实信用原则在我国民法体系中地位特殊,具有"帝王条款"之称,完善违约精神损害赔偿制度,离不开这项基本原则。我国《民法典》第 509 条规定了合同当事人必须在诚实信用原则指导下全面履行合同的义务,而我国学者陆青依据 Zaccaria 对诚实信用原则的解释,将《民法典》第 509 条第 2

---

〔1〕 参见王利明:《侵权责任法与合同法的界分——以侵权责任法的扩张为视野》,载《中国法学》2011 年第 3 期。

〔2〕 参见崔建远:《精神损害赔偿绝非侵权法所独有》,载《法学杂志》2012 年第 8 期。

款进行了扩张解释,说明“合同义务中可包含非财产性利益”,[1]即不排斥通过约定或解释将诚实地履行精神法益保护义务纳入合同义务。波斯纳认为,善意是契约的默示性条款,没有人自愿将自己置于任人摆布的地位,契约中的恶意应当禁止。[2] 这一观点将善意纳入合同应当遵守的合理性义务,如果当事人明知自己的违约行为会导致对方的精神损害而依旧选择违约,则应当因恶意而被禁止,若违约方不会因此受到惩罚,则相当于将受损害方置于任违约方摆布的地位。机会主义行为可能因此增加,甚至还可以进一步解释为违约方在合同利益中形成垄断。[3] 所以应当突出诚实信用原则的地位,加大对恶意行为的制裁。建议应对《民法典》第509条第2款进行扩张解释,合同义务中可包含已明确约定的非财产给付义务和体现精神法益的附随义务。如果合同体现了精神法益,则应当诚信履行,若合同未体现精神法益,则不允许不诚信的索赔行为。为了进一步体现诚信原则,还需明确违约精神损害赔偿适用的类型化合同,严格规范适用情形。

(二)明确违约精神损害赔偿适用的类型化合同

1.违反合同的主给付义务

当前救济空白的最典型领域即非责任竞合领域,而这一领域最典型的特征是精神法益构成合同主要义务内容,违约行为可直接导致精神损害,而不必完全符合侵权责任的构成要件,而适用违约责任的一般构成要件。前文“第一款”所提及的“特定类型的合同”,也主要集中在违反合同主给付义务的情形。

(1)合同目的是提供精神享受

保护期待利益是合同法的关键,是违约责任的根本目的。期待利益损失包含积极损失和可得利益损失,当合同目的体现精神法益时,就被纳入了可得利益范畴。此类精神损害多发生在旅游合同、婚庆服务合同、庆典活动合同等领域。服务接受方提供支付价款,服务提供者按照合同约定通过各种方式促成合

---

〔1〕 陆青:《违约精神损害赔偿问题研究》,载《清华法学》2011年第5期。

〔2〕 参见[美]理查德·A.波斯纳:《法律的经济分析》,蒋兆康译,法律出版社2012年版,第133页。

〔3〕 参见[美]理查德·A.波斯纳:《法律的经济分析》,蒋兆康译,法律出版社2012年版,第134页。

同目的的实现,当合同目的因违约而落空,仅返还支付价款是不够的,因为在某种意义上,服务接受方是将自己的无形利益的实现托付给了服务提供者,故服务提供者应当依据合同履行注意义务。此时,该部分无形利益为被法律承认的精神法益,具有了可期待性,其减损会造成精神损害是可预见的。

德国法院在处理违约行为侵害守约方隐私、名誉等人格权益的案件时,允许守约方同时主张抚慰金和进行非财产利益的商业化。[1] 即快乐、安慰、享受等利益在因通过金钱而获得时,便自动拥有了财产属性,当出现违约行为对此类利益造成损害,守约方可以提请金钱赔偿。[2] 我国虽未承认非财产利益商业化理论,但是其挖掘合同目的的视角值得借鉴。考虑到精神损害赔偿是以财产赔付非财产利益受损,且部分类型的合同具有精神法益保护的目的,便应当主张合同义务的违反是产生精神利益减损及其救济的法理基础。自然,在合同内容中将精神利益的托付、保护作为主要义务的情形的不断增加,也要求合同将精神法益纳入保护的范围之中。

以上提到的合同往往是目的性合同,最为典型的是旅游合同,旅游者为了获取精神愉悦开展游览、交通、食宿等活动,因节省费用、省心省力、安全舒适等需求,与旅游经营者签订旅游合同,让专业的服务提供者帮助这些活动顺利进行。这就赋予了旅游合同天然的精神利益属性,合同的客体是精神法益,这也表现出该类合同最典型的特征——实现"约定之精神法益的表达"。[3] 在当前社会生活状态下,人们对精神享受的需求和期待具有超乎寻常的理想性和敏感性,[4]证明了该类合同中精神损害的严重性。旅游无法顺利进行,假期无意义地度过,会给旅行者留下遗憾、疲惫和愤懑,这一心理落差使旅游消费者往往不堪其痛,矛盾和纠纷也随之升级。意大利法的包价旅游合同人格利益损害赔偿制度表明,精神性利益在合同订立阶段就已经内化于合同之中,获得了可期待性。法律界和学者认为"被毁坏的假期利益"是典型的包价旅游合同中容

[1] 参见韩赤风:《论精神损害赔偿的适用及其排除——以中德法律及司法实践为视角》,载《法学》2006 年第 10 期。

[2] 参见尹志强:《论违约精神损害赔偿的正当性及适用范围》,载《中国政法大学学报》2014 年第 6 期。

[3] 许中缘、崔雪炜:《论合同中的人格利益损害赔偿》,载《法律科学》2018 年第 3 期。

[4] 参见方乐坤:《违约精神损害类型化分析》,载《甘肃政法学院学报》2012 年第 3 期。

纳的精神利益。[1] 而包价旅游合同是我国最广泛应用的旅游合同之一，意大利的立法值得借鉴的地方在于，同时对民法和《旅游法》进行修改形成联动，所以可以在《旅游法》中规定违约责任包含精神损害，同时在前文提及的"第一款"（位于《民法典》合同编通则）之下进行列举，将旅游合同作为其中一种类型。婚庆服务合同和庆典活动合同的合同目的也具有精神性，该类合同的特点是履行内容对于服务接受者来说意义重大，且具有意义完整实现的可期待性，服务提供者的注意义务也会高于以财产利益为合同标的的情形。这一更高程度的注意义务意味着它使此类合同的违约精神损害符合可预见性原则，故应当明确该类合同适用违约精神损害赔偿制度，服务接受者具有前文提及的"精神法益损害赔偿请求权"。

当合同目的是提供精神享受时，违约行为导致合同主要目的落空，正是典型的妨害精神法益实现的情形。将该类型合同纳入违约精神损害赔偿保护范围，对贯彻全面赔偿原则、填补救济空白、弥补责任竞合理论的不足具有重要意义。

(2)合同目的是消除或防止精神痛苦

合同以消除或防止精神痛苦为目的，其客体为精神法益，违约导致合同目的落空，是违反合同主给付义务从而直接导致精神损害的情形。该类合同往往是依靠专业服务行为，通过履行合同主给付义务来达成其他目的，具有"拿人钱财，替人消灾"的色彩，需要尽可能做到不留遗憾、不出差错。当违约导致合同目的落空，会造成直接精神损害，而这一损害的原因和种类，在合同订立时、合同履行中，是完全可以预见且应当预见的。在该类合同中，违约行为与精神损害之间具有直接因果关系，只要证明精神损害的严重程度，适用违约精神损害制度就不成问题。同时，如果有条件地承认"非财产利益商业化"理论，服务接受者实质上是以金钱购得方便，那么如果不能正确履行合同从而实现其非财产性目的，这一目的的落空也应获得金钱赔偿。

---

〔1〕 参见宋超群：《意大利包价旅游合同非财产上损害研究——兼论欧盟相关指令的影响与推动》，载《法学论坛》2013 年第 4 期。

(3)违反合同主给付义务间接造成精神损害

上文中所梳理和归纳的情形是违约造成直接精神损害的情形,具有天然正当性。而违约引起机会的丧失,则属于违约行为造成的间接精神损害。教育培训合同是间接精神损害发生的典型情形。在刘某诉嘉信乒乓球俱乐部案[1]中,原告曾获得全国少年乒乓球女双第一名而被被告录取为队员。入队后,原告被初诊为血管炎,进而确诊为皮肤慢性炎症,原告经医院鉴定不影响运动训练,但被告仍然以健康问题为理由迫使原告离队,未留余地。原告只得回原籍就读,失去了成为运动员的机会。原告起诉索赔,其中包含精神损害赔偿 8 万元。法院认为,原、被告之间是教育培训的合同关系,被告的违约行为使得合同主要内容无法完成,被告的错误决定既是违约,也对原告的运动员生涯和发展前途带来了不可挽回的影响和损失,所以违约行为与损害后果之间具有因果关系。而违约行为尚未构成侵权,依据违约责任支持原告的精神损失。本案发生时,法律并未对违约责任中的精神损害赔偿作出明确规定,法院也回避了这一问题,采用"原告主张的其他经济赔偿"这一类词语作为原告诉求中提到的有关精神损害赔偿的内容,并且在判决时统一以被告应当承担"民事责任"为由进行说理,没有明确指出该责任是违约责任还是侵权责任。

以教育培训合同为例,违约行为间接导致精神损害,其主要特点是损害了发展关键时期所需要的机会。特别是在青少年成长的关键时期,这一机会需求显得尤为重要,一旦因为服务提供者的违约行为导致机会的丧失或者时间的延误,对个人和家庭的影响不可估量。据此而言,有必要在违反主给付义务从而导致间接精神损害的情形中适用违约精神损害赔偿制度。但是由于违约行为与损害后果之间的因果关系要比直接损害多一个环节,故为了给予一定的限制条件,要在遵循可预见性原则、减损规则和最高限额原则的基础之上,适用过错责任原则。仅在该情形下适用过错责任原则,主要是为了惩罚缔约时怀有欺骗的恶意,或者违约时不顾及相对人利益任意违约的情形,同时也为避免试探性诉讼和司法资源浪费加了一道阀门。

---

[1] 参见最高人民法院中国应用法学研究所编:《人民法院案例选》,人民法院出版社 2000 年版,第 64 页。

2. 违反合同的附随义务

我国合同法律并未对合同保护义务作明确规定,但在理论界和司法实务中承认其存在。附随义务往往表现为合同履行中的协助、照顾、通知、保密、提示等义务,[1]我国《民法典》虽未明确规定附随义务的种类,但在第509条提及了合同履行的规范和需要遵循的原则,基本符合学界共识。附随义务的职能有二:一是促进合同主给付义务的履行,二是保护合同相对人的人身和财产利益。[2]

违反合同的附随义务导致精神损害的情形主要发生在瑕疵履行情形中。例如,合同履行出现瑕疵,违反了提示说明、协助使用标的物以及注意的义务,引起相对人生活的重大不便利,或形成某种妨害。在这个过程中能够体现出违约方的过错,应当纳入违约精神损害赔偿保护范围之内,并以过错为构成要件。在 Watts v. Morrow 案[3]中,原告从被告手中受领房屋后,发现房屋需要修缮,与被告所言房屋质量良好相去甚远,故原告因身体不便与精神痛苦提请赔偿获得法院支持。这是典型的瑕疵履行情形,被告方对房屋质量的隐瞒违背了诚实信用原则,具有明显的过错。但本案发生时,英国早已用判例的方式承认违约责任的精神损害赔偿,本案只是违约精神损害赔偿制度在违反合同附随义务情形的一个延伸。我国此类案件多发于婚庆典礼合同,因为婚庆典礼承载意义的特殊性,要求服务提供方比一般的服务要有更高的注意义务,这一高度注意义务在董某恒、张某华庆典服务合同纠纷案中有所体现,[4]由于供水供电出现问题导致瑕疵履行,进而导致精神损害。违反附随义务导致精神损害,也应当纳入违约精神损害赔偿的保护范围之内。

这两个案例分别体现了违约精神损害赔偿制度延伸至违反附随义务的领域,以及违反附随义务在不直接构成根本性违约的情况下引发精神损害的情形。由于附随义务往往以诚实信用原则为基础,故应当在《民法典》第509条后

---

[1] 参见王利明:《合同法研究》(第1卷),中国人民大学出版社2011年版,第393页。

[2] 参见韩世远:《合同法总论》,法律出版社2008年版,第250页。

[3] See Watts v. Morrow., [1991]1W. L. R. 1421. 1445(Eng.).

[4] 参见一审山东省昌邑市人民法院民事判决书,(2020)鲁0786民初2282号;二审山东省潍坊市中级人民法院民事判决书,(2021)鲁07民终398号。

增添"如符合'第一款'的规定的情形,并且违约方具有明显过错,可以主张精神损害赔偿"及类似内容的规定。即在该情形下,适用过错责任原则。

3. 侵权性违约

所谓侵权性违约,即侵权责任与违约责任竞合的情形。前文所提及的如旅游、举办活动或庆典、医疗服务合同、客运合同以及人格物保管合同等情形,还有邮寄物毁损灭失、产品责任等情形,都有可能构成违约与侵权的竞合。这些繁杂的情形大体可归纳为两类:(1)违约行为侵犯人身权利;(2)违约行为侵犯财产权利。第一种情形主要表现为违约行为侵犯人的生命、身体、健康的情形,具有相当的严重性,同时符合侵权责任的一般要件,如加害给付行为。而违约行为侵犯人格权的情形,多符合我国《民法典》第 996 条的相关规定,也理应为违约精神损害赔偿制度所容纳。在第二种情形下,侵犯财产权利,必须同时侵犯附着在财产权上的精神法益,例如,不可复制的珍贵照片、遗骨、宠物等财产成为保管合同、运输合同、承揽合同的标的物,为合同主要义务内容所指向。该类案件主张精神损害赔偿的正当性早已为我国司法实践所承认,《民法典》第 1183 条也对此有所规定。

针对该问题建议《民法典》作如下调整:(1)保留并遵循该法第 186 条所规定的责任竞合情形下赋予当事人的选择权。(2)《民法典》合同编通则增设内容"主张违约责任不会使精神损害赔偿请求权归于消灭",可置于该法第 186 条之后。(3)《民法典》合同编通则部分规定的违约精神损害赔偿制度一般性条款(前文提及的"第一款"),应容纳该法第 996 条所规定的人格权范围,并进一步明确为包含一般人格权、身份权益、附着于财产权的人身利益。(4)增设"因违约行为导致具有人身意义的特定物毁损灭失可依据违约责任主张精神损害赔偿"的条款。

综上所述,应当在《民法典》合同编通则部分增设"精神法益损害赔偿请求权",作为违约责任的例外情形,同时是违约精神损害赔偿制度的一般规定,即前文所指"第一款"。"特定类型的合同"可概括为三方面:(1)如果违约行为导致追求精神享受、防止或消除精神痛苦的主要目的落空,或是违反主给付义务间接导致精神损害,可以依据无过错责任原则直接主张精神损害赔偿,解决现行法律的最大救济空白问题。(2)如果违反附随义务导致精神损害,则受害人可适用过错责任原则主张精神损害赔偿。(3)如果构成侵权责任与违约责任的竞合,受害人可选择通过违约责任或侵权责任来主张精神损害赔偿,无论是否完全符合《民法典》第996条所规定的竞合情形。

五、结　语

违约精神损害赔偿制度在保护弱势群体利益,降低交易成本等方面发挥着积极作用。但是精神法益和精神损害的无形性、不确定性,导致了该问题无论是在侵权责任领域还是在违约责任领域都会产生较大争议,而违约精神损害赔偿制度适用的行使条件、特殊情形下的适用等内容还需进一步明确。为了探析上述问题,为我国违约精神损害赔偿制度的完善作出贡献,在借鉴域外立法经验和搜集司法判例的基础上,相关研究有待继续深入。

数字时代二次创作合理使用判定中转换性使用规则的演进与重塑

——基于 Sony 案与 Campbell 案的分析

张海宁*

内容摘要:信息共享技术加持下的公众参与式二次创作,迅速发展成为数字时代文化创意产业领域的重要推动力量。对在先版权作品未经授权使用行为中潜藏的著作权侵权风险也颇受争议。发端于美国司法实践的转换性使用规则为具有商业营利性质的二次创作纳入合理使用限制保护范围提供了契机。Sony 案与 Campbell 案中转换性使用的缘起与演进历程表明,转换性使用规则本身的概念内涵与要件地位时常处于混乱无序的状态。结合美国司法裁判经验与我国合理使用实践现状,提出二次创作转换性使用规则与三步检验法相结合。不仅需要重点考察再创者二创内容的转换性特征,还应将其“对原作者潜在市场价值的可能影响”纳入转换性使用测试的必要构成要件,且对原作品的转换性特征测试须兼顾内容转换性与目的转换性。

关键词:二次创作　转换性使用　三步检验法

一、问题的提出

Web 2.0 技术深刻改变了信息传播与内容创作的传统模式。数字技术与数字工具的普及,使几乎每个信息网络使用者都可以利用各种线上素材进行多种多样文学艺术作品的再次创作。这些二创内容继而通过信息网络技术得以

* 山东建筑大学法学院讲师,法学博士。

再次分发,并在传播过程中发生更进一步的内容演化发展。这种被数字技术激发的普通公众的创造能力被称为符号民主,[1]是参与式文化[2]的重要组成部分。海量的线上版权作品内容以极快的速率实现精准投放及传播,网络用户线上内容接收利用的效率以及可以借鉴对象的多样性也实现了质的飞跃。

然而,信息网络技术的快速发展打破了原创作者、二创作者以及社会公众之间相对平衡的利益联结关系,巨大的信息体量及其极快的传播速率,使再创者在取用已有版权内容时难以及时征得原作者授权许可,传统的版权授权许可模式显然已疲于应付互联网上海量的二创内容的规制需求,无形中对著作权法发起了巨大挑战。而且不同法系和司法管辖区域也皆未颁行专门的著作权限制制度对数字二创赋予特别保护,无法从版权限制的事先救济角度,对再创者取用已有版权作品行为是否在法律允准的合理使用范围以内提供任何指导价值。因此,对于达到著作权保护水平的二次创作而言,即便其对实现著作权法的公共价值目标具有积极的推进作用,也仍有可能构成版权侵权。

大陆法系及英美法系国家都在积极探索著作权法律体系之外的二次创作保护之道。在大多数欧洲大陆国家中,针对独创性二次创作的著作权限制措施十分匮乏,仅在有限的情况下允许再创者从在先作品中借用创造性表达元素。因此,法官不得不借助《反不正当竞争法》或言论自由的宪法基本权利等外部法律机制,应对原作者著作权垄断可能带来的威胁。[3] 类似地,美国也有很多学

---

〔1〕“符号民主”(semiotic democracy)一词是由大众传播媒介研究教授 John Fisket 提出的,最初是指电视观众对电视节目图像按照自己理解赋予不同含义的能力。See John Fiske, *Television Culture*, London, Routledge, 1989. 此后,符号民主扩展到对文创产品的再创作与再传播。See William W. Fisher Ⅲ, *Promises to Keep: Technology, Law, and the Future of Entertainment*, Redwood City, Stanford University Press, 2007.

〔2〕See Urs Gasser, Silke Ernst, *From Shakespeare to DJ Danger Mouse: A Quick Look at Copyright and User Creativity in the Digital Age*, Berkman Center Research Publication No. 2006 – 05, Posted on 19 Jun 2006, https://ssrn.com/abstract = 909223, last visited on 10th March, 2022; See Henry Jenkins, *Convergence Culture: Where Old and New Media Collide*, New York, NYU Press, 2008.

〔3〕See Christophe Geiger, *Constitutionalizing Intellectual Property Law? The Influence of Fundamental Rights on Intellectual Property in the European Union*, in International Review of Intellectual Property and Competition Law, (37) 2006, p. 371.

者主张,通过美国《宪法第一修正案》有关言论自由的规定限制著作权保护范围。[1] 但是著作权法制度体系以外的法律规则并不能有针对性地解决数字二创的版权保护问题。

合理使用作为著作权限制措施中最重要的制度组成,基于相对灵活开放的解释标准,以及对已有版权作品取用行为在创作、传播以及使用市场的综合管控能力,有必要为数字时代二次创作的著作权限制保护提供制度支持。尤其是转换性使用测试标准的引入,为具有商业营利性质的二创作品纳入合理使用范畴开辟了一条可行的道路,可以有针对性地解决二次创作固有的营利目的与传统合理使用制度对商业性取用行为之间的矛盾冲突问题。

因此,对转换性使用标准的重新检视与规则重塑,或可成为数字时代二次创作合理使用判定的密码。我国司法实践中虽然也已出现转换性使用判定合理使用的先例,[2]但尚未真正达到美国法院充分灵活运用转换性使用规则的地步,在相关立法或司法解释中也未对转换性使用的内涵及外延予以明确规定。因此关键问题在于应当如何合理借鉴美国经验,并科学解构二次创作合理使用判定中的"转换性使用"标准。本文将结合 Sony 案与 Campbell 案等经典案例,梳理转换性使用规则的历史源流与概念演化,为我国数字时代二次创作转换性使用规则的本土化适用与规则重塑提供建设性意见。

二、Sony 案与转换性使用的缘起与规范冲突

转换性使用最早又被称作生产性使用,对其概念界定以及在合理使用认定中的地位,自其产生之初就存在许多分歧。Sony 案作为第一个在司法裁判中应用生产性使用要件进行合理使用裁判的案件,地区法院、上诉法院与联邦最高法院分别就生产性使用在合理使用认定中的地位给出了不同的解读。

---

〔1〕 See Thomas F. Cotter, *Transformative Use and Cognizable Harm*, in Vanderbilt Journal of Entertainment and Technology Law, 12 (2009), p. 701 – 754.

〔2〕 参见王某诉北京谷翔信息技术有限公司、谷歌公司,(2013)高民终字第 1221 号民事判决书;上海美术电影制片厂诉浙江新影年代文化传播有限公司、华谊兄弟上海影院管理有限公司,(2015)沪知民终字第 730 号民事判决书;李某晖诉广州华多网络科技有限公司,(2017)粤 73 民终 85 号民事判决书。

(一)加利福尼亚中区法院否认生产性使用构成要件地位

美国环球影视公司和迪士尼制作公司起诉称,观众利用 Sony 公司制造的家庭录像机对其所有的电影进行录制的行为构成版权侵权,Sony 公司应当承担间接侵权责任。使用录像机为私人非商业用途进行的电视节目录制行为是否构成版权侵权,成为案件的焦点争议问题之一。法院将对此问题的解决描述为,"在社会对音像作品广泛的需求和保证作品制作者经济收益之间寻求适当的平衡",[1]并将规定于 1976 年《版权法案》中的合理使用四要素测试法,作为平衡社会公众和版权所有者之间冲突利益的裁判依据。[2] 由于 1976 年《版权法案》并未阐明四要素的相对重要程度及适用的优先次序,首先,加州中区地区法院考察了合理使用认定的第四个要件,即家庭录像行为可能对原告影视公司潜在的市场份额及经营利润造成的损害。认为原告诉称的广泛使用 Sony 公司设备进行的家庭录像行为可能导致的经济损害,因其主观推断性而无法被法院采纳。加之原告影视制作公司已被证明,其作品市场份额因新技术发展而具备较大的弹性空间,最后总结称版权法不能为原作者作品市场份额因新技术出现而发生的波动提供法律保护。[3]

其次,在考察被使用版权作品内容的性质时,法院并未评估作品内容本身的传播是否能够服务于社会公共利益,转而分析原告自愿免费向社会公众发布其版权作品的选择,无法证明原告对版权保护的强烈诉求。[4] 考虑到公众录制影片是为了满足在目标作品直播时段以外时间点进行观看的需求,法院继而将家庭录制行为的目的解释为"增加访问原告选择免费传播作品的访问渠道"。并通过引用第一修正案提倡的通过公共无线电波提供尽可能多的信息访问路径的政策,最终将公众对原告版权作品的家庭录制行为定性为具备私人的和非

---

〔1〕 See Universal City Studios, Inc. v. Sony Corp., 480 F. Supp. 429, 432(C.D. Cal. 1979).

〔2〕 See Universal City Studios, Inc. v. Sony Corp., 480 F. Supp. 429, 432(C.D. Cal. 1979), 447-448.

〔3〕 See Universal City Studios, Inc. v. Sony Corp., 480 F. Supp. 429, 432(C.D. Cal. 1979), 432.

〔4〕 See Universal City Studios, Inc. v. Sony Corp., 480 F. Supp. 429, 432(C.D. Cal. 1979).

商业性的特征。[1]

最后,在考察家庭录制内容占据版权作品整体的比例及数量问题要件上,一般认为取用原作品内容数量越多,则构成合理使用辩护的可能性越小。但法院指出合理使用的认定是对四个要件的综合考量,基于被取用版权作品内容的性质、家庭录制非商业性和私人使用目的以及对制作公司作品潜在商业市场份额影响的不确定性,尽管其中涉嫌对原告版权作品的整体复制,也不妨碍将家庭录制行为认定为构成合理使用。[2]

综前可知,加州中区地区法院对家庭录制行为对版权所有者潜在市场经济收益分析的过分依赖,掩盖了合理使用行为生产性的本质特征,忽略了"生产性使用"在合理使用认定中作为门槛标准的重要地位。虽然公众私人的家庭录制行为,并没有在原作品的基础上添加任何观影者的创新表达,也没有在之后的二次创作中对该版权作品内容予以生产性再利用,并未达到美国《版权法案》第107 条前段规定的"生产性使用"目的标准,但是最终仍将未经授权用于私人的、非商业用途的家庭录制行为,认定为是对原告制作公司受版权保护作品的合理使用行为。

(二)第九巡回上诉法院承认生产性使用构成要件地位

美国环球影视公司和迪士尼制作公司不服加州中区地区法院的判决结果并提起上诉,称私人用户对其所有影视作品的家庭录制行为应当被认定为构成版权侵权。[3] 针对家庭录制行为能否被解释成豁免版权侵权责任的合理使用行为的核心争议问题,第九巡回上诉法院裁判驳回了地区法院的判决,认为地区法院错误地将家庭录像行为解读为包含在法律规定的合理使用保护范围以内,其认为家庭用户为私人及非营利使用目的擅自进行的家庭录制行为,构成对原告制作公司合法享有版权专有权益的侵犯,不能被认定为合理使用。[4]

第九巡回上诉法院对家庭录制行为性质的分析,第一次在合理使用司法裁

〔1〕 See Universal City Studios, Inc. v. Sony Corp., 480 F. Supp. 429, 432(C. D. Cal. 1979), 454.

〔2〕 See Universal City Studios, Inc. v. Sony Corp., 480 F. Supp. 429, 432(C. D. Cal. 1979), 454.

〔3〕 See Universal City Studios, Inc. v. Sony Corp. of Am., 659 F. 2d 963(1981).

〔4〕 See Universal City Studios, Inc. v. Sony Corp. of Am., 659 F. 2d 963(1981).

判背景下使用了“生产性使用”术语,并首次明确了生产性使用在合理使用判定中的构成要件地位。上诉法院将《版权法案》第 107 条首句描述为对受版权保护材料“生产性使用”的要求,其中“为批评、评论、新闻报道、教学、学术研究目的而使用版权作品的行为”,是对生产性使用的解释性说明而非封闭的限制性说明,为合理使用的认定提供了总体上的方向指引。上诉法院明确指出,第 107 条并未将为社会公众提供“便利”、“娱乐”或“增加访问路径”等仅为满足个人需求的目的,列入生产性使用包含的范畴。[1] 其以非穷尽方式列举的几种合理使用用途,反映了合理使用本质上就是二创者在已有版权作品基础上进行的独具创造性的再创作,或为增进社会公众文化福利目的的再利用过程,并不包括仅为私人使用目的而单纯对在先版权作品进行复制的行为。[2]

上诉法院认为加州中区地区法院将非生产性家庭录制行为纳入合理使用范畴的做法,将打破原有版权运作机制下的各方利益平衡。[3] 传统的合理使用制度解决的问题是,二创者通过视听等感官接收相关版权作品后,可以自由使用该作品内容的界限,换言之,原作者应当允许其作品在某种范围内被他人再次利用。但是本案中他人对原作者版权作品的家庭录制行为,却与对已有版权素材使用方式的限制无关,而是为了增加观众再次接收并观看目标影视作品的路径与可能性。

传统合理使用模式下,再创者在二创作品中添加的独创性表达所具有的创新文化价值,能够折抵原作者的经济利益损失。但不具有生产性特征的私人复制行为,完全不会在文化价值层面增加社会整体公共文化福利的丰富程度,若将其列入豁免版权侵权责任的合理使用序列,则必将打破这种平衡。尤其是在新技术快速发展的背景下,短时间内大量复制受版权保护作品成为可能,原作者因私人复制行为的隐蔽性而难以在版权侵权诉讼中证明其所遭受的经济利益损害,这将导致进一步加剧利益失衡的不公平局面。

---

〔1〕 See Universal City Studios, Inc. v. Sony Corp. of Am., 659 F. 2d 963(1981), 970.

〔2〕 See Leon Seltzer, *Exemptions and Fair Use in Copyright*, Cambridge, Harvard University Press, 1978, p. 24.

〔3〕 See Leon Seltzer, *Exemptions and Fair Use in Copyright*, Cambridge, Harvard University Press, 1978, p,971.

(三)联邦最高法院少数派与生产性使用必要非充分要件地位

Sony 公司因不服第九巡回上诉法院的判决,于 1983 年向美国联邦最高法院提出了复审请求。联邦最高法院多数派法官认为,虽然家庭录制行为作为对版权作品纯粹的私人复制不具备生产性特征,不包含使用者具备个人主观意志特色的独创性表达,也未为该影视作品添加额外的社会文化价值,但不影响其被评定为构成“合理使用”。最终以 5∶4 判决驳回了上诉法院的裁判。[1] 但是其中以 Blackmum 为首的半数法官对以上判决提出异议,认为生产性要件应当是合理使用认定的必要条件。Blackmum 法官将合理使用评价为著作权法史上最复杂的制度,尽管实务中在证成合理使用时形成了一套大致相似的考量因素,但立法及司法皆未对合理使用制度的判定形成统一的裁判标准。[2] 国会在将合理使用制度编入 1976 年《版权法案》时,也未给出清晰明确的概念定义,只是在第 107 条中列明“使用行为的性质和目的”、“版权作品的性质特征”、“使用内容的数量和占比”以及“对原作者版权作品市场价值及潜在商业市场份额的可能影响”四个裁量因素,以供裁判者在合理使用裁定中予以参考,且未对这些要件各自的重要程度以及先后适用次序给予具体的说明。

尽管对合理使用的判定一直缺乏明确的裁判标准,但合理使用制度始终在版权法体系中扮演着十分重要的角色。以牺牲原作者部分著作权控制权利为代价,允许后来创作者在有限范围内使用其创造性表达,目的是促进科学和实用艺术的发展,并最大限度增进公共文化福利。因此在 Blackmum 法官看来,“生产性使用”应当在合理使用的裁定中占据核心地位。

Blackmum 法官指出 1976 年《版权法案》第 107 条前半段列举的合理使用情形就是几种最普遍的“生产性使用”行为,包括用于批评、评论、新闻报道、教学科研等多种目的的使用行为,皆具备合理使用要求的有益于公共利益的创新内容或社会价值,在原作品的基础上为观众带来了更丰满或更多样的文化体

---

〔1〕 See Sony Corporation of America, et al. v. Universal City Studios, Inc., 464 U. S. 417, 796 (1984).

〔2〕 See Sony Corporation of America, et al. v. Universal City Studios, Inc., 464 U. S. 805 – 806 (1984).

验。[1] 即便对原作品著作权内容的复制使用未添加任何独创性表达,但对该作品内容的复制及传播有益于增进社会公众文化福利,也应当被认定为具备“生产性特征”。[2]

Blackmum 法官同时强调,生产性使用要件是合理使用判定的必要非充分条件。[3] 合理使用裁定是一个灵活适用规则的过程,需要结合个案事实,具体衡量限制目标使用行为版权责任是否会导致各方权利主体利益失衡。若剥夺原作者在其作品上的垄断权利,将抑制其作品创作动机;但若授予其完整全面的垄断权利,则将削弱其他再创者的创新空间与创作能力。因此合理使用的构成不仅需要具备生产性特征,还需要保证不会打破原作者合理范围内版权专有权益与社会公众文化创新能力之间的平衡。换言之,在证成目标使用行为不构成合理使用的过程中,除须论证被告使用行为不具备生产性特征外,还需要证明被告使用行为可能对其版权作品的商业市场或经济营收带来潜在危害。[4]

在 Sony 案中,家庭录制行为并不具备合理使用要求的生产性特征。为家庭观赏目的而进行的私人录制行为只是对原作者版权作品的普通复制行为,并未在其中添加任何有益于社会文化进步的创新内容,或者具备任何有益于社会公众文化福利的生产性使用目的。尽管允许家庭录制行为可能会增加社会公众通过公共广播频道收看影视作品的途径,但其中增加的观众收看路径并不能够产生额外的创新文化价值。原作者选择在特定时段免费播放版权作品的行为,并不代表其已经默示放弃对该作品复制权与放映权的控制。此外,原告影视制作公司也能够证明家庭录制行为可能对其版权专有权益造成的侵害。[5]

---

〔1〕 See Sony Corporation of America, et al. v. Universal City Studios, Inc., 464 U. S. 417, 806 (1984).

〔2〕 在 Williams & Wilkins Co. v. United States 案中,美国索赔法院认为,被告图书馆对原告科学杂志文章的复制行为的目的是促进医学知识的传播和推广,有益于推进医疗知识普及,因此不应被认定为著作权侵权行为。See Williams & Wilkins Co. v. United States, 203 Ct. Cl. 74, 487 F. 2d 1345(1973).

〔3〕 See Sony Corporation of America, et al. v. Universal City Studios, Inc., 464 U. S. 417, 796, 809(1984).

〔4〕 See Sony Corporation of America, et al. v. Universal City Studios, Inc., 464 U. S. 417, 796, 809(1984).

〔5〕 See Sony Corporation of America, et al. v. Universal City Studios, Inc., 464 U. S. 417, 796, 809(1984).

家庭录影技术的出现能够满足无法即时通过公共广播频道收看直播人群的错时观影需求,由此带来了新鲜的影视作品录音录像制品潜在市场。但家庭录影行为抢占了制作公司开发版权作品录制品市场的先机,对制作公司的潜在市场收益造成了实质性的影响。因此公众的家庭录影行为无法享受合理使用抗辩,应当承担侵害原告专有权益的版权侵权责任。

三、Campbell 案与转换性使用核心地位确证

转换性使用最早是 Leval 法官在吸收生产性使用要件应用及解释分歧基础上,在 1990 年《哈佛法律评论》中发表的一篇有关合理使用的经典论述中提出的概念,目的是澄清生产性使用要件有无、概念界定以及适用次序分歧,缓解学理及司法实践中合理使用认定的混乱局面。联邦最高法院在 1994 年 Campbell v. Acuff-Rose Music 案[1]中,首次采纳了 Leval 提出的合理使用认定"转换性使用"标准,创造性地将转换性使用糅合到合理使用四要素测试标准之中,甚至开启了以二次创作中对已有版权作品素材取用行为是否具有"转换性"作为衡量合理使用判定唯一标准的新时代。

(一)转换性使用排除合理使用非商业性要件要求

Campbell 案是对 Leval 法官提出转换性使用标准的首次司法实践,认为转换性测试标准就是在《版权法案》第 107 条序言使用目的指导下,对合理使用四要素中的第一个要素"使用行为的性质和目的"的考察,重点在于评判该行为是否达到合理使用要求的转换性水平:[2]未经授权使用行为是对原作品创造性表达单纯的复制行为,还是在原作品的基础上添加了不同的创新内容或价值目标;这种使用行为是否开辟了更广泛的应用途径,是否改变或充盈了作品本身的文化价值内涵。换言之,转换性使用标准需要具体衡量二创作品在原有作品基础上的创新程度,只有在已有版权作品内容基础上又衍生出新的表达内容、文化价值或目的用途,并达到合理使用要求的变革性水平,才能最终享受免于

[1] See Campbell v. Acuff-Rose Music, Inc., 510 U.S., 1994, p. 569 – 1168.

[2] See Campbell v. Acuff-Rose Music, Inc., 510 U.S., 1994, p. 569 – 1171.

著作权侵权责任的著作权保护地位。

需要特别指出的是,联邦最高法院认为,转换性使用标准的提出将排除未经授权二次创作合理使用认定中,对该行为非营利目的的必然要求。将转换性使用标准归于对合理使用四要素标准第一个要素"使用行为的性质和目的"的考察,并不意味着第一个要素中列明的对使用行为是否具有商业营利目的的调查,对最终合理使用的认定发挥着决定性作用。美国《版权法案》第 107 条文本清楚地表明,一件作品的商业或非营利性的教育目的只是探究使用行为目的和性质的一个因素,法条序言中还包含着对使用行为性质与目的认证的更广泛的调查。此外,考虑到第 107 条列举的包括批评、评论、新闻报道、教学、科研等活动,大多出于谋求经济利益的目的,将非具有商业营利目的作为合理使用决定性要素的推论,将导致第 107 条所列举的使用行为几乎全部被排除在合理使用范围之外。联邦最高法院明确指出,Sony 案中将使用行为不具有商业营利目的作为合理使用判定决定性因素的裁判是错误的。该案上诉法院将 Sony 案该项判决擅自上升为合理使用认定的通用原则,也是对普通法体系中合理使用裁决传统的背离。国会也反对以预设特定种类合理使用的形式缩小合理使用限制保护范围,并敦促法院保留传统的相对宽泛的合理使用裁判标准。〔1〕 总结而言,对再创者作品取用行为非营利目的的认定,并不能够确保该行为一定构成免于侵权责任的合理使用;同样地,也不能基于使用行为中包含的商业营利目的,就一票否决其构成合理使用的可能性。

著作权法意在促进文学艺术和科学作品的不断发展繁荣,虽然具备转换性使用特征本身并不能确保未经授权对他人版权作品的取用行为一定能够被认定为合理使用,但其价值取向能够保证增益社会公共文化福利的作品,能够大概率获得著作权法的充分保护。滑稽模仿主要是指"为营造喜剧色彩或达到某种嘲笑讽刺的目的对原作品风格特色进行模仿的文学或艺术作品",或者"是为嘲讽某一个或某一类作品风格而创作的诗歌或散文"。〔2〕 如果戏仿者未经授权对原作品独创性表达的取用只是为了达到吸引公众注意力的引流效果,或仅

〔1〕 See U. S. Code Congressional & Administrative News, Thomson West, 2013, p. 5659 – 5679.

〔2〕 See Campbell v. Acuff-Rose Music, Inc., 510 U. S., 1994, p. 569 – 1172.

是为其作品内容增添一些新鲜的内容元素,而不涉及对原作品内容、风格或核心观点的嘲讽或评论,那么其未经授权对他人作品内容的取用行为,将很难被评定为合理使用。尽管戏仿作品对在先版权作品素材使用的目的在于创作一部以评论或讽刺为主要目的的新作品,但这并不意味着所有的滑稽模仿创作,皆构成限制著作权责任的合理使用,仍需要结合合理使用认定的其他要件,在著作权法所追求促进文化创新发展目标指引下,对特定案件进行具体分析。

在Campbell案中,2 Live Crew乐队创作的滑稽模仿乐曲,显然已经达到了合理使用要求的转换性水平。一方面滑稽模仿创作本身就包含着体现再创者个性的创造性表达,另一方面滑稽模仿的目的在于对原作品进行讽刺与反思,故此新作品又在原曲的基础上增添了再创者的主观创意表达,具有显著的文化和社会效益,能够为社会公众带来更加丰富多样的文化体验。因此联邦最高法院主张,对原作品的滑稽模仿创作应当被认定为第107条规定下的合理使用行为,被告2 Live Crew乐队不需要因创作滑稽模仿乐曲而承担著作权侵权责任。

(二)转换性标准统领下合理使用四要素综合分析

生产性使用标准在合理使用认定四要素中扮演的角色和地位一直处于变化之中。在Sony案中,第九巡回上诉法院将生产性要素视作有别于合理使用四要素的一个单独考量因素,Sony案之后多数法院则将生产性要素认定为包含在对四要素第一个要件"使用行为的性质和目的"的考察之中。[1] 相比之下,转换性使用标准在Campbell案中构建起了与合理使用四要素相互融合的紧密连接关系,并在合理使用证成中扮演着关键的构成要件地位。

抽象意义上,文学、科学及艺术创作中几乎不包含任何完全由作者独立创作完成的创新内容,皆是在大量参鉴以及使用在先版权作品特定创造性内容的基础上创制而成。[2] 因此著作权法律体系形成之初,立法者就认为有必要保留再创者对已有版权作品内容适当合理的使用空间,以达到促进科学和实用艺术发展的目的。合理使用判定的重点应当在于避免"一刀切"式的评价准则,而更强调结合案件事实,以最大化社会公共文化福利为导向进行具体分析。早在

---

〔1〕 See Twin Peaks Prods., Inc. v. Publications Int'l Ltd., 996 F.2d 1366, 2d Cir. 1993, p.1374 -1376.

〔2〕 See Emerson v. Davies, 8 F. Cas., CCD Mass., 1845, p.615-619.

现代意义上的合理使用制度未被明确纳入著作权法律体系之前,合理使用著作权侵权责任豁免原则就已经被广泛应用在英美司法实务中。在 1710 年《安妮女王法令》指导下的著作权案件中,英国法院即多主张对原作品的合理节略不构成对原作者著作权专有权利的侵犯。[1] 此后更多的司法裁判以思想表达二分法为指导原则,将思想、事实、概念、原则等排除在著作权保护范围以外。[2] 美国国会也强调《版权法案》第 107 条中规定的合理使用制度,是对以往司法裁判中合理使用原则的重申,并不旨在以任何方式缩小或扩大著作权限制保护范围,希望法院能够延续普通法传统中的合理使用裁判传统,避免因对法律文本中规定合理使用规则的僵化使用而扼杀公众创新创作能力。[3]

Campbell 引入的转换性使用标准正是以实现著作权法公共价值目标为指引,综合分析应用合理使用四要素的典范。对合理使用的认定不要求同时满足四个要件的要求,而应以第 107 条规定的合理使用具体规定为一般性指导,结合具体案情在四个要件之间进行灵活综合的权衡与比较,以著作权法的公共价值目标为内在的核心衡量标尺度量目标使用行为的合理性,如此方能切实达到著作权法立法宗旨追求的社会精神文明与文化发展繁荣的局面。在分析戏仿行为是否构成合理使用的过程中,法院并未孤立地分析该使用行为是否分别契合第 107 条要求的四个要件,而是从著作权法的立法宗旨出发,结合转换性使用测试标准,将四个要件与著作权法所欲实现的社会功能以及作品本身的转换性水平相联系,灵活且辩证地具体分析戏仿使用行为是否能够被纳入免除著作权侵权责任的合理使用范畴。转换性使用标准下,传统的四要素测试标准在合理使用认定过程中适用的比重没有一定之规。作品的变革性越强,其他要素在最终合理使用认定的结论中的权重越低。换言之,合理使用认定四要素将伴随涉嫌侵权二创作品本身不同的转换性程度,在合理使用判定中扮演不同的角色。

合理使用四要素中第二个法定要件考察的是“所使用版权作品的性质”,即对再创者所使用版权素材独创性水平的衡量。著作权法保护的对象是体现作

---

〔1〕 See William F. Patry, *The Fair Use Privilege in Copyright Law*, Bna Books, 1995, p. 6 – 17.

〔2〕 See Harper & Row Publishers, Inc. v. Nation Enterprises, 471 U. S., 1985, p. 539 – 547.

〔3〕 H. R. Rep. No. 94 – 1476, 1976, p. 66.

者独立创造性内容的智力成果,再创者取用内容的独创性水平越高,取用行为构成合理使用的可能性则越低。[1] 在Campbell案中,加州中区地区法院、上诉法院以及联邦最高法院皆认同被告滑稽模仿乐曲中,复制使用的前作品内容具有较高的独创性水平。尽管如此,由于被告滑稽模仿乐曲中添加的再创者别具一格的创造性表达具有较强的转换性水平,因此并不能基于其所利用原作品内容是著作权法重点保护独创性表达内容这一事实而被判定为构成侵权。

同样地,四要素中第三个要件"所使用版权作品的质与量",也无法从定量的角度划定一条明晰的著作权侵权界限。合法范围内对已有版权作品独创性内容取用的具体数量,主要与四要素中的第一个及第四个要件动态关联,即对允许取用的在先版权作品数量取决于再创行为的"性质和目的"以及"对原作品市场份额及商事收益的影响"。可以肯定的是,对原作品内容质与量上的实质性取用行为,确实会对合理使用认定产生不利影响。[2] 因为这种对原作品核心内容近乎逐字逐句的复制,几乎压缩了再创者添加转换性内容的全部空间,而只能成为挤占原作品市场份额的替代作品,也即变相违背了合理使用认定的第一个和第四个要素。但如果二创作品中未经授权对他人版权作品内容的取用是为撰写新闻报道或社评文章所用,或以课堂教学或科学研究为目的,或者在此基础上添加了体现再创者主观个性的高质量创造性表达,或不会对原作品的初创市场及二创市场的经济收益产生消极影响,那么即便二创作品存在对原作品核心独创性表达内容的整体取用行为,也并不必然妨碍二创作品合理使用行为性质的认定。

滑稽模仿是建立在对已有作品带有嘲讽意味评论基础上的创作形式,它的艺术表现力本就包含在原作品与戏仿之间的紧张关系中,必须以取用版权作品大量原创内容作为表达其批判性思维观点的前提。[3] 并且为使观众能够轻松识别出戏仿作品与原作品之间的关联,取用内容也必得是原作品最鲜明的核心表达。本案中被告的戏仿乐曲也确实存在对原作者独具创造性歌词与旋律的复制行为。但在此之外,戏仿还在原作品词曲内容的基础上添加了体现再创者

---

[1] See Stewart v. Abend, 495 U.S. 207, 1990, p. 237 - 238.

[2] See Campbell v. Acuff-Rose Music, Inc., 510 U.S. 569, 1994, p. 1175 - 1176.

[3] See Fisher v. Dees, 794 F. 2d 432, 9th Cir. 1986, p. 438 - 439.

主观创意的独特的歌词与曲调，为达到嘲讽目的而对原作品歌词进行改编，并将风格迥异的独奏和音节叠加在原作品韵律之上，[1]这种戏仿创作对原作品核心独创性内容的使用显然已经超出单纯复制侵权的范畴。由此联邦最高法院也在 Campbell 案中明确要求，根据再创者取用行为本身变革性程度动态衡量对原作品取用数量的合理区间。[2]

第四个法定要件考察的是“该使用对版权作品之潜在市场或价值产生的影响”，在变革性取用行为背景下，对该要件的考察也与一般的市场侵害推断有所不同。该要件不仅要求法院审查被指控侵权人未经授权取用行为对原作品初创市场的影响，还要考察该使用行为对二创市场可能造成的潜在损害。[3] 在 Campbell 案中，一方面被告 2 Live Crew 乐队难以举证证明其对原告乐曲的滑稽模仿创作没有侵害版权作者在二创市场中的潜在商业收益，另一方面其滑稽模仿创作本身具有商业营利的目的，故而上诉法院便据此推定被告的滑稽模仿乐曲会对版权作者的二创市场利益造成重大损害。[4] 但联邦最高法院认为，上诉法院以使用行为商业营利目的推断其对版权作品市场利益损害的裁判是错误的。联邦最高法院指出，当对他人版权作品的使用行为仅是为商业营利目的时，该再创者所谓的“二创作品”显然构成取代原作品销售市场的替代产品，损害版权作者潜在的市场收益以及原创作品的市场价值；但若该取用行为具有变革性的特征与性质，那么二创作品作为具有独一无二创造性的文化产品，则难以被认定为构成原版权作品的市场替代品，也不能由此推断出该作品必将对原作品的市场收益造成损害。本案被告滑稽模仿乐曲创作的目的在于对原作品表达内容的评论与讽刺，再创者在歌词改编及节奏韵律等方面都添加了富含创造性的新内容，原创作品与戏仿作品各自发挥着完全不同的文化价值和市场作用，因此上诉法院依据戏仿乐曲的商业营利目的推断其对原作品的潜在经济收益显然是错误的。

当然这并不意味着所有的戏仿作品均基于自身的变革性特征而免疫可能

---

〔1〕 See Acuff-Rose Music, Inc. v. Campbell, 754 F. Supp., 1991, p. 1150 – 1155.

〔2〕 See Campbell v. Acuff-Rose Music, Inc., 510 U. S., 1994, p. 569 – 1177.

〔3〕 See Harper & Row Publishers, Inc. v. Nation Enterprises, 471 U. S., 1985, p. 539 – 569.

〔4〕 See Acuff-Rose Music, Inc. v. Campbell, 972 F. 2d, 1992, p. 1429 – 1438.

的著作权侵权责任。带有讽刺或评论目的的滑稽模仿并不会直接阻遏对原作品的市场需求,而仅是为观众提供了不一样的文化视角和多样的文化体验;然而若通过虚构的内容恶意抹杀原作品的艺术价值,则将破坏原作品长期积累的口碑和市场地位,直接摧毁原作品所有可能的商业收益。[1] 因此法院还需要重点甄别涉案滑稽模仿仅是一种戏谑讽刺的艺术呈现手段,还是将侵害著作权所有人的市场收益及作品文学价值。

四、二次创作转换性使用规则的本土化应用重塑

如前文所述,转换性使用最初源自美国法官造法,并且经历了漫长的发展嬗变过程。学界及司法界至今仍未对是否以及应当如何引入转换性使用规则形成统一观点或司法裁量意见。不可否认,转换性使用基于其自身的灵活性与开放性,是应用于数字时代二次创作合理使用判定的最佳路径选择。应当在延续合理使用制度平衡原作者版权保护与再创者表达自由利益的前提下,结合我国合理使用制度实践现状,对转换性使用的本土化适用进行规则重塑。

(一)二创行为转换性测试与三步检验法相结合

转换性使用以二创作品是否具有创新内容或目的作为合理使用判定的灵魂,被联邦最高法院在 Campbell 案中予以首次司法确认。但在此后的实践中,出现了仅以使用行为转换性有无作为合理使用判定标准的扩大使用问题。[2] 一方面,仅对二创行为转换性特征的关注与考察,相当于间接否认了合理使用四要素标准中其他三个要素对合理使用判定的重要性,偏离了 Leval 法官转换性使用规则的原义,不当扩大了二创作品合理使用限制保护的范围。将在原作品基础上添加新的表达形式、功能意义、内容信息的功利主义价值作为著作权法的终极目标,实际上是对社会公共文化福利的单向保护,忽略了版权作者私人财产权益的合法保障。另一方面,对达到构成合理使用抗辩的转换性程度缺

[1] See B. Kaplan, *An Unhurried View of Copyright*, New Jersey, The Lawbook Exchange Ltd., 2008, p.69.

[2] See Carious v. Prince, 714 F.3d 694 (2nd Cir. 2013); See Seltzer v. Green Day, Inc., 9th Cir. 2013, 725 F.3d, p.1170.

乏客观具体的判断标准,创作出与原作品在内容或目的上有足够差异的新作品的定义,仍然存在很大解释空间,对法官自由裁量的过分依赖也导致司法实践中的混乱局面。

鉴于已有转换性使用规则自身的模糊性、不确定性,以及过分扩张带来的可执行性差的问题,应当在已有准则基础上探寻一种更加准确具体的裁量标准。在判断二创作品能否引用合理使用抗辩时,转换性使用标准的应用应转向更加注重结果导向,在考察再创行为性质与目的的基础上,探究二创者在被告作品创作内容上对原作者及其作品市场的影响。从合理使用行为"对原作品潜在市场或价值的影响"角度判断是否存在转换性,是克服转换性程度判定不确定性的可行之道。[1] 而此种规则重塑恰可与我国著作权法合理使用裁判中的"三步检验法"相契合,在转换性测试中融入对原作者版权作品潜在市场影响的考量,也是对再创者未经授权挪用行为是否"影响原作品的正常使用"以及"是否不合理损害著作权人合法利益"的衡量。将转换性使用的判断与"对原作者合法利益与作品正常使用"相结合,不仅有利于矫正转换性使用概念模糊及扩大化的问题,还顺应了我国合理使用制度的立法构造,能够更加轻松地实现本土化过程。

具体而言,转换性使用测试不能仅以"使用行为的转换性特征和目的"作为核心与灵魂,而应当将"使用行为转换性"和"对原作者合法权益及原作品正常使用的潜在影响"两个因素置于同等重要的地位。再创者作品在满足转换标准的同时,还要将对原作者的市场损害限定在合理限度以内。第一步,判断二次创作未经授权挪用行为是否具有转换性。要求法院在关注被告二次创作特征的基础上,分析再创者二创行为对原作者作品作出的实质性改变,评估再创者是否通过赋予原作品新的含义、信息或表达,最终改变了原创作品的表达内容与内在意义。[2] 如果二创作品并未对原作品进行卓有成效的转换性使用,而仅构成对已有作品的拙劣模仿,则将被直接判定为构成著作权侵权。如果二创

---

〔1〕 参见华劼:《版权转换性使用规则研究——以挪用艺术的合理使用判定为视角》,载《科技与法律》2019 年第 4 期。

〔2〕 See Robert A. Gorman, *Copyright Courts and Aesthetic Judgments: Abuse or Necessity*, in Colum. J. L. & Arts, 25(2001), p. 19.

作品的创新内容或使用目的满足转换性的要求。第二步,判断未经授权二次创作是否给原作者著作权市场带来不利影响,以及这种实际或潜在的不利影响是否超出了合理限度。且若二创作品在满足变革性特征前提下又会对原作者的著作权市场造成重大侵害时,则应当根据二创作品已经以及可能对版权作者原创市场以及二次市场收益造成的损害,给予原作者以相应的补偿。

(二)转换性测试兼顾内容转换性及目的转换性

在转换性使用两步测试法中,第一步在判断未经授权二次创作行为是否满足转换性使用特征时,应对合理使用转换性测试标准进行更加严谨的界定,使其成为划分演绎创作与合理使用的明显标准。合理使用制度设置的核心目的是实现著作权法体系中各方主体利益的平衡。转换性使用规则不仅需要通过提供再创者添加独创性内容的合法渠道,丰富社会公众的精神文化福祉,同时还要保护原作者个人私益免受不当侵害。若被告对原作品内容进行全盘借鉴或盲目照搬引用,仅凭其中蕴含的转换性使用目的就断定其构成合理使用,无疑将构成对原作者著作权专有权益的不当损害,破坏作者的初始创作激励,不利于社会精神文明的可持续发展。且若将所有在已有作品基础上添加独创性内容的二次创作皆划归合理使用保护范围,则无疑将有损原作者的合法权益保护。合理使用制度是均衡著作权人利益和社会公众利益的砝码,是实现原创者与再创者利益平衡的重要制度安排。[1] 因此本文主张在转换性判定中兼顾"内容"及"目的"两方面的转换性,也是对合理使用平衡精神的回应。

美国司法实践中也已有转换性测试兼顾内容转换性与目的转换性的判例。在Blanch v. Koons案中,被告复制了原告版权作品中的部分内容,并在对该内容进行转换及再创作后,作为一个构成部分合并到其独创作品之中。第二巡回法院认为,被告未经授权的二次创作行为需要同时满足内容转换性以及目的转换性两个条件:一方面,其对原告作品中时尚广告形象使用的目的是评论大众媒体对社会和审美产生的影响,已经从原作品娱乐性的创作目的转变为评论性的创作目的;另一方面,被告对该作品素材的使用并非原封不动的照抄行为,而

[1] 参见冯晓青:《论著作权限制的合理性及其在著作权制度价值构造中的意义》,载《湖南社会科学》2011年第5期。

是在其上按照个人主观意志与审美旨趣进行了改编与再创作。[1] 并最终判定被告未经授权对原告版权作品的使用行为满足合理使用转换性标准的要求,不构成著作权侵权。

具体而言,在应用转换性标准判断被告未经授权对原作品使用行为的性质和目的时,应当从“内容转换性”和“目的转换性”两个方面进行考察。只有当二创作品在内容和目的两个方面均达到转换性标准的要求时,方可被认定为达到合理使用对“使用行为的性质和目的”的要求;若对原作者合法利益及其版权作品潜在市场影响也在合理范畴以内,则准许其引用合理使用抗辩可能的著作权侵权责任;而若二创作品不同时具有内容上及目的上的转换性,再创者未经授权二创行为则将可能涉嫌构成对原作者演绎权等著作权专有权益的侵犯。

“目的转换性”需要同时满足两个条件:一是未经授权对版权作品的取用行为需要具有娱乐、批评、评论、新闻报道、教育教学、学术研究等异于其所挪用原作品的转换性使用目的;二是转换性使用目的无论为大众娱乐,抑或为公共事件评论或科研教育事业建设,都需要顺应“社会有益性”的价值追求,有损社会主义精神文明建设的转换使用将被一并排除在合理使用范围以外。“内容转换性”即判断未经授权使用行为是对原作品创造性表达单纯的复制行为,还是在原作品的基础上添加了不同的创新内容或价值目标,这种使用行为是否开辟了更广泛的应用途径,或者是否改变或充盈了作品本身的文化价值内涵。换言之,转换性使用标准需要具体衡量二创作品在原有作品基础上的变革程度,只有在已有版权作品内容的基础上又衍生出新的表达内容、文化价值或目的用途,才能被判定为达成内容上的转换性使用。

---

〔1〕 See Blanch v. Koons, 467 F.3d 244, 2d Cir. 2006, p.252-253.

“紧急侦查”的法理阐释及其制度建构*

韩　晗**

内容摘要：紧急侦查制度的设立有着重要的实践意义。我国现有刑事立案制度在实现权力控制的同时，也产生了立案标准模糊、侦查启动不灵活、初查效果不稳定等问题，导致在以失踪案件为代表的复杂案件中出现侦查反应不及时现象。因而应借鉴紧急侦查理论，将刑事侦查延伸到立案之前，允许部分案件降低立案标准，开启紧急侦查。紧急侦查行为的主要特征为时间上具有紧迫性，行为上需要采取一定的强制性措施，结果上具有不确定性，案件尚未达到刑事立案标准。在制度构建上，允许拘留、搜查、技术侦查等作为紧急侦查措施加以运用，但应当禁止逮捕措施的运用。同时，应强化程序控制，严格履行事前审批审查或事后确认审查程序，强化紧急侦查措施审查的实质性与即时性，强化检察机关的侦查监督。

关键词：紧急侦查　强制措施　程序控制

一、问题的提出

2023 年 2 月 2 日，胡某宇事件新闻发布会在江西省铅山县召开，认定胡某宇系自缢死亡，[1]但该案的整个经过值得我们反思。自 2022 年 10 月 14 日胡

---

* 本文系教育部重点研究基地重大项目“人权保障视野下行政公益诉讼制度的发展与完善研究”(21JJD820004)的阶段性成果。

** 山东师范大学法学院讲师，法学博士。

〔1〕 参见朱磊：《胡某宇系自缢死亡，现场没有打斗、拖拽痕迹》，载人民日报客户端 2023 年 2 月 2 日，https://wap.peopleapp.com/article/6994524/6851905。

某宇失踪,到2023年1月28日尸体被发现,整起事件历时3个多月,社会舆论一度甚嚣尘上。时至今日,案件已经尘埃落定,但整个案件的过程值得我们认真反思。其中,争议较大的问题就是当地公安机关在收到失踪报案之后,因相关证据事实未能达到刑事立案标准,一直不予刑事立案。[1] 再结合近年来曝光的"湖南新晃操场埋尸案""四川资中曹某英失踪案"等失踪案件,使社会公众对公安机关立案侦查活动的及时性产生了质疑与困惑。

公安机关的刑事立案是我国刑事诉讼程序中的重要环节,"具有划定权力运行边界、表征犯罪调查活动正式化、明确犯罪嫌疑人权利保障起始点的重要价值"。[2] 在绝大多数国家未采行该制度的情况下,我国依然坚持刑事立案制度,这其中最关键的考量就是控制侦查权力,即"只要我国不采取对强制性侦查行为的外部控制模式,只要不寄希望于通过司法审查和令状原则来解决强制措施的合法性问题,那么利用立案程序来约束可能侵犯公民权利的侦查行为就仍然十分必要"。[3] 笔者亦坚持认为当前刑事立案程序具有重要实践意义,不能因噎废食。

然而,面对"胡某宇失踪案"之类的特殊案件,现有的刑事立案程序呈现出效能不足的窘境。《刑事诉讼法》第110条仅规定"对于不属于自己管辖而又必须采取紧急措施的,应当先采取紧急措施,然后移送主管机关",而对于有管辖权的案件,公安机关并没有紧急侦查的权力。正如有学者所言:"一个自然人突然失踪而可能存在被拐卖、绑架、伤害、杀人及胁迫参与违法犯罪活动等情况下,涉及公民的自由权、健康权、生命权等人身权利可能受到严重的侵害。即或自杀可能性更大,也涉及对个体生命权保障的公共责任问题。总之,一旦出现人员失踪疑似被侵害或自杀的情形,公安机关基于公共安全、保障公民权利、维护社会秩序的立场,应紧急启动失踪人员的警务机制。"[4] 为此,有必要反思当

---

〔1〕 参见上饶市公安局:《致网民朋友的一封信》,载微信公众号"上饶市公安局"2023年1月7日,https://mp.weixin.qq.com/s/_NkkcXepRsWdIbqyuwBZEg。

〔2〕 周长军、韩晗:《监察立案的法理反思与制度优化》,载《山东大学学报(哲学社会科学版)》2022年第6期。

〔3〕 姚莉:《监察案件的立案转化与"法法衔接"》,载《法商研究》2019年第1期。

〔4〕《南方都市报》:《专家谈胡鑫宇失踪案:应建立紧急侦查制以取代现行登记调查制》,载搜狐网2023年1月31日,https://www.sohu.com/a/635853219_161795。

前的刑事立案程序,基于特殊案件的紧迫性,探索紧急侦查机制。

二、刑事立案程序的实践局限性

《公安机关办理刑事案件程序规定》第178条规定:“公安机关接受案件后,经审查,认为有犯罪事实需要追究刑事责任,且属于自己管辖的,经县级以上公安机关负责人批准,予以立案;认为没有犯罪事实,或者犯罪事实显著轻微不需要追究刑事责任,或者具有其他依法不追究刑事责任情形的,经县级以上公安机关负责人批准,不予立案。”这其中包含了三项要件,即认为有犯罪事实需要追究刑事责任、具有管辖权、经县级以上公安机关负责人批准。刑事立案制度在实现重要制度价值的同时,也为实践带来了一定的困惑,具体体现在以下三个方面。

(一)立案标准具有模糊性

刑事立案标准并不是一个统一的、确定的客观化标准。所谓的“认为有犯罪事实需要追究刑事责任”通常被认为是刑事立案的主要标准,但是否存在“犯罪事实”且是否“需要追究刑事责任”,由公安机关依据具体的犯罪事实和案件的不同情况作出判断,因而学界一直以来就有诸多观点认为该标准的设置门槛过高,[1]而且“许多案件事实在刑事立案之初尚处于不清晰的状态,要求在刑事立案阶段就认定是否需要追究刑事责任不合理”,[2]“立案只是刑事诉讼最开始的阶段,它无法也不应该成为犯罪成立的确证,不应该具有本应由审判程序承担的证明犯罪、确认犯罪的功能”。[3] 笔者认为,“认为有犯罪事实需要追究刑事责任”作为刑事立案标准的最大问题在于该标准的模糊性,使得公安机关在面对案件之时,更倾向于通过寻找客观证据来证明案件已经达到刑事立案标准。

然而,失踪类案件在发现相关人员失踪之初,客观性证据往往难以及时成就,尤其是在监控、目击证人缺乏的情况下,办案机关的确难以判断案件的性

[1] 参见张大群:《试拟刑事立案程序的一种方案》,载《政法论坛》1996年第2期。
[2] 朱良:《论刑事立案标准的三重意蕴》,载《贵州社会科学》2022年第3期。
[3] 林艺芳:《论侦查启动模式——以立案与初查为线索》,载《理论界》2014年第9期。

质。而且从最终结果来看,"胡某宇失踪案"并不属于刑事案件。但问题就在于此,"失踪类案件"往往存在不同的结果,有的最终成为刑事案件,有的则仅属于治安类案件,有的则是报案人的误报。办案人员面对此类案件时往往陷入两难境地,即案件未能达到刑事立案标准,但本身确实存在刑事侵害的可能性,是否立案难以确定。这使得在刑事立案的整个过程中,并不存在任何一个可以与"失踪案"相匹配的立案机制。

(二)侦查启动缺乏灵活性

目前制度设计未对公安机关及相关办案人员予以充分授权,因此在现有刑事立案程序中,公安机关及办案人员在侦查活动的启动上缺乏灵活性。我国立案制度主要借鉴了苏联的刑事立案制度,苏联在其刑事诉讼法律中规定了"提起刑事案件(提起追究刑事责任)"一章,其作用是"只有在作出了提起刑事案件的决定后,权力机关才能进行刑事诉讼法典所授权进行的一切诉讼行为"。〔1〕在实际的运行过程中,"提起刑事案件(提起追究刑事责任)"的主要任务是"各有权机关立即对关于预备或者实施犯罪的最初材料加以固定;迅速对这些材料进行实质性的审查;确定是否具有诉讼开始的必要前提;以及作出相应的正式裁决",〔2〕这些活动可以基本概括为初查活动的阶段性总结活动。但从更广泛地域外考察,绝大多数国家对于侦查启动都是任意性的,"这些国家刑事司法中并没有一个专门的立案程序或提起刑事案件程序,通常只要接到犯罪信息,即开始采取侦查行为;即使需要进行事务性的记录或履行其他简单的手续,也没有将立案程序作为一个独立的程序阶段"。〔3〕换言之,即便我国要保留刑事立案程序,但至少不应当将刑事立案程序"绝对门槛化",应当在启动的便利性上留有余地。

然而,当前刑事立案需要"经县级以上公安机关负责人批准",具体承办人员并无最终决定权,这就使得刑事立案程序呈现出"绝对门槛化"的特点。而从

〔1〕[苏联]切里佐夫:《苏维埃刑事诉讼》,中国人民大学刑法教研室译,法律出版社1955年版,第299页。

〔2〕[苏联]H. B. 蒂里切夫等编著:《苏维埃刑事诉讼》,张仲麟等译,法律出版社1984年版,第205页。

〔3〕林艺芳:《论侦查启动模式——以立案与初查为线索》,载《理论界》2014年第9期。

实践操作来看,县级以上公安机关负责人在进行批准判断时,主要依靠办案人员的汇报。当在缺乏明确的客观性证据的前提下,"失踪类案件"的汇报就只能以办案人员的推断性判断为主,在此情形下,公安机关负责人更难下决心进行立案侦查,这也就不难解释"胡某宇失踪案"迟迟不能获得立案的原因。这也导致该类案件陷入恶性循环之中:失踪类案件因缺乏客观性证据而难以达到刑事立案标准,达不到刑事立案标准就不能正式立案侦查,不能正式立案侦查则更难以获得有力的证据。此外,刑事立案所关联的内部考核使得公安机关对于立案更为谨慎。实践中"存在先破后立、不破不立、行政案件刑事立案以及刑事案件行政化处理等现象",〔1〕这其中与公安机关内部的绩效考核具有很大的关联性。一旦正式立案,意味着相关考评机制的开始,而出现错误立案或立案之后长期无法侦破的情形,意味着相关公安机关以及相关办案人员的绩效考核受到负面影响。

(三)初查效果难获稳定性

因为"立案门槛过高,实践中办案机关通过简单的审查很难直接确定案件的性质,因此不得不在立案之前增设一个'初查'程序,进行初步的案件调查和证据收集工作,以此判定是否进行立案"。〔2〕 一旦案件无法进入正式立案侦查阶段,就只能停留在初查阶段,依靠初查获取相关案件线索证据,以便满足立案标准。然而,根据《公安机关办理刑事案件程序规定》第 174 条的规定:"调查核实过程中,公安机关可以依照有关法律和规定采取询问、查询、勘验、鉴定和调取证据材料等不限制被调查对象人身、财产权利的措施。但是,不得对被调查对象采取强制措施,不得查封、扣押、冻结被调查对象的财产,不得采取技术侦查措施。"但问题在于,相较于行政调查所能采取的手段,刑事初查的手段显然是任意性的,这使得初查的效果难以获得保障。

这就导致实践中出现了两极化的问题:一是部分案件"拖等挂";二是部分案件"初查实质化"。前者由于证据未达到立案标准且缺乏有效地侦破方向,导致初查效果有限,故只得等待相关证据在未来的出现,案件的办理陷入停滞,甚

〔1〕 朱良:《我国刑事立案制度的发展轨迹与未来展望》,载《河北法学》2021 年第 12 期。

〔2〕 林艺芳:《论侦查启动模式——以立案与初查为线索》,载《理论界》2014 年第 9 期。

至成为“挂案”。后者则是因为有一定的侦破方向,但未达到立案标准或由于案件发生往往具有偶然性,公安机关在接到犯罪嫌疑人或者其他人的报案、举报等,必须在第一时间出警进行现场勘查、取证,并将犯罪嫌疑人的具体身份信息、所涉罪名、罪行等情况进行备案,并且要立刻对被害人实施紧急救助措施或安抚工作,而来不及立案,在此情形下,公安机关会在第一时间进行处置,刑事立案手续很多情况下只能“后补”,出于一种“保险心态”,便将“初查变相替代了侦查,公安机关的行政执法手段大量渗透到初查环节,从而在初查阶段就基本完成了侦查阶段的取证任务”。[1] 而“失踪类案件”极易成为“拖等挂”案件,这也就不难解释“失踪类案件”往往积压日久成为“挂案”的原因。

三、“紧急侦查”理论的缘起与特征

鉴于当前刑事立案制度在实践中存在的不足,有必要在对照国外侦查启动方式的前提下,根据我国侦查机关的办案需要,探索紧急侦查制度。

(一)“紧急侦查”理论的缘起

紧急侦查理论起源于美国的刑事司法实践。美国采取司法审查与令状主义,因而侦查启动属于任意性的启动方式,因而令状运用的范围十分广泛,对侦查过程中具体措施的运用采取普遍性的程序性控制,就导致治罪效率与权力控制之间产生矛盾,这与我国当前所面临的问题具有较高的相似性。

美国“联邦最高法院在 1971 年库利奇判决中首次说明了紧急侦查的基本理论结构。……对侦查人员偶然发现了犯罪证据的,一律要求持有法官事先签发的令状的做法过于迂腐,妨碍了侦查活动及时、有效地进行,同时给犯罪嫌疑人隐匿或破坏证据提供了机会。与此相比,因侦查机关对犯罪证据实施扣押而对当事人的财产权造成的侵害并不是很严重,实施紧急搜查和扣押的必要性与判例中其他令状主义例外情形相比有过之而无不及。当然,如果侦查人员在事前就期望能够发现证据且知道其所在的准确位置,却没有申请令状,则属于非

---

〔1〕 张泽涛:《初查的行政执法化改革及其配套机制——以公安机关“行刑衔接”为视角》,载《法学研究》2021 年第 2 期。

法取证,在审判中应排除搜获的证据”。[1] 随后,美国联邦最高法院在一系列判例中以及学者的观点论证中,对于紧急状态合理性与令状要求之间的平衡问题亦有论争,但自“20 世纪 70 年代以来,美国的刑事司法界在解释联邦宪法第四修正案的合理性条款与令状条款的时候,先后出现了合理性与令状要求对等论、令状要求优先论和以合理性条款为主,变相承认无令状搜查、扣押的三个理论流派。现在,联邦最高法院的大多数法官均认为,联邦宪法第四修正案所禁止的只是侦查人员‘不合理的’‘随意的’搜查和扣押行为,而执行过程中是否拥有法院签发的令状并不重要”。[2]

时至今日,承认令状之外的紧急侦查已成为域外国家的通行做法。对于紧急侦查理论,我们亦应当重视其理论成果。

(二)“紧急侦查”行为的主要特征

“紧急侦查”理论的出现是对侦查活动的重要进步,是理论与实践实现均衡协调的体现,而在实践中,紧急侦查的需求则较为普遍,其特征体现为:

其一,时间上具有紧迫性。紧急侦查必须在案件发生较短的时间内启动实施,不立刻进行调查、取证或采取强制措施,将会使犯罪嫌疑人逃避法律的制裁,甚至逃脱刑事责任,尤其是“重要的案件事实、证据信息就必然灭失或者极有可能灭失,严重的社会危害就必然发生或者极有可能发生”。[3] 若不具有时间上的紧迫性,完全可以按部就班进行初查,以待收集到相关证据后再决定是否立案。

其二,行为上需要采取一定的强制性措施。紧急情况下实施的刑事侦查行为,需要一定的强制力加以保障,若不及时采取必要措施,将会造成严重后果,比如在失踪类案件中,必要情况下需要采用一定的强制性措施以获取线索。若实际情况不需要采取一定的强制性措施,那就没有必要采取紧急侦查行为。

其三,结果上具有不确定性,但有较大可能性为刑事案件。一方面,紧急侦

〔1〕 彭勃、谢运策:《美国刑事法上的“紧急侦查”原则及其对我国刑事诉讼制度的借鉴》,载《湘潭工学院学报(社会科学版)》2003 年第 3 期。

〔2〕 彭勃、谢运策:《美国刑事法上的“紧急侦查”原则及其对我国刑事诉讼制度的借鉴》,载《湘潭工学院学报(社会科学版)》2003 年第 3 期。

〔3〕 熊德禄:《现场讯问:紧急情况下的侦查权衡》,载《西南民族大学学报(人文社会科学版)》2021 年第 2 期。

查的结果并不必然就是刑事立案。紧急侦查是为了制止严重犯罪行为而采取的行为,避免出现犯罪嫌疑人逃脱、被害人死亡、重要证据灭失等情况,但这并不意味着紧急侦查一旦启动就必然立案,因为也有可能发现案件是非刑事案件,尤其是失踪类案件,只有经过一定调查才能确定案件的性质。另一方面,案件的确存在成为刑事案件的较大可能性。紧急侦查的复杂性在于,在决定是否要进行紧急侦查时并不能完全确定案件性质,但需要采取紧急侦查行为的案件应当有较大的可能性成为刑事案件。

其四,案件尚未达到刑事立案标准。在考虑要采取紧急侦查行为时的案件,往往没有达到刑事立案标准。若案件已经达到刑事立案标准,则应当按照《刑事诉讼法》的相关规定开展刑事立案、侦查活动,不能再以未达刑事立案标准为由开展紧急侦查,否则将会带来滥用紧急侦查权的风险。

四、性质界定:行政调查 VS 刑事侦查

"紧急侦查"行为属于行政违法调查,还是刑事侦查,这关系到对该行为的权力控制的制度走向,具有重要意义。

(一)权力属性:本质为侦查权

紧急侦查权本质上为刑事侦查权。公安机关具有双重职能,刑事侦查权的行使来自《刑事诉讼法》及其相关规定的授权,行政调查权的行使则是根据《公安机关办理行政案件程序规定》《治安管理处罚法》等规定。紧急侦查权虽然开始于刑事立案之前,但其权力行使应当严格遵循《刑事诉讼法》及其相关规定,属于侦查权的延伸。以失踪类案件为例,根据《公安机关处置失踪警情工作标准》第 8 条的规定,"110 接警服务台接到有关查找失踪人员报警的,应当立即通知有关公安派出所及时出警。对于失踪时间较短、失踪地点较为明确且失踪人员人身安全可能受到威胁的,应当立即指令派出所或交巡警处民警进行先期处置,同时通知刑侦部门派员到场",第 14 条则规定:"公安机关要根据初查情况,确定是否为失踪警情,并将失踪警情按照分级管理要求开展查找工作。派出所负责处置一级失踪警情;刑侦部门牵头负责处置二、三级失踪警情。在失踪警情处置过程中,发现失踪警情需变更分级的,在报请公安机关负责人审批

后,可以变更失踪警情级别并变更办案部门。”当刑侦部门处置二级或三级失踪警情时,若赋予其紧急侦查权,则该权力必然属于刑事侦查权。

(二)行为主体:刑事侦查部门

紧急侦查权由公安机关的刑事侦查部门负责,而非由派出所负责。一方面,紧急侦查权应当由更加专业的刑事侦查部门负责。紧急侦查权本质上是侦查行为,需要由更加专业的刑事侦查部门行使才能发挥该权力的真正效果。另一方面,刑事侦查部门行使紧急侦查权更能够契合现有的实践逻辑。根据《公安机关查找疑似被侵害失踪人员信息工作规定(试行)》第 4 条的规定:“查找疑似被侵害失踪人员信息工作由失踪地县级公安机关刑侦部门管辖。失踪地不能确定的,由失踪人员居住地县级公安机关刑侦部门管辖。”在失踪类案件中,初步的人员信息查找工作归于县级公安机关刑侦部门,这已经被实践证明是最有效、最有利的制度安排,只是目前刑事侦查部门尚不具备紧急侦查的权力,而一旦予以授权,则能实现较好的过渡与衔接。

(三)适用措施:超越违法调查

紧急侦查过程中可以运用的措施范畴远超越一般的治安违法调查。公安机关日常的行政调查所能引用的手段是较为有限的,根据《公安机关办理行政案件程序规定》第 52 条、第 54 条的规定,公安机关可采取一般性的行政调查措施,主要包括询问、辨认、检查、勘验。此外,行政强制措施包括:对物品、设施、场所采取扣押、扣留、查封、先行登记保存、抽样取证、封存文件资料等强制措施,对恐怖活动嫌疑人的存款、汇款、债券、股票、基金份额等财产还可以采取冻结措施;对违法嫌疑人采取保护性约束措施、继续盘问、强制传唤、强制检测、拘留审查、限制活动范围,对恐怖活动嫌疑人采取约束措施等强制措施。相较而言,紧急侦查过程中采取措施的严厉程度与广度应高于行政违法调查。

(四)权力制约:严格程序控制

紧急侦查权是一把“双刃剑”,因而权力的行使主体应受到一定限制,相较而言,公安机关的刑事侦查部门比派出所更加严格,在权力运用上更加谨慎。倘若由派出所行使紧急侦查权,不仅会导致权力行使主体数量的剧增,而且也会使得权力滥用的风险急剧增长。从权力制约角度出发,对紧急侦查权的程序性控制必然以现有《刑事诉讼法》程序性控制机制为基础,并在此基础上进行特色化的制度设计。

五、紧急侦查制度的建构展望

紧急侦查制度的建立首先要明确紧急侦查制度的思路，在此基础上，从紧急侦查权的配置层面和程序控制与救济两个方面展开。

（一）紧急侦查制度的建构思路

紧急侦查制度的建构思路是在保持现有刑事立案侦查程序基本框架的基础上，允许部分案件降低立案标准，开启紧急侦查。针对刑事立案程序存在的问题，有学者呼吁"应当从消极的事后惩罚转向积极的事前预防和主动发现；在制度设计上，应建立紧急侦查制以取代现行的登记调查制。即参考《刑事诉讼法》规定的立案侦查程序，建构紧急侦查程序和侦查措施体系。在立案环节，明确规定失踪人员紧急立案调查的适用条件、期限及通知程序"。[1] 笔者亦赞成其观点，在当前司法实践的状况下，刑事立案制度还有其存在的必要性，因而在维持现有制度框架的基础上，可以例外的形式开放紧急侦查制度。

（二）紧急侦查措施的主要配置

其一，紧急侦查措施的运用。紧急侦查权的行使很大程度上体现为刑事强制性措施的运用，从域外国家的经验来看，这其中既包括对人身自由的强制措施，也包括针对财产的强制措施。如德国《刑事诉讼法》第 105 条规定："I. 搜查令只能由法官颁发，在延迟就有危险时也可由检察院和他的辅助侦查人员（《法院组织法》第 152 条）决定。依照第 103 条第 1 款第 2 句进行的搜查应由法官决定；如果延迟就有危险的，检察院也有决定权。"[2] 其中，"延迟就有危险"作为一种紧急状态，被授予了相对灵活的调查权力。法国《刑事诉讼法》第 76 条规定："如果在对重罪或当处 5 年或 5 年以上监禁刑的轻罪进行调查时有此要求，或者如果为了查找《刑法典》第 131－21 条规定的应予没收的财产有此要求，大

---

〔1〕《南方都市报》：《专家谈胡鑫宇失踪案：应建立紧急侦查制以取代现行登记调查制》，载搜狐网 2023 年 1 月 31 日，https://www.sohu.com/a/635853219_161795。

〔2〕《世界各国刑事诉讼法》编辑委员会编译：《世界各国刑事诉讼法·欧洲卷》（上），中国检察出版社 2016 年版，第 270 页。

审法院自由与羁押法官应共和国检察官的申请,可以作出说明理由的书面决定,不经当事人同意,即在其所在的场所内进行本条所指的行动。"[1]英国 2003 年《刑事审判法》第 86 条中规定了"紧急侦查措施",规定了在紧急情况下的逮捕、扣押、搜查等措施的运用。[2]

因而,对于紧急侦查权的行使过程而言,在正式立案之前,若出现相应的紧急情况,应当允许部分强制措施的运用,主要包括刑事拘留、搜查、扣押、技术侦查等,这与学界以往讨论的在紧急情况下的无证搜查、无证扣押、无证拘留等制度[3]具有一定相似性,但区别在于,紧急侦查过程中是否采用"无证"方式应区分具体情形:一方面,在案件发生之初,若来不及审批汇报,必须当即进行处置,需要采取搜查、扣押、拘留的情形时,可以采取"无证 + 事后审查"的方式。另一方面,若案件尚不足以达到需要采取"无证"方式的紧急程度时,应充分说理严格履行审批授权程序,不得滥用无证方式。

此外,对于技术侦查措施而言,原则上不应在刑事立案之前运用,因为"技术侦查通常只能作为侦查的'最后手段',针对具有严重社会危害性的重大复杂犯罪,在一般侦查措施难以有效应对时才可以严格审慎适用"。[4] 在紧急侦查情形中,尤其是面对数量重大、有组织的拐卖等犯罪,且尚未刑事立案之时,技术侦查措施的应用具有一定的必要性,此时应在严格履行审批程序的前提下,在个案中开放运用。

其二,紧急侦查措施应当禁止逮捕措施的运用。在刑事强制措施中,逮捕是其中最为严厉的一类措施,对人身自由的处分最严重,从比例原则的角度出发,不应当在紧急侦查过程中运用逮捕措施。此外,尽管域外国家存在"紧急逮捕"的规定,如日本《刑事诉讼法》第 210 条规定,"检察官、检察事务官或者司法

---

[1] 《世界各国刑事诉讼法》编辑委员会编译:《世界各国刑事诉讼法 · 欧洲卷》(上),中国检察出版社 2016 年版,第 568 页。

[2] 参见《世界各国刑事诉讼法》编辑委员会编译:《世界各国刑事诉讼法 · 欧洲卷》(下),中国检察出版社 2016 年版,第 1931 页。

[3] 参见宋家宁、岳春雨:《刑事立案前紧急措施的构建与适用》,载《中国刑警学院学报》2012 年第 2 期。

[4] 彭俊磊、周长军:《大数据时代技术侦查的法律规制——以合理隐私期待理论为视角》,载《山东社会科学》2022 年第 12 期。

齐察职员,在有充分理由足以怀疑被疑人已犯有相当于死刑、无期徵役或无期监禁以及最高刑期为3年以上的徵役或监禁之罪的场合,由于情况紧急而来不及请求法官签发逮捕证时,可以在告知理由后逮捕被疑人。在此场合,应当立即办理请求法官签发逮捕证的手续。在不能签发逮捕证时,应当立即释放被疑人",[1]但其"逮捕"主要作为一种到案措施,而非羁押措施。我国逮捕主要起到羁押功能,既然存在"无证拘留"的制度设计构想,那么在紧急情况下约束犯罪嫌疑人到案的手段便已经齐备,无须"叠床架屋"再增加"无证逮捕"措施。

(三)紧急侦查制度的程序控制

前文述及,紧急侦查以制度的例外面貌出现,因而在程序性控制与权利救济层面应当着重强化。

其一,严格履行事前审批审查或事后确认审查程序。紧急侦查措施的运用,原则上应与立案审批的严格程度相当,要经过县级以上公安机关负责人批准。若采取"无证"方式,则要经县级以上公安机关负责人进行事后审查,办案人员应当对整个过程进行完整记录,以此来确保紧急侦查行为的必要性与严谨性。事前审批审查不通过的不得开启相关措施,事后确认审查不通过的,应当及时停止并解除相关措施,同时及时消除影响。

其二,强化紧急侦查措施审查的实质性。无论是事前审查,还是事后审查,都应当对理由的合理性与措施的必要性进行实质审查。一方面,树立"合理理由"[2]审查理念。始终要贯彻目的与手段的比例协调,在失踪类案件中,需要收集相关的案件线索,但并不意味着一开始就需要采取强制措施,通过对失踪人初步的走访了解调查,基本确定了潜在犯罪嫌疑人的范围,在采取紧急强制措施时,就应当按照嫌疑程度的大小合理选用相应程序,且不得随意扩大适用范围。另一方面,树立"必要性"的审查理念。"在启动无令状强制侦查时,有的

---

〔1〕《世界各国刑事诉讼法》编辑委员会编译:《世界各国刑事诉讼法·亚洲卷》,中国检察出版社2016年版,第337页。

〔2〕美国《联邦刑事诉讼规则》第5条(b)款中规定了"无证逮捕",即"如果被告人被无证逮捕应及时在犯罪发生地提出符合本规则第4条(a)款之'合理理由'的控告书"。《世界各国刑事诉讼法》编辑委员会编译:《世界各国刑事诉讼法·美洲卷》,中国检察出版社2016年版,第615~616页。

国家还设置了必要性的要求。即警察在实施强制侦查前必须考虑强制侦查是否为达到侦查目的所需的唯一的手段,是否存在其他的侵犯性更小的,或滥用可能性更小的替代方式",[1]在不采取强制措施而运用一般性措施就可以达成侦查目的的情况下,此时不宜采取搜查、技术侦查等措施。若根据失踪人的日常言论、动态等就可以推断出其大致去向时,则不宜采取强制措施手段以强化侦查。

其三,紧急侦查措施的运用应具有即时性。紧急侦查持续的状态不应是无限期的,而应当确保即时性。以搜查为例,若搜查之后发现可疑线索,应及时开启下一阶段的侦查行为,若搜查之后未发现可疑线索,则应当立刻结束相应的紧急侦查行为,不得在没有新线索的情况下反复开启搜查。

其四,强化检察机关的侦查监督。对于需要采取紧急侦查措施的案件,检察机关的法律监督工作亦应当及时跟进,对于紧急侦查措施运用不规范、不合理的问题,应及时介入监督加以纠正。

[1] 戴群策、高峰:《论紧急侦查行为的法律规制问题》,载《社会科学研究》2008 年第 4 期。

司法制度

大国转型的法治难题：从三种司法观和法官分类管理切入*

艾佳慧**

内容摘要：以一种社会结构变迁和信息经济学的双重视角，探讨为何不同的社会结构需要不同的司法观、不同类型的法官以及不同的司法知识。正在转型变迁的当代中国，既需要应对熟人社会的综合治理司法观和调解型法官，更需要能有效回应现代陌生人社会规则之治的司法观和审判型法官。为了实现全面依法治国的战略目标，在短期内，我们需要明了两种司法观分别适用的场域，并在反思司法调解制度和破除司法行政化的前提下落实法官的分类管理。但从长期来看，只有秉持规则之治司法观并保障专业法官依法裁判和积累专业知识，已经进入超大规模复杂社会的中国才能真正实现稳预期、促合作的现代法治。

关键词：现代法治　教化式司法　综合治理司法观　规则之治司法观　超大规模复杂社会　法官分类管理

一、引　　子

2020年11月，习近平总书记在中央全面依法治国工作会议上强调，要在党的领导下坚定不移走中国特色社会主义法治道路，只有在法治轨道上推进国家

---

* 本文系江苏省社科基金重点项目“国家治理现代化视域下中国动态法治体系构建研究”（21FXAOO1）的阶段性成果。

** 华东政法大学社会发展学院副教授，法学博士。

治理体系和治理能力现代化,才能有效抵御国内外的重大风险挑战,为夯实"中国之治"提供稳定的制度保障,并最终为全面建成社会主义现代化国家、实现中华民族伟大复兴的中国梦提供有力法治保障。不同于政治、经济、文化制度相互嵌套且呈现出"超稳定结构"的传统农业中国,〔1〕随着改革开放以及附随其上的经济社会发展,当前的中国社会正在从超大规模的简单社会进阶到超大规模的复杂社会,这已是不争的事实。〔2〕国家治理的现代化转型正是党和国家面对这一现代陌生人社会的战略应对,全面依法治国便是这一治理战略的具体体现。

为服务新时代中国的这一治理转型,中国法理学不仅需要在理论上正面回应为何现代法治是当代中国国家治理能力现代化的内在要求、如何在动态的制度构建和整体治理理念上保障普遍性规则之治的有效落实,更应在大国转型的社会经济政治背景下探讨这一法治实现的诸多困难及其解决之道。在笔者看来,在中国,现代法治(普遍性的规则之治)的实现既需要事前的、体系化的科学立法(如 2021 年 1 月 1 日正式实施的《民法典》),也需要法官们有意愿在事后个案中依法裁判及有能力在法律模糊、法律空白和理由冲突的疑难案件中,通过明确具体裁判规则、填补法律漏洞以回应社会变迁的需要和补救立法之不足。但当下中国的问题有二:其一,即便我们颁布了成文法典,中国法官有无意愿和能力依法裁判,甚至法律续造?我们有没有一套促使法官积累专业司法知识的制度环境?其二,即便我们在理论上证成了现代陌生人社会需要法官依法裁判和积累专业司法知识,但正在转型变迁的中国,仍然是一个政治经济文化发展不平衡的大国,处于熟人互动环境的乡土社会需要这些专业法官和专业法律知识吗?

当下的学术界,虽然在国家治理、激励理论、系统论和博弈论等研究主题的

〔1〕"超稳定结构"是金观涛、刘青峰创造的概念,用以解释传统中国的深层结构。参见金观涛、刘青峰:《兴盛与危机:论中国社会超稳定结构》,法律出版社 2011 年版;金观涛、刘青峰:《开放中的变迁:再论中国社会超稳定结构》,法律出版社 2011 年版。

〔2〕泮伟江对该现象有过深入的分析,参见泮伟江:《如何理解中国的超大规模性》,载《读书》2019 年第 5 期。

交叉地带讨论热烈,[1]但很少有从大国转型的角度探讨为何当代中国存在全面落实现代法治的现实困难,更未能借助信息经济学的理论视角洞悉为何不同的社会结构需要不同的法官类型和司法观。因此,本文尝试以一种社会结构变迁和信息经济学的双重视角,探讨为何不同的社会结构需要不同的司法观、不同类型的法官以及不同的司法知识。本文的基本观点是正在转型变迁的当代中国,既需要应对熟人社会的综合治理司法观和调解型法官,更需要能有效回应现代陌生人社会规则之治的司法观和审判型法官。为了实现全面依法治国的战略目标,在短期内,我们需要明了两种司法观分别适用的场域,并在反思司法调解制度和破除司法行政化的前提下落实法官的分类管理。但从长期来看,只有秉持规则之治司法观并保障专业法官依法裁判和积累专业知识,已经进入超大规模复杂社会的中国才能真正实现稳预期、促合作的现代法治。

二、传统帝制中国的教化式司法

自秦一统天下以来,除了中间短暂的几次分分合合,中国几乎一直是一个超大规模的中央集权大国。在漫长的足以展开任何制度演化的时间中,借助郡县制(治理或政治)、儒家伦理(文化)和"重农抑商"(经济),我们的祖先不仅创造了辉煌文明,更建构了一个并不均质但统治架构相当稳定牢固的农业帝国。这个"不均质",其实就是"政治、经济、文化发展不平衡",而这个稳定的统治架构,在一些学者看来,实为一种政治、经济、文化相互嵌套的超稳定态势。只不过以一种带有现代化偏见的"后见之明",这种超稳定结构看起来似乎是一种奇特的动态停滞。[2]

在信息和财政这两大制约条件下,如何有效治理这样一个超大规模的中央

---

〔1〕 比较重要的研究,参见周雪光、练宏:《中国政府的治理模式:一个"控制权"理论》,载《社会学研究》2012 年第 5 期;周黎安:《转型中的地方政府:官员激励与治理》,格致出版社、上海人民出版社 2008 年版;周黎安:《行政发包制》,载《社会》2014 年第 6 期;泮伟江:《法律的二值代码性与复杂性化约》,载《环球法律评论》2017 年第 4 期;泮伟江:《法律系统的自我反思:功能分化时代的法理学》,商务印书馆 2020 年版;丁利:《制度激励、博弈均衡与社会正义》,载《中国社会科学》2016 年第 4 期。

〔2〕 参见金观涛、刘青峰:《兴盛与危机:论中国社会超稳定结构》,法律出版社 2011 年版,第 7 页。

集权大国,从来都是历朝历代统治者需要殚精竭虑的大事。[1] 无论是早期的宗法制,还是后来居上的郡县制,抑或足以齐家(父慈子孝、长幼有序、男女有别)治国(君为臣纲)平天下的儒家伦理,以及以此为考试内容的科举制度,当然还有统一文字、度量衡和官话,甚至均输平准、盐铁官营等经济建制,都是一个大型农业帝国对该问题的制度回应。以一种家国天下的视野,苏力将历史上这些足以构成(constitution)历史中国的政治经济文化制度概括为“大国宪制”。[2]

在广袤的国土下,除了保证皇权和各层级行政权力从容运行的具有政治性质的城市之外,历史中国的基础构成主要是以家族群居为特点的村落社会。由于交通和通信技术的局限,更由于历史上的农业中国既没有意愿(或需求)也没有能力(当然更没有这种想象力)进行公路网络此类基础设施的建设,一个一个基于地缘和血缘自然集聚的村落不得不散落在广袤阔大的中国大地上,基本互不连通,这导致了空间上的封闭。另外,“男耕女织”的小农经济又使一代又一代的农人们不得不“绑”在土地上日出而作,日落而息。由于社会很少变迁,在社会结构上,这是一种时间上的静止性。由于缺少将整个社会凝聚起来的治理能力,传统中国的核心凝聚力不得不仰仗“君君臣臣、父父子子”的儒家伦理——一种建构起来的本土文化。

鉴于在长达两千余年的传统帝制中国时期,其经济基础一直都是自给自足的小农经济,封闭静止的熟人社会结构导致人们既不需要普遍、明确和统一的立法,也不需要法院依法判决以及在法有模糊和空白之处,通过司法判例进行法律续造和再生产。换句话说,这种经济基础和社会结构不可能有法治(或规则之治)诞生的土壤。因此,在传统农业中国,司法权其实只是一种地方性的纠纷解决权,其运行有两个层次:其一,乡土社会(村落内部)的司法权由绅权掌控;其二,作为皇权最末端代理人的州县官,负责解决基层绅权处理不了的纠纷。与此相对应,司法权的掌控者(或者也称为“司法官”?)也有两类,分别是权力来自民间的族长乡绅和权力来源于皇帝的州县官。但不管是族长乡绅,还

---

[1] 从激励理论的视角,周黎安教授敏锐地指出,属地化的行政发包制就是中国古代集权者在治理成本和收益之间进行精心权衡和选择的结果,是在信息和财政两个因素约束下进行理性选择的产物。参见周黎安:《转型中的地方政府:官员激励与治理》,格致出版社、上海人民出版社 2008 年版,第 68 页。

[2] 参见苏力:《大国宪制:历史中国的制度构成》,北京大学出版社 2018 年版。

是州县官,传统中国的纠纷解决主要依循儒家伦理对纠纷双方(或多方)进行教化,方式主要是重申儒家伦理以化解矛盾的调解(当然,强调应该“始终如一依法判决”的海瑞是一个例外)。[1] 为了维护和强化具有“家天下”特征之统治的礼治秩序,礼治社会的司法必然呈现出浓厚的教化性。在很大程度上,这是一种教化式的司法观。在这种规模虽巨大、社会结构却非常简单的社会,只要教化得当,孔子的“必也使无讼乎”似乎也不是一个不能实现的理想。[2]

三、新中国的“综合治理”司法观及其适用边界

黄仁宇曾指出传统中国的社会结构是一个巨大的“潜水艇夹心面包”(submarine sandwich),[3] 以皇权为中心的朝廷试图通过松弱的地方政府统御散落各地且互不连通的基层社会。由于缺少基于组织的凝聚力和强有力的社会动员机制,这种扁平化的权力结构根本无力应对农民起义和外敌入侵。正是在救亡图存的历史背景下,中国共产党借助党建(将支部建在村上)和创造性的双重领导体制,几乎重构了中国社会的基本秩序。中国共产党不仅将包括司法部门在内的所有党政军机构统合了起来,更通过将国家政权下沉到乡镇一级,极大地加强了国家对农村社会资源的动员能力和汲取能力。与中华人民共和国成立前相比,新中国在国家治理能力上的大幅增强是有目共睹的。

就司法而言,不同于将纠纷解决过程视为重申和强化儒家伦理观的教化式

---

[1] “始终如一依法判决”是海瑞对自己司法裁判经验的概括总结,苏力教授甚至在此基础上提炼了一个海瑞定理Ⅰ(始终如一的依法判决会减少机会型诉讼)。海瑞对自己司法裁判经验的概括,参见(明)海瑞:《海瑞集》(上册),陈义钟编校,中华书局1962年版,第117页。苏力提炼的海瑞定理Ⅰ,参见苏力:《关于海瑞定理Ⅰ》,载苏力主编:《法律和社会科学》(第4卷),法律出版社2009年版,第239~263页。

[2] 不管是州县官还是乡绅,他们处理纠纷的方式均为教化式的,在很大程度上,他们分享了传统农业中国最重要的教化权。徐斌敏锐地发现费孝通在《乡土中国》中用“无讼”、“无为政治”和“长老统治”三章系统阐述了“教化权”的概念和理论模型,更进一步指出“中国传统中的教化权就是文化对于社会的新分子的强制权利,其本质是一种教化过程,从而有了长幼秩序,有了‘长老统治’,而达到‘无讼’”。相关阐述,参见徐斌:《教化权、官员伦理与秩序变迁——以〈秋菊打官司〉中的李公安为分析对象》,载强世功主编:《政治与法律评论》(第3辑),法律出版社2013年版,第160~161页。费孝通关于“无讼”的相关论述,参见费孝通:《乡土中国》,北京大学出版社1995年版,第77~84页。

[3] 参见黄仁宇:《中国大历史》,生活·读书·新知三联书店1997年版,第296页。

司法,在致力于建国的共产党人眼中,司法只是国家政治的一个组成部分和增进国家权力的一个重要力量。随着"党管司法"制度的全面确立,以陕甘宁边区确立的"马锡五审判方式"为典型代表,确立了人民司法传统,这是一种强世功概括的中国法律新传统。[1] 与此同时,礼治秩序和作为儒家伦理代言人的长老乡绅(作为一个社会阶层)在中华人民共和国成立后被系统性地破坏和清理,教化性的司法基本上失去了赖以存在的现实土壤。在新的历史时期,我们需要维系一种全新的政法秩序,由此需要一种全新的司法观,这就是致力于彻底解决纠纷并防止矛盾激化的"综合治理"司法观。

以一种熟人互动模式观之,我们发现,不管是教化性的司法还是"综合治理"性的司法,均致力于解决熟人社会的矛盾和纠纷。虽然解决纠纷的合法性资源大为不同(前者为相对普遍的儒家伦理,后者既包括地方性的伦理道德和社会规范,也包括更一般性的法律和党的路线方针政策),但解纷方式却令人惊讶地保持了一致,即调解。在笔者看来,这种熟人互动模式多为相对封闭静止的乡土社会所特有,也为计划经济社会(同样具有封闭静止的特点)所分享。由于封闭静止的社会内部或者有一套基于长期重复博弈而生发的,具有自我实施性的社会规范,或者有自上而下的强力管控系统,更有一套基于血缘和地缘的天然信任机制,因此既不需要一个在全国范围内普遍适用的统一规则,也不需要一个建立在规则之治(法治)基础上的,主要解决陌生人之间信任问题的基于制度的信任机制。概言之,封闭静止的熟人社会自有一套秩序和维系秩序的办法,根本无须成本高昂的现代法治。进一步引申,如果将司法理解为成文立法的个案适用,我们发现,不管是传统社会的司法之"法",还是司法新传统中的司法之"法",均不是普遍明确的成文立法。以此而论,这里的司法也许只具有一种修辞的意义。

但又不只是修辞。如果不教条主义地理解法律,站在国家治理的高度,不管采用教化的方式还是"综合治理"的方式,司法均为强化统治正当性的工具和手段,只不过皇权往往仰赖绅权且更多被动应对,而中国共产党展现出一种为

---

〔1〕 参见强世功:《权力的组织网络与法律的治理化——马锡五审判方式与中国法律的新传统》,载《北大法律评论》(第 3 卷第 2 辑),北京大学出版社 2000 年版,第 8 页。

“建设现代民族国家”而主动出击的姿态。以一种后果主义的眼光,我们发现,面对超大规模的简单社会及其“内嵌”的熟人互动模式,这两种性质迥异的“法”及其司“法”均能实现有效治理的效果,只不过“综合治理”模式需要国家投入更多的人力、物力资源罢了。

“天不变,道亦不变。”如果没有1978年以来的改革开放,没有由此而来的市场经济和社会结构转型,就完全没有对法治的需求,既不需要制定一套帮助市场经济主体稳定预期的普遍统一的立法,也不需要通过在个案中落实和明确规则(甚至在立法空缺之际填补漏洞和法律续造)以促进陌生人之间通力合作的司法机制。问题在于,40余年以来的中国转型变迁确实已经发生,千百年以来被“绑”在土地上的,以熟人社会为特征的乡土中国,正在快速迈向一个以陌生人社会结构为特征的城市中国。在这个历史变迁的过程中,一方面,中国制定了越来越多的法律;另一方面,以“谁主张,谁举证”的举证责任方式变革,以及从“下来访一访”到“坐堂问案”的民事审判方式改革为先声,开启了自上而下且规模庞大的司法改革运动。看起来,当代中国的法治之路似乎一路坦荡。

但问题在于,作为“政治、经济、文化发展不平衡”的超大规模社会,由于社会变迁导致熟人社会和陌生人社会混杂并存(不只在空间层面,也在时间和社会关系层面),更由于看重“综合治理”、纠纷解决的司法观与注重规则之治和稳定预期的司法观存在观念和知识设定上的巨大差异,中国法治的建设之路异常艰辛。正是基于此种对中国法治的再理解,重读苏力20年前写的《送法下乡》,笔者发现书中展示的中国农村社会基层司法的现状,正是基于“综合治理”(也有部分教化)的司法观处理乡土社会熟人纠纷的生动写照。[1] 虽然有成文立法(既有实体法,如“搭伙”还是“合伙”;也有程序法,如事件的公文格式化以及事后的卷宗制作术)或规则之治的制约,但基层法官在现实制度制约下,为了自己的有效生存逐渐形成累积起来的各类司法知识,却更多是一类方便综合治理以彻底解决纠纷的调解知识。虽然苏力在地方性知识理论的关照下,成功论证了这些知识——比如抓住核心争议力求“釜底抽薪”和“无讼”,强调调解或判

〔1〕 该书集中讨论和分析的几个案例,比如在炕上开庭的催收银行贷款案、耕牛案、通奸案和赡养案,均展示了基层法官力图通过综合治理的方式彻底解决纠纷的尝试和努力。参见苏力:《送法下乡:中国基层司法制度研究》,中国政法大学出版社2000年版,主要是第一章、第五章、第六章和第七章。

决(其实是一种极具中国特色的调解式判决)结果让双方当事人都满意,防止矛盾激化,注意取得地方党政部门的支持和配合等——在应对本乡本土社会需要时的必要性和正当性,但此类知识很难应对现代陌生人社会对普遍性规则之治的制度需求。

众所周知,现代法治的建立和运转,时刻也离不开法官对立法规范性制度的司法适用和创造性发展,但问题在于乡土社会(更一般的,熟人互动模式)的纠纷解决需要什么样的法官,判断这类法官是否合格的标准是什么以及他们需要积累何种司法知识。如果这些司法知识不可能来源于法学院的讲授,而只能是经验性的地方性知识,那么乡土社会就不需要法学院毕业的法科学生(不管是本科生还是研究生),当然更不需要法官一定要通过国家法律考试。毕竟"一盆水洗脸,一桶水也洗脸",就算是法学院毕业的法官,在多年浸淫于家长里短的纠纷解决之后,也会调侃"学校(学)的那点儿东西,我都还给老师了"。[1] 因此,问题就在于,基于知识本没有高下之分,只有合不合适之分的常理,面对正在转型变迁的当代中国,司法改革主政者在确立相关法官管理制度的同时,是否应该根据中国社会对不同法官类型的需求来分类设计不同的法官遴选标准、法官薪酬制度,以及不同的判断法官是否合格甚至优秀的考核标准?

四、超大规模的陌生人社会需要何种司法观

在很大程度上,千百年以来,我国的司法经验和对司法的想象受到了国人身处其中而不自知的熟人互动模式的塑造,不管是教化式司法还是"综合治理"司法观。但事情正在发生变化。一方面,改革开放以来的市场经济变革以一种"润物细无声"的方式改变了中国社会的基本结构,封闭静止的熟人社会正在迈向一个开放流动的陌生人社会;另一方面,随着改革开放进程的展开,交通、通信技术的快速发展,加上国家在基础设施上的大力投入,21世纪以来,我们的铁路运输系统(特别是高铁的高速发展)、航空运输系统、高速公路系统和电子通

---

〔1〕 这是苏力教授通过实地调研了解到的基层法官的心声,苏力:《送法下乡:中国基层司法制度研究》,中国政法大学出版社2000年版,第359~376页。

信系统(特别是互联网和智能手机互联网)已经深度地将中国社会不同地区的个人和组织联结起来。以卢曼关于秩序复杂性的概述,即社会复杂性的高低取决于要素的数量、要素的异质性和要素之间的连接,[1]传统中国社会虽疆域广大、人口众多,但要素均质化且互不连通,因此规模虽大但社会秩序简单。然而以上两个根本变化使得当前的中国社会已经从原来的超大规模的简单社会进阶到了超大规模的复杂社会,或者泮伟江概括的超大规模的陌生人社会。[2]

对于这种超大规模的陌生人社会,不仅熟悉于熟人互动纠纷解决的中国司法是陌生的,在如何有效治理的问题上,主导中国司法改革的执政党对此可能也缺乏明确的认知。问题要分两个方面来看。问题的第一个方面,如果法治是当代中国不得不接受的"宿命",这种超大规模的陌生人社会需要何种法治?是司法正当性建立在地方性知识和解纷方案被当地民众接受的一种地方性"法治",还是一种基于普遍、统一、明确之国家立法且努力通过纠纷解决落实规则(甚至填补漏洞以续造法律)以实现预期稳定和促进合作的普遍性的规则之治?答案不言而喻,应该是后者。更进一步,之所以现阶段存在这种对法治的不同想象,根源在于以完全不同的参照系来理解"人民司法"中的"人民"。中国司法新传统源于陕甘宁边区——一个典型的农业熟人社区,而对"人民"的想象是这片土地上的父老乡亲——一个亲切的熟人形象。问题在于,现代工商社会已是一个超大规模的陌生人社会,家乡的父老乡亲尤在,但在社会结构变迁的过程中已日渐边缘化。面对已经来临的超大规模陌生人社会,坚持"人民司法"传统当然很有必要,但现今对"人民"的想象必须有所扬弃,只有基于一个"既远又近"的冷淡的陌生人形象重构"人民"的内涵,才能真正地落实人民司法传统并实现司法为民。

因此,借用泮伟江对陌生人理论的阐释,[3]一个超大规模的复杂社会需要的法治,应该是一个为该社会中相互连接的个体安排自己的生活提供参照,以

---

〔1〕 这是泮伟江对卢曼复杂性理论的概括,参见泮伟江:《法学的社会学启蒙》,商务印书馆 2019 年版,第 250 ~ 251 页。

〔2〕 对中国社会具有超大规模性且越来越复杂的讨论,参见泮伟江:《如何理解中国的超大规模性》,载《读书》2019 年第 5 期。

〔3〕 泮伟江的陌生人理论,参见泮伟江:《法学的社会学启蒙》,商务印书馆 2019 年版,第 229 ~ 273 页。

促进合作和稳定预期的基础性框架,该框架一定是以陌生人为典型形象构造出来的。要实现这样的法治,司法的功能就应突破传统的事后纠纷解决(无论是通过教化还是综合治理),而集中于事前的规则之治。具体而言,所谓事前的规则之治,既指通过个案纠纷的依法裁判落实抽象的立法规则以指引未来的类似行为,更指在法律模糊、法律空白和法律矛盾之处,通过法律审判和判例制度的制定和落实,确立一种基于个案的、事后的、补充性的规则之治。很自然,这种规则之治的司法观内在地对法官的专业化和职业化提出了很高的要求。

因此,问题的第二个方面就是,超大规模的陌生人社会需要何种法官,判断这些法官是否优秀的标准如何不同于专注于纠纷解决的法官,以及需要这些法官积累何种专业司法知识?首先,需要明确的是,日渐复杂的陌生人社会对调解型法官的需求会逐渐下降,而"始终如一的依法判决"转而成为我们对法官的基本要求。原因在于侧重纠纷解决的"含糊调停"不仅无法落实既有规则,更无法在规则模糊之处重塑规则;不仅指引不了人们未来的行为,更容易因规则不明引发未来的争讼。"词讼作四六分问,虽止讼于一时,实动讼争于后",〔1〕这个道理连几百年前的海瑞都明白。

其次,由于现代社会的立法(不管是实体法还是程序法)必然高度抽象,要求法官在个案中依法判决,背后隐含的是不得不授予法官一定的自由裁量权。可以发现,不管是事实认定还是法律适用,法官的自由心证和自由裁量意味着法官的内在思维过程根本不可能被有效观察和事后验证,这就导致了法官判断工作的低特定性或者难以监督性。〔2〕如何解决?根据信息经济学的理论,如果很难观测工作的努力程度和廉洁程度,那么就只有在入口处提高门槛(只因学历和法考成绩是测度准法官在投入方面的可观测变量),以一种事前遴选的高标准部分化解事后监督的无效性。在很大程度上,这是为何现代工商社会需要大幅提高法官遴选标准的经济学理由。与此相适应,由于司法人才市场的存

---

〔1〕 (明)海瑞:《海瑞集》(上册),陈义钟编校,中华书局 1962 年版,第 117 页。

〔2〕 艾佳慧首次指出了法官工作的低特定性,其明确指出"工作特定性"是一个程度性概念,其高低取决于某工作是否容易监督、是否容易被替代以及是否更多使用了判断和裁量。由于法官工作很难监督,即便事后的法官监督和管理制度非常严格细密,这些制度实践起来却很可能效果不佳。参见艾佳慧:《中国法官最大化什么》,载苏力主编:《法律和社会科学》(第 3 卷),法律出版社 2008 年版,第 50 页。

在,要想遴选到高水准的法官,法官高薪就是顺理成章的,否则高水准的法律人才不会选择当法官,这其实就是法官市场的参与约束条件。[1]

再次,除了事前的遴选高标准以外,有效限制法官自由裁量权的制度还有诉讼过程中的诉权制约以及判决书说理制度。无须事后严密烦琐的无效监督,程序法规定的诉讼程序本身就内含了诉权和审判权既相互合作又相互制约的有效机制。以民事诉讼为例,只要确定并落实了当事人主义和诉权保障机制,不仅诉权的实施能有效约束法官的审判权,更能通过实现一种主观感知的程序正义来分散裁判风险并提高司法的可接受性(息诉服判)。[2] 判决书说理制度之所以能系统性地限制法官自由裁量权,是因为要求法官为其判决寻找理由并证成,即通过要求法官公开其推理和论证过程——不管是在法体系内部进行逻辑推理(内部证成)还是进行各种目的性解释或论证来确定大前提(外部证成)——来约束法官。

最后,由于简单案件基本无须说理(一个简单的三段论推理本身就是一种说理),判决书之所以需要说理往往出现在疑难案件的审理中。就事实不清的“疑案”,法官除了需要熟练运用证据规则检验当事人提供的证据是否符合真实性、合法性和相关性并由此形成证据链(一种不同于客观真实的“法律真实”)以外,更需要基于自由心证原则,在认定双方当事人提供的证据力量相当或者“真伪不明”之时,确定举证责任的分配。不仅如此,遇到证据规则不清晰或有漏洞之时,法官还担负着在个案中完善和续造证据规则的义务。就法律不明的“难案”,法官更要在法律模糊、法有漏洞、法有矛盾或理由冲突之际,通过法律解释、法律续造等多种法律教义学方法以明确规则、填补漏洞和规则选择,并在判决书中论证其为何如此判案的理由。在笔者看来,以上就是以高标准遴选出来的法官在审判实践中应该积累的种种专业司法知识,在质上完全不同于致力于综合治理(包括教化)的调解型法官应该积累的那一套司法知识。

---

〔1〕 参见艾佳慧:《转型中国法官薪酬与遴选制度的微观激励基础》,载《法制与社会发展》2021年第6期。

〔2〕 有学者从社会心理学角度探讨了主观感知的程序正义之必要性及其建构,参见郭春镇:《感知的程序正义——主观程序正义及其建构》,载《法制与社会发展》2017年第2期。

五、转型大国治理的复杂性与法官分类管理的必要性

问题的复杂性在于,当代正在转型变迁的中国既有与国际紧密接轨的现代都市,也有雪域高原和崇山峻岭,这就呈现出大国转型背景下城乡二元结构的法官管理难题,或者一种结构性的法治难题。面对这一新旧杂陈的既是“时间的丛集”也是一个不平衡的“空间的丛集”的过渡转型期,[1]中国法治应该采用何种方式妥善处理这种驳杂的地域差异?进一步说,该如何制定既体现差异性又体现互补性的诸多法官管理制度?

如果不对“法”和“法治”采取一种教条主义看法,那么面对驳杂的时空结构,中国法治就既有超大规模陌生人社会的普遍性规则之治的面向,也有熟人社区的基于民间规范治理的个殊化、地方性的面向。在前者,司法必然应该呈现出一种被动、消极的中立性,通过个案审理落实和补充立法以实现面向未来的普遍性的规则之治;在后者,司法可以成为国家主动出击以实现国家权力下乡、增强民族团结,甚至建设现代民族国家的工具。以此观之,综合治理也好,政治性的教化也罢,只要能在远离城市的熟人社区彻底解决纠纷并宣传和贯彻党和国家的路线方针政策,就是适合中国社会需要的司法观。

对于正在转型变迁的当代中国而言,由于两种法治、两种司法观背后需要的是完全不同的两类法官,笔者认为,中国的司法改革主事者应该基于一种信息经济学和激励理论的视角为之分别设置两套完全不同的法官管理制度。首先,在现实存在的城乡二元结构下,两类法官的薪酬和遴选制度应该体现一种结构性差异。基于信息经济学的视角,我们发现,乡土社会的法官在努力调停熟人之间的纠纷时,其工作是否勤勉以及工作效果好坏很容易被旁人观察并验证,因此,其工作特定性一定比自由心证和自由裁量的审判法官高出不少。由于其工作特定性高或者工作效果事后好监督(只需询问双方当事人对法官的调解工作是否满意),事前遴选的高标准因此就没有必要。再加上掌

---

〔1〕 参见周林刚:《内在于我们的陌生人》,载泮伟江:《法学的社会学启蒙》,商务印书馆 2019 年版,第Ⅵ页。

握这类地方性知识的法官不可能存在全国性的劳动力市场,也不可能基于该市场获得统一的市场价格,因此让这些缺少市场外部机会的调解型法官获得高薪就缺乏足够的理论正当性。如果说现代工商社会的审判型法官不得不是“双高”(高遴选标准加高薪酬水平),[1]那么对乡土社会的调解型法官而言,一个低遴选标准和低薪酬水平的制度结构是合适并能获得其正当性的。

其次,评价一个法官是否合格甚至优秀的标准也应该有所不同。对于调解型法官,合格的标准是在日常的司法工作中是否达成了让双方当事人都满意的调解方案;优秀的标准应该是不仅让双方当事人满意,更以其长期的调解工作在熟人社区获得较高的声誉,比如《马背上的法庭》中的冯法官。[2] 对于审判型法官,合格的标准在于在疑难案件的审理中不仅能尊重当事人的诉权、有效把控庭审节奏,更能在判决书中辨法析理以证成自己的判决理由;优秀的标准在于以其出色的法律论证能力在个案中创设具体规则,并以此形成未来类似案件必须参考的判例。可以看到,这是两套迥异的判断标准,基于转型中国不同的社会需求,背后隐含着对两类法官的不同制度期待。

最后,针对完全不同的两类法官,法官培训的内容也应当有重大差异。对于致力于综合治理希望以“釜底抽薪”的方式彻底解决纠纷的调解型法官,培训的内容应当是如何提高调解技能以实现这一目的。但不管是“背靠背”还是“面对面”,不管是抓住当事人的“麻筋”还是多方协调,这种极具地方性和特殊性的调解知识,基本上与普遍性的正式法律无关。对于审判型法官,证据认定和法律适用是其主业,因此,如何适用证据规则、如何识别请求权基础以及学习如何解释各种新出台的法律法规,均为他们工作所需的培训内容。与调解型法官相比,这种差异是本质上的。

还需要特别注意的是,不管是侧重规则之治的专业审判知识还是侧重纠纷解决的调解知识,均体现了一种实践理性,都需要法官们在各自的岗位上长期

---

[1] 对该观点的正当性论证,参见艾佳慧:《转型中国法官薪酬与遴选制度的微观激励基础》,载《法制与社会发展》2021 年第 6 期。

[2] 《马背上的法庭》是一部反映在云南边远少数民族地区,当地人民法庭的冯法官带着书记员杨阿姨和刚从法学院毕业的阿洛怎样“送法上山”的故事。对这部电影的深刻剖析,参见苏力:《崇山峻岭中的中国法治——从电影〈马背上的法庭〉透视》,载《清华法学》2008 年第 3 期;李晟:《法治的边陲》,载《清华法学》2008 年第 3 期。

耕耘积累,因此应该在制度上一般性地限制两类法官之间进行任意的职位调动,除非调解型法官通过了国家法律考试并愿意在法院内根据既定的职位调整程序转换为审判型法官(或准法官)。

六、法治落实的现实难题:法官分类管理的制度障碍

基于两种法治观、司法观和两类法官的区分及有机融合,我们看起来似乎解决了大国转型的法治难题。但事情没有这么简单。首先是普遍性规则之治的法治观和司法观能与地方性"法治"观及其支持的综合治理司法观有机融合吗?更进一步,陌生人社会和熟人社会是一种空间上的简单相加吗?基于泮伟江对大规模陌生人社会的研究,周林刚敏锐地指出,如果说差序格局的熟人社会是一种自我构成系统(陌生人仅为该系统的边缘异类),那么在系统内要素越来越紧密联系的现代陌生人社会,作为点缀在陌生人社会海洋中的熟人社区,只有以陌生人社会为前提才能得以构成和维系。[1] 以一种社会变迁的历时性维度,我们发现,随着中国越来越快速发展的城市化进程,更随着近几年国家"精准扶贫"战略的落地生根,不仅乡土社会和城市社会在空间上的区隔越来越模糊,传统中西部山区和边疆地区的人民也日益被连接到陌生人网络,这背后隐含着当代中国在法治类型和司法知识上"不得不"的转型。

由于中国社会日渐陌生化,也由于侧重熟人纠纷之彻底解决的综合治理司法观在逻辑上不容于规则之治的司法观,这是不是意味着我们应该冷落建立在个殊化"法治"观基础上的中国司法新传统?答案是否定的。作为一种有效的治理工具,只要建设现代民族国家(也包括民族问题、农村问题等)的政治任务没有完成,综合治理司法观就有其历史地位,大量培养像老冯这样的优秀调解型法官就是当代司法的一大任务。不仅如此,由于陌生人社会还存在各种熟人社区,即使在城市社会,我们也不应忽视强调纠纷解决的综合治理司法观。因此,不仅设置在乡土社会的人民法庭需要调解型法官(或者一种类

〔1〕 参见周林刚:《内在于我们的陌生人》,载泮伟江:《法学的社会学启蒙》,商务印书馆 2019 年版,第Ⅵ页。

似域外治安法官的受命“乡绅”?),设在城市地区的基层法院也需要配备足够数量的调解型法官,并为他们提供优质的调解知识培训以及保障其积累调解知识的制度环境。

行文至此,面对正在迈向超大规模陌生人社会的转型中国,以一种国家治理和信息、激励理论的混杂视角,基于熟人社会和陌生人社会不同的司法需求(背后意味着两类法官和两种司法知识),我们似乎描画了一幅大国转型的法治蓝图。但中国问题的复杂性在于,这一“看起来很美”的法治蓝图很难在既有的制度背景下得以实现。首先是法院内部的法官薪酬行政化。由于都是中央政法编制,且法院内部法官薪酬水平的高低源于行政级别的高低,审判型法官的薪酬凭什么要远高于调解型法官?其次是法院内部的行政调动制度(“五五改革纲要”确立的内部岗位交流机制)。由于不太尊重专业分工和司法知识的积累,法院党组可以根据法院管理的需要在不同的职位间调动法官,这就完全没办法实现调解型法官和审判型法官之间的制度隔离。〔1〕 最后,虽然在中国法官缺乏法律方法知识上法学界已有共识,但问题的关键不在于法官欠缺证据认定以及法律解释、法律续造和法律论证等方面的专业司法知识,而在于法官所在的司法制度环境能否鼓励和支持法官积累专业司法知识。用泮伟江的话说,中国司法的问题不在于这种知识的欠缺,而在于司法自身的结构。〔2〕 一方面,经过高遴选标准进入法院的法官在既有的制度环境下不得不从事司法调解工作并积累调解知识;另一方面,如果他们在目前的工作环境中并不愿意积累专业司法知识而是愿意积累有利于其行政级别晋升的相关知识,那么前面指出的审判型法官遴选的高标准和高薪酬也就完全没有了制度意义。

七、代结语:迈向普遍性的规则之治

如果说当前中国缺少让职业化法官积累专业司法知识的制度环境,那么最

---

〔1〕 对中国法院内部行政调动制度的批评,参见艾佳慧:《司法知识与法官流动——一种基于实证的分析》,载《法制与社会发展》2006 年第 4 期。

〔2〕 对法官知识和司法结构的讨论,参见泮伟江:《法学的社会学启蒙》,商务印书馆 2019 年版,第 121 ~ 128 页。

根本的问题就在于,为何当代中国未能为专业司法知识的积累提供一个稳定的制度环境。鉴于当代中国的各级法院均为“嵌入”型法院,不管是“嵌入”在党政合一、“条块”结合的真实宪制结构下,还是“嵌入”在自秦以来的属地化管理和科层化的双重领导体制的治理逻辑中,中国法院扮演的角色不得不是围绕党的中心工作并承担起法制宣传、综合治理、送法下乡等政治任务的纠纷解决主体。

如果说中国正在从超大规模的简单社会迈向超大规模的陌生人社会是一个客观事实,那么要实现后者的有效治理,就一定需要司法功能从纠纷解决到规则之治的转变,也一定需要建构法律审判(以生成规则和稳定预期)和有效的判例制度(而不只是仅具有参考意义的指导性案例),更需要培养专业化、职业化的审判型法官以保障他们有能力也有意愿“依法判决”(而不是依法调解)。只有这样,他们才能在长期的审判实践中专心积累专业司法知识,并有能力在疑难案件的审理中,不仅可以通过明确模糊的法律条文、填补既有的法律漏洞形成基于个案的补充性的规则之治,更能够在判决书中为自己的法律判断进行正当性论证(或者辨法析理),获得当事人、民众和法律共同体的认同。

这是中国法治的建设方向,也是未来中国司法制度和诉讼制度改革的核心和重点。虽然在现实的宪制架构下,这也隐含了大国转型治理的困难之处,但俗语云,“办法总比困难多”,我们完全可以从信息经济学和激励理论的经济学视角探讨法官分类管理的必要性和可行性,以回应大国转型背后的法治难题。笔者的基本观点是,中国未来的司法改革应该反思司法调解的适用边界,并逐步推进法官的分类管理,在此基础上为审判型法官的培养和专业司法知识的积累提供制度前提。因为,面对当代这样一个空前绝后的历史变革期,正在到来的超大规模的陌生人社会要求一种普遍性的规则之治,以及足以支撑这套法治有效运行的审判型法官,在很大程度上是一种历史的必然。

法哲学论思

法律与道德：从“分离命题”到“整体性命题”

范进学*

内容摘要：关于道德与法律之间的关系横亘于西方法哲学整个历史长河中。从古希腊索福克勒斯的《安提戈涅》到“二战”纳粹战犯的审判，从斯多戈学派的自然法到复兴自然法，历代思想家们一直致力于法律与道德的理想事业。休谟关于“是”与“应当”关系的困惑，一直是法哲学家思考的核心主题。边沁、奥斯丁、凯尔森、哈特、拉兹、麦考密克等人的法律理论，皆主张道德与法律的“分离理论”。尽管现代法律实证主义内部在对待该主题时存在“包容性法律实证主义”和“排他性法律实证主义”之争，但基本理念是一致的。富勒对“分离理论”的批判，成就了其“法律的道德性”理论。德沃金对法律实证主义的批判，最终终结了“分离理论”，而以价值统一性的整体性理论登上西方法哲学的时代舞台。

关键词：法律　道德　分离命题　价值统一性　整体命题

关于道德与法律之间的关系横亘于全部西方法哲学历史长河之中。从古希腊索福克勒斯的《安提戈涅》到“二战”纳粹战犯的审判，从斯多戈学派的自然法到复兴自然法，历代思想家们一直致力于法律与道德的理想事业。休谟关于“是”与“应当”关系的困惑，一直是法哲学家思考的核心主题。本文以传统实证主义“分离理论”为核心，围绕哈特与富勒、德沃金与哈特关于法律与道德之间究竟是一种怎样的关系为主线，梳理并分析“分离命题”到“整体性命题”

---

* 上海交通大学凯原法学院特聘教授，法学博士。

的基本路径,从而加深人们对法律与道德关系的思考。

一、传统法律实证主义的“分离理论”

法律与道德的“分离理论”的始作俑者是边沁。边沁在 1776 年写的《政府片论》中区分了“是什么”的法律与“应当是什么”的法律,他指出:“可以把对法律问题发表意见的人分为两类:解释者和评论者。解释者的任务是向我们说明他所认识的法律是什么;评论者的任务则是向我们评述法律应当是什么。因此,前者的任务主要是叙述或探讨事实,而后者的任务是探讨理由。解释者在他的范围内所涉及的思维活动只是了解、记忆和判断;而评论者则由于他所评论的事情有时牵涉到那些喜欢与不喜欢的感情问题,所以要和感情打交道。法律是什么,在不同的国家中有差别而且差别很大。然而,法律应该是什么,在所有的国家中却在很大尺度上是相同的。因此,解释者永远是这个或者那个特定的国家的公民;而评论者则是或应当是一个世界公民。一个解释者要说明的是,立法者和他手下的法官已经做了什么;而评论者则建议说,立法者将来应该做些什么。”〔1〕边沁已经意识到了法律是什么与法律应当是什么两种判断即事实判断与价值判断的区别,因此,他才说,在一个法治的政府之下,善良公民的座右铭是什么呢?那就是“严格地服从,自由地批判”。〔2〕即使一部坏的法律,只要没有被废止,就应当服从,但是对这种法律应当自由地批判,从而使之加以改进。

自边沁始,法律实证主义者在“排斥形而上学”的口号下,开始了确立法理学作为一门“科学”的努力。换言之,法学或法理学何以像“自然科学”一样成为一种“科学”?所谓“科学是一种建立在严谨的形式逻辑系统之上,用实证(实验方法)来验证的一种分析和发现大自然规律的自我纠错的方法”。〔3〕科学是中立的,没有价值判断。法律自古至今一直与道德、伦理、政治等纠缠不

---

〔1〕［英］边沁:《政府片论》,沈叔平等译,商务印书馆 1995 年版,第 97 页。

〔2〕［英］边沁:《政府片论》,沈叔平等译,商务印书馆 1995 年版,第 97 页。

〔3〕科学探求者:《什么是科学》,载知乎 2019 年 12 月 16 日,https://zhuanlan.zhihu.com/p/97543748。

清,对法律是什么的判断充斥了自然法的价值判断。像自然法学者所主张的那样,只要是制定法(人定法、实在法、实证法)与自然法(道德法)相冲突,就是无效的,不是法律。说到底,在自然法学家看来,认定法律的标准只有一个,即是否符合自然法或道德法。而自然法或道德法是一种主观性非常强的道德判断,无法像“自然科学”那样,可以通过形式逻辑与实验方法进行验证,凡是运用道德的方法进行价值判断,往往会因人而异。

为了更加精确地划分法,从而确立他的“法理学科学”,奥斯丁区分了三种类型的法:一是上帝设立的法,即神法;二是实际存在的由人制定的法;三是实际存在的由人制定的道德、实际存在的道德规则或社会伦理规则。第二种法就是实证法;第三种意义上的法就是“道德”。奥斯丁说,使用明确的“法”与“道德”的名称,意思是指,两者的产生来源存在区别。而严格意义上的法就是第二种实际存在的由人制定的法。“道德”这一称谓,当不加限定或单独使用时,既可以指上帝的法,也可以指第三种法,因此,道德的概念模糊不清,会使人感到困惑不解。而法理学科学与严格意义上的法有关,不管这些法是好的还是坏的。与实在法科学相对照,可以把研究实际存在的由人制定的道德作为道德科学或伦理科学看待。当人们讨论人法的好坏时,实际上表达的观念是人法与某种东西一致或背道而驰,而这种东西,人们已经将它视为一个标准或尺度。然而,一旦按照这样的标准进行评价时,奥斯丁便认为是“荒谬的”,因为,每一个被检验的对象,每一个被带到标准尺度面前的对象,相当于另一个对象而非自身,才是有意义的。因此,“实际存在的由人制定的法律,是法理学的真正对象”。〔1〕

为了“精确界定法理学的范围”,奥斯丁描述了一项严格意义上的法律或规则的基本要素:第一,准确意义上的法是一种由主权者发布的命令;第二,一个依附于命令的实际的不利后果即制裁;第三,义务。〔2〕 这三个要素使得法律与道德、神法相区别。而让奥斯丁困惑的是,人们往往将实际存在的法与应该存在的法、实际存在的道德与应该存在的道德混同。在考察实际存在的由人制定

〔1〕 [英]约翰·奥斯丁:《法理学的范围》,刘星译,中国法制出版社 2002 年版,第 145 ~ 153 页。

〔2〕 参见[英]约翰·奥斯丁:《法理学的范围》,刘星译,中国法制出版社 2002 年版,第 155 ~ 156 页。

的法与立法科学以及道德科学混同的倾向中,奥斯丁提出了他的“分离命题”,即“法的存在是一个问题,法的优劣则是另外一个问题。法是否存在,是一种需要研究的问题。法是否符合一个假定的标准,则是另外一个需要研究的问题。一个法,只要是实际存在的,就是一个法,即使我们恰恰并不喜欢它或即使它有悖于我们的价值标准。这一真理,当我们将其作为一个抽象的命题正式加以陈述时,是十分简单的,而且明确清晰。因此,坚持这一真理,纯粹是多余的。但是,尽管其如此简单,而且明确清晰,然而,以抽象方式加以说明问题的时候,人们却依然忽略了这个真理”。[1]

奥斯丁以布莱克斯通的观点为例予以说明。威廉 · 布莱克斯通在《英国法释义》中说,上帝法所设定的义务,高于一切其他法,人类法如果与上帝法相矛盾,是不能容忍的。如果人类法与上帝法背道而驰,则人类法没有任何的约束力,而且,所有有效的法,其强制力都是来自神法渊源的。对此,奥斯丁说:“所有的人类法应当与神法保持一致,如果他的意思确实如此,我会毫不迟疑地表示赞同。上帝法设定的义务,相较于其他法设定的义务而言,是至高无上的,如果人类的命令与神法是相互冲突的,我们就不应该服从强制制裁力较弱的命令。所有这些,都包含在‘应当’的含义之中。这个命题属于意思准确一致的命题,因而是不可争辩的。如果这正是布莱克斯通的意思,那么,我是赞同他的命题的。我在这里所反对的,仅仅在于他的意思没有告诉我们任何新东西。此外,也许他表达这样一个意思:人类立法者在制定法律的时候,本身就是遵守神法,并且以神法作为最终的标准。因为,如果不遵守的话,那么,上帝就会惩罚他们。就这一点来说,我也是完全赞同的。如果他的意思想表明,与神法相冲突的人类制定的法是没有约束力的,也是没有强制力的。换句话说,与神法相冲突的人类法不是法。但是,这样一种观点是没有任何意义的。最为有害的法,即使与上帝的意志是十分矛盾的,其也从来都是并且继续将是司法审判机关强制实施的法。……上帝法并非总是明确的。针对道德情感来说,所谓的与生俱来的实践原则、良心等等,时常不过是无知或邪恶利益的方便借口而已。它们要么意味着,我仇恨法律,我拒绝遵守法律,然而我不能说出这是出于什么

---

[1] [英]约翰 · 奥斯丁:《法理学的范围》,刘星译,中国法制出版社 2002 年版,第 208 页。

原因;要么意味着,我仇恨法律,我拒绝遵守法律,是因为我发现承认它将是不便利的。因此,如果我公开说,我是仇恨法律的,它是没有约束力的,不应当被遵守,那么,没有人会听我所说的。在这里,我仅仅是为自己的憎恶提供了一个理由。”〔1〕

奥斯丁的上述阐述表达的思想很清楚:第一,人类的命令与神法如果相冲突,就不“应该”服从强制制裁力较弱的人类法,但这是“应当”的含义,属于应当的判断即道德判断。第二,人类立法者在制定法律的时候,本身就是遵守神法,并且以神法作为最终的标准,如果不遵守的话,那么,上帝就会惩罚他们。这是立法科学研究的对象,而立法学不研究已经制定的法,制定出来的法是法理学研究的对象。第三,与神法相冲突的人类制定的法是没有约束力的或者不是法的观点,是没有任何意义的,即使与上帝意志相冲突、最为有害的法,从来都是并且将继续是司法审判机关强制实施的法。第四,坚持与神法相冲突的人类法不是法的观点,可能为仇恨法律或不遵守法律提供了借口。因而,奥斯丁之所以提出法律与道德的区分,主要是试图使法学成为一门“科学”的缘故。不过,对于将法理学研究的对象视为“法律”的而非“道德”的观点,曾是哈佛大学法学院教授的格雷评价说:“19 世纪法理学重大的收获在于对真理的认可,即法理学研究事实上存在的法律即‘是’的东西,而不是‘应该的’东西,将这种真理在普通法的法理学中确定无疑地固定下来,恰是奥斯丁的功绩。”〔2〕他还指出:“将任何自然法的观念或非实在法纳入法律概念中,都是法理学的倒退。”〔3〕奥斯丁并非真正主张法律和道德是分离的。奥斯丁明确说过:“实在法、实在道德由那些对两者都适用的原则紧密地结合起来,它们是作为一个有机的整体而结合在一起的。”〔4〕奥斯丁从来不否认这样的事实,即从历史的角度看,法律系统的发展受到了道德观念的强烈影响,许多法律规则反映了道德

---

〔1〕 [英]约翰·奥斯丁:《法理学的范围》,刘星译,中国法制出版社 2002 年版,第 208 ~210 页。

〔2〕 [美]约翰·奇普曼·格雷:《法律的性质与渊源》,马驰译,中国政法大学出版社 2012 年版,第 80 页。

〔3〕 [美]约翰·奇普曼·格雷:《法律的性质与渊源》,马驰译,中国政法大学出版社 2012 年版,第 80 页。

〔4〕 Robert N. Moles, *Definition and Rules in Legal Theory: A Reassessment of Hart and the Positivist Tradition*, New York, Basil Blackwell, 1987, p. 16.

原则的内容。他甚至认为,作为法律的一个渊源,道德原则可以引进法律系统,当然这需要主权者采用明示或默示的方式来确认。

奥斯丁之后的凯尔森在分离的道路上走得更远,将“科学主义”的倾向推向了极致。凯尔森提出的“纯粹法学”理论就是为了使法律成为一门真正的科学。凯尔森在 20 世纪 30 年代在瑞士日内瓦国家关系研究所写的《纯粹法理论》中指出:“纯粹法理论乃实在法理论,其关乎实证法自身而非个别法律秩序。纯粹法理论之旨趣唯在于认知其研究对象。换言之,其试图回答‘何谓法律’或‘法律从何而来’,而无意于对‘法律应当如何’或‘法律应如何制定’等问题进行作答。本理论乃是法律科学,而非法律政策。纯粹法理论所以是‘纯粹’,则在于其唯求认知法律,而将不属于其认知对象皆摒除在外。换言之,纯粹法理论欲使法律科学免受一切异质因素之干扰,此乃本理论在方法论上之根本原则。”[1]凯尔森试图将一切异质要素——道德观、历史学、政治学、社会学等——都排除在法律之外,从而追求一种更“纯粹”的法律科学。因为在凯尔森看来,奥斯丁提出的法律主权命令说背后依然靠着主权者的强制力,换言之,法律的效力来自主权者。这种观点背负着政治因素的影响,这种政治因素还往往决定什么是“法”或什么不是法,譬如凡是符合民主的、自由主义理想的法就是法律,否则就不是。凯尔森认为,法律问题作为科学问题,是社会技术问题,并不是一个道德问题。法和正义是两个不同的概念,法是实在法,而实在法的科学必须同正义的哲学明确区分开来。将法和正义等同起来的倾向是“一种政治的而不是科学的倾向”。一个纯粹法理论虽然宣称自己无力回答某一个法律是否合乎正义以及什么是正义的要素问题,但丝毫不反对要求合乎正义的法律。对于这种问题,纯粹法理论是根本不能科学地加以回答的。[2] 因为政治上的正义是一个主观价值判断,因人而异。凯尔森提出了一个法律内的“正义”概念,即合法性(legality):“将一个一般规则实际适用于按其内容应该适用的一切场合,那便是‘正义’的。把它适用于这一场合而不适用于另一类似的场合,那便是‘非正义的’。”凯尔森认为,这里所谓的“非正义”与一般规则本身价值是

---

〔1〕 [奥]凯尔森:《纯粹法理论》,张书友译,中国法制出版社 2008 年版,第 37 ~ 38 页。

〔2〕 参见[奥]凯尔森:《法与国家的一般理论》,沈宗灵译,中国大百科全书出版社 1996 年版,第 5 ~ 6 页。

无关的,它仅指一般规则的适用。在合法性的意义上,正义具有与实在秩序内容无关而与其适用却有关的特性。在该意义上,正义与任何实在法律秩序相一致。“‘正义’的意思,是指认真地适用以维护实在法律秩序。”〔1〕它是“在法律下”的正义。一个人的行为是“正义”或“非正义”这样的表述,就“合法”或“非法”的意义来说,意思是这种行为符合或不符合某个法律规范,而这个规范由于是属于一个实在法律秩序的,所以是判断人所预定为有效的。这种将某种行为是否符合法律规范的判断作为法律上的正义,那么这种判断就是“客观价值判断”,而不是主观价值判断。“只有在合法性的意义上,正义观念才能进入法律科学之中。”〔2〕除此之外,法律规范中的“应当”判断是一种义务判断,这种义务判断也是一种法律之内的客观价值判断。“应当”行为意味着是由一个规范所规定的,“应当”只不过表示了人的行为是由一个规范所决定的这一特定意义。〔3〕凯尔森主张,要避免将“应当”的法律范畴同实质意义上的“善”、“正当”或“正义”这些观念混为一谈。法律上的“应当”只具有一种形式意义,是相对意义上的应当;道德上的“应当”才具有“善”或“正义”的确定内容。〔4〕实在法的“应当”只能是假设性的。〔5〕如此说来,凯尔森关于法律之内的客观价值判断,既包括合法与否的客观价值判断,也包括应当性的客观价值判断。对一定行为是合法或非法的判断中所包含的价值称为“法律的价值”,而对一个法律秩序的正义或非正义的判断中所包含的价值称为“正义的价值”。法律价值属于客观价值判断,其价值存在在客观上是可以验证的;正义价值属于主观价值判断,不能在客观上验证,因此正义价值在法律科学中无容身之地。道德的和政治的价值判断,尤其是正义的价值判断,都是以意识形态为基础的,不像法律

---

〔1〕[奥]凯尔森:《法与国家的一般理论》,沈宗灵译,中国大百科全书出版社1996年版,第14页。

〔2〕[奥]凯尔森:《法与国家的一般理论》,沈宗灵译,中国大百科全书出版社1996年版,第14页。

〔3〕参见[奥]凯尔森:《法与国家的一般理论》,沈宗灵译,中国大百科全书出版社1996年版,第39页。

〔4〕参见[奥]凯尔森:《法与国家的一般理论》,沈宗灵译,中国大百科全书出版社1996年版,第429页。

〔5〕参见[奥]凯尔森:《法与国家的一般理论》,沈宗灵译,中国大百科全书出版社1996年版,第430页。

价值判断那样是与确定的社会现实并行的。[1]

当纯粹法理论把政治因素也排除在法律考量之外时,法律规范的效力来源于何处就成为一个关键问题。凯尔森说:“我们所说的‘效力’,意思是指规范的特殊存在。说一个规范有效力,就是说我们假定它的存在,我们假定它对那些其行为由它所调整的人具有‘约束力’。”[2] 也就是说,法律的效力是一个“假定”,即只要主权者或立法者制定法律之后,就具有效力。法律效力的意思是法律规范具有约束力,人们应当像法律规范所规定的那样行为,应当服从和适用法律规范。法律实效则是一个实际上被适用和服从,在于人们按照规范指引去遵守该规范所要求的行为。[3] 那么这种法律效力来自哪里呢?凯尔森指出,法律规范之所以有效力是因为它是按照另一个法律规范决定的方式被创造的,因此后一个规范便成了前一个规范的效力的理由。换言之,任何规范的效力根据只能是另一个规范;一个“应当”只能从一个“应当”而不能从一个“是”得来。而被当作最高的和最终有效力的规范就是基础规范。[4] 由此,凯尔森创造了一个“规范等级体系”,一个最高的规范即基础规范为终极规范,依次有高级规范与低级规范,一个低级规范由高级规范所决定所创造,最后都是由基础规范所创造所决定,基础规范作为整个法律秩序的效力最高理由,构成了一个法律秩序的统一体。[5] 因此,实在法之所以有效力,即它们应当被服从,并非从自然、上帝或理性、绝对的善或正当、正义原则中得来的,而是从一个绝对的至高无上的价值或基本规范中得来的。所以,实在法规范之所以有效力,只基于一个推定——有一个基础规范,它建立了最高的、创造法律的权威。这一基础规

[1] 参见[奥]凯尔森:《法与国家的一般理论》,沈宗灵译,中国大百科全书出版社 1996 年版,第 53 页。

[2] [奥]凯尔森:《法与国家的一般理论》,沈宗灵译,中国大百科全书出版社 1996 年版,第 32 页。

[3] 参见[奥]凯尔森:《法与国家的一般理论》,沈宗灵译,中国大百科全书出版社 1996 年版,第 42 ~ 43 页。

[4] 参见[奥]凯尔森:《法与国家的一般理论》,沈宗灵译,中国大百科全书出版社 1996 年版,第 435 页。

[5] 参见[奥]凯尔森:《法与国家的一般理论》,沈宗灵译,中国大百科全书出版社 1996 年版,第 141 页。

范的效力是未被证明的并必须这样留在实在法本身的范围之内。[1] 因此,“法律和道德的分离意味着法律规范的有效性只能从另一项法律规范之中得出,而不是从一项道德规范之中得出”。[2] 凯尔森这种相对主义的、价值无涉的法律理论,试图把法律科学置于一个免于社会科学“杂质”的世界之中。

凯尔森的规范体系理论的核心就是他提出的“基础规范”。基础规范是一个“假定”或“预设”的概念,基础规范的效力不能依赖任何其他的规范,所以它必须被“假定”或“预设”。[3] 可见,基础规范具有两个主要特征:一是被预设的;二是没有任何内容。德国法学家魏德士指出:“凯尔森采取了一种拟制(fiction),他将所有实证法律规范都回溯到一个唯一的、不成文的基本规范(grundnorm),这个规范被假定为实证法的最终效力基础。可见,这是一个人造的概念……这对于法律效力问题的回答并非无懈可击。拟制一个臆想的、违反体系的、不能实证化的基本规范不但不能解决法律效力问题,反而将这些问题隐藏起来了,或者最多给它们取了个名字。”[4]它“为法律理论提供了法律规范性的客观且价值无涉的概念”,同时,“基础规范并不执行道德或政治功能,它具有客观性”。[5] 这样就能够完成法律理论的使命,即价值无涉。在拉兹看来,凯尔森的基础规范(the basic norm)理论最具吸引力和想象力。[6] 当然,凯尔森的规范理论将法律与强盗的命令区别开来。[7]

---

〔1〕 参见[奥]凯尔森:《法与国家的一般理论》,沈宗灵译,中国大百科全书出版社 1996 年版,第 430 页。

〔2〕 [英]雷德蒙·瓦克斯:《读懂法理学》,杨天江译,广西师范大学出版社 2016 年版,第 151 页。

〔3〕 凯尔森曾举过一个宗教规范的例子:作为一个信教者,人们预设应当服从上帝的命令。这是对一项规范效力的陈述,在一个信教者的思考中,为了保证宗教道德规范的效力,它必须被预先假定。这是宗教道德的基础规范,一项保证那种道德规范的一切规范之效力的规范——一项“基础”规范,因为对于它的效力基础无法再提出任何进一步的问题了。这个陈述不是一项积极的规范——不是一项真正意志行为所设定的规范——而是一项在信教者的思维中预先假定的规范。See Hans Kelsen, *The Function of a Constitution*, trans. by I. Steward, in Tur and Twing, eds., Essays on Kelsen, Oxford, Clarendon Press, 1986, p. 115. 转引自[英]雷德蒙·瓦克斯:《读懂法理学》,杨天江译,广西师范大学出版社 2016 年版,第 157 页。

〔4〕 [德]伯恩·魏德士:《法理学》,丁小春、吴越译,法律出版社 2003 年版,第 217 ~ 218 页。

〔5〕 Joseph Raz, *The Authority of Law*, Oxford, Oxford University Press, 2009, p. 133.

〔6〕 See Joseph Raz, *The Authority of Law*, Oxford, Oxford University Press, 2009, p. 121.

〔7〕 譬如他们都要求交钱,都体现了一种主观意志行为,但只有税务官的意志行为是客观有效的。为什么?因为强盗的强制命令只具有主观性而缺乏客观性,没有预设任何基本规范。

凯尔森自称是“法实证主义理论”,魏德士评价说:“如果从实证主义的科学概念与法律的概念的前提出发,凯尔森的理论还是成功的、适当的。”[1]不过,凯尔森的“纯粹法理论”,相较于自然法而言,具有描述而评价的方法之纯粹,恪守科学研究中的“价值无涉”原则;相较于法律实证主义而言,规范而非事实之对象纯粹,承认规范具有的“应然”意义,反对将世界解释为一个单纯事实体系的科学主义观,为自由意志保留了一席之地。因此,该理论既是对自然法理论与实证主义法律理论的批判,又是对二者的超越。

通过对奥斯丁与凯尔森的“分离命题”的分析,可以看出,他们坚持的“分离理论”不是说法律与道德实际上分离的,而是说二者在概念上是分离的,将它们分离的目的在于使法理学成为一门真正的“科学”。然而,也有西方学者如哈耶克认为,法律实证主义反对自然法传统,法律实证主义从一开始就不赞同甚或反对那些构成了法治理想或原初意义上的“法治国”观念之基础的超法律原则或元法律原则,也反对那些对立法权构成限制的种种原则。

法律实证主义在 19 世纪下半叶的德国赢得了无可争议的地位。一种形式合法性的“法治国”被广泛接受,从而,法治国变成了一个极端形式化的概念,成了国家的特性,甚至成了专制国家的特性。哈耶克指责凯尔森的法理论“不仅竭力混淆具有抽象且一般性规则那种实质意义上的真正法律与仅具形式意义的法律之间的根本区别,而且还通过将这些法律和权力机构所颁布的各种命令都笼统地置于‘规范’这个含混的术语之中,从而使命令与法律无从区分,一言以蔽之,传统法治观念中的所有原则在他那里都被认定成了形而上的迷信”。进而认为,法律实证主义的观念到了 20 世纪 20 年代末,完全征服了德国,以至于遵奉自然法理论成了一种罪过,甚至还是一种智识上的耻辱,这种思想状况为实现一种无限的专制政制提供了种种可能性。因为,法律实证主义的要害在于国家绝对不可以为法律所约束。[2] 法律实证主义一度成了一个“贬义词”,哈特曾经听人说过这样一句话:“你知道吗?他是一个实证主义者,不过他本人

---

〔1〕 [德]伯恩 · 魏德士:《法理学》,丁小春、吴越译,法律出版社 2003 年版,第 218 页。

〔2〕 参见[英]弗里德利希 · 冯 · 哈耶克:《自由秩序原理》,邓正来译,生活 · 读书 · 新知三联书店 1997 年版,第 298 ~ 301 页。

很好。”[1]当然,也有学者如魏德士指出:“1945 年以后,法律实证主义成为纳粹国家恶法体系及其司法的替罪羊。……将责任归咎于法律实证主义则是错误的。”[2]哈特在 1957 年哈佛大学的演讲中也指出:“法律实证主义这一毫无贬义的名称,已渐渐成了形形色色多种不同罪恶的代名词。其中真实的或被宣称的罪恶之一就是主张实然法与应然法的分离。”[3]加拿大法学教授大卫·戴岑豪斯(David Dyzenhaus)评论指出:“对于纳粹掌权的原因,不能归罪于法律实证主义。”他引用联邦德国前总统的话说:“魏玛的根本问题既不是宪法问题,也不在于法律理论,而是因为缺少足够多拥护民主的人。”[4]因此,那种指责“法律实证主义认为法律与道德之间是实际分离”的观点,是歪曲法律实证主义的“分离理论”。

二、哈特的法律与道德“分离理论”

哈特的法律与道德“分离理论”是 1957 年 4 月末在哈佛大学举办的霍姆斯讲座上所作的《实证主义和法律与道德的分离》演讲中提出来的。哈特说:“这是我一生中最佳的表演。”这次被哈特自己认为是“一生中最佳的表演”的讲座,迅速被学界视为法律理论发展过程中的一个重要的标志。“坐在兰德尔大楼中那些挤满人的演讲厅里,听众见证了富勒痛苦的表情、斯通的矛盾的反应以及赫伯特对实证主义的有力阐明,他们由此感到了这一特殊时刻的重大意义。”[5]事后,富勒激动不安地反驳哈特,并宣布将在《哈佛法律评论》上作出正式评论。于是,1958 年《哈佛法律评论》第 71 卷将哈特的《实证主义和法律与

---

〔1〕 [英]妮古拉·莱西:《哈特的一生:噩梦与美梦》,谌洪果译,法律出版社 2006 年版,第 220 页。

〔2〕 [德]伯恩·魏德士:《法理学》,丁小春、吴越译,法律出版社 2003 年版,第 219 页。

〔3〕 [英]哈特:《实证主义和法律与道德的分离》(上),翟小波、强世功译,载《环球法律评论》2001 年第 2 期。

〔4〕 [加]大卫·戴岑豪斯:《合法性与正当性》,刘毅译,商务印书馆 2013 年版,第 5 ~ 6 页。

〔5〕 [英]妮古拉·莱西:《哈特的一生:噩梦与美梦》,谌洪果译,法律出版社 2006 年版,第 239 ~ 240 页。

道德的分离》以及富勒的《实证主义与忠于法律——答哈特教授》同时发表。[1] 哈特与富勒 1957～1958 年的论战是围绕"法律与道德分离"展开的。1961 年，哈特将他关于法律实证主义理论的学说以《法律的概念》在牛津大学出版社出版；富勒则于 1964 年以《法律的道德性》在耶鲁大学出版社出版。著作的出版标志着现代法哲学史上哈特与富勒关于道德和法律关系之争的基本理论业已形成。

1957 年哈特 50 岁，富勒 55 岁，二人当时都处于学术的最佳状态。他们二人论战的背景是人们对纽伦堡审判的正当性问题正在展开广泛的辩论，他们的论战集中围绕一个生动的案例。他们所讨论的是"纳粹告密者"案件。纳粹时期，有一名妇女想除掉她的丈夫，便向当局告发，说她的丈夫离开军队休假在家时，曾有侮辱希特勒的言论。按照当时德国法律，所有不利于第三帝国统治的言论都是违法的。按照这种法律，丈夫被逮捕并被判处死刑，虽然事实上没有被执行死刑而是送到了前线。1949 年，妻子在西德某法院受到追究，理由是妻子剥夺了丈夫的自由。这名妇女主张说，丈夫是依据纳粹法律判处监禁的，因而自己无罪。案件最后到了上诉法院，该法院认为，她的丈夫虽然是法院以违法事由被宣判的，但是，这种法律"违背所有正常人的健全良知和正义观念"。[2] 后来许多案件采用了这种推理方式。人们欢呼雀跃，赞颂这是自然法学说的胜利，标志着实证主义被彻底打翻在地。因此，争论的焦点是，她的法律地位到底应当由纳粹时期的法律来决定，还是按照纳粹之前或之后的公正法律来决定。质言之，一部法律的有效性是否取决于它的公正性或道德上可接受的标准。针对该案，哈特认为有两种选择：一是免除对女子的处罚，人们可能认为

---

[1] See Hart, *Positivism and the Separation of Law and Morals*, in Harvard law Review, 71(1958), p. 593－629; Lon Fuller, *Positivism and Fidelity to Law: A Reply to Professor Hart*, in Harvard law Review, 71(1958), p. 631－672.

[2] 富勒对此曾指出，对于这一问题的抗辩基于两部法律，一部是 1934 年通过的；另一部是 1938 年通过的。其中规定："任何公开发表恶意的或煽动性言论反对国家及国家社会主义德国工人党领导人物，或发表的言论……在性质上削弱了人民对其政治领袖人物的信任的行为，该行为人都应判处囚禁刑。"因此，富勒说，当我们注意到这个法律仅适用于公开的言行时，这一问题就变得尖锐起来。[美]富勒：《实证主义与忠于法律——答哈特教授》，强世功译，载强世功：《法律的现代性剧场：哈特与富勒论战》，法律出版社 2006 年版，第 176 页。

这样做是坏事;二是惩罚女子,但需面对适用溯及既往的法律问题。如果惩罚女子,就需要付出牺牲法治的代价——适用溯及既往的法律不符合法治原则。不过尽管适用了溯及既往的法律,也至少体现了坦率的美德。也就是说,溯及既往的法律虽然是一种不公正的解决方案,但它在道德上也许是一个更优的选择,是两种邪恶中较小的邪恶。这种解决方案的好处是,它可以避免模糊“法律是什么”与“法律应当是什么”之间的区别。[1]

为了进一步澄清上述问题,哈特提出了广义的法律概念与狭义的法律概念,以此消解法律与道德之间分离所带来的矛盾。广义的法律概念包括了狭义的法律,所有的规则都是有效的法律。如果采取狭义的法律概念,将把那些违反道德的规则排除在“法律”之外。然而,这在哈特看来是有问题的,因为在作为社会现象的法律理论或科学研究中,采用狭义的概念将一无所获,它将导致我们把特定规则都排斥出去,即使它们具有法律所有其他复杂的特征。如果建议将这些规则留给其他学科进行研究,毫无疑问,除了引起混乱,将什么都不是。这样做,对于从事法律研究的历史学科或其他学科都不会有任何益处。如果采取广义的法律概念,在研究范围内,就能够提供道德上不公正的法律所具有的所有特征以及社会对它们的反应。[2] 哈特并非不知道道德上邪恶的法律就是坏法律,但是认定是否是“法律”与是否是“有效”的法律应当是两回事,即使不道德的法律仍然是“法律”,具有形式上的抽象效力,只是因为其不合乎道德,人们可以选择抵抗或不服从,也就是让这种法律无从获得“实效”而失去应有的效力。人们用道德为标准判定一部法律,就会出现有效与无效的问题,一旦作出法律是无效的因而不应遵守的判断,就把本来复杂的多样性问题简单化

---

〔1〕 参见[英]妮古拉·莱西:《哈特的一生:噩梦与美梦》,谌洪果译,法律出版社2006年版,第241页。

〔2〕 原文:If we adopt the narrower concept we shall exclude from “law” such morally offensive rules. It would lead us to exclude certain rules even though they exhibit all the other complex characteristics of law. Nothing, surely, but confusion could follow from a proposal to leave the study of such rules to another discipline, and certainly no history or other form of legal study has found it profitable to do this. If we adopt the wider concept of law, we can accommodate within it the study of whatever special features morally iniquitous laws have, and the reaction of society to them。参见H. L. A. Hart:*The Concept of Law*(影印本),中国社会科学出版社1999年版,第205页。

了。而一个"将法律的无效性(the invalidity of law)和法律的非道德性(the immorality of law)区别开来的法律概念能使我们看到问题的复杂性和多样性"。[1]

同时,还需要注意的是,哈特在法律与道德之间的关系问题上,除了认为二者之间在"概念"上没有必然的联系之外,他仍然主张二者之间具有某种必然联系。譬如道德规则与法律规则共同使用"责任"与"义务"概念,它们之间具有相似性:第一,不管受约束的个人是否同意,它们是有约束力的,这种约束力来自社会压力的保障;第二,它们不是受到奖励的问题,而是视为对社会生活作出的最低限度的贡献;第三,调整的对象是一生经常出现的普遍的行为,而非特殊行为。道德和法律规则具有四个相互联系方面的调整,即重要性、非有意改变、道德罪过的故意性和道德强制的形式。[2] 尤其是哈特针对道德与法律之间的关系提出了自然法的最低限度的内容(the minimum content of natural law),认为它们是道德和法律的共同特性,即人的脆弱性(human vulnerability)、大体的平等(approximate equality)、有限的利他主义(limited altruism)、有限的资源(limited resources)、有限的理解力和意志力(limited understanding and strength of will)。[3] 所以,关于道德对法律的影响,哈特认为是广泛的,既可以通过立法公开进入法律,也可以通过司法程序悄悄进入法律,法律反映道德的其他方式数不胜数。因此,哈特承认,任何"实证主义者"都无法否认这些事实,也不能否认法律的稳定性部分地依赖于与道德的一致性。如果这就是指法律和道德的必然联系的含义,它的存在是应予承认的。[4] 由此可以看出,哈特对于法律与道德之间的必然联系没有完全否认,他仅强调二者在"概念"上没有必然联系。哈特的学生拉兹教授承认,"规则的法律效力并不是通过有关价值和正当性的论证得以确立的,而是通过证明它符合法律体系中承认规则设置的有效性

[1] H. L. A. Hart: *The Concept of Law*(影印本),中国社会科学出版社1999年版,第207页。

[2] 参见[英]哈特:《法律的概念》,张文显、郑成良等译,中国大百科全书出版社1996年版,第170~176页。

[3] 参见[英]哈特:《法律的概念》,张文显、郑成良等译,中国大百科全书出版社1996年版,第190~193页。

[4] 参见H. L. A. Hart: *The Concept of Law*(影印本),中国社会科学出版社1999年版,第199~200页。

检验。法律是否有效地准确检验不同于我们判断特定道德规则是否是某一社会的道德规则”。因此,拉兹得出的结论是:当且仅当法律规则具有规范性后果,法律规则才是有效的;当且仅当法律规则有效是因为它属于某一国家的有效法律体系,或是因为它是可强制执行的法律体系时,法律规则才具有法律上的效力。[1] 从拉兹的论述中可见,拉兹关于法律与道德的“分离理论”认同了哈特的观点。

德国法学家魏德士同样采用了“实证的”法概念,将法的效力分为法律效力、现实效力和道德效力,这种划分使人们对于认识恶法的效力问题或许更加清晰。他认为,法律规定之所以具有效力,是因为它根据“有效的”程序公布,并且从那时起就没有被废除。现实效力是法的实效或功效;道德效力是指认可效力或确信效力,它表明了遵守法律的道德基础。如果法律规范是出于法律确信而被人们自愿遵守,那么它就具有道德效力。因此,法律规范根据法律制度规定的立法程序而通过,法律效力就产生了。[2] 三种效力经常出现冲突与矛盾,实际上就是法律与道德的关系问题。譬如人们对堕胎法、同性恋法等法律的效力问题就存在冲突,天主教教会及其信徒可能反对这样的法律,认为它们是无效的,从而引发法律规范的法律效力与道德效力之间的紧张关系。魏德士指出,“对这种有争议的法律,其法律效力毋庸置疑是由法治国家决定。……如果该法律制度被认为是不正义的和不道德的,它就只具有法律效力和因国家强制力才具有的现实效力,而不会有道德效力”。[3] 因此,认识到法的法律效力、现实效力和道德效力在功能上的联系,对理解法及其功能具有重要的意义。如果法在现实中不被遵守,它就丧失了法律效力的功能;如果国家法律缺失了道德效力,也会削弱或危及法律效力,而且不会持久。因为,如果大多数人认为国家立法是非正义的而拒绝接受,国家就只能依靠强制力而予以实施,并强迫人们遵守。然而,要承认这种规范是法,就成为问题。所以,国家立法机关制定的法律如果与道德相背离,尽管具有法律效力,仍然不会为人们所接受,在道德上也不会被认为是法,它只能以制裁为后盾强制实施。因此,魏德

---

〔1〕 See Joseph Raz, *The Authority of Law*, Oxford, Oxford University Press, 2009, p. 153.

〔2〕 参见[德]伯恩·魏德士:《法理学》,丁小春、吴越译,法律出版社 2003 年版,第 153 ~ 154 页。

〔3〕 [德]伯恩·魏德士:《法理学》,丁小春、吴越译,法律出版社 2003 年版,第 154 页。

士提出了法的“接受”概念,并认为这是法律的一个重要的标准。[1] 法的“接受”概念对人们理解法的效力具有重要的意义与价值。因为通过人们对法律的“接受”,使法律获得了道德效力;人们若不“接受”,法律就失去了道德效力,仅剩下法律效力。这样就不至于笼统地说,法律没有符合道德就没有“效力”,就不是“法”。严格地说,法律不合乎道德,就没有“道德效力”,但仍然具有“法律效力”。

三、富勒:“法律的道德性”理论与对“分离理论”的批评

富勒被认为是当代自然法学派的代表性人物,他在与哈特关于法律与道德“分离理论”的论战中,提出了“法律的道德性”理论,从而主张二者之间具有必然的联系。根据富勒自己的话说,他与哈特之间的争论持续了十余年。第一次交锋是 1957 年哈特在哈佛大学所作的《实证主义和法律与道德的分离》的演讲,富勒以《实证主义与忠于法律——答哈特教授》进行了批评性回应。之后哈特的《法律的概念》出版。1964 年富勒的《法律的道德性》出版,并在著作第三章针对“法律的概念”,富勒对哈特的观点进行了批评;哈特 1965 年发表了对富勒《法律的道德性》一书的批评——《富勒:法律的道德之维》;[2] 1969 年富勒在《法律的道德性》第二版中增加了第五章,即“对批评者的回应”,又对哈特的批评进行了反批评。

富勒在《实证主义与忠于法律——答哈特教授》[3] 中,承认双方都认为如何才能更好地定义忠于法律这一理想,并服务于这一理想,然而,如何定义忠于法律这一理想,哈特与富勒发生了理解上的分歧。在富勒看来,法律实证主义的观点根本就没有能力有效地服务于这一理想。富勒认为,“实现这一理想是

[1] 参见[德]伯恩 · 魏德士:《法理学》,丁小春、吴越译,法律出版社 2003 年版,第 155 页。

[2] 该文最早刊登在《哈佛法律评论》1965 年第 78 卷,后收入[英]哈特:《法理学与哲学论文集》,牛津大学出版社 1983 年版,第 343 ~ 364 页。

[3] 参见[美]富勒:《实证主义与忠于法律——答哈特教授》,强世功译,载强世功:《法律的现代性剧场:哈特与富勒论战》,法律出版社 2006 年版,第 144 ~ 201 页。

我们必须筹划的事,而这一点恰恰是实证主义者所绝对不会去做的”。[1] 富勒对“实现忠于法律这一理想意味着什么”作出了解释。他认为,一个社会存在秩序,而秩序本身的含义包含着可能被称为道德因素的东西,即使在君主制下,其“秩序”也具有“道德性”——秩序的道德性。因此,富勒得出结论说:“法律即使仅仅被看作秩序,也包含它自身的隐含的道德性,如果我们要创建一种被称为法律的东西,即便是恶法,这种秩序的道德性也必须得到尊重。法律自身无力创造这种道德性。”[2] 富勒进一步指出:“制定法律的权威必须得到道德态度的支持,正是这种道德态度给法律赋予它所宣称的能力。”由此,富勒提出了“法律的道德性”(the morality of law)命题,富勒认为,法律的道德包括法律的外在道德和内在道德,而“法律的内在道德”似乎被哈特教授完全忽略了。富勒认为哈特教授犯了一个重大的错误,就是忽略了对秩序的道德性要求的分析,从而导致了将法律看作自动投射到人类经验中的事实资料,而不是人类抗争的对象。[3] 富勒实际上从哈特所说的“法律”的道德性问题转化到“秩序”的道德性,强调“法律体系”的善恶问题,他说,法律体系的存在(即便是坏的或邪恶的)永远都只是一个程度问题。因此,仅凭一个简单的断言“纳粹的法律仍然是法律,尽管是坏法”就想解决掉纳粹暴政所带来的问题是不可能的。相反,我们不得不追问,在纳粹统治下发生的整体上的被贬抑和滥用的各种形式的社会秩序中,究竟会有多少法律制度得以幸存,以及这种法律制度包含着怎样的道德意蕴。鉴于此,富勒指出,纳粹政权倒台后,德国法院面临着一个真正可怕的困境。对他们而言,一方面,宣布整个独裁体制为非法或把纳粹政府所制定的每一个决定和法律规定一律视为无效,是不可能的。另一方面,把纳粹政权以法律的名义作出的邪恶决定所造成的影响继续带入新政府中,同样是不可能的。因此,这是一个影响法律所有部门的普遍存在的困境。在此情况下,“德国人必须恢复对法律和正义的尊重”。所以,“当我们试图建立良好秩序时,我们要提

[1] [美]富勒:《实证主义与忠于法律——答哈特教授》,强世功译,载强世功:《法律的现代性剧场:哈特与富勒论战》,法律出版社2006年版,第161页。

[2] [美]富勒:《实证主义与忠于法律——答哈特教授》,强世功译,载强世功:《法律的现代性剧场:哈特与富勒论战》,法律出版社2006年版,第164~165页。

[3] 参见[美]富勒:《实证主义与忠于法律——答哈特教授》,强世功译,载强世功:《法律的现代性剧场:哈特与富勒论战》,法律出版社2006年版,第166页。

醒自己,没有秩序,正义本身也难以实现,在追求良好秩序的同时,不要失去秩序本身"。[1] 因此,富勒指出,如果德国的法理学能更多地关注法律的内在道德,它就不必求助于"高级法"的概念来宣布残暴的纳粹法规无效。因为,独裁统治是以法律形式掩盖其背离了秩序的道德性,背离了法律自身的内在道德性,以至于它不再是法律制度,这并没有什么可惊奇的。[2] 针对告密者案件实际的解决办法,富勒更偏爱有溯及力的法令。因为他把这种法令看作象征着与过去明显决裂的方式,看作从司法程序正常运作中隔离出来的一种进行清除活动的手段。因为是隔离开来行使的,就有可能使司法更迅速地返回给予法律道德性以恰当的尊重的状态,使对法律忠诚的理想重新获得其正常的含义。[3]

富勒教授在 1964 年出版的《法律的道德性》一书中,对"法律的道德性"命题作出了具体的阐明。他首先提出了"义务的道德"与"愿望的道德",愿望的道德是善的生活道德、卓越的道德以及充分实现人的力量的道德。义务的道德是指使有序社会成为可能或得以达致其特定目标的那些基本规则。[4] 作为法律,必须满足八个"合法性"条件,即一般性、法律的颁布、不溯及既往、法律的清晰性、法律不存在矛盾、法律不要求做不可能的事情、法律的连续性、官方行为与公布的规则之间的一致性。上述八项要求的含义是:第一,必须有规则;第二,它们必须被公开;第三,这些规则不得溯及既往;第四,必须是可以理解的;第五,它们不能彼此矛盾;第六,遵守规则必须是可能的;第七,规则不能经常变动;第八,必须以一贯而正确的方式适用规则。这八个条件是八种法律上的卓越品质,它们构成了法律的内在道德,这种内在道德只能是一种愿望的道德,而不是义务的道德。[5] 正是这八个条件"使法律成为可能的道德"。富勒把法律

---

〔1〕 [美]富勒:《实证主义与忠于法律——答哈特教授》,强世功译,载强世功:《法律的现代性剧场:哈特与富勒论战》,法律出版社 2006 年版,第 180 页。

〔2〕 参见[美]富勒:《实证主义与忠于法律——答哈特教授》,强世功译,载强世功:《法律的现代性剧场:哈特与富勒论战》,法律出版社 2006 年版,第 184 页。

〔3〕 参见[美]富勒:《实证主义与忠于法律——答哈特教授》,强世功译,载强世功:《法律的现代性剧场:哈特与富勒论战》,法律出版社 2006 年版,第 186 页。

〔4〕 参见[美]富勒:《法律的道德性》,郑戈译,商务印书馆 2005 年版,第 7 ~ 8 页。

〔5〕 参见[美]富勒:《法律的道德性》,郑戈译,商务印书馆 2005 年版,第 58 页。

的内在道德视为某种形态的自然法——程序自然法(procedural version of natural law)或“合法性原则”(一种人类活动所遵循的自然法,这种活动被富勒描述为“使人类行为服从于规则之治理的事业”)。[1] 富勒提出的八项合法性原则,按照富勒的观点,如果一个体系没有遵从上述原则中的任何一项,或若干方面都没有符合,那么就不能说在某一共同体内存在“法律”。因为富勒相信,一个遵从它的内在道德的法律秩序,在实体内容上通常具有实质上的合理性和正当性。[2] 因此,富勒没有提出一种实体自然法,而是一种程序的自然法或“世俗形式的自然法”。[3] 如何理解把法律视为一项服从规则治理的事业?富勒的回答是,当面对一套规则的时候,应当如何来确定这个规则系统是一个法律系统还是一个道德系统?对于这个问题,我们唯一的答案包含在“事业”这个词里面,而这个词的意思包含在他的这项主张当中,即如果把法律理解成有目的的人类努力的一个方向,那么它便存在于“使人类行为服从于规则之治理的事业”之中。[4] 英国籍香港大学教授瓦克斯(Raymond Wacks)批评富勒没有讲清楚八项原则何以是道德的;[5]罗伯特·萨默斯(Robert Summers)指出,尽管富勒力主他的合法性原则与道德价值之间的必然联系,但富勒大多数的直接论据仅支持一种偶然的联系。瓦克斯进而指出,“富勒的立场并未使他认为一个确实符合他的八项因素的法律体系必然免于批判。富勒的批准图章并没有把某一法律体系置于谴责之外,它仍然可能是不公正的法律秩序,只是较少出现罢了”。[6]

“法律的道德性”命题表明,法律自身即蕴含着自然法或道德,从而使法律与道德无法作出分离,正如哈特所批评的那样,对法律进行道德评价的标准(法

---

〔1〕 [美]富勒:《法律的道德性》,郑戈译,商务印书馆 2005 年版,第 113~114 页。

〔2〕 参见[英]韦恩·莫里森:《法理学:从古希腊到后现代》,李桂林等译,武汉大学出版社 2003 年版,第 415 页。

〔3〕 参见[英]韦恩·莫里森:《法理学:从古希腊到后现代》,李桂林等译,武汉大学出版社 2003 年版,第 409 页。

〔4〕 参见[美]富勒:《法律的道德性》,郑戈译,商务印书馆 2005 年版,第 152 页。

〔5〕 参见[英]雷蒙德·瓦克斯:《读懂法理学》,杨天江译,广西师范大学出版社 2016 年版,第 59 页。

〔6〕 [英]雷蒙德·瓦克斯:《读懂法理学》,杨天江译,广西师范大学出版社 2016 年版,第 59 页。

律的内在道德)已经暗含于法律概念自身之中。[1] 值得注意的是,哈特所说的“法律”概念与富勒所说的“法律”概念似乎不是在同一个层面上言说的,哈特的“法律”是具体的法律规则,富勒的“法律”是指“法律体系”或法律秩序以及一套服从规则治理的事业。哈特自己说过:“我们在法理学上的出发点与兴趣是如此不同,因此富勒与我也许注定了不能相互理解彼此的作品。”[2] 因此,哈特所讲的“法律”在概念上必然与“道德”分离,而富勒所讲的“法律”必然蕴含着“道德”。德沃金针对法律实证主义与新自然法学派在关于纳粹的法律是否是法律之争时指出,他们之间的争论属于一种“语义学理论”之争。德沃金指出,语义学上的棘手问题一旦解决,我们就不必过多地为不道德的法律制度是否算作法律这个问题找出正确答案而操心。因为我们的语言和习惯非常丰富,足以使我们在遣词造句表达意思时作大量的区别和选择。我们不必否认纳粹的法律制度是法律,因为根据通用的意思,它显然是法律,不管我们为赞成自己的法律而作出怎样的解释。但是,我们也不难理解有些人说纳粹的法律不是真正的法律,或者是变质的法律,或者是不完整的法律。因为在那个意义上他并不是在使用“法律”这个词,他所提出的并不是那种解释性的判断而是怀疑的阐释性判断,即认为纳粹法缺乏使法律制度盛行的基本特征,他的判断属于政治性判断,因此,如果上下文把这一点表达清楚,那么他的语言就是完全恰当的。[3]

四、德沃金:“合二为一”的法律与道德的整体性理论

罗纳德 · 德沃金作为当代英美世界自由主义法理学的最重要代表,一直致力于法律与道德的整体性(integrity)理论,在他最后写的一本书《刺猬的正义》中,他写道:“法律实际上是与道德融合在一起:律师和法官是一个民主国家的

---

[1] See H. L. A. Hart, *Essays in Jurisprudence and Philosophy*, Oxford, Oxford University Press, 1983, p. 9.

[2] Our starting-points and interests in jurisprudence are so different that we are fated never to understand each other's work. H. L. A. Hart, *Essays in Jurisprudence and Philosophy*, Oxford, Oxford University Press, 1983, p. 343.

[3] See Ronald Dworkin, *Law's Empire*, Cambridge, Harvard University Press, 1986, p. 103 – 104.

正在发挥其作用的政治哲学家。”[1]因此,德沃金针对道德和法律之间的关系发展出了一种“合二为一”的整体性理论。

德沃金的法律理论是在批判哈特的规则论之上发展而来的。德沃金在1967年开始批判哈特的规则论时就指出,“我要对法律实证主义发起总攻击,当需要一个靶子时,我将哈特的观点作为一个靶子”。[2] 哈特的规则论其实是与道德和法律的“分离理论”紧紧联系在一起的,换言之,只有维持法律的实然与应然的分离,才能更清晰地理解法律是什么。然而,在德沃金看来,这不仅是不可接受的,而且实际上也是不可能的。究其原因在于法律并非仅由规则构成,还由德沃金所说的“原则”构成,正是这个“原则”理论,解构了哈特的规则论,并最终形成了德沃金的法律与道德“价值一体化”的整体论思想。

德沃金所说的“原则”是指英美法系的法官在审理案件中采用“原则”(道德的或政治的)作为审理的依据,从而形成了“判例法”,因而被法院或法官采纳的“原则”就成了“法律”,而“原则”不是“规则”,却是“法律”。德沃金所说的“原则”是指什么?原则是各种法律规则之外的其他准则的总称,更具体地说,包括原则与政策。政策是关于社会的某些经济、政治或社会问题的改善的目标;原则是公平、正义的要求或其他道德的要求。[3] 而公平、正义或其他道德的要求,都属于“道德”的范畴,譬如“任何人不得从自己的过错行为中获利”就是一个道德原则,在德沃金看来就是法律上的“原则”。如在1889年里格斯诉帕尔默案中就采用了这一道德原则,从而剥夺了帕尔默的继承权。[4] 法院认为:“的确,对关于规定遗嘱制作、证明和效力以及财产转移的成文法,如果拘泥于文义解释,应该把财产给予凶手。一切法律以及一切合同在执行及其效果上都可以由普通法的普遍基本原则支配。任何人都不得依靠自己的诈骗行为获

---

〔1〕 Ronald Dworkin, *Jurisprudence for Hedgehogs*, Cambridge, Harvard University Press, 2011, p. 414.

〔2〕 [美]罗纳德·德沃金:《认真对待权利》,信春鹰、吴玉章译,中国大百科全书出版社1998年版,第40页。

〔3〕 参见[美]罗纳德·德沃金:《认真对待权利》,信春鹰、吴玉章译,中国大百科全书出版社1998年版,第41页。

〔4〕 参见[美]罗纳德·德沃金:《法律帝国》,李常青译,中国大百科全书出版社1996年版,第14~19页。

利。亦不得利用自己的错误行为或根据自己的不义行为主张任何权利。”原则的论据意在确立个人权利,而政策的论据意在确立集体目标。〔1〕

为了论证法律包含“道德”,除了“原则论”外,还通过“法律是一张无缝的网”,从法律的整体性而得出法律存在“唯一正确的答案”的判断。德沃金认为,即使在疑难案件(没有明确的规则可以适用的案件)中,某一方仍然可以享有一种胜诉权。法院或法官需要去发现各方的权利究竟是什么,而不是溯及既往地创设新的权利。德沃金否定了法院法官那种创造性地解释法律的权力,因为法官不应该是实际的或代理的立法者,在德沃金看来,如果法官的司法裁判依据的是“原则”就不是“立法”,那么仍然是解释法律。将司法争议问题转化为“权利命题”问题,就需要法官去发现那个正当的权利,而不是创造性地“发明”那个权利。这个司法判决实施现存的“权利命题”称为“政治权利”。原因是,德沃金认为,制度的历史是进行任何的个人权利合理判断所必须适应的总体背景,“政治权利是历史和道德的产物:在公民社会中,个人被授权享有的权利依赖于这一社会的政治的公正和实践”。〔2〕 换言之,德沃金的意思是否意味着,既然公民的权利包括私权利,都依赖于社会的政治公正与实践,那么法官所发现的那个最终胜诉权的“权利”,实际上就是“政治权利”。德沃金明确主张,“权利命题假定,赢得诉讼的权利是一种真实的政治权利,虽然这种权利明确不同于像所有公民都应受到平等对待的权利一样的政治权利”,〔3〕但是“司法判决就是政治判决”。〔4〕 德沃金一直强调“权利命题”是一种政治权利命题,司法裁判是一种政治裁判,何以理解他的“政治命题”?除了上述德沃金自己解释外,我们可以从德沃金所说的法律的构成理解。德沃金眼中的“法律”由不同的标准、政策、规则和原则构成,那么这些不同的要素是如何联系在一起的呢?这是“一

〔1〕 参见[美]罗纳德 · 德沃金:《认真对待权利》,信春鹰、吴玉章译,中国大百科全书出版社 1998 年版,第 126 页。

〔2〕 [美]罗纳德 · 德沃金:《认真对待权利》,信春鹰、吴玉章译,中国大百科全书出版社 1998 年版,第 122 页。

〔3〕 [美]罗纳德 · 德沃金:《认真对待权利》,信春鹰、吴玉章译,中国大百科全书出版社 1998 年版,第 125 页。

〔4〕 [美]罗纳德 · 德沃金:《认真对待权利》,信春鹰、吴玉章译,中国大百科全书出版社 1998 年版,第 124 页。

个特定社会的政治价值问题,法官怎样确定它们的不同地位取决于法官个人的政治哲学",[1]莫里森的观点是非常有见地的。在德沃金看来,关于法律的或权利的政治哲学,最终需要一个价值统一起来,做到"价值统一性"(the unity of value)。这一"价值统一性"命题就是德沃金一生都在努力完成的使命。2013年2月德沃金去世,在他去世前的2011年出版了《刺猬的正义》。[2] 德沃金解释说,之所以借用古希腊诗人阿尔基罗库斯(Archilochus)的一句诗作为书名,是因为狐狸知道很多事情,但刺猬只知道一件最重要的事。笔者认为,德沃金试图把政治哲学中的各种碎片化的要素用一个价值统一起来,使之成为一个有机联系的整体,从而完成他的理想之梦——(价值)整体观(integrated conceptions)。就法律观而言,德沃金提出了一个新的法律观,即不是把法律看成可能与道德发生冲突的对立的规则系统,而是把法律视为道德的分支。将道德在一般意义上理解为"树状结构"(a tree structure),法律是政治道德的分支,政治道德本身是一个更加一般的个人道德的分支,而个人道德又是更普遍的"什么是好生活"(what it is to live well)的理论分支。[3]

德沃金假设了一个具有超人技巧、学识、耐心和聪慧的法官——赫尔克勒斯,一个整体性法律的法官,"他必须构建一套抽象原则与具体原则相结合的体系,该体系为所有普通法判例提供一个连贯的正当性理由,从而它们为原则、宪法的和法律的条款提供正当性证成"。"尽管法律可能并非是一张无缝的网(seamless web),但是原告有权利要求赫尔克勒斯把法律当作一张无缝的网看待。"[4]

法律是一张无缝的网的观点就是强调法律的"整体性"(integrity)。这种整体性,一方面要求立法者设法使整套法律在道德方面取得一致,另一方面要求法官在审判中将法律理解为与道德方面是一致的。因此,作为整体的法律要求

---

〔1〕 [英]韦恩·莫里森:《法理学:从古希腊到后现代》,李桂林等译,武汉大学出版社2003年版,第459页。

〔2〕 See Ronald Dworkin, *Jurisprudence for Hedgehogs*, Cambridge, Harvard University Press, 2011.

〔3〕 See Ronald Dworkin, *Jurisprudence for Hedgehogs*, Cambridge, Harvard University Press, 2011, p. 5.

〔4〕 Ronald Dworkin, *Taking Rights Seriously*, Cambridge, Harvard University Press, 1977, p. 116 - 117.

法官尽可能假设法律是由一整套前后一致的、与正义和公平有关的原则和诉讼的正当程序构成的,它要求法官在面临新的案件时实施这些原则,以便根据同样的标准使人人处于公正的地位。法律的整体性被德沃金看作一种政治理想(a political ideal)。[1] 德沃金指出,一个承认整体性的法官将认为,由整体性决定的法律设定了诉讼当事人具有的判决中的真正权利。[2] 接受整体性阐释理想的法官力图在关于公民权利和义务某种前后一致的原则中,找到对其生活的政治结构和法律学说的最合理的结构性解释,以此判决疑难案件。[3] 德沃金还指出:"承认整体性是一种明智的政治理想,而且我们也承认整体性的判决原则高于法律,因为我们把自己视为一种原则的联合体,视为一种由于正义、公平和正当程序有正确关系的单一而前后一致的想象力支配的共同体……这就要求法官考虑所有一切要素构成的美德。他提出关于现行法律的全面理论,以使其尽可能地反映出政治公平、实际正义和程序正当的前后一致的原则,并反映出这三者以正确的关系合为一体。"[4] 这就是德沃金提出"法律是一个解释性概念"(an interpretive concept)的原因,"法官通过解释其他法官在判决中决定法律是什么的实践来决定法律是什么"。而作为整体性的法律(law as integrity)则把法理学(jurisprudence)与裁判结合起来。它使法律的内容不是取决于特殊的习惯或独立的运动(crusades),而是取决于对已开始解释的相同的法律实践作出更精致、更具体的解释。因此,在德沃金看来,作为整体性的法律,不仅为我们作为全部法律实践提供更好的配合,而且还为之提供更好的正当性理由。[5] 德沃金认为,法律的帝国并非由疆界、权力或程序而是由态度界定。在最广义上说,涉及政治,这种态度是一种解释性的、自我反思的态度。法律的态度是建构性的——以解释的精神,其目的在于置原则于实践之上,以此表明一种对更好的未来的最佳路径,对保持正确的忠诚。无论如何,为了我们想成为什么样的人和我们想拥有的共同体,对我们而言,那就是什么是法

---

〔1〕 See Ronald Dworkin, *Law's Empire*, Cambridge, Harvard University Press, 1986, p. 184.

〔2〕 See Ronald Dworkin, *Law's Empire*, Cambridge, Harvard University Press, 1986, p. 218.

〔3〕 See Ronald Dworkin, *Law's Empire*, Cambridge, Harvard University Press, 1986, p. 255.

〔4〕 Ronald Dworkin, *Law's Empire*, Cambridge, Harvard University Press, 1986, p. 404 – 405.

〔5〕 See Ronald Dworkin, *Law's Empire*, Cambridge, Harvard University Press, 1986, p. 410 – 411.

律。[1] 总之,德沃金的整体性法律观要求法官把法律视为与道德价值一体化的体系,把法律视为融贯的和整体的,从而“法官在探索与基本原则融贯时具有视野开阔(wide-ranging)和丰富的想象力(imaginative)”。[2] 如果原告有一项“基础的道德权利”,赫尔克勒斯法官将其确认为制度性的权利(institutional rights),相应地承认原告对被告的具体权利。那么其中的基础道德权利实际上就是德沃金所说的“背景权利”(background rights),即那些由社会以抽象意义为政治判决(political decisions)提供正当性理由的权利;而制度性权利则是那些由某些特定的政治制度(political institution)为判决提供正当性理由的权利。[3] 一项具体的权利就是法官在裁判中所确立的原告或被告的具体权利。根据德沃金的解释,法官确认的具体权利具有两个特点:一是必须是制度权利;二是一定是法律权利而不是别的制度权利。这项具体的权利是不得直接通过诉诸道德而要求的一种制度权利,也就是说,制度本身就提供了具体权利,再往前推进一步,背景权利中已经蕴含着种种“道德权利”,法官只要去解释、去发现就能够找到。所以,按照德沃金的整体性法律理论,法官在追求融贯性与整体性时,在疑难案件中,他所找到的法律问题的最佳答案,将是唯一正确的答案。正如莫里森所说:“一个正确的法律答案将是这样的:它要伸张并保护法律制度的基本价值中明示或暗示的权利。”[4] 因此,这个“唯一正解”思想就是整体性法律观的必然结果。德沃金自己说,他的理论是对法律实践最佳决定的阐述,是对法律实践本质所固有的东西的结构性说明。

德沃金的整体性法律理论到他晚年发展出了法律与道德“合二为一”的整体性法律理论,这就是《刺猬的正义》中的道德的法律观——法律是(政治)道德的分支(law is a branch of political morality)。其实,早在1998年秋,德沃金在哥伦比亚大学以“刺猬正义”为主题举办的讲座中就已经提出了这一整体性的政治道德理论。德沃金指出,我们应当期盼一个包括所有核心政治价值——

---

〔1〕 See Ronald Dworkin, *Law's Empire*, Cambridge, Harvard University Press, 1986, p. 413.

〔2〕 Ronald Dworkin, *Law's Empire*, Cambridge, Harvard University Press, 1986, p. 220.

〔3〕 See Ronald Dworkin, *Taking Rights Seriously*, Cambridge, Harvard University Press, 1977, p. 93.

〔4〕 [英]韦恩·莫里森:《法理学:从古希腊到后现代》,李桂林等译,武汉大学出版社2003年版,第455页。

不仅是平等的价值,还有民主、自由、公民社会的价值——的言之成理的理论。[1] 2006 年出版的《法袍正义》明确表达了这一思想,德沃金对法律与道德的"分离理论"已经不能令人满意,因而建议"我们可以不把法律看作与道德分离的,而是道德的组成部分"。[2] 德沃金在《刺猬的正义》中针对法律与道德的关系追问到,法律和道德的关系究竟如何?传统的观点是,法律与道德是不同的规范集合,它们之间具有深刻的、重要的差异,法律具有特定性,属于某个特定的共同体,道德则具有普遍性,对所有人都有效。然而,在德沃金看来这是两个不同的图景。如果说它们之间有什么联系,那就是当一个特定共同体创制法律规范时应当接受道德的指导与约束。德沃金梳理出两个法理学关心的问题:一是道德义务和责任在多大程度上依赖于法律的实际规定?或法律权利和义务在多大程度上依赖于道德的要求?二是无论法律好坏,人们是不是都有服从法律的义务?或一个不道德的规则能够成为法律的一部分吗?按照法律实证主义的观点,法律与道德是两个不同的系统,如果一个不公正的法律符合该共同体所接受的法律检验标准,那么这个不公正的法律就是法律。而按照德沃金的解释主义观点,法律不仅有规则(包括从原则推导出来的规则),还有原则,因为,法律是一个解释性概念。德沃金认为,法律和道德双系统存在一个致命缺陷(the fatal flaw):一旦我们把法律和道德看作两个独立的规范系统,我们就找不到一个中立的立场来判定这两个被认为彼此独立的系统之间的关系。[3] 因此,德沃金指出,双系统显然面临着一个无法解决的难题,它提出了一个除非自始臆断,否则无法回答的问题,依照双系统理论,它们只能导致循环论证。同时,德沃金不同意通过教义学分析法律的概念解决这一问题(奥斯丁说过,这个问题仅仅是一个语言的正确用法问题)。在此基础上,德沃金提出了作为道德的法律(law as morality)的"树状结构"(a tree structure)理论,用一个单一系统图景(a one-system picture)取代双系统图景,把法律视为政治道德的一部分,从

〔1〕 参见[美]罗纳德·德沃金:《至上的美德:平等的理论与实践》,冯克利译,江苏人民出版社 2003 年版,第 5 页。

〔2〕 We might treat law not as separate from but as a department of morality. Ronald Dworkin, *Justice in Robes*, Cambridge, The Belknap Press of Harvard University Press, 2006, p. 34.

〔3〕 See Ronald Dworkin, *Jurisprudence for Hedgehogs*, Cambridge, Harvard University Press, 2011, p. 402 – 403.

而实现统一价值(to unify value)之野心(ambition)。德沃金的思路就是,个人道德源自伦理,政治道德源自个人的道德。法律则是政治道德的一个分支,从而实现将各个通常被看作独立的那些价值统一起来。[1] 对此,德沃金区分了两类政治权利和义务,一类是立法权利,另一类是法律权利。立法权利(legislative rights)是共同体的立法权(lawmaking powers)以某种发生行使的权利。法律权利(legal rights)则是可以请求审判机构予以强制执行的权利。二者的差异不在于它的不确定性,而是可能性。立法权力必须等到轮流坐庄的机会,在一个民主国家,是变幻无常的政治意志决定了哪个立法权力何时可能兑现。然而,法律权利相对稳定,只要通过程序提出请求就可能实现。德沃金指出,如果把法律看作政治道德的一个分支,就必须区分法律权力与政治权力。[2] 德沃金把法律权力纳入了“树状结构”中,法律权力就是政治权力。[3] 德沃金的“树状结构”理论有何意义?德沃金认为,只要采纳了单一系统理论,法律哲学与实践将会发生变化,尽管实证主义与解释主义的分歧依然存在,但它们不再是概念性的,而是政治性对抗。同时,把法律理论看作政治哲学的一个分支,在政治哲学和法律领域都可以进行探究,进而同时深化两个学科,如解释恶法(evil law)问题。按照德沃金的说法,那些骇人听闻的纳粹法律,甚至连貌似合理或可论证的权利和义务也没有创设;纳粹政府完全是非法的,没有任何其他的结构化公平原则要求执行那些法令。说那些法令根本不是法令,在道德上更为准确。被请求执行它们的法官,所面临的只是审慎的而非道德的问题。因此,德沃金得出的结论是,法令和道德实际上合二为一了。[4]

德沃金关于法律和道德“合二为一”的整体性理论,试图像康德终结理性主义与经验主义之争那样终结法律和道德分离之争。然而,德沃金关于法律与道

---

〔1〕 See Ronald Dworkin, *Jurisprudence for Hedgehogs*, Cambridge, Harvard University Press, 2011, p. 405.

〔2〕 See Ronald Dworkin, *Jurisprudence for Hedgehogs*, Cambridge, Harvard University Press, 2011, p. 410.

〔3〕 See Ronald Dworkin, *Jurisprudence for Hedgehogs*, Cambridge, Harvard University Press, 2011, p. 406.

〔4〕 See Ronald Dworkin, *Jurisprudence for Hedgehogs*, Cambridge, Harvard University Press, 2011, p. 414.

德"价值统一"的整体性理论是将法律纳入政治之中完成的,背景性权利蕴含着政治理想,制度性权利则是由政治机关即立法机关设立的,并由政治性机关——执法机关和司法机关实施的,因此法官的判决是政治判决,法律权利就是政治权利。这种无处不在的"政治"考量与"政治"标签是否妥当是值得认真反思与对待的。法律虽然是政治的产物,但是法律一经产生,就成为相对独立的体系,法律的实施由国家机关而非"政治"机关进行,法律纷争是由相对独立的法院通过依照法律作出裁判解决的,因此,法律是道德的一部分的整体性理论,需要从政治哲学、道德哲学与法哲学予以审视与反思。然而,德沃金整体性理论则是一种终结法律与道德分离命题的理论,具有重大与独特的学术贡献。

五、结　语

关于道德与法律之间的关系横亘于全部西方法哲学历史长河之中。从古希腊索福克勒斯的《安提戈涅》到"二战"纳粹战犯的审判,从斯多戈学派的自然法到复兴自然法,历代思想家们一直致力于法律与道德的理想事业。休谟关于"是"与"应当"关系的困惑,一直成为法哲学家思考的核心主题。边沁、奥斯丁、凯尔森、哈特、拉兹、麦考密克等人的法律理论,皆主张道德与法律的"分离理论"。尽管现代法律实证主义内部在对待这一主题时又分为"包容性法律实证主义"(inclusive legal positivism)和"排他性法律实证主义"(exclusive legal positivism),但基本理念是一致的。富勒对"分离理论"的批判,成就了其"法律的道德性"理论。而德沃金对法律实证主义的批判,最终终结了"分离理论",而以价值统一性的整体性理论登上西方法哲学的时代舞台。

唯一正解的法理意涵与价值

赵英男*

内容摘要：司法裁判中唯一正解问题是20世纪下半叶以来法学理论的经典议题且历久弥新。但种种理论争议都忽略了至关重要的前提——我们为何需要在司法裁判领域讨论唯一正解？这一经典命题有何法理意涵与价值？从法理角度剖析，唯一正解命题在司法层面要求法官将司法裁判视为法律理性的论域，坚持实质推理，以统一法律适用为己任；在伦理层面，唯一正解命题要求法官和每一个社会成员在生活中保持道德敏感，作出基于良知的人生选择。要理解唯一正解命题的法理意涵与价值，就需要准确地把握该命题的含义，这需要我们从认识论视角出发，重构相关理论学说。

关键词：唯一正解　认识论　客观性　伦理　法理

一、引　言

司法裁判中法官有必要坚持所有法律都会有一个正确答案吗？借由德沃金基于“疑难案件”对哈特展开的批判，司法裁判是否具有唯一正确答案成为20世纪下半叶以来法学理论的经典议题且历久弥新。[1] 围绕疑难案件的唯一正解，我们不仅激烈争论如何更好地理解德沃金提出的迥异于法律实证主义的

---

* 同济大学法学院助理教授，法学博士。

〔1〕 See Brian Leiter, *Naturalizing Jurisprudence*, Oxford, Oxford University Press, 2007, p. 153; Scott Hershovitz, *The End of Jurisprudence*, in Yale Law Journal, 124(2015), p. 1160.

学说,〔1〕还对他别具一格的法理论所涉及的法律或道德客观性、〔2〕价值一体性、〔3〕价值可否通约以及诸种怀疑论展开论辩。〔4〕 总括来说,在现有的研究中我们更关注以下问题,比如,疑难案件是否存在? 如果存在是否有唯一正确答案? 如果唯一正解是可能的,法官如何获得它? 如何证明唯一正解是客观的而非法官个人偏好的伪装?〔5〕但这种理论上的精致分析可能忽略了一个至关重要的前提——有关唯一正解的不懈探索,对于司法实践而言有何意义?

在司法实践中,法官不仅有服从法律的义务,还受到办案压力、工作考核、时间节点与制度约束等因素的影响。遇到难办的案件,他们当然会更加努力,但囿于能力和精力,没有人可以像德沃金笔下的理想法官赫尔克勒斯那样,将追求案件的唯一正解视为唯一目标。可以说,现实情境的约束不仅使有关唯一正解是否存在、可否获得、如何辩护等理论争议变得幼稚且学究,就连唯一正解可否成为法官或律师在实践中追求的目标也颇成问题。毕竟法官的职责是依

〔1〕 See Nicos Stavropoulos, *The Debate That Never Was*, in Harvard Law Review, 130 (2017), p. 2082; Scott Shapiro, *The "Hart-Dworkin" Debate: A Short Guide for the Perplexed*, in Arthur Ripstein ed., Ronald Dworkin, Cambridge, Cambridge University Press, 2007, p. 22 – 50; Ken Kress & Scott Anderson, *Dworkin in Transition*, in The American Journal of Comparative Law, 37 (1989), p. 337.

〔2〕 See Andrei Marmor, *Positive Law and Objective Values*, Oxford, Oxford Clarendon Press, 2001, p. 112 – 143; Jules L. Coleman & Brian Leiter, *Determinacy, Objectivity, and Authority*, in Andrei Marmor ed., Law and Interpretation, Oxford, Oxford University Press, 1995, p. 203.

〔3〕 参见郑玉双:《价值一体性命题的法哲学批判:以方法论为中心》,载《法制与社会发展》2018 年第 2 期。

〔4〕 See Jeremy Waldron, *Did Dworkin Ever Answer the crits?*, in Scott Hershovitz ed., Exploring Law's Empire, Oxford, Oxford University Press, 2006, p. 156.

〔5〕 相关文献非常众多,具有代表性的可参见 Joseph Raz, *Legal Principles and the Limits of Law*, in Yale Law Journal, 81 (1972), p. 823; Joseph Raz, *Dworkin: A New Link in the Chai*, in California Law Review, 74 (1986), p. 1103; E. Philip Soper, *Legal Theory and the Obligation of a Judge: The Hart/Dworkin Debate*, in Michigan Law Review 75 (1977), p. 473; Raymond Wacks, *Understanding Jurisprudence: An introduction to Legal Theory*, Oxford, Oxford University Press, 2012, 3rd ed., p. 124; Michael RoumReliotis, *On the One Right Answer*, in Archives for Philosophy of Law and Social Philosophy, 87 (2001), p. 72; 林来梵、王晖:《法律上的"唯一正解"——从德沃金的学说谈起》,载《学术月刊》2004 年第 10 期;林立:《法学方法论与德沃金》,中国政法大学出版社 2002 年版,第 163 页;谢世民主编:《以平等为本的自由主义:德沃金法政哲学研究》,台北,开学文化事业股份有限公司 2014 年版,第 4 ~ 6 页;邱昭继:《法律问题有唯一正确答案吗? ——论德沃金的正确答案论题》,载《法律方法》2009 年第 2 期;高鸿钧:《德沃金法律理论评析》,载《清华法学》2015 年第 2 期;姜保忠:《德沃金"唯一正解"理论及其对司法过程的启示》,载《河南社会科学》2011 年第 4 期。

法裁判,尽量避免错判和被上级法院发回重审,同时兼顾法理与情理,实现法律效果与社会乃至政治效果的统一。追求法律上正确的唯一答案,显然理论上棘手,现实中不需要。我们因而难免感到困惑:既然如此,德沃金为何要提出唯一正解命题?这一问题又何以成为法理学的核心议题?难不成法理学者有关司法裁判的讨论其实是一场文字游戏,不会产生任何实践意义?

这样的质疑从德沃金提出这一观点伊始便与之如影随形,过往的研究也不乏对其深入的讨论。[1] 但在本文看来,问题的关键不在于判定德沃金立场的对错,而在于思考从德沃金倡导的立场出发看待司法裁判活动,会给予我们怎样的启发?这一点不仅德沃金本人并未明言,其理论继承者与辩护者,如具有代表性的马克·格林伯格(Mark Greenberg)与尼科斯·斯塔夫劳伯罗斯(Nicos Stavropoulos)也鲜有关注。[2]

本文则是对此问题的详细考察,试图说明在司法裁判中法官有必要坚持法律存在唯一正解的立场。这是因为一方面,唯一正解将司法裁判视为法律理性的论域,为我们严肃处理法律分歧、对待法律推理提供了重要视角,同时也倡导法官展开实质推理,更好地安置规则、权利、利益、后果、政策等因素,还为统一法律适用提供了标准;另一方面,它是一种伦理立场,是我们有关这个世界中是非曲直的真诚判断,它不仅要求法官也要求每一个社会成员不做"骑墙派",敢于作出基于良知的选择并择善固执。要阐明唯一正解的这些价值,自然离不开对其含义的重构和厘清。在这个意义上,本文虽然多与德沃金相关,但出发点仍是唯一正解命题在司法裁判中的含义与价值,而非对德沃金的系统阐发或辩护,不是也不会巨细无遗地梳理有关德沃金的学术争论。

在论证结构上,第二部分和第三部分是对理解唯一正解的视角与前提的讨论。试图表明,不同于通常解读,唯一正解与疑难案件是认识论而非本体论意义上的立场;唯一正解意味着法官基于道德确信作出判断,客观性并不是法官

---

〔1〕 相关力作参见王琳:《司法裁判中的道德判断》,中国社会科学出版社 2020 年版;Stephen Guest, *Ronald Dworkin*, Stanford, Stanford University Press, 2013。

〔2〕 See Nicos Stavropoulos, *Legal Interpretivism*, in Edward N. Zalta ed., The Stanford Encyclopedia of Philosophy (Spring 2021 Edition), forthcoming URL = https://plato.stanford.edu/archives/spr2021/entries/law-interpretivist/, 2021; Mark Greenberg, *The Moral Impact Theory of Law*, in The Yale Law Journal, 123 (2014), p. 1288.

应当顾虑的因素。本文第四部分和第五部分则依次从司法裁判和伦理立场阐发唯一正解的价值。希望这些讨论能够表明,唯一正解立场并非法官的神话或伪装,而是让我们更好地表述和理解司法裁判活动的一种邀请。

二、认识论而非本体论:理解唯一正解的视角

不妨先从德沃金学说入手,重构他提出法律问题存在唯一正确答案这一命题的理论背景。从整体上看,该命题的提出与德沃金对实证主义的批判紧密相关,又与他早期有关疑难案件、法律原则与个人权利的主张相连。有关德沃金的主张,既有研究中一直存在本体论与认识论解读之争,本节将表明认识论视角是走近德沃金的更好路径。

(一)唯一正解的提出

在德沃金1967年发表《规则模式》这篇文章之前,[1]法理学对司法裁判过程的看法,自20世纪50年代以来就逐渐为哈特版本的现代法律实证主义学说所主导。法律实证主义本身是有关法概念的学说,而非司法裁判理论。[2] 但正因为司法裁判中总要涉及“什么是法律”的问题,每种裁判理论必然以特定的法概念学说为前提。[3] 根据哈特的看法,法学中一直存在有关法治的“美梦与噩梦”之争,[4]即法律可以为一切案件提供答案的形式主义立场和规则,不过是法官偏好的伪装这一颇具怀疑论色彩的现实主义立场之争。在《法律的概念》中,他希望调和这两者,因此借助“法律的开放结构”提出了以下观点:法律概念的含义存在核心区域和边缘地带之分。前者是指概念含义基本确定,人们

---

〔1〕 See Ronald Dworkin, *The Model of Rules*, in University of Chicago Law Review, 35 (1967), p. 14. 收录于Ronald Dworkin, *Taking Rights Seriously*, Cambridge, Harvard University Press, 1977, chap. 2。

〔2〕 See Andrei Marmor, *The Nature of Law: An Introduction*, in Andrei Marmor ed., The Routledge Companion to Philosophy of Law, London, Routledge, 2012, p. 3.

〔3〕 比如,即便法律实证主义是一种有关法律概念的学说,但实证主义者往往会讨论司法裁判相关的理论。See H. L. A. Hart, *The Concept of Law*, Oxford, Oxford University Press, 2012, 3rd ed.; Andrei Marmor, *Interpretation and Legal Theory*, Oxford, Hart Publishing, 2005, 2rd ed.; Scott Shapiro, *Legality*, Cambridge, The Belknap Press of Harvard University Press, 2011.

〔4〕 See H. L. A. Hart, *American Jurisprudence through English Eyes: The Nightmare and the Noble Dream*, in Georgia Law Review, 11 (1976 - 1977), p. 969.

对之使用存在共识的情形;后者是指概念含义模糊,人们存在争议的情形。[1]

当案件事实归属于概念含义的核心区域时,不仅规则含义明确,而且规则与事实的涵摄关系清晰,属于简单案件。相反,当案件事实落入概念边缘地带,人们对相关事实可否涵摄入规则存在争议时,就会遇到疑难案件。[2] 比如,我们会争论非常薄的印刷品是算作小册子还是一本书,头发究竟稀疏到何种程度才算是秃头。相应地,哈特也提出了两种完全不同的裁判方式来应对这两种案件。在简单案件中,法官只需单纯适用规则即可;在疑难案件中,法官由于无法确定案件事实可否涵摄入规则,就会使用不受法律约束的裁量权来作出自己的判断。但哈特同样指出,法官不受法律约束不等于不受约束,法官的判断需要基于对法律目的、政策立场、道德价值的权衡。[3] 这些权衡和判断或许并不像真理或知识一样通过证明可被所有人接受并具有客观性。因此,哈特其实认为,法官只能为疑难案件提供不同的(法律)答案而非唯一正确的答案。[4]

上述观点可被归纳为"规则+例外"模式。简单案件中法官依据规则裁判,疑难案件这种例外情形中法官需要作出自由裁量。这意味着(法律)规则本身数目有限,现实中我们总会遇到无法可依或无规则可用的情况。德沃金认为这种立场由于下述三个理由而不可取。

首先,法律中不仅有规则也有原则。[5] 过往的司法判决、政治决定与制度实践虽未明言,却往往是以某种原则为基础。法官在疑难案件中可以通过法律解释手段找到这些原则作为自己裁判的依据,无须自由裁量。其次,司法机关

---

〔1〕 See H. L. A. Hart, *The Concept of Law*, Oxford, Oxford University Press, 2012, 3rd ed., p. 128 – 129.

〔2〕 See H. L. A. Hart, *The Concept of Law*, Oxford, Oxford University Press, 2012, 3rd ed., p. 135.

〔3〕 See H. L. A. Hart, *The Concept of Law*, Oxford, Oxford University Press, 2012, 3rd ed., p. 133. 但是同样需要注意的是,哈特强调只有在特定案件和具体情况中我们才知道自由裁量需要考量哪些要素。

〔4〕 正是基于这一立场,晚近研究中学者认为,哈特是一位表达主义者,或道德怀疑论者。Kevin Toh, *Hart's Expressivism and his Benthamite Project*, in Legal Theory, 11(2005), p. 75; Matthew Kramer, H. L. A. Hart, Polity, 2018, p. 30; Brian Leiter, *What is a Realist Theory of Law*, in Iuris Dictio, 25(2020), p. 27.

〔5〕 See Ronald Dworkin, *Taking Rights Seriously*, Cambridge, Harvard University Press, 1977, p. 22 – 30.

不同于立法机关。[1] 立法机关需要制定对整个共同体来说利益最大化的政策,但司法机关则是在个人权利由于共同体的利益最大化政策遭受损害时,肯定并保护个人权利。如果法官拥有不受(法律)约束的自由裁量权就会导致权利无法得到救济,司法与立法职能分界被打破。最后,如果疑难案件中法官裁判是基于原则的,是以当事人权利为出发点的,那么它就是客观的,是对该案的正确解答。[2] 其中"正确"是指司法裁判不是一种法官任意的选择,而是基于理性的判断,公众有权期待其裁判免于偏见、激情与冲动。[3] 简言之,德沃金似乎是用"规则+原则"模式替代了哈特的方案。

以上是我们在任何一部法理学教材中都可以找到的有关德沃金与哈特分歧的概述。但真正的故事则始于我们如何理解德沃金的这些论断。

(二)众所周知的故事:本体论解读

第一种解读是本体论方案,它依赖我们在日常生活中根深蒂固的两种直觉。第一种直觉是现实生活中确实存在非常棘手的案件,他们不仅吸引了普罗大众的目光,还对办案人员的专业素养、知识水平以及经验智慧提出挑战。可以说只要对法律稍有了解的人,都不会否认确实存在这种疑难案件。

第二种直觉是现实中法律的确由许许多多规则构成。翻开我国《民法典》,可以看到,我们能够称之为"规则"的条款无处不在,"十八周岁以上的自然人为成年人""成年人为完全民事行为能力人,可以独立实施民事法律行为",等等。但同样我们也知道法律中还有许多原则。比如,《民法典》第5条至第9条分别规定民事主体从事民事活动,应当遵循自愿原则、公平原则、诚信原则、公序良俗、节约资源。更有代表性的是《民法典》第10条还规定"处理民事纠纷,应当依照法律;法律没有规定的,可以适用习惯,但是不得违背公序良俗"。

---

〔1〕 See Ronald Dworkin, *Taking Rights Seriously*, Cambridge, Harvard University Press, 1977, p. 22, 83.

〔2〕 See Ronald Dworkin, *Taking Rights Seriously*, Cambridge, Harvard University Press, 1977, p. 22.

〔3〕 See Ronald Dworkin, *Can Rights be Controversial*?, in Taking Rights Seriously, Cambridge, Harvard University Press, 1977, p. 279.

根据上述直觉,我们不难判断,在哈特与德沃金的交锋中,德沃金有关法律的"规则+原则"模式的确更胜一筹;但在司法裁判方面,似乎哈特的学说更符合实际。这意味着德沃金着力分析的原则只在疑难案件中有用武之地,简单案件中法官依照规则裁判即可。沿着这一思路,我们不难发现德沃金有关原则适用的分析,与哈特认为疑难案件中法官需要作出裁量,也即权衡法律目的、政策立场与道德价值的观点几乎别无二致。这样德沃金的学说看起来就像在用"原则"重新包装哈特有关疑难案件的分析。如果接受这一思路,就难免会认为我们完全可以坦率承认法官在裁判中具有自由裁量权,不必用一套话术对之加以包装。因此,法官基于原则提出的唯一正解也是没有道理的。

自20世纪60年代以来,许多学者其实都秉持上述思路。据此,他们认为哈特学说似乎比德沃金的立场更有希望得到辩护,因为我们无须讨论神秘的法律原则来自何处,也不必为基于原则的裁判的客观性或正确性加以辩护,只需按照德沃金的建议,在哈特有关法律的界定中补充"原则"即可。比如,哈特本人在《法律的概念》"后记"中就遵循这一立场。他大度地承认自己起初忽略了法律原则,[1]同时又指出原则与规则之间的差异可能并没有德沃金所认为的那样大,[2]甚至坦言没有发现自己的立场与德沃金在整体上有任何实质不同。[3] 简言之,哈特认为,自己有关规则的界定可以在相当程度上容纳原则。[4] 包容性实证主义者更是进一步指出,承认规则可以识别出法律原则,德沃金的批判并不构成对实证主义的挑战。[5] 排他性实证主义者也强调实证主

---

〔1〕 See H. L. A. Hart, *The Concept of Law*, Oxford, Oxford University Press, 2012, 3rd ed., p. 259.

〔2〕 See H. L. A. Hart, *The Concept of Law*, Oxford, Oxford University Press, 2012, 3rd ed., p. 262 – 263.

〔3〕 See H. L. A. Hart, *The Concept of Law*, Oxford, Oxford University Press, 2012, 3rd ed., p. 241. 当然哈特会承认在理论细节上两者有别。Ibid., p. 267.

〔4〕 这一点得到了哈特的辩护者马修·克莱默的认同。See Matthew Kramer, H. L. A. Hart, in Polity, 2018, p. vii.

〔5〕 See Jules Coleman, *Incorporationism, Conventionality, and the Practical Difference Thesis*, in Legal Theory, 4(1998), p. 381.

义立场允许法律体系中出现道德原则,[1]或在法律推理中运用原则。[2] 这一立场影响广泛,许多观点甚至成为教科书的通说。[3] 它们都否定了唯一正解在司法裁判中的可能性与必要性。[4]

但这种解读却存在两个内在困难。首先,德沃金并不认为唯一正解命题受到挑战而失败,他反而坚持许多反对者误解了自己的立场。比如,在《法律帝国》的开篇,德沃金自己便指出"我一直坚持在大部分案件中存在理性与想象追求的正确答案……我们是否有理由认为存在正确答案,与该答案是否可被证明是正确的,是不同的问题";[5]在该书结尾,德沃金同样重申,"我没有得出许多读者认为有道理的结论。我没有说裁判疑难案件时只有不同的答案而从不会有一个正确答案"。[6]

其次,哈特学说其实并不契合我们有关司法实践的直觉。比如,哈特认为,疑难案件完全源自规则含义模糊导致事实与规则之间的涵摄无法顺利展开。但在现实生活中我们发现,许多令法官感受棘手的案件,与规则并非直接相关。

---

〔1〕 See Joseph Raz, *The Identity of Legal Systems*, The Authority of Law, Oxford, Oxford University Press, 2009, 2nd ed., p. 100; Joseph Raz, *The Institutional Nature of Law*, The Authority of Law, Oxford, Oxford University Press, 2009, 2nd ed., p. 119. 拉兹认为法律是一个开放体系,会容纳许多不具备法律属性的社会规范。

〔2〕 Neil MacCormick, *Rhetoric and the Rule of Law: A Theory of Legal Reasoning*, Oxford, Oxford University Press, 2005.

〔3〕 代表性著作可参见 Scott Veitch, Emilios Christodooulidis & Marco Goldoni, *Jurisprudence, Themes and Concepts*, London, Routledge, 2018, 3rd ed., p. 190 – 192; Brian Bix, *Jurisprudence: Theory and Context*, High Point, Carolina Academic Press, 2015, 7th ed., p. 100 – 102; M. D. A. Freeman, *Lloyd's Introduction to Jurisprudence*, New York, Thomson Reuters, 2014, 9th ed., p. 603; Raymond Wacks, *Understanding Jurisprudence: An Introduction to Legal Theory*, Oxford, Oxford University Press, 2012, 3rd ed., p. 124; Kenneth Einar Himma (ed.), *The Nature of Law: Philosophical Issues in Conceptual Jurisprudence and Legal Theory*, New York, Foundation Press, 2011, p. 144 – 154。

〔4〕 也因此如夏皮罗所说,德沃金"前期"理论对实证主义的批判是失败的。言下之意就是实证主义可以兼容法律原则。See Scott Shapiro, *Legality*, Cambridge, Belknap Press of Harvard University Press, 2011, chap. 9.

〔5〕 Ronald Dworkin, *Law's Empire*, Cambridge, The Belknap Press of Harvard University Press, 1986, p. ix.

〔6〕 Ronald Dworkin, *Law's Empire*, Cambridge, The Belknap Press of Harvard University Press, 1986, p. 412.

轰动一时并入选我国指导案例的“于欢故意伤害案”。[1] 它之所以疑难，在相当程度上不是由于存在复杂的法学难题，而是机械适用法律规则所带来的后果令公众无法接受。又如，哈特虽然通过“法律的开放结构”阐明，只有在少数情形中法官才有自由裁量权，以此赋予法律稳定性。但他没有明确指出法官应当如何判定规则的意义核心与边缘之间的界限，这就使得法官何时行使裁量权本身需要“裁量”，法律稳定性其实无从获得。

(三)认识论解读

鉴于本体论解读的不足，本文倡导认识论解读方案。这种方案认为，德沃金的学说并不是论证制定法中包含“原则”这种事物，也不是主张现实中存在“疑难案件”这种情况，更不是表明哪份判决就是“唯一正解”。他想说的是，“原则”“疑难案件”“唯一正解”这些范畴只不过是我们看待司法裁判的视角。他邀请我们尝试在司法裁判中将一些案件“视为”疑难案件，并将法官运用的裁判资源“视为”法律原则，最后将基于原则作出的裁判“视为”正确答案。

这一解读看似新奇，却更加符合德沃金本人的想法。我们可以来看德沃金对经典案例 *Riggs v. Palmer* 的分析。[2] 这个案件说的是遗嘱期待受益人为了防止立遗嘱人改变遗嘱而将其谋杀。同时根据法律没有明确规定，遗嘱会因期待受益人谋杀立遗嘱人而无效。但法庭多数意见认为，“任何人不得从其过错中受益”，因此判定期待受益人不得继承财产。对此结论，德沃金提出了两种截然不同的分析视角。

第一种视角就是我们在其经典著作《认真对待权利》和《法律帝国》中看到的有关法律原则的分析。德沃金认为，“任何人不得从其过错中受益”是法官从过往判决中提炼出的法律原则，这一原则在权重上超越了制定法中有关遗嘱生效形式条件的规定。[3] 但在一篇论文中，德沃金提出了第二种视角。他认为，“任何人不得从其过错中受益”也可以被理解为法官对制定法目的的解读。[4]

---

〔1〕 参见指导案例93号“于欢故意伤害案”。

〔2〕 See *Riggs v. Palmer*, 115 N.Y. 506, 22 N.E. 188 (1889).

〔3〕 See Ronald Dworkin, *Taking Rights Seriously*, Cambridge, Harvard University Press, 1977, p.23; Ronald Dworkin, *Law's Empire*, Cambridge, The Belknap Press of Harvard University Press, 1986, p.15 –20. 德沃金在《法律帝国》中将被告名字改为 Elmer。

〔4〕 See Ronald Dworkin, *Reflections on Fidelity*, in Fordham Law Review, 65(1997), p.1816.

法官在该案中不是适用法律原则,而是基于立法目的更好地(不)适用规则。

我们当然可以像一些学者所指出的那样,认为德沃金的立场自相矛盾。[1] 但基于解释的"善意原则",更有帮助的是将上述矛盾立场视为对同一判决的不同分析视角,将"法律原则""疑难案件""唯一正解"视为我们看待司法裁判的方式,而非现实中事物本身的属性。

基于这一视角,我们可以看到,德沃金借助法律规则和原则的区分想表达的确切含义是,我们可以将一些法律规范解读为更具一般性的原则,以此作出裁判。比如,他以美国《谢尔曼法案》第 1 条"限制交易的合同无效"为例,指出法官可以将此条文视为一条"法律规则",亦即只要是限制交易的合同都无法律效力;也可以将之视为一条"原则",亦即为法院提供了某种理由来禁止达成某类合同,只要该禁止行为不与既有政策相对立。[2] 我们也会发现案件之所以"疑难",不是源自案件本身的属性,而是法官认为该案与法律原则相关或存在理论争议。[3]

唯一正解也当然不是指某个完美无瑕的判决,而是法官有理由将自己的裁判视为手头案件最合适的解决方案。正因如此,德沃金将唯一正解表述为,"从解释者的视角看来,从他所受到的约束来说,何种解释仿佛是没有争议般地正确"。[4] 因此,唯一正解并不意味着法官可以向所有人证明自己的裁判为真,也不意味着法官的裁判具有客观性,而是指法官有理由认为自己的裁判为真。

如果我们接受这一解读,很自然就会思考下述问题:德沃金学说的一个重要组成部分是证明法律与道德具有客观性,但是认识论解读将疑难案件及其所基于建构性解释、整体性乃至价值一体性学说都加以主观化、相对化的重构,如

---

[1] 比如,肖尔敏锐地发现了德沃金的不一致,并对此展开严肃批评。See Frederick Schauer, *Constitutional Invocations*, in Fordham Law Review, 4(1997), p. 1306. 值得注意的是,肖尔认为,德沃金基于原则或道德的解读,"更有意思"。

[2] See Ronald Dworkin, *Model of Rules Ⅰ*, in Taking Rights Seriously, Cambridge, Harvard University Press, 1977, p. 27.

[3] 理论争议指的是我们有关"何种社会规范算作法律规范"的争议。See Ronald Dworkin, *Law's Empire*, Cambridge, The Belknap Press of Harvard University Press, 1986, p. 5.

[4] Ronald Dworkin, *Law's Empire*, Cambridge, The Belknap Press of Harvard University Press, 1986, p. 235.

果我们在司法裁判中坚持这种意义上的唯一正解，岂不是与德沃金自己立场矛盾的同时，还消解了约束法官武断任意、确保法治得以实现的法律或道德的客观性？

三、被消解的客观性：唯一正解的前提

如果唯一正解指的是法官有理由认为自己的裁判为真，我们肯定会感到疑惑——一种并不试图证明自己客观上为真的正确答案，何以主张自己正确？本节将延续认识论解读，概要性地重构德沃金在《法律帝国》和《刺猬的正义》中有关唯一正解和客观性问题关系的讨论。

（一）建构性解释、整全性与唯一正解

在有关法律原则的分析中，德沃金虽然指出原则蕴含在过往判决实践和制度历史之中，但却没有解决两个核心问题，即法官如何获取法律原则？法官如何在不同法律原则间加以取舍？建构性解释和整全性可以视为对这两个问题的回答。

建构性解释指的是法官对法律的理解不仅应当适切于法律，还应是对法律的最佳解释。最佳解释不是对法律制定者原意（intention）的复述，而是深刻彰显解释者赋予法律的价值，亦即解释者在解释法律时所依据的本旨（point）。[1]这便是法律解释活动之“建构性”所在。法官通过这一方法可能提出多种解释方案，这就需要判定哪一种会更好地满足适切与最佳解释这两个要求。整全性便是法官作出选择的标准。它是一种“二阶价值”，指的是在个人与社群所持有的有关公平、正义、正当程序等价值的不同看法之间，达到彼此融贯、相互支持的状态。[2] 按照《法律帝国》中的论述，如果法官通过建构性解释提出多种裁判路径，并且最终有一种方案通过整全性价值的筛选，它就是该案件的唯一正解。

如果说德沃金在《法律帝国》之前的著作中只是论述了法官如何适用原则，

---

〔1〕 See Ronald Dworkin, *Law's Empire*, Cambridge, The Belknap Press of Harvard University Press, 1986, p. 46 – 59.

〔2〕 See Jeremy Waldron, *The Circumstances of Integrity*, in Legal Theory, 1 (1997), p. 1.

那么《法律帝国》就是法官如何获得选择以及如何对之加以取舍的分析。接下来他需要说明,通过建构性解释与整全性的解释方案为何具有客观性,而非法官个人偏好的伪装?整全性如何能够统合彼此不同的价值?《刺猬的正义》是对这两个问题的深入解答。

(二)消解客观性与价值一体论

德沃金主张法律解释必然依赖法官赋予法律的价值,唯一正解必然依赖法官对于何为正确的感知。这样一来,我们不免会质疑,德沃金的学说是否只是对法官恣意而为的一种精致伪装?因此,法律解释的客观性成为他必须面对的问题。对此,德沃金有充分准备。[1] 依据他在《刺猬的正义》中表述的最终立场,可以将他论证客观性的策略归纳为两类。

第一类是对各种怀疑论的反驳。这里的怀疑论指的是否认法律或道德具有客观性的立场。德沃金认为怀疑论主要分为内在和外在两大类型。外在怀疑论是一种强立场,认为只有像山川河流这样不依赖于人类存在的事物才具有客观性,法律由于和人的行为、意识、情感有关,并不具备客观性。[2] 这种立场的问题在于,它与法官所面对的问题无关。[3] 比如,当法官需要在许多解释方案中作出选择时,外在怀疑论者会说任何选择都是主观的,因此任何选择也是无效的。这种观点就像我们在讨论如何炖肉时,有人严肃地说肉食并不健康一样,问题的关键不在于这个观点是否正确,而是它与我们并没有讨论同一个问题。因此,外在怀疑论可能不乏深刻,却与法官所要处理的问题无关。

如果外在怀疑论调整立场,更细致入微地指出法官的某种解释方案缺乏客

---

〔1〕 德沃金对此问题的讨论,可参见 Ronald Dworkin, *Law's Empire*, Cambridge, The Belknap Press of Harvard University Press, 1986, p. 76 – 84, 266 – 285; Ronald Dworkin, *Objectivity and Truth: You'd Better Believe It*, in Philosophy & Public Affairs, 25(1996), p. 87; Ronald Dworkin, *Justice for Hedgehogs*, Cambridge, The Belknap Press of Harvard University Press, 2011, p. 40 – 68, 88 – 98。

〔2〕 See Ronald Dworkin, *Law's Empire*, Cambridge, The Belknap Press of Harvard University Press, 1986, p. 79 – 82; Ronald Dworkin, *Justice for Hedgehogs*, Cambridge, The Belknap Press of Harvard University Press, 2011, p. 30 – 33.

〔3〕 See Ronald Dworkin, *Law's Empire*, Cambridge, The Belknap Press of Harvard University Press, 1986, p. 79; Ronald Dworkin, *Justice for Hedgehogs*, Cambridge, The Belknap Press of Harvard University Press, 2011, p. 68.

观性,它就转变成了内在怀疑论,也即对于某一具体主张或立场的质疑。[1] 比如,法官通过建构性解释提出“任何人不得从其过错中受益”的原则,内在怀疑论则要么主张法官无法得出该原则,要么认为该原则并不比“任何人可以从其过错中受益”更符合整全性价值。德沃金认为,这是自己理论需要正视的真正难题。因为唯一正解指的是法官总有理由认为自己的裁判为真,而内在怀疑论则主张法官实际上不知道自己的裁判是否为真,无法找到理性的理由支持自己的选择。如果这种观点正确,带给我们的影响不啻大夫不确定药物对我们健康的影响便收费开出药方。

有关内在怀疑论的消除,拉兹对德沃金立场的概括非常精准。他指出,德沃金想要表达的观点很简单,就是法官在面对多种选择时,不要马上主张案件不存在唯一正确答案,而是将个人道德信念中的诸多价值加以统合后,综合作出判断。[2] 但他的失误之处在于误解了德沃金统合不同价值的方法。他认为,德沃金要求法官寻找不同价值之间存在的客观关联,这显然是一项不可能完成的任务。[3] 但实际上德沃金要求法官根据自己的见解,将不同价值建构为或“视为”融贯的整体。[4] 这便是德沃金系统论证的“价值一体论”的准确含义。

许多学者批评这一学说忽略了价值之间的不可通约性,提出了法官无法完成的任务。[5] 但德沃金想表达的是,法官享有对价值的最终解释权。因此,将

---

〔1〕 See Ronald Dworkin, *Law's Empire*, Cambridge, The Belknap Press of Harvard University Press, 1986, p. 266; Ronald Dworkin, *Justice for Hedgehogs*, Cambridge, The Belknap Press of Harvard University Press, 2011, p. 89.

〔2〕 See Joseph Raz, *A Hedgehog's Unity of Value*, in Wil Waluchow and Stefan Sciaraffa ed., The Legacy of Ronald Dworkin, Oxford, Oxford University Press, 2016, p. 1.

〔3〕 See Joseph Raz, *A Hedgehog's Unity of Value*, in Wil Waluchow and Stefan Sciaraffa ed., The Legacy of Ronald Dworkin, Oxford, Oxford University Press, 2016, p. 16.

〔4〕 值得留意的是,拉兹当然注意到了德沃金学说允许认识论解读的可能,但他基于本人的道德实在论立场,并不认同这种认识论解读。限于论述目的,本文对此暂不展开。See Joseph Raz, *A Hedgehog's Unity of Value*, in Wil Waluchow and Stefan Sciaraffa ed., The Legacy of Ronald Dworkin, Oxford, Oxford University Press, 2016, p. 16-17.

〔5〕 基于这一思路对德沃金学说的批评以及对相关学术争议的总结,参见郑玉双:《价值一元论的法政困境——对德沃金〈刺猬的正义〉的批判性阅读》,载《政法论坛》2018 年第 6 期;王琳:《司法裁判中的道德判断》,中国社会科学出版社 2020 年版,第 39 ~ 50 页。

不同价值解释为一个整体,并在此基础上提出唯一正解,并非不可能。

这一立场如果得以成立,其前提就是"客观性"这个概念不再成为法官解释法律、统合价值时需要考虑的一个因素。唯有如此,法官才能放开手脚,按照自己的道德信念权衡不同价值,提出自己认为正确的解释方案的活动。

由此,瓦解客观性在道德判断中的权重,构成德沃金论证客观性的第二类策略。[1] 根据通常理解,客观性往往指某种独立性或公共性。[2] 比如,日月星辰、山川河流的演变并不依赖人的活动,因此是"客观的";一个国家法律与道德规范往往是社会大多数成员的共识,不因个人好恶而改变,因此也是"客观的"。正是基于这种理解,我们在道德领域往往强调以下两种表述之间的区分:

P_1:虐童是错误的。

P_2:虐童真的是错误的。

这两者的核心区别在于,P_1表达的是个人主观看法,而P_2则是具有真值的客观知识。因为P_2实际上是"'P_1'为真"的缩略形态,也即P_1的二阶命题。这种二阶命题可以被抽象为"X为真"这一形式,其中X是我们道德信念或判断的表达,"X为真"则意味着对该信念的证成。这种证成通常诉诸信念之外的具有"客观性"的事物。譬如基于普遍的道德原则,我们证明"虐童是错误的"这一主张为真。

德沃金并不认同这种二阶命题结构。他认为,道德领域中除了道德信念外并没有我们可以诉诸的其他事物,所谓客观的普遍道德原则本质上也是一种道德信念。[3] 因此P_2并不是对P_1的证成,也非为真的客观知识,它是对P_1的强调与重申,只是语气情感更强。德沃金的这一看法是否正确,是非常宏大的元伦理学议题,本文并不处理。这里只想表明德沃金这一看法的逻辑后果:首先,它

---

〔1〕 See Ronald Dworkin, *Justice for Hedgehogs*, Cambridge, The Belknap Press of Harvard University Press, 2011, p. 26 – 30.

〔2〕 这是德沃金将《刺猬的正义》第一部分题为"独立性"的原因。

〔3〕 按照二阶学说的理解,我们就会认为道德领域中也有和物理世界事物一样的"事物",它们使得道德命题为真。这其实落入了形而上学谬误或违背了奥卡姆法则(如无必要,勿增实体)。

意味着我们对道德信念为真的证成,不是诉诸信念之外的客观事物,而是诉诸道德信念之间彼此相互融贯、相互支持的关系。其次,客观性在道德领域丧失了权重,我们在讨论道德信念或判断时不必将之作为考虑的因素。正是由于德沃金对道德领域客观性的消解,使得他提出的价值一体论成为可能。同时借助价值一体论,被他视为自己学说真正对手的内在怀疑论便遭到驳斥。这意味着唯一正解在司法裁判中最终得以可能——法官总有理由认为自己的裁判是正确的。

以上是对唯一正解含义的澄清。如前所述,太多学者争论着疑难案件是否存在、唯一正解何以可能且如何获得等问题。之所以有这些争论,是因为学者们都默认了一个基本前提——在司法裁判中讨论唯一正解是有价值的。但这一价值到底是什么?德沃金与许多讨论这一问题的学者对此并未明言。本文接下来将会处理这一问题。

四、唯一正解的司法价值

讨论唯一正解的价值,就是讨论司法裁判中法官作出自己认为正确的裁判、坚持所有法律问题都有正确答案具有何种意义。总括来说,这种意义与价值可以分为司法与伦理两个层面。在司法层面,它具有以下价值。

(一)唯一正解要求司法裁判应是法律理性的论域

在法律理论设想的理想状况下,司法裁判中法官对法律的适用应该像几何定理或数学公式般准确、直接。在确定案件事实后,三段论涵摄总能帮助我们得出确定无疑的答案。但越来越多的学者认为,这种构想不仅在历史中从未出现,在未来也不可能出现。[1] 因为正如法律现实主义所说,法律规则无法完全决定案件的结果。霍姆斯曾说,“没有任何案件能够由一般命题解决……我会

〔1〕 See Brian Tamanaha, *Beyond the Formalist-Realist Divide*, Princeton, Princeton University Press, 2010, p. 44 – 48.

承认你喜欢的任何一个一般命题,却以另一种方式裁判案件”。[1] 即便法官们对案件应当适用何种规则达成一致,但却出于许多原因会对如何解释规则产生分歧。比如,法律语言总是模糊的;当事人双方都提出了颇具说服力的先例支持自己的立场;确定先例判决理由的方法并不明确;对先例判决理由的表述可以更加宽泛,也可以更加狭窄;判定案件是否类似的标准不同,结果也会有别;曾经看起来非常不同的案件在后来的判决中却逐渐构成类案……[2]

有关司法裁判所包含的这些分歧,最具破坏性的理解,就是法律现实主义的看法。他们认为法律不过是一种预测,是法官的外在言行与内在心理态度。种种复杂语言符号赋予他们主宰现代社会的权力,并使之有意或无意地同特定利益团体合作。[3] 因此,司法裁判本质上是法官与权力合谋运用法律术语的一场修辞游戏。这种理解如德沃金对外在怀疑论的批评一样,虽然看到了法律中的分歧,却并没有真正介入有关法律的讨论。法官面对的问题永远都是如何解决案件,仅仅指出法律不过是法官的伪装,不仅没有为法官提供实践上的帮助,还否定了任何探究法律技术的努力,同时还将司法裁判视为法官对当事人的集体欺骗。[4] 哈特代表的“规则 + 裁量”模式虽然没有如此极端,但也承认实践中存在相当一部分案件无法理性阐明判决依据。疑难案件中的分歧往往被简单处理为法官由于经验与知识不足而对法律有所误解,抑或法律存在漏洞

---

〔1〕 Oliver Wendell Holmes, H. J. Laski, F. Frankfurter and M. D. W. Howe, *Holmes-Laski Letters*, Cambridge, Harvard University Press, 1953, p. 243, cited from Scott Veitch, Emilios Christodooulidis & Marco Goldoni, *Jurisprudence: Themes and Concepts*, London, Routledge Press, 2018, 3rd ed., p. 176.

〔2〕 See Wilfred Rumble, *American Legal Realism*, New York, Cornell University Press, 1968; William Twining, *Legal R/realism and Jurisprudence: Ten Theses*, in Elizabeth Mertz, Stewart Macaulay and Thomas W. Mitchell eds., The New Realism (Vol. 1), Cambridge, Cambridge University Press, 2016, p. 121 – 147.

〔3〕 一般认为现实主义立场主要包括两点:其一是规则怀疑论,即法律规则无法完全决定裁判结果;其二是事实怀疑论,认为法官对于案件事实的判定深受其心理因素影响。See Brian Tamanaha, *Law as a Means to an End*, Cambridge, Cambridge University Press, 2006, p. 65 – 76. 不过从思想史角度来看,这种观点有些过于激进。权威性研究请参见 Brian Tamanaha, *Beyond the Formalist-Realist Divide*, Princeton, Princeton University Press, 2010, p. 125 – 131。

〔4〕 杰罗姆 · 弗兰克将法官的行为视为一种“现代魔法”。See Jerome Frank, *Courts on Trial*, Princeton, Princeton University Press, 1949, p. 37 – 62.

或事实证据不足导致认知上的局限。[1]

唯一正解命题要求法官作出自己认为正确的判决。它一方面不能像现实主义那样，由于把法律视为自己观点的伪装而轻视法律技术、轻视自己结论的法律依据；另一方面也不能像哈特所代表的裁判理论一样，认为疑难案件中每种裁判方案都同等有效，只需依据某种标准作出选择即可。法官需要更认真地对待司法裁判中出现的分歧，剖析不同观点所侧重的案件事实与法律主张，细致反思它们与自己观点所基于的道德信念以及正义理念、政策取向有何差异，真正做到在综合平衡中作出判断。[2] 法官的判决因此既是理性的，也是法律的。法官的裁判不是需要科学手段加以测定的神秘心理过程，也不是有关社会道德、政治政策的宏大讨论，而是在法律的前提下，对尽可能多地影响案件因素的全面考察。司法裁判因此不只是运用形式逻辑的场所，展开实质推理也是其题中应有之义。

（二）唯一正解要求法官在司法裁判中展开实质推理

实质推理并非严格的学术称谓，而是对法律推理中有关裁判后果、社会效果、实质正义等因素的考量，它与只强调逻辑演绎、形式正义的形式推理构成鲜明对比。在司法裁判理论中长久以来存在形式主义与现实主义之争。如前所述，前者认为理想条件下法律的适用只需诉诸逻辑三段论即可，后者则强调在法律适用过程中法官主观经验、道德情感、政治立场，乃至心理状态等法律之外因素对法官裁判的影响。分别持有两种不同立场的法官可能会对同一案件作出同样裁判，但它们论证自己结论的模式截然相反：形式主义法官倾向于从作为大前提的法律规则出发，寻找可以作为小前提的案件事实，进而得出作为结论的裁判结果；现实主义法官倾向于先确定裁判结果，回过头来寻找相应的法律规则将这一结果正当化。

---

〔1〕 See Ronald Dworkin, *Law's Empire*, Cambridge, The Belknap Press of Harvard University Press, 1986, p.3 – 11. 德沃金将这种观点视为“简明事实立场”。

〔2〕 See Ronald Dworkin, *Law's Empire*, Cambridge, The Belknap Press of Harvard University Press, 1986, p.3, 228 – 230. 德沃金将司法裁判中出现的分歧视为“理论争议”，即法官真诚地在讨论法律命题的依据或理由是什么。依据本文立场，问题的关键不在于德沃金这种判断是否符合法官实践，而是德沃金提出了一种看待或者处理这些分歧的视角。从这个角度来说，德沃金才会认为批评他的“连环小说”比喻的人，其实基于一种误导。

随着两种立场在交锋中各自演进,法律推理学说逐渐呈现出吸纳两者各自洞见的"二阶结构"。〔1〕 这种学说认为司法裁判过程涉及两个层面的活动。一方面是我们思考或获得结论的过程,这属于判决的"发现";另一方面是我们对所发现结论的论证,也即判决的"证成"。判决的发现不可避免地会涉及法官个人因素,法官也会从后果出发推导何种判决结果可能更加合适。但在证成阶段,法官需要从作为大前提的规则出发,为自己的结论提供论证。二阶学说往往强调,法学中以方法论为核心的司法裁判,主要关心的是"证成"阶段,而非"发现"阶段。只有在极为个别的情况下,法官才需要对法律证成的前提加以辩护和论证。不难看出,这种法律推理的二阶学说与哈特代表的"规则 + 裁判"模式极为类似。它本质上是更为精致的形式主义立场,认为现实主义的观点虽然有道理,但却由于混淆不同层次问题而批判错了靶子。

这种二阶学说虽然发展了形式主义与现实主义的立场,但可能只是推迟而非解决了问题。它无法在发现和证成之间清晰地划定界限,也就无法确定法律规则之外的因素到底在何种程度上影响了法官的判决。更重要的是,它没有真正面对现实主义的挑战,即我们信赖的形式逻辑(特别是三段论)所具有的确定性,是否与特定的科学信念、心理状态、历史文化背景等因素完全无关?〔2〕

与这种企图掩饰法官道德信念、政治立场以及裁判后果考量的形式推理立场不同,唯一正解命题坦率地承认这些因素会深刻影响法官的判断,甚至不无夸张地主张,法官正是依赖对这些因素的权衡,才能作出自己认为正确的选择。根据本文重构的认识论解读方案,德沃金劝告我们别把司法裁判中的分歧视为法官知识经验的缺乏,抑或政治忠诚的不足,而是将这些分歧视为法官各自理解"法律"这一概念的不同观念。〔3〕 疑难案件就是这些不同观念提出的不同法律解释方案,它们乍看之下都符合我们对司法实践的初步理解。此时,我们不

〔1〕 采纳二阶论证或推理结构的学者很多,代表性的有:Richard Wasserstrom, *The Judicial Decision: Toward a Theory of Legal Justification*, California, Stanford University Press, 1969; Neil MacCormick, *Rhetoric and the Rule of Law: A Theory of Legal Reasoning*, Oxford, Oxford University Press, 2005; [德]罗伯特 · 阿列克西:《法律论证理论》,舒国滢译,中国法制出版社 2002 年版。

〔2〕 比如,从社会科学哲学角度考察,我们有关确定性的信念完全是一种历史建构,和特定的科学信念、研究方法紧密相关。参见叶启政:《从因果到机制》,群学出版社 2020 年版,第 7 ~ 11 页。

〔3〕 这便是德沃金著名的"理论分歧"命题。

是武断地在这些观念中判断对错,或是不考虑其对错任意作出选择,而是依靠“整全性”或“价值一体论”,看哪一种观念能够契合最多的司法实践,能够最佳体现这些实践所蕴含的意味。这就要求我们对照案情细节、判决后果、道德信念与政策取向调整和反思自己已有的法律观念,同时以特定法律观念为前提去思索案件包含的哪些因素虽然细微却决定性地影响了我们的结论。

以前文提到的“于欢故意伤害案”为例。该案的核心争议点是,于欢刺死上门侮辱其母子的催债人,属于防卫过当还是故意杀人?解决这一争议点的核心在于,于欢用刀刺向阻拦他呼叫警察的催债人时,是否符合“正当防卫”构成要件中“不法侵害正在进行”?相较于一审判决非常机械地适用法律,二审结束后,最高人民检察院在回答记者采访时指出,判定不法侵害“正在进行”的现实性,要注意本案中侵害行为的“持续性、复合性以及严重性”。[1] 二审判决对于这些案件细节的强调,体现了法官在司法裁判中对案件实质后果更加严肃的对待。这种关注案件后果的法律观,也使得案件中这些在机械适用法律时容易被忽略的事实得以彰显。因此,强调唯一正解,强调法官作出自己认为正确的判决,要求法官运用实质推理。这也使得从宏观层面来看,统一法律适用标准的重担放在了法官身上。

(三)唯一正解要求法官以统一法律适用为己任

要在个案中实现公平正义,就离不开类似案件类似审判,就需要统一法律适用。司法实践中,我们往往通过外在制度措施实现法律适用的统一。比如,根据最高人民法院历次“五年改革纲要”,我国逐步确立了司法解释的调研、立项、起草、论证、审核、发布、清理与废止等机制;确立了中国特色的案例指导制度,特别是司法裁判中有关指导性案例“应当参照”的规定,为统一法律适用提供了“抓手”;审判委员会改革、法院审判工作比如类案检索机制的确立,以及法官员额制和法官错案终身责任制的确立和实施等,都是确保法律适用统一的制度措施。[2] 它们都重要且必要,但却只是对法官外在行为的约束,缺乏对其内

---

〔1〕 参见史兆琨:《于欢的行为具有防卫性质但防卫过当——最高人民检察院公诉厅负责人就于欢故意伤害案有关问题答记者问》,载《检察日报》2017 年 5 月 29 日,第 1 版。

〔2〕 参见刘小平、杨金丹:《统一法律适用标准的共识性进路——兼论作为制度的法官学院》,载《南京社会科学》2020 年第 9 期。

在思维过程的关注和塑造。

司法裁判缺乏制度性约束是不可想象的。但只有制度性约束,会造成司法领域行政属性过重,使得法官有“多做多错、少做少错、不做不错”的可能,打击了他们的能动性。此外,形式主义法官与现实主义法官的根本差异,不是两者的外在行为,而是其内在思维过程,到底是“依法裁判”还是“先定后审”,只有考察法官得出和证明结论的推理过程才能确定。

在司法裁判中,倡导法官将提出唯一正解、提出自己认为正确的判决视为自己的职责,可以让法官将工作重心从符合种种外在制度标准,转向对于自己法律推理和思维过程的打磨和训练上来。当法官开始思索,什么样的法律方法能够让自己认为正确的判决得到证成,什么样的推理过程更具说服力的时候,他自然会认为参考其他类案的判决、参照最高人民法院发布的指导性案例,是自己须臾不可离的工作辅助。此时类案检索机制、指导性案例制度等统一法律适用的工具才能够真正发挥作用。法官不是在制度和文件的要求下被动掌握它们的用法,而是基于自己职责所需主动地学习和吸收。总而言之,司法裁判中坚持唯一正解,为统一法律适用提供了内在尺度和主观标准。它使得法官不是小心翼翼地穿行在重重制度之中担心动辄得咎,而是主动地探索如何更加融贯一致地适用法律,以实现良法善治的目的。在这个意义上,唯一正解不仅具有司法价值,还兼具伦理意涵。

五、唯一正解的伦理价值

根据本文的解读,在司法裁判中的唯一正解,并不是说法官能够提出“唯我独尊”或“舍我其谁”的主张,而是作出自己有理由认为正确的判决。它不要求法官向所有人证明自己的判决准确无误,也不要求所有人接受该判决,只是要求法官不是任意作出判断,而是在通盘考量、深思熟虑后提出解决案件的思路。在这个意义上,本文所说的司法裁判中的“唯一正解”,也有可能最终被证明是错误的判决。

试想任何一个案情棘手、法律争议复杂且有重大社会影响力的二审改判案件。如果没有足够的证据表明这些案件的一审判决是法官有意错误适用法律,那么就可以在某种意义上认为,一审判决中法官提出的是他们自己认为正确的判决(在该判决是由合议庭作出时,尤为如此)。这在严格意义上符合本文界定的"唯一正解"。但经过二审法院审理,一审判决被推翻,甚至被界定为法律适用错误的情况,实践中屡见不鲜。此时,同样一个判决,既是"正确的"又是错误的。

因此,尽管德沃金用神话中的大力士比喻法官、用法律帝国比喻现代社会、用王子的尊贵形容法官的地位、用无声的前言推崇法学理论的重要,但唯一正解没有主张法官不可错,也没有认为法官的判决无比深刻以至于构成不刊之论、不易之言。它只是倡导法官的职责应是面对司法裁判中的分歧不轻言放弃,努力寻找自己认为最合适的选项。这是法官的事业,更是从事法官这一职业的许许多多普通人的日常生活。

在这个意义上,唯一正解针对法官的司法意涵就延伸向了与每个人有关的伦理价值。它要求法官或者生活在法律世界中的每一个人,在面对多元化的社会价值以及相对主义色彩浓厚的个人选择时,不是急于泛泛地承认每种价值和选择都具有同等价值,而是对这些不同人生路径保持道德上的敏感,在意生活和事业中出现的每一次挑战,在最大限度上运用自己的智识勇敢地选择并坚持自己有充分理由认为正确的事情。在德沃金看来,这是我们对于自己生活所肩负的责任。[1] 他说,要想拥有"良好生活"(live a good life)就要"活得好"(living well)。"良好生活"是一种结果性概念,是我们人生的目标,就好像《钢铁是怎样炼成的》一书中的名言——"人的一生应该这样度过:回首往事,他不会因为虚度年华而悔恨,也不会因为碌碌无为而羞愧……""活得好"是实现这种人生目标的途径,这也如该书所说,"幸福,就在于创造新的生活"。如果我们承认自己是具备尊严的个体,我们就肩负着将自己人生塑造为良好生活的伦理责任。[2] 要想实现这种责任,就需要我们勇于且善于选择,并择善固执。虽然我们的选择最终可能被证明是错误的,但生活本来就是如此,舍此无他。

---

〔1〕 See Ronald Dworkin, *Justice for Hedgehogs*, Cambridge, The Belknap Press of Harvard University Press, 2011, p. 102 – 103.

〔2〕 See Ronald Dworkin, *Justice for Hedgehogs*, Cambridge, The Belknap Press of Harvard University Press, 2011, p. 195 – 199.

这种有关人生伦理的要求,是唯一正解在司法层面作为一种看待司法裁判的视角、展开法律推理的规定,以及法官内在思维过程的要求的进一步深化。它从一种冷冰冰的理论一步步成为一个人思维与意识的方法,进而成为他内心看待自己与世界的一抹底色。回到法理论本身,这种伦理与法律的统一,不仅形象地诠释了德沃金有关法律与道德关系的无与伦比的洞察力,也深刻例证了在我们这个看似分裂多元的世界中,彼此不同的领域也可以在一种价值的统合下融为一体又保持各自独立。"唯一正解"无疑为我们提供了洞悉法官伦理责任的一个视角。这也是从法理学视角而非单纯技术角度思考司法裁判的价值所在。我们不仅需要关注法律术语剪辑过后的法官的行为,还需要关注和我们一样为生活奔波、为工作忧心的作为"常人"的法官,留意他实际上或应当如何面对自己的生活,而法律与道德又能在其中做什么。

六、总　　结

司法裁判中法官有必要坚持所有法律都会有一个正确答案吗？至此,本文可以给出肯定的回答。唯一正解在司法领域要求法官将司法裁判视为法律理性的论域,要求法官在裁判中展开实质推理,将有关案件后果、政策取向、道德信念等因素纳入考量,同时将统一法律适用视为己任;在伦理领域要求法官及每一个社会成员勇于作出基于良知的判断和选择,为自己的人生塑造良好生活。理解和实现这些价值的前提,就是准确把握唯一正解的含义——司法裁判中法官作出自己有理由认为正确的判决,而非绝对正确或可以向所有人证明的判决。这需要我们穿过重重理论争议,从认识论角度看待德沃金提出的观点,并将之重构为一个有关法官如何解释法律、如何看待法律客观性、如何理解法律与道德关系的整体学说。

论值得尊重的分歧
——读《立法的尊严》

李世源*

内容摘要:沃尔德伦认为,立法的尊严来源于对不同分歧的尊重,其作为一种信息提供机制保障了民主运转。然而,并非所有的意见分歧都值得尊重,民主机制不仅是保障机制,更是促进机制,这使得只有在原则上的分歧才值得被尊重,而此种分歧恰恰是信息提供机制无法生效的地方。作为意会知识(tacit knowledge)的原则或立场排斥信息资源,这与主张及理由呈现出差异性质,因而多数决机制的正当性需进行区分论证,一为排他性理由形成机制,二为辩护机制,这与立法尊严证立密切相关。

关键词:立法　多数决　尊严　理由　原则

一、问题的提出

在当代法理学研究领域,对于立法和司法分而论之已是不由分说的事实,以司法裁判为经典场景的法学研究方法占据主流,[1]这使得法院和法官在法律帝国中居于核心位置。[2] 然而,人们对司法活动的理想化描绘伴随的是对立法活动的刻意贬低,立法活动也因而变得声名狼藉。对此,沃尔德伦(Jeremy Waldron)指出,立法活动本身也是一种拥有原则的政治决策过程,它确保了人

---

* 华东师范大学法学院硕士研究生。

〔1〕 参见[德]卡尔·拉伦茨:《法学方法论》,陈爱娥译,商务印书馆2003年版,第3页。

〔2〕 See Ronald Dworkin, *Law's Empire*, Cambridge, Belknap Press of Harvard University Press, 1986, p. 407.

们可以“承认和尊重他们之间在意见和原则上不可避免的分歧”,[1]作为一种有效的商谈机制,其值得我们尊重。不过,并非所有的分歧都值得被尊重,商谈机制也并不能依靠单纯的公平程序得到证立,它必须能够保证为形成共识和民主秩序创造前提。[2] 这意味着我们必须审慎考虑,在立法过程中真正值得被尊重的分歧所指代的东西,从而为商谈民主的实现找寻正当性辩护的基础。

二、何为立法的尊严

沃尔德伦认为,立法的尊严来源于我们对不同分歧的尊重与承认,这反映了立法活动对人的关怀与肯定。[3] 事实上,这可以逆转过来为我们讨论哪些是值得尊重的分歧提供一个标准,即必须是能够符合立法活动旨趣,进而实现立法背后所蕴含的民主价值的那些分歧,才应当被我们重视。

首先我们必须明确的是,“尊严”到底指代的是何种力量,或者说,当我们提出“立法应当有尊严”这样一个命题时,我们真正想要回答的问题是什么。对此,一种可能的指向是,该命题乃是针对概念问题(concept)而产生的;而另一种可能的指向是,该命题乃是针对证成问题(justification)而产生的。[4] 概念问题的探讨关乎有效性,其意在解决立法的尊严可以在何种程度上得到确立,而证成问题则关乎正当性,其意在解决立法的尊严为何可以在某种程度上得到确立。值得注意的是,概念问题的回答与证成问题的回答必须能够被融贯联系起来,如此方能令立法尊严的理论推导不仅是可欲的,并且是可能的。

一个常见的立场是,我们对于“立法的尊严”这一问题之探讨,无疑应当回归到立法活动自身,其原因在于,任何“尊严”都应当诉诸其内在品质,而不能诉诸某个外部要素。无疑,这种诉诸自身的思路具有极高的可信赖力,其背后蕴藏的是这样一个原则:如果尊严是需要依靠第三人授予的,那么这种尊严不仅

---

〔1〕 [美]杰里米·沃尔德伦:《立法的尊严》,徐向东译,华东师范大学出版社 2019 年版,第 3 页。

〔2〕 See Cass Sunstein, *The Partial Constitution*, Cambridge, Harvard University Press, 1993, p. 6.

〔3〕 参见郭晔:《程序何以解立法法理之困——〈立法的尊严〉法理解读》,载《政法论坛》2020 年第 6 期。

〔4〕 参见范立波:《论法律规范性的概念和来源》,载《法律科学》2010 年第 4 期。

是来源于第三人的,并且其本身就是第三人的尊严。我们可以很容易地举出浅例,如若A是作为B的附庸而存在,其本身并不具有任何独立行动的资格,那么即使周遭对于A持有基本的尊重,这种尊重也势必是来源于B尊严的分享。然而,我们应当明确的是,这种尊重可能并非基于一种强大实力或者事实权威而产生的,否则我们无法解释,为何有些德高望重者尽管年老体衰,却仍然具备公认的尊严。如果承认这一点,那么对尊严的解释就势必要回归到道德属性层面进行探讨,这意味着,即使我们面对比我们弱小的人,即使他们可能已然行将就木,我们也仍然应当给予他们必要的尊重,其理由在于,我们乃是受制于一种道德品性的支配,服从的是某种道德力量。[1]

但问题在于,把尊严看作某种道德力量的产物势必会反驳我们刚才所举的例子,基于这种立场我们可以得出这样一个推论——单就A自身而言,其也应当拥有尊严。这一推论固然正确,但同样隐含了某种倾向,即尊严被弱化为一种"薄"版本,其仅能作为一种底线性的道德要求而存在,在这一意义上,每个主体的尊严状态是相同的,并不以主体差异而发生区别,我们可以将其称作一阶尊严。与之相对的,那种因主体属性不同而额外获取的尊严,则会在不同主体身上呈现不同的尊严状态,我们将其称作二阶尊严。需要注意的是,一阶尊严与二阶尊严本质上都是来源于主体自身的产物,其与外部条件并无关系,因而二者都可归为内部尊严的范畴,而诸如附庸向第三人假借的尊严,则属于外部尊严的范畴。

立法的尊严问题不外如是,沃尔德伦在《立法的尊严》一书中所欲证明的乃是关于立法的二阶尊严,[2]原因在于,立法的一阶尊严无须证明,倘若一阶尊严尚不能拥有共识基础,一个国家的政治体制就将步入崩溃,而传统法律理论对立法的蔑视实则正是立足于对立法的外部尊严进行某种失实的描述。[3] 正基于此,我们对于值得尊重的分歧就有了一个明确的道德性标准:只有那些涉

---

〔1〕 参见甘绍平:《人权伦理学》,中国发展出版社2009年版,第159页。

〔2〕 参见[美]杰里米·沃尔德伦:《立法的尊严》,徐向东译,华东师范大学出版社2019年版,第5页。

〔3〕 参见[美]杰里米·沃尔德伦:《立法的尊严》,徐向东译,华东师范大学出版社2019年版,第2页。

及二阶尊严的分歧才是我们所讨论的对象。这意味着,沃尔德伦所欲驳斥的许多观点,诸如立法活动“令法律窒息而死”[1]等,或许并不能被沃尔德伦的主张所针对。理由在于,这些观点大多是围绕外部尊严而展开的,而这并不是沃尔德伦的理论战场。

三、妥协与尊重:商谈语境下的充要关系

(一)何为妥协

在沃尔德伦的理论中,“妥协”并不是一个得到赏识的词汇,相比之下,他更喜欢使用“同意”作为多数决过程中的参与人的状态描述。放弃使用“妥协”一词似乎有着某种坚实的理由,在多数决过程中,最终通过的提案或许并没有因为少数方而进行修改,这当然不能算作一种妥协,而是一种同意。然而,这或许会带来新的问题,即它可能无法真正地、完全地展现参与者的心理状态,从而武断地遮蔽了许多本应值得关注的东西。

在阿克曼(Bruce Ackerman)看来,多数决机制可以令每一个参与者都拥有按照自己意愿来进行社会选择的权利,即便是落败的少数一方,其也会因程序所具有的“最低限度的决定性”(minimal decisiveness)而感受到民主的价值。[2]这意味着,多数决机制能够令所有参与者都得到一个统一的权威性回应,而这恰恰是对每个个体自主性的尊重。可是,多数决机制的有效性是否如此值得信赖,以至于足以担负起这沉重的使命?一个很可能出现的情况是,有些人的立场选择总是出于少数一方,在此时这些人或许并不能感受到民主程序所包含的价值。对此,诉诸纯粹的程序公平当然是一种看似有力的解释,事实上,他们可能也的确得到了某种形式上的权威性回应。然而,这种权威性回应毋宁说是一种对实质内容的回避,少数方的意见只是得到了表达的资格,至于是否得到了礼貌的倾听则为另一个问题。在这种情况下,少数方的意见真的得到了必要的

---

〔1〕 Calabresi, *A Common Law for the Age of Statutes*, Cambridge, Harvard University Press, 1982, p. 1.

〔2〕 See Ackerman, *Social Justice in the Liberal State*, New Haven, Yale University Press, 1980, p. 283.

尊重,并且他们真正同意了多数决的结果吗?

尽管对于这些问题的答案可能趋于否定,但我们仍然应当承认,在这一过程中确实存在一些真实的同意,这体现在多数决机制所具有的信息共享作用下的主张改变。基于共同立场下的矛盾双方可能争执的仅是具体的主张及背后的理由,如果一方能够给出更强有力的理由论证,或者更全面的信息素材,另一方则应当放弃原来的主张,这属于真正的同意。不过,有一些矛盾则是立场或原则上的分歧,对于同一个事件,基于不同原则所得到的结论极有可能并不一致,对于这种分歧,寄希望于真正的同意则无异于白昼梦呓。面对这种原则上的分歧,商谈机制所起到的作用实为有限,依托于信息而进行的理由补强无法触及原则的领域,因而想要得到一致的行动结果,就只能放弃真正的同意而转向附条件的妥协。

妥协,就是在承认某些条件的前提下,基本同意他人的观点。事实上,在立法活动中的这个条件就体现为对他人原则或立场的尊重,当商谈机制并不能得到理想的效果时,沃尔德伦口中建立于同意之上的理论模型就面临正当性的挑战。更为严峻的问题是,沃尔德伦的这一模型很有可能只在妥协的情形中才拥有价值,在真正的同意情形中反而暴露出其理论的缺陷,这就需要探讨另一个关键概念——何为尊重。

(二)何为尊重

在日常生活中我们遭遇的争论情形当中,"尊重"是一个具有多重含义的语词。在一定意义上,其与尊严是不可分割的共生物。正如我们在第二部分所讨论的,尊重显然也存在一阶尊重与二阶尊重之分,前者指的是任何人都应当具有发表主张被他人认真对待的权利,后者则指的是根据主张的具体内容而得到他人尊重的可能。鉴于我们所针对的乃是关乎实质内容的合理性辩护,因而作为前置性共识的一阶尊重在这里将不会被提及。

当我们集体对某件事情发表主张的时候,"尊重"一词同"尊严"一样都面临着泛化的危险。首先需要明确的是,我们对于主张者的尊重和主张内容的尊重并不一致,这体现在一个德高望重者仍然有可能提出某种荒谬的言论,而我们并不能基于对其本人的尊重而同意他的观点。不过,我们仍然期待平等对话的可能,从而感受民主的价值。[1] 问题在于,这种平等对话究竟指的是什么?我们允许任何人发表自己的任何主张,归根结底仍然是基于对主张者本身的尊重,正因为主张者有发表主张的资格,所以我们应允许这些主张进入到我们集体讨论的范围之内,但对于主张本身而言,这种论证仅能告诉我们,主张借此拥有了一阶尊重。事实上,基于这种论证,我们并不能得出认真对待主张内容这一应然命题,一个极端错误的言论或许可以进入讨论的领域,但它也应当很快地被排除出去,其理由就在于内容层面的缺陷。既然我们希望通过理性商谈来完成集体决策,那么认真对待主张的实质内容就必须纳入考虑之中,其不仅关乎决策结果的可接受性,更关乎民主价值本身的需求。

尊重,意味着有些东西即使我们不赞同,也应当给予其保留的权利。在某种意义上,尊重本身就要求我们排斥讨论,即使这种讨论是有帮助的,但却是非道德的。一个身材臃肿的人当然不希望别人在他面前点评自己的身材,或者分享减肥的方法,这种行为即使在第三人看来也同样是不道德的。我们应当承认,所有建立在"善"的基础上的讨论几乎都是有意义的,讨论能够为我们提供更为全面的认识可能,但是,这种讨论也应当是有限度的,在某些问题上甚至应当是克制的、沉默的。无休止的讨论不仅不会促成良善的妥协,也可能会招致彻底的决裂。这意味着,在内容层面上的尊重,其本身是作为讨论不能的弥补性结果出现的,只有当理想状态下的讨论无法进行下去,抑或强行延续讨论可能带来不良后果时,我们才需要放弃讨论,转而使用其他方式达成行动共识。

(三)尊重与妥协的充要关系

当然,对于尊重和妥协的理解并不一定选择我们上面的解释,但是在处理二者关系的过程中,上面的解释似乎又是势在必行的。在这一问题上,尊重和妥协或许呈现为一种充要状态,即如果我们选择彼此尊重对方的观点,那么就只能诉诸妥协来实现一致行动,只要我们同意诉诸妥协,那么尊重观点就必然成立,二者构成彼此成立的条件。

必须重申的是,一个观点可能由三部分组成,其一是直观简明的主张,其二是支撑主张的理由,其三是支撑理由的原则或立场。主张和理由或许不值得尊

[1] 参见[法]托克维尔:《论美国的民主》,董果良译,商务印书馆1988年版,第17页。

重,正因如此它们才具有同意的正当化依据,而原则或立场则是真正值得尊重的东西,因而它们只能借助于一套程序寻求一致行动的证成。

"主张和理由并不值得尊重"似乎是一个刺耳的结论,但确实是一个真实的命题。一种可能的质疑是,这很有可能违背了民主的本质,走向了它的反面,[1]我们不能指望一个连我们主张和理由都不予尊重的体制,反而会维护那些更根本的价值。不过,这种质疑并没有刺中它所欲针对的对象,民主制度不仅是一个保障机制,更是一个促进机制,[2]它一方面确保所有参与者都有资格发表个人观点,另一方面引导人们提出真正有意义的主张。这意味着,不是每一个主张及背后的理由都符合民主价值,一个喋喋不休的发言者固然有发表看法的权利,但这些看法有可能被很快排除,这种排除并非不符合民主,它反而体现了民主。除此之外,囿于信息的不完全性,人们的主张和理由也往往体现出不充分性和待补强性,这意味着,如果他人可以给予原本未掌握的信息,则主张和理由就可能发生改变。事实上,我们的主张和理由从始至终都处于一个未完成状态,它保持着某种开放性,一方面渴望更多的信息作为新的理由,另一方面也审慎地对待目前的理由,随时面临合理性的挑战。主张和理由当然反映了理性精神,但其是作为理性的过程,而非理性的结果而存在。正因为它不具备决定性效果,所以它才需要批判性论证,排斥武断的尊重,人们不能以"我的主张应当得到尊重"为由拒绝改变原本的观点,这无疑建立了多数决机制在主张和理由方面进行运作的正当化基础。

与之相对的则是我们关于原则或立场的态度,它反映了人们对待某个事项的判断起点,作为理性决定的来源,其不仅值得我们尊重,并且我们也只能诉诸尊重。针对同一件事项,两个人基于不同立场或原则所给出的决定很可能大相径庭,而他们所坚持的立场或原则在本质上并非"言传知识"(explicit knowledge),而是一种"意会知识"(tacit knowledge)。[3] 作为意会知识的原则是一种前语言的知识,对它的选择并不需要借助知识信息,仅仅诉诸内心理性

---

〔1〕 参见王绍光:《民主四讲》,生活·读书·新知三联书店2008年版,第3~4页。

〔2〕 参见[美]乔万尼·萨托利:《民主新论》,冯克利、阎克文译,上海人民出版社2009年版,第20页。

〔3〕 参见[英]迈克尔·波兰尼:《认知与存在》,李白鹤译,南京大学出版社2017年版,第114页。

即可完成。事实上,当我们想要通过语言活动彻底改变一个人的立场时,我们很可能不但无法实现这一目的,反而会引发更大的矛盾,这无疑说明,在原则问题上发生分歧的双方并不会走向真正的同意。A 基于公平的原则得出了决定 α,而 B 基于效率的原则得出了决定 β,如果 A 与 B 在作出决定时是审慎的,那么任何基于各自原则而展开的说服都难以生效。一种可能的反对意见是,A 很有可能短暂地放弃自己的立场,为了说服 B 而作出某种“同情式的理解”,这或许可以实现说服的目的。然而,这是否已然破坏了商谈程序本身的规则?我们当然可以采取欺骗、隐瞒,甚至捏造的方法来提供某些信息,但这会影响整个商谈机制的有效性,倘若我们认同这种方法的合理性,那么立法的尊严逐渐走向消散就找到了罪魁祸首。不过,作为意会知识的原则或立场并非不能改变,只是单纯地依靠言语行为无法实现,其需要借助于实践来改变认知。[1] 这也说明了,为何有的人对待同一件事项在不同时间里所采取的原则会发生改变,并非由于他听到了某些信息,而是由于他经历了某些事件。

既然原则乃是我们作出任何决定的理性来源,那么它就值得任何人的尊重,即便是双方针锋相对也应当尊重自己并不认同的那种原则,其理由不在于信息匮乏,而在于原则本身就体现了作为个体的理性尊严。同时,原则并不以信息资源为依托,在行动决定上呈现较强的独立性,这使得商谈程序对其效果甚微。既然我们都同意最终需要一致的行动决策,那么就只能以妥协的方式诉诸多数决机制,但前提是,我们必须首先尊重彼此的原则及立场。

四、多数决机制的正当性证成

区分主张、理由及原则固然可以帮助我们发现那些原本隐匿的要素,但也同时带来了新的问题,即我们必须分别基于这种区分而重新论证多数决机制的正当性,否则方才的论述就将成为不堪一击的幻想。事实上,多数决机制在主张、理由和原则上的正当性基础本就不相同,只有认识到它们之间的区别,立法

〔1〕 参见[英]迈克尔 · 波兰尼:《认知与存在》,李白鹤译,南京大学出版社 2017 年版,第 118 ~ 121 页。

的尊严才能得到真正的辩护。

(一)主张和理由

人们的行为都是遵从理由的,尽管人们或许只拥有一定的智识力量,[1]但每一个理性人在作出抉择时都面临着多个理由相互叠加、冲突的情形,而理性的作用就在于最终指定遵循哪种理由进行实践,[2]我们的主张提出亦如是。然而,并不是所有的主张和理由都体现出良善的品质,理由之间同样会彼此冲突,[3]商谈机制的意义就在于统合、调整众多理由之间的复杂关系,从而给出我们合理的行动决策。

一种反事实论证或许是有效的,如若我们自己便是立法活动中的参与者,那么我们所选择的决定应当具备何种特质?对此,可能的反驳是,我们的选择并不需要具备任何特质,只需要符合我们的内心之声即可。这种反驳透露出了一个关键性的立场,即这种要求应当是针对投票选择的最低限度的要求,一种关于立法投票的要求当然不等同于一种关于"好"的立法投票的要求。然而,这种反驳却并不能站得住脚,立法机构本身需要遵守法律的"内在道德",这不仅是立法内容的边界,更是立法者的义务。[4] 对内在道德的遵守意味着,立法参与者的选择只有在其指向的内容是好的,或者是值得做的时候才能成立,[5]这种特质蕴含了正当理由因素可以支持我们的行动。[6] 在日常生活中,存在许多事物同样可以提供我们选择它的理由,但这种理由往往只是满足了我们当下的某种欲望或需求,[7]就如同孩子不愿意学习而偏爱出门玩耍,选择玩耍当然

---

〔1〕 参见[英]哈特:《法律的概念》,许家馨、李冠宜译,法律出版社 2006 年版,第 193 页。

〔2〕 参见刘苏、徐梦秋:《理由、规则与行动——论拉兹的理由理论》,载《厦门大学学报(哲学社会科学版)》2017 年第 3 期。

〔3〕 参见[英]约瑟夫·拉兹:《实践理性与规范》,朱学平译,中国法制出版社 2011 年版,第 215 ~ 216 页。

〔4〕 参见[美]朗·L. 富勒:《法律的道德性》,郑戈译,商务印书馆 2005 年版,第 76 页。

〔5〕 参见[英]亨利·西季威克:《伦理学方法》,廖申白译,中国社会科学出版社 1993 年版,第 132 页。

〔6〕 参见[英]德里克·帕菲特:《论重要之事》,阮航、葛四友译,北京时代华文书局 2015 年版,第 8 ~ 9 页。

〔7〕 参见[英]约瑟夫·拉兹:《实践理性与规范》,朱学平译,中国法制出版社 2011 年版,第 3 ~ 7 页。

不是一件值得做的事,尽管它契合了孩子个人的内心需求。然而,即便是立法者们都依照内在道德的要求进行选择,也仍然不能确保分歧不会发生。如果这一结论得到了承认,那么这种分歧就具备了一种道德上的辩护力。

不过,这种道德上的辩护力本身还需要得到辩护,也就是说,它必须能够被还原为一个事实或者理性原则,否则这种辩护力将失去它的效力。分歧的无法避免在某种程度上反映了人们对事物的偏好选择是多元的,这其中既包含了表明我们内心判断的“原则性偏好”,也包含了表明我们个人喜恶的“个人性偏好”。[1] 然而,这并不意味着,我们对于所有的偏好都应当秉持一种容忍、尊重的态度。基于信息资源而产生的主张及理由并不能被还原为事实或理性原则,尽管这些理由同样来源于某些真实的事实,但这些事实对于主张及理由而言仅仅是事实性的证据,却并非事实本身。这就令主张及理由之上的分歧丧失了道德上的辩护力,我们不仅不应当尊重分歧,反而应当致力于消解这种分歧。

当我们面对同一件事项,基于同一个立场或原则提出差异化的主张时,一致同意的主张无疑是可欲的结果,其实现则需要依靠多数决这一商谈机制方可成行。某些我们原本不甚了解的信息通过这一机制得到了分享,而这些信息将会成为我们决定的新理由,在这种理由权衡的过程中,一种满足可接受性和合理性双重标准的主张被逐渐得出,并且成为我们一致行动的指南。不过,并非每一个人对于这些信息背后的理由力量都感受如一,即使我们确实掌握有相同的信息资源,立足于相同的立场,我们仍然不能得出一致的理由及主张。面对这种现实情况,多数决机制将发挥类似于排他性理由的作用,[2]给出一个规范性的要求,这一机制尽可能地提供完善的信息和对话的场域,同时也防止人们陷于不必要的争执。[3] 一种常见的质疑是,少数方的主张很有可能才更接近真理性结论。不过,这种质疑显然缺乏必要的力量,因为我们并不是希冀借助于这一机制得到某种科学性的认识,而是渴求获得大家都接受的行动决策,尽

〔1〕 参见[英]约瑟夫 · 拉兹:《公共领域中的伦理学》,葛四友译,江苏人民出版社 2013 年版,第 133 页。

〔2〕 参见[英]约瑟夫 · 拉兹:《实践理性与规范》,朱学平译,中国法制出版社 2011 年版,第 32 ~ 33 页。

〔3〕 参见[英]帕特南:《使民主运转起来》,王列、赖海榕译,江西人民出版社 2001 年版,第 9 页。

管它可能是反真理的,我们同样应当遵守它。由此看来,多数决机制在主张和理由层面扮演着两重角色:其一,作为商谈机制提供完善的信息,从而促进一致同意的达成;其二,在一致同意的结果无法实现时,作为排他性理由的形成机制,提供尽可能符合一致同意的行动决策。

(二)原则或立场

我们不能忽略这样一种可能,尽管我们很清晰地认识到某个主张是绝对错误的,但仍然有许多人愿意坚持这一主张,面对这种情况,无论我们如何选择都将在道德上陷入挣扎境地。不过,这是否意味着,这个主张由于将会使我们陷入相对主义陷阱而失去了值得我们重视的资格?答案显然是否定的,一种主张的错误不代表其背后理由的错误,理由的错误也不代表人们所坚持立场的错误。一个明显的错误主张一旦获得了许多人们的支持,那么其背后也必然存在一种值得我们保护的利益,只不过这种利益是以一种不恰当的方式被表达出来,事实上,这种利益指向的就是我们的立场或原则。

作为理性选择的来源,人们所坚守的原则成为主体对外部世界形成个人看法的逻辑起点,同时也塑造了与之相关的理由与主张。然而,人们对于原则或立场的态度实际上与对待主张及理由的态度并不一致。当一个人的主张或理由没有得到必要的关注时,假如他所看重的那些重要的利益和原则被他人考虑到了,那么他的诉求实际上就被间接地予以了回应,此时即便他心生不满,也仅限于他所看重的东西没能得到良好的关切。与之相对的则是,当一个人所看重的那些重要利益或原则没被他人关注时,即便程序运作得再合理,他也会感觉到那些在他看来极端重要的东西被别人彻底抛诸脑后。在一定意义上,这两种情形就体现为诉求是否得到好的回应与诉求是否得到回应之间的区别,前者相较于后者显然面临着更小的风险。

信息的不完全性对于我们决策的影响不仅反映在决策水平上,更反映在决策认知上。这意味着,人们得出的主张一方面有可能背离了客观的事实世界,另一方面也根本无法表达出他们真正想要表达的内容。当一位立法参与者投票赞成一个议案时,其可能会基于某种原则或立场而做出这一行为,但更多情况下,他或许会基于某个具体场景展开联想,进而采取行动,这两种意图性理由被德沃金称为“抽象意图”与“具体意图”。[1] 一个浅例譬之,当我看到家门口的小溪遭到了工厂污染,我可以基于环保原则主张所有的工厂不允许往小溪里排污水,此时对于我而言,前者是我的具体意图,而后者则是我的抽象意图。问题在于,我或许能够确保我的具体意图契合我所坚守的立场,但我却不能确保抽象意图所塑造的规则同样停留在立场的范围之内。假如存在一些工厂排放的是经过处理的污水,因而不会污染小溪,那么它是否应当进入我的抽象意图辐射范围之内呢?对此,如果我们的回答是仍属于这一范围之内,那么我们似乎就不是在表达我们真正想要表达的内容;如果我们认为不属于这一范围之内,那么这就将引入无穷的例外情形列举中去了,而这本身恰好体现了信息不完全性对决策认知的制约。

毫无疑问,将多数决的投票程序视为一种良好的商谈机制,可以提供一个较强的理由来证明——这一程序体现了对分歧和异见的尊重。因而,以多数决为原则的投票机制被沃尔德伦附着了显著的价值,在他看来,这一机制不但是一个有效的机制,更是一个“礼貌”的机制。[2] 但问题是,检验一位发言人的意见有没有得到尊重,并不以一个开放的交流环境是否存在为标准,真正的标准应当是让发言人切实地感受到他的意见被纳入考量当中,并且在最终结果的妥协中充当了重要角色。否则,他当然有理由质疑,这一程序未能实现原初的功能,而仅仅是一种形式上的敷衍。

正如前述,原则或立场问题无法走向一致的同意,作为商谈机制的多数决程序似乎失去了正当性依据。与主张和理由不同,人们在主张和理由层面追求一种真正的同意是完全可能的,由于一些现实要素的干扰,这种同意状态才出现了瑕疵,因而其作为排他性理由的形成机制就起到了补充性效果。在这种情况下,人们不能因为自己的意见没能成为最终的结果就质疑决策的妥当性,这实际上也是阿克曼所欲论证的对象。而在原则问题上,真正的同意自始至终都缺乏可能性的基础,我们不得已只能走向以互相尊重为条件的妥协。此外,立

---

〔1〕 参见[美]罗纳德·德沃金:《原则问题》,张国清译,江苏人民出版社 2008 年版,第 53 ~55 页。

〔2〕 参见[美]杰里米·沃尔德伦:《立法的尊严》,徐向东译,华东师范大学出版社 2019 年版,第 170 页。

法活动同样是受制于某些基本要求的,它必须尊重法律的重要性以及政治的稳定,[1]也即立法者需要面向未来之事而负责,而非仅就眼前这项决策作出决定。然而,决策的真理性是可遇不可求的,面向未来之事负责也就被转化为决策作出时必须获得所有人的确认,否则人们当然有理由在面对决策失败时质疑行动的正当性。需要思考的是,此时,多数决机制是否扮演着排他性理由的形成机制而产生作用呢?

其实不然,尽管排他性理由的形成机制强调的是不涉内容的形式权威,但这一机制本身还需要道德上的辩护,也即它必须以背后的内容实际上具备一种"弱"正当性为条件,才能够生产可接受的排他性理由。这种弱正当性指的是以充分信息为基础的理性决策结果,体现的是商谈机制本身的功能。然而,在原则问题上彼此矛盾的人们本就无法达成一致,这使得那种弱正当性从始至终都并不存在,它更像是一种辩护机制,即为了预防人们在行动遭遇失败后彼此攻讦,所以预先明确之后的解决方案,少数一方不得以此为据质疑决策的民主性,而代价就是我们的原则或立场必须得到保留与尊重。立法想要博得人们的尊重,势必需要诉诸实质性内容,如果单纯依靠其商谈机制的功能,或许并不是一个良好的道德性来源。这种观点极有可能遭受批评,因为它恰好落入了沃尔德伦所强调的那种协商民主制的拥趸所出错的地方,[2]然而这种错误本身也是我们竭力避免的,诉诸实质性内容并非追求一种真理性的结果,而是为了打消人们在出错后抱怨的念头。这样看来,主张、理由及原则尽管都适用于多数决机制,但多数决机制在它们之上的正当性证成似乎各有不同,这倒逼着我们去反思那些真正值得尊重的分歧,以及立法的尊严究竟落脚何处。

五、结　　语

沃尔德伦认为,纵然是拥有良善品质的人们,在有关正义、权利与公共利益

---

〔1〕 参见[美]罗纳德·德沃金:《原则问题》,张国清译,江苏人民出版社2008年版,第23页。

〔2〕 参见[美]杰里米·沃尔德伦:《立法的尊严》,徐向东译,华东师范大学出版社2019年版,第163页。

等原则性问题面前,也避免不了分歧与异见。[1] 作为兼顾集体行动的效率与公平价值的最可能方式,多数决程序更是一套信息提供机制,[2] 正是通过这一机制,人们在立法活动中的异见才能得到充分表达,基于对人们产生的分歧和异见的尊重,立法活动才拥有了尊严。然而,沃尔德伦忽略了人们对于分歧与尊重的理解可能并不一致,如果不加区分地归入一体化考量,就难免令其理论的解释力被削弱。事实上,只有那些体现原则或立场的分歧才真正值得我们尊重,而这些分歧恰恰不能为商谈程序所包含,在此时,相互尊重意味着对立的观点彼此退让、保留空间。一方面是基于对理性精神的信赖,另一方面是作为一个辩护机制发生作用——即便多数决的结果最终被证明是错误的,我们也不能对程序和结果进行尖锐地批评。尽管商谈机制仍能发挥提供信息的良善作用,但由于这种分歧本身并不受信息因素的影响,因而沃尔德伦的理论就出现了值得商榷的空间。

需要申明的是,现实中的多数决程序运转过程,或许由于掺杂了许多其他因素而变得更为复杂和多变,但这并不影响此处的讨论,其原因在于,“什么是值得尊重的分歧”这个问题本就是一个一般性的、根本性的命题,这意味着,它自始至终都必须保持某种纯粹性才能予以讨论,其效力也来源于此。对这一问题的探究也体现着我们认真对待立法的尊严,只有把立法的尊严系于那些真正稳定且重要的东西上,立法的尊严方能得到良好的证立,这不仅帮助我们更好地理解沃尔德伦,更有利于现实生活中民主机制的健康生长。

---

[1] 参见[美]杰里米 · 沃尔德伦:《立法的尊严》,徐向东译,华东师范大学出版社 2019 年版,第 197 页。

[2] 参见姜峰:《多数决、多数人暴政与宪法权利——兼议现代立宪主义的基本属性》,载《法学论坛》2011 年第 1 期。

论文

公司法的国际化*

——最新日本公司法的动态与对我国的启示

朱大明**

内容摘要：日本是大陆法系的代表国家之一。从中国公司法的历史沿革来看，日本公司法对中国公司法曾经产生过重要的影响。但是，目前国内对日本公司法的研究存在较大的不足，导致我国对日本公司法的理论，以及最新的立法情况都处于一个比较陌生的状态，这种状态将会对中国公司法学的发展以及司法实践产生不利的影响。

同时，公司法的国际化是近20年来公司法领域最重要的话题之一，在此思潮的影响之下，各国都作出了相应的回应，日本公司法修改的具体内容中对此也多有体现。本文希望从公司法国际化的命题、最新日本公司法的变化和公司法国际化的应对，以公司法国际化的视角切入，对近年来日本公司法的发展及其背后的理念进行说明与分析，以期为当下正在进行的中国公司法的修订提供有益参考。

一、公司法国际化的命题

(一)公司法国际化的发展

1.经济全球化对公司法的影响

公司法全球化与公司法国际化这两个概念虽然有很大程度上的重叠，但仍

---

* 本文是根据2022年11月9日作者在华东师范大学法学院的讲座内容整理而成，感谢该院研究生曾步帆的记录整理。

** 日本东京大学法学部教授，法学博士。

存在显著不同。的确,近 20 年来,经济上的全球化趋势内在驱动了包括公司法在内的法律制度的全球化发展,但在此逻辑下,假设有一天,当全球化进入困境,或者说全球化的趋势已经不再被各个国家以及国际市场所接纳,那么公司法会朝一个什么样的方向发展呢？从这个意义上来讲,全球化的命题会有更明显的限制,而国际化的意义更为宽阔,它包含了全球化在内的更丰富的内涵。

此外,从实际的情况来看,近 20 年来,公司法并没有真正形成实质上的全球化,无论是从日本、中国、美国还是其他国家的情况来看,还没有形成一部适用于(哪怕是在一定程度上适用于)不同法律、不同国家的法律规则。然而,事实上存在许多共通性的规则,它们支撑了很多国家的法律制度的发展,走向一种共通性的发展方向。就另一个角度而言,这也是公司法国际化的真正含义。

在我们没有办法真正建立起一个超越国界的公司法规则的前提下,我们能做的就是所谓的在理论层面进行提炼,或者发现各个国家在公司制度建立或运行的过程中存在的一些共通性规则。这种规则的提炼可以影响很多国家的立法,如果世界上大多数国家都遵循这种共通性规则,就公司法制度的本质和内容而言,就逐渐形成了一种更为接近的公司法规则。从某种意义上来讲,无论经济全球化发展的模式是否受到阻碍,公司法国际化或者说追求共通性规则这种国际化的要求,在很长时间内都是可以持续发展的一个重要方向。

2. 公司法共通性规则的探寻

根据《公司法的剖析》(*The Anatomy of Corporate Law*)一书[1]的观点,世界主要国家的公司制度具有五种共通性特征,即具有法人格、出资人的有限责任、出资份额的可转让性、所有与经营的分离、由出资人所有。以研究的视角去对应,中国公司法也基本符合这些共通性特征。该书所描述的宏观缩影为各国公司法提供了非常重要的发展方向和路径,各国公司法在发展过程中,都会关注世界上多数国家采用了什么样的公司法规则,这一视角可以为中日公司法的修改提出重要命题。

---

〔1〕 参见[美]莱纳 · 克拉克曼、亨利 · 汉斯曼等:《公司法剖析:比较与功能的视角》,罗培新译,法律出版社 2012 年版。

(二)公司法国际化的意义

1. 公司法国际化的意义

关于公司法国际化具有什么意义,我们可以设想,假如在国际市场上有一种规则被几乎所有的国家承认,而在中国公司法里未被承认,作为一个主权国家,从立法的角度考虑,这部法律在中华人民共和国的国境范围内发挥相应的法律效力不存在任何异议,但公司法并不是仅在中国境内或只针对中国境内市场发挥作用的,事实上由于中外投资者并存、市场联通等原因,还须考虑与国际市场的关系。若中国境内市场的规则与整个国际市场的规则存在重大差异,则意味着当外国投资者进入中国境内市场时,将抱有诸多疑虑,而这些疑虑将会影响外国投资者进入中国市场的决心。由此来看,就立法而言,除了节省立法成本以外,提高制度的便捷性以及制度的可预测性是公司法国际化的重要意义所在。

2. 公司法国际化的本质

从地域的角度考虑,各个主权国家都有自己特定的区域范围,但从事实上考虑,国际市场上企业之间存在竞争,如何吸引更多的投资者来本国进行投资,如何在整个国际市场上获取更多的市场份额,如何为中国的企业提供更强的竞争力,其背后最重要的制度支撑点是公司法。在国际市场中,与其说是企业之间的竞争,不如说其背后是各个国家之间的制度竞争。因此,虽然公司法的制定是中国主权范围之内的事务,但这个工作却不仅影响着国内的投资者,而且会对整个国际市场产生重大影响,中国作为国际市场中重要的组成部分,公司法国际化的本质意味着提升中国企业在国际市场中的竞争力,提高中国公司法制度在国际市场中竞争力。

3. 公司法国际化的思考

鉴于此,我们在思考公司法国际化的命题时,应当注意以下三点内容:

第一,应当更加慎重地对待国际共通性规则。公司法的共通性规则是近20年来公司法理论界所追求的一个重要方向,但我们不仅应从正面关注世界各国的共通性规则,也应注重反向逻辑。对于我国公司法中与多数国家都承认的规则有所不同的地方,应该更慎重地考虑其安排问题,这并非意味着我们必须消除不同,而是应当明白其存在的合理性究竟在哪里。比如,其背后的中国国情是什么？其体现出我国司法实践中积累了哪些特殊需要？公司法的修改不是要一味地追求与其他国家所做的事情相同，事实上应当慎重甄别我国所存在的一些特殊制度是否需要调整。比如法定代表人制度，日德英美均采用了复数代表制，即原则上所有的董事都有代表公司的权利，公司章程可以对每一个董事的代表权进行限制和调整，而中国公司法从1993年开始就一直采用单一代表制，即在我国一个公司只能有一个法定代表人。针对法定代表人的规则及其问题，有相当多的学者进行了研究，但这种可能是全世界唯一的单一制模式，本身并不存在什么重大弊端，是其他问题影响了其实施效果，并非一定要被调整。

第二，需要给公司更为广阔的自治空间。公司法虽然是一部内国法，针对中国境内市场产生法律约束力，但事实上这部法律对于为中国企业增强国际竞争力具有重要意义。关于什么样的立法方式最为理想，英美法系或许具有先天优势。因为我国设计的多数规则都是标准化制度，某种意义上意味着"一刀切"，即每一个企业，无论其经营内容与实际情况如何，均需要遵循公司法所提供的标准化要求。而英美法系理论上考虑到整个公司内部是基于合同建立的，公司可以更多地考虑自身情况并建立符合其需求的法律规则。站在企业的立场上，其诉求当然是希望按照自己的实际情况和需要来建立适用于自身的规则，对此公司法如果能够有所回应，该部分的立法效果将得到良好体现。为企业松绑，赋予企业更广阔的自治空间，将更有利于增强中国企业在国际市场上的竞争力。但中国公司法本质上是一部成文法，若其内容变得富有弹性，可商量的空间过多，则不再是一种标准化、强制性的要求，可能导致公司法丧失大陆法系立法模式中最重要的优势——可预测性。当一部成文法不再具有清晰的可预测性，它是否还符合大陆法系的基本立场，可能就要打上问号。事实上，许多具体制度的设计都会牵涉灵活性与可预测性的矛盾。我们希望给企业更多的自治空间，在制度层面为其提供宽松优良的环境，但成文法的基本属性如何才能实现这一点，则是需要解决的一个矛盾。

第三，需要给公司提供更清晰的行为路径。我国作为成文法国家需要进行怎样的法律制度设计，才能为企业营造更好的环境，使市场中的诸多纠纷得到最大限度的化解，其解决方法之一是尽可能地为公司经营提供更加清晰的行为模式。假如公司在经营过程中没有过多自由决定的空间，必须遵循法定路径的要求，则其间可能产生的矛盾将会大量减少，但这显然与上述第二点相冲突。对此，公司法如何在两者之间找到平衡，满足不同角度的需要，符合多层面、多样化的要求，这是站在公司法国际化视角下，需要重新考虑的问题。

二、最新日本公司法修改的动态

（一）日本公司法的基本情况

1. 日本公司法的基本信息

从立法的历程来看，日本公司法可以分为两个阶段：第一是商法阶段，从1890年旧商法典成立、1899年新商法典成立，直到2005年日本《公司法》成立之前，在此期间日本公司法一直作为商法中的一编存在；第二是公司法阶段，2005年日本《公司法》从商法典中独立出来，成了一部独立的法典，这标志着日本公司法进入了独立法典的时代。

2. 日本公司法的特点

如上所述，日本公司法有着非常悠久的历史，以及连贯的制度实践和理论积累，这对于一个国家部门法的形成具有重大意义，其司法实践对很多问题的解决都已形成清晰思路，展示了其在不同时代对于不同问题的考量。

日本作为大陆法系的代表国家之一，其公司法在制度设计上本应更多地考虑大陆法传统，但它在发展过程中却存在一次极其重要的转折，背后原因与政治联系密切。“二战”后，日本作为战败国，其公司法被强制性地融入了诸多美国法制度，这种非内生的、外在的强制性要求，对整个日本公司法的传承是一次重大调整。从结果来看，吸纳大量美国法的内容促成了如今日本法的形成，所产生的效果是较好的，日本自身也并不认为这是一场灾难。从1950年开始，日本法一直在尝试引入外在制度的同时尽量保留自身传统，将外在压力转化，结合日本的实际需求，真正融合众多制度。2005年日本《公司法》的成立标志着日本公司法走向了一个新阶段，借助公司法成为独立法典的契机，日本公司法完成了现代化改革，逐渐形成了新的发展方向。2014年、2019年对《公司法》进行的两次修改，可以说是预定的步骤，因为2005年当时还无法完成如此庞大的工作，直至现行《公司法》的实施才真正意味着日本公司法现代化的完成。

日本公司法完成现代化之后,最为明显的崭新特点是其条文数量的庞大,总计979条的体量对于一个部门法来说可谓史无前例的立法实践。由此可以推断日本公司法中进行了大量的具体规定。按照前述角度思考,日本公司法事实上尽可能地为企业提供了详细清晰的行为路径,为此规定了非常多的内容,这样的立法方式可称为精细化的立法。

“事前规制”是日本公司法中一个非常重要的理念,即尽可能地在事前将所有相关问题都规定出来。为了回应企业对自治空间的需求,日本法大量采用了“章程自治”的规定,对于允许公司章程对何种事项进行何种规定,都进行了明确的事前说明,这意味着公司只能在公司法授权的范围内进行自治。日本通过这样的立法方式尽可能地实现了英美法系与大陆法系之间的协调与平衡。

(二)2021年最新日本公司法的概要

1. 日本公司法的最新修改情况

日本《公司法》于2005年6月成立,7月颁布(2005年7月26日法律第86号),2006年5月起实施(以下简称2005年日本公司法)。此后,日本《公司法》于2014年6月20日进行了第一次修改,2015年5月1日起实施(以下简称2014年日本公司法修改)。日本《公司法》于2019年12月11日进行了第二次修改,2021年3月1日起实施(以下简称2019年日本公司法修改)。

2. 2019年日本公司法修改的主要内容

2019年日本公司法修改的主要内容包括:建立了股东大会会议资料电子化制度;限制了股东提案权;创设了股份交付制度;完善了书面行使表决权时的查询制度;完善了新股预约权登记制度;独立董事的义务化;赋予特定情况下的独立董事享有业务执行权;董事报酬制度的完善;对公司补偿制度;完善了董事责任保险制度;完善了董事等经营者责任追究诉讼的和解制度;对董事适格要件进行了修改;创设了公司债辅助管理人制度;完善了公司债债权人大会制度;废除了分公司所在地登记制度。除上述制度之外,还有一些不涉及实质内容的技术性修改。

3. 2019年日本公司法修改的主要方向

2019年日本公司法修改的主要方向包括以下四点:

第一,填补公司法的漏洞。司法实践中,条文之间可能会产生摩擦与冲突,通过立法方式修改制度之间的不协调之处，是日本公司法在法典化后一大重要的遗留工作。

第二，完善公司治理结构。2019 年日本公司法修改的重要目的是为日本的大公司在国际市场中提高竞争力增加法律供给，对公司经营与监督的权利进行更为合理的安排与调整。对此，公司法修改可以从两个视角来进行考虑：一是关注本国企业的国际竞争力，即偏重大型企业的制度适用；二是重视国内市场，即偏重中小企业的制度适用。此外，公司法一般可分为公司治理、公司金融和公司并购三个部分，其中公司金融的大部分内容都是围绕中小企业展开的，但不是日本公司法此次修改的重点。

第三，积极回应科技发展变化。例如关于股东大会资料发送的电子化，日本公司法要求建立一个有密码的下载机制以保护公司机密，保障股东权利。与我国采用的在网上简要公告股东大会信息，由公众自行查询的方式相比，其立法理念更为精细化。

第四，增加制度供给。作为成文法系国家，增加制度供给是尽可能减少争端的重要手段之一。健全股份转换机制是日本公司法里体现该内容的典型规则。

（三）日本公司法的具体内容一：独立董事制度

1. 日本公司法中独立董事制度的引入与发展

日本最早在公司法上引入独立董事是在 2002 年前后。2002 年日本商法典修改时，作出了一个重要的制度创新，即机关设置的选择制，允许公司自由选择设置股东大会、董事会和监事会的大陆法系三角结构（亦称并列式双层结构，[1]该类公司以下简称监事会设置公司），或者只设置股东大会和董事会的美国法单层结构（该类公司以下简称三委员会设置公司）。美国法要求提名委员会、报酬委员会和审计委员会中应当有过半数的独立董事，由此日本第一次在有限范围内引入了独立董事制度，但在实务中较长时间里日本选择委员会设置公司的数量很少，使得事实上独立董事制度在市场上并未产生很大影响。

---

〔1〕 另外还有德国法上的“垂直式双层结构”，即由股东会先选任监事会成员，再由监事会选任董事会成员。

直到 2014 年,日本法以介于强制和任意之间的立法方式,要求上市公司设立独立董事,或者可以不设立独立董事,但必须披露其原因,以“遵守或说明”的模式,在上市公司中引入了独立董事制度。并且,在 2014 年日本公司法修改中引入了一个新的模式,即公司设置股东大会和董事会,并在董事会内部只设一个监察委员会,监察委员会应当有过半数的独立董事(该类公司以下简称监察委员会设置公司)。监察委员会模式相较于典型的美国法三委员会模式更受日本上市公司的青睐,实务中已有近 1/3 的上市公司选择采用此模式,使得独立董事制度的适用范围更加广阔。

2019 年日本公司法修改在上市公司中正式确立了强制性的独立董事制度,第一次全面要求上市公司必须设立独立董事。并且,在特定情况下赋予独立董事享有业务执行权。可见,经过近 20 年的法律修改,日本法分阶段地逐步推进了独立董事规则的完善。

2. 独立董事是否是公司治理的灵丹妙药

众所周知,独立董事制度的意义和功能在于完善公司治理和健全对公司经营的监督机制。但独立董事是否是公司治理的灵丹妙药呢？答案显然是否定的。我们在进行独立董事的制度设计时,不能只看独立董事本身,还要考虑我国资本市场的环境、独立董事的整体环境以及公司法整体的制度架构。

我国早在 1994 年《国务院关于股份有限公司境外募集股份及上市的特别规定》中就第一次提及独立董事制度。当时我国公司到境外上市时,看到境外上市公司的管理规则中有规定独立董事,于是就按照其要求第一次在国内建立起了独立董事制度。

而日本法上的监察委员会设置公司也正是我国 2018 年公司法修改时所参照的模板,并引发了非常激烈的讨论。目前独立董事制度在我国属于证券法和公司法的交叉部分,其实践产生了很多问题,以康美药业案为例,证券代表人诉讼等新制度的推出更催化了独立董事制度背后问题的显现。我们应当反思,独立董事制度在整个中国公司法制度建设的过程中是否已达到了理想状态？是否符合我国国情需要？在推行国际共通性规则的制度层面来观察,几乎世界上各个主要国家或地区都认为独立董事制度具有重大意义,但事实上,日本在推进这个制度的过程中是非常审慎的,其背后有值得我们深思的原因。

（四）日本公司法的具体内容二：股东提案权制度

1.2019 年日本公司法修改的基本情况

2019 年日本公司法修改提案权的原因在于防止股东滥用提案权。具体而言，2019 年日本公司法修改纲要中规定了形式限制加实质限制的手段：(1)股东在一次股东大会上的提案数量不得超过 5 个；(2)增加股东提案的拒绝事由；(3)从提案的目的以及内容上对股东提案权进行限制。但是在最终通过的公司法修改方案中，仅增加了对股东提案权的数量限制，即要求一个股东在一次股东大会中的提案不得超过 10 个（修改后的日本《公司法》第 357 条）。

2. 关于股东提案权的争议

中国公司法也有提案权的规定，比如《公司法》第 102 条第 2 款规定："单独或者合计持有公司百分之三以上股份的股东，可以在股东大会召开十日前提出临时提案并书面提交董事会；董事会应当在收到提案后二日内通知其他股东，并将该临时提案提交股东大会审议。"这个制度看似简单，但在实务中，中日两国都出现过不少问题。比如，我国实务中出现过拟提交给股东大会审议的 1001 项议案的事件。〔1〕尤其是在面临敌意收购的情形下，围绕公司控制权展开争夺时，股东大会上出现提案权有关的争议会比较常见。从逻辑上来讲，提案权是股东的权利之一，但该权利在行使过程中也会出现滥用的情况。为了防止权利滥用，需要对提案权进行一定程度的限制。但只要进行了限制，就一定能解决好这个问题吗？

我们发现，日本法在面对这一问题时，虽然主要的解决方向也是防止权利滥用，但并没有做简单化的处理。日本的实务中也出现过类似我国 1001 项议案的案例，有的案例是 130 多个提案，有的案例是 90 多个提案，无论是 1001 个还是 90 个，在一次股东大会上都不可能对其进行充分的讨论，因此这在性质上属于权利滥用。日本公司法修改时也想到了对其进行一定程度的限制，限制的手段可以分为两种：一种是形式上的限制，即提案数量上的限制。比如，一个股

〔1〕 2017 年 1 月 3 日，ST 慧球通过上市公司信息披露系统向上交所提供的多份文件显示，公司于 1 月 3 日的董事会会议，审议通过了 1001 项议案，并决定提交股东大会审议。该 1001 项议案中，大多数内容不属于《公司法》及公司章程规定的股东大会职权范围，例如"关于公司建立健全员工恋爱审批制度的议案"等；部分议案内容前后矛盾。

东在一次股东大会上的提案数量不得超过5个。另一种是实质上的限制,即从提案的目的以及内容上对提案权进行限制。比如,"关于公司建立健全员工恋爱审批制度的议案"等这样的提案与公司的经营事项明显无关,股东不得提出这样的提案。如果采用实质上的限制,则必然要赋予公司对提案进行审查的权限,由公司进行实质判断。

这些限制手段在2019年日本公司法修改的过程中都进行过讨论,并且反映在2019年日本公司法修改纲要中。不过,在最终通过的法律中并没有采纳形式限制加实质限制的手段,而是仅保留了形式限制的手段,即要求一个股东在一次股东大会中的提案不得超过10个。其中,最主要的原因或者最主要的讨论焦点是提案权本身究竟是一种什么样的权利?这个话题说起来更为复杂,因为涉及权利的属性。

3. 关于股东提案权的属性

简言之,股东行使提案权,从逻辑上来说是为了公司,因为要在股东大会上进行讨论和决议,所以这些事项应该涉及公司经营的内容。因此,提案权是一种事关公司经营事项的权利,按照股东权利的划分类型,我们可以把提案权归入共益权的范畴。既然属于共益权,那么一个基本的立场是该权利的行使对公司是有利的。既然是对公司有利的一种权利行使,为什么还要进行限制?日本在1981年商法修改引入股东提案权之际,就对这个问题进行过讨论。当时的讨论就认为,这种提案权具有共益权的性质,由于是对公司有利的一种行为,虽然存在滥用的可能性,但引入这种权利就意味着在一定程度上必须容忍权利的滥用。

到了2019年公司法再次修改时,还是要回到这个立足点,观察提案权的属性是否发生了变化?既然1981年在引入提案权时就说好了要在一定程度上容忍这个权利的滥用,这个前提发生变化了吗?如果没有发生变化,那么前文介绍的这些形式限制和实质限制,其实通通站不住脚。当然,这个话题涉及更本质的问题,即股东权的性质。从这个意义上讲,股东权的属性是公司法中的一个重大问题,明确权利的属性对于解决公司法里面的许多问题都具有重大意义。

如果一个制度可以随时变来变去,一会儿说这样好,一会儿又说那样好,事实上我们在公司法修改的时候就会无所适从。如果公司法在修改时回避了这些根本问题,那么很可能会在法律适用的过程中产生更多的争议。从日本公司法修改过程中关于提案权的讨论,可以很好地体现出,我们必须解决公司法的基础性问题,必须敢于回应公司法里面的重大问题,特别是重大的基础性问题。因为中国公司法在修改时,一定也会遇到同样的问题。例如,我们如今讨论的公司担保的问题。那么,公司担保究竟是一个什么样的问题？它涉及公司法的哪些基础性问题？如果这个问题不明确,一会儿讲它无效,一会儿讲它仅有内部效力,一会儿又讲它又有外部的效力,主张有效的有法律依据,主张无效的也有制度支撑,那么我们永远都只是在追随,而无法给出一个清晰的回答。

(五)日本公司法的具体内容三:股东大会电子化制度

1. 股东大会电子化的内容

日本法上,股东大会资料的电子发送制度,是指公司可以在章程中规定股东大会会议资料采用电子方式进行发送(修改后的日本《公司法》第324条之二)。其具体内容包括:电子提供制度的定义;适用的信息范围;适用对象;股东大会会议资料电子提供制度的期间设定;书面交付制度,即股东大会的通知不能通过电子化的方式从网上下载,必须由公司发送书面通知,以保障每个投资者的权益与便利;电子提供措置的中断。

2. 股东大会电子化的意义

实际上,股东大会电子化的内容包括三个部分,即会议的电子化。表决的电子化和资料的电子化,2019年日本公司法修改只涉及第三个部分,即股东大会资料发送的电子化。这个问题看似简单,好像只是一个电子邮件发送的问题,但其实涉及公司法立法背后的理念问题。

第一,股东大会资料发送的电子化究竟采用何种手段？日本公司法要求公司建立一个有密码的下载机制,来实现股东大会资料发送的电子化。这种方式的背后依赖于科技的发展,不仅是互联网技术,还有密码技术的成熟。相较于我国公司采用的在网上简要公告股东大会信息,由公众自行查询的方式,这种有密码的下载机制,更能够保护公司秘密,保障股东权利。某种意义上,这也是公司法对于科技发展的一种回应。

第二,是否所有的股东大会资料都可以使用电子化的方式来发送呢？日本公司法要求股东大会的通知不能通过电子化的方式从网上下载。为什么股东大会的通知不能从网上下载呢？因为考虑到很多人不一定能看到这个通知。有人说看不到是股东自己的责任，但是立法不能这样考虑，因为立法要尽可能地保障每个人的权利，而不能把这个压力或者说这个问题留给当事人，或者留给投资者。公司以书面方式发送股东大会通知，通过这种方式尽可能地确保每个投资者能够得到这个通知。很显然在这一点上中日公司法之间存在非常明显的差异。

日本公司法作出这一规定，主要是考虑到大量的人，特别是老人，不一定会操作电脑，或者也不一定习惯看电脑上的资料。除非公司事前取得了股东的同意，否则都应当采用书面的方式发送通知，以此保障每个投资者的权益与便利。这个制度背后的立法理念，值得我们进行深入的思考。

(六)日本公司法的具体内容四：股份转换制度

1. 日本公司法上的股份转换制度

日本法上的股份转换制度非常复杂，此处只作简单介绍。股份转换制度是1999 年日本商法修改引入的一项制度，包括股份交换制度和股份转移制度。到了 2019 年日本公司法修改时，新增加了一个股份交付制度。那么，股份转换制度到底是指什么？简单来说：

(1)股份交换制度的目的是让两个无资本联系的平行公司形成全资母子关系(100% 的控股关系)。

(2)股份转移制度的目的是让一个公司为自己搭建出全资母子关系。那么，股份交换与股份转移的区别是：股份交换是两个公司共同实施一个行为，股份转移是一个公司自己为自己搭建出全资母子关系。

(3)股份交付制度又是指什么呢？这要跟股份交换制度进行比较来说明。股份交换制度中必须构建出一个 100% 控股的全资母子关系，可是在实践中有些公司认为不一定非得构建出 100% 控股的结构，只要形成控股结构就可以，比如控股 60% 或者 51% 。2019 年日本公司法修改新增加的股份交付制度，就是为了满足这种需求的，为两个公司形成控股关系提供了一个新的具体路径。[1] 因此，股份交换与股份交付的区别就是：股份交换是形成一个 100% 控股的全资母子关系，而股份交付是形成一个控股的一般母子关系即可。

2. 股份转换制度的意义

以上三个制度合在一起，组成了日本法上的股份转换制度。为什么日本公司法要规定这个制度呢？从某种意义上说，即使法律上没有任何规定，公司之间也可以通过签订合同的方式来实现同样的目的。如果不考虑细节，通过一点可以说明公司法规定股份转换制度的意义，即把本来可以自由约定进行的行为，通过立法的方式加以明确，从而为当事人提供法定的行为路径，进而把这些行为纳入公司法规范的范畴。也就是说，在公司法里面增加制度的供给，把大量的行为纳入法定的范畴。这其实是大陆法系国家回应公司法国际化的一种非常重要的手段。日本在公司法现代化的过程中，也就是在制定公司法典的过程中做了大量的工作和努力，股份转换制度就是一个增加制度供给的典型例子。

为了说明增加制度供给的意义，还有另外一个更加具体的例子，即日本公司法中机关设计的多样化。具体而言，日本公司法为公司提供机关设计的具体选项其实很多。日本公司法上的公司类型大致有四种：按股份的公开程度可以分为封闭公司与公开公司；按公司规模的大小又可以分为大公司与中小公司。两两组合，可以分为封闭型的中小公司、公开型的中小公司、封闭型的大公司、公开型的大公司。从图 1 可以看出，不同类型公司可以采用的机关设计的选项是非常多的。以封闭型的中小公司为例，它最简单的模式就只有一个董事；最复杂的是第十种，可以设置董事会、提名委员会等三个委员会、会计监查人。日本公司法为封闭型的中小公司提供了十种机关设计选项，公司可以根据自身的需求，从这十个选项中选择适合自己的机关设计。对此，不再过多地分析其中具体的合理性，主要是举例说明公司法增加制度供给的作用。

---

〔1〕 在美国法上，只要两个公司形成了控股的结构，再通过三角合并就很容易形成 100% 控股的关系，在这里我们不展开讨论三角合并的问题。

【封闭型的中小公司】 ①董事 ②董事、监事 ③董事、监事、会计监查人 ④董事会、会计参与 ⑤董事会、监事 ⑥董事会、监事会 ⑦董事会、监事、会计监查人 ⑧董事会、监事会、会计监查人 ⑨董事会、监查等委员会、会计监查人 ⑩董事会、提名委员会等三个委员会、会计监查人	【公开型的中小公司】 ⑪董事会、监事 ⑫董事会、监事会 ⑬董事会、监事、会计监查人 ⑭董事会、监事会、会计监查人 ⑮董事会、监查等委员会、会计监查人 ⑯董事会、提名委员会等三个委员会、会计监查人
【封闭型的大公司】 ⑰董事、监事、会计监查人 ⑱董事会、监事、会计监查人 ⑲董事会、监事会、会计监查人 ⑳董事会、监查等委员会、会计监查人 ㉑董事会、提名委员会等三个委员会、会计监查人	【公开型的大公司】 ㉒董事会、监事会、会计监查人 ㉓董事会、监查等委员会、会计监查人 ㉔董事会、提名委员会等三个委员会、会计监查人

图 1　日本公司法中机关设计的具体选项

三、公司法国际化的应对

(一)公司法的国际化:日本的应对

1. 日本公司法的演变

如上所述,日本公司法经历了三个时期的重大演变:(1)1899 年日本新商法典的成立建立了成文法体系的公司法;(2)1950 年日本商法典(公司法部分)的修改全面引入了美国法;(3)2005 年日本通过实施公司法现代化的改革,使日本公司法不仅有了一个全新的公司法典,也逐渐形成了全新公司法理念。

2. 对公司法国际化的回应

从日本公司法的演变过程中,我们可以看出日本法对公司法国际化的命题进行了积极的回应,从中可以总结出三点经验:

第一,向标准公司法演进的思路与保留。美国存在模范公司法为各个州的公司法提供模板,在经济一体化的大背景下,国际层面也形成了逐步向标准公司法演进的思路。日本公司法在修改过程中,一方面极为重视共通性国际规则,另一方面也非常明显地对此持有审慎态度。

第二,对吸取大陆法系与英美法系优越性的探索。日本公司法在演进过程中存在一次剧烈震动,即作为“二战”战败国被强制要求在其公司法内全面纳入美国法制度。日本对美国法的吸收和实践是任何一个大陆法系国家都没有经历过的,其在此过程中形成了独特的演进路径。两大法系的剧烈碰撞直至2005年通过公司法现代化的方式,才使得日本公司法形成了全新的面貌。2018年我国公司法的修改同样借鉴了大量美国法的内容,既是制度实践方面的积累,也来源于理论探索。以日本作为参考对象,将他国制度引入本国法是否合适,能否产生预想效果,能否发挥它应有的功能,在很大程度上是未知的。事实上我们也有很多失败教训,例如,在证券法中引入的熔断机制就是一个典型的例子。日本法的多年法律移植经验,可以为我们提供独一无二的重要素材。

第三,公司法的意义与主权。从本质上讲,一个国家的公司法是主权之下的内国法,因此,立法强调本国国情和自身需解决的问题是应有之义。无论日本经济市场表现如何,始终牢牢把握着公司法的主权,即使在公司法全球化思潮席卷之时,也没有在其制度设计中泛滥。在立法过程中,立足于解决本国问题是日本公司法演进中的主轴,这恰好与中国公司法当下所强调的主轴是完全吻合的。

(二)公司法的国际化:中国的选择

1. 中国公司法的现状

关于中国公司法的现状从三个角度来进行观察:(1)公司法制度的生长土壤;(2)公司法制度的司法实践;(3)公司法制度的理论积累。

2. 中国公司法的修改

当前,我国正在进行公司法的大修订,这是一次难得的机遇。在2018年公司法修改的过程中,需要注意以下几点:

第一,抓住每一次修改机遇。一个国家有一个国家的命运,一个人有一个人的命运,一部公司法也有一部公司法的命运。抓住每一次改善自身命运的机会,对于公司法本身而言也是重要的。所以针对当前中国公司法的修改,只解决当下问题恐怕是不足够的,在2018年公司法修改的过程中,即使当下没有产生问题的制度,也应当进行全面的审视,以更宽广的视角对中国公司法的未来进行整体设计。

第二,勇于对重大问题进行回应。公司法的修改若只在乎细枝末节的调整,而不触及主干,则永远无法从根源解决问题。我们在学习、研究公司法的过程中,也应当注意关注那些涉及公司法根源的重大问题。

第三,立足解决中国问题的基本立场。在今天这种信息高度发达的时代,公司法修改没有必要“闭门造车”。我们可以观察所有国家的公司法,包括日本公司法。日本法也好,美国法也好,或者任何一个国家的公司法也好,对于中国而言其实都不重要,重要的是,我们在关注、借鉴他国的公司法制度时,应当认真思考哪个国家的制度对于当下中国问题的解决是有意义的、有价值的,而不能当然地认为发达国家的制度都是优越的。从这个意义上而言,我们的研究也应该百花齐放,除了美国法以外,我们也应当努力研究德国法、日本法、法国法等各个国家的公司法,为我们的立法机关提供多样素材。

第四,高度重视国际共通性规则。

第五,尊重中国实践中的经验。

3. 对中国公司法未来的展望

中国公司法已经经过多年实践和理论的积累,一直在不断地努力改进我们的公司法制度。未来,中国公司法一定会为世界公司法的发展作出自己的贡献。

在中国公司法建设的过程中,特别是从2018年公司法修改开始,我们已经有力量真正去构建一部中国式的公司法。这部中国式的公司法可以说是中国公司法的现代化,也是中国对公司法的一种表达。当然,这背后仍然需要大量的努力。我们需要通过自身的实践,通过自身的积累,对于公司法中的诸多问题,特别是基本问题和重大问题进行原创性的表达,为世界公司法的发展贡献中国智慧。

论劳动关系法治化治理中的规范协同*

徐媛媛**

内容摘要：兼具理性主义的建构思路和国家主义色彩的劳动法律规范，为健全社会法体系奠定了坚实的根基，却不足以从容应对由经济社会转型催生的纷繁复杂的劳动法问题。当下劳动关系治理的规范体系已然呈现某种开放性结构，不同形态的规范客观上变相增强了劳动法律体系的"弹性"，但彼此之间亦存在紧张与冲突。推进劳动关系治理法治化，首要是坚持立改废释并举，完善劳动法律规范，还要尊重劳资合意，强化企业合规管理，并在司法中建立健全规范协同的落实机制，以实现劳动关系治理多元规范协同、协同共治的新格局。

关键词：法治　劳动关系　规范协同　企业合规

国家是制度性事实，亦是规范的存在。从社会法治化治理的视角出发，包括法律在内的其他多元规范，诸如道德、政策、党内法规、乡规民约、行业规章等，都为达致良善充分的法秩序提供了丰沛的规范资源。加强不同形态的规范在现实中的协力合作，将使得共同体具备更加稳固安定的治理基础。是故，全面依法治国，推进国家治理体系和治理能力现代化，必然要求正视社会生活中客观存在的各种规范，并积极建立健全规范协同的落实机制。

在实现"两个一百年"奋斗目标的历史交汇点，提升国家治理效能与构建新发展格局互为前提，互相依存，其中劳动就业领域的治理占据着基础且重要的

---

* 本文系2018年度安徽省社科规划项目"习近平新时代法治思想中的公正观研究"（AHSKY2018D48）的阶段性成果。

** 浙江工商大学法学院副教授，浙江省衢州市人民检察院副检察长，法学博士。

位置。当前,我国劳动关系呈现出多元化、紧张化和国际化等特点,[1]兼具理性主义的建构思路和国家主义色彩的劳动法律规范虽然为健全社会法体系奠定了坚实的根基,却不足以从容应对由经济社会转型催生的纷繁复杂的劳动法问题。与此同时,随着近年来企业合规话题的兴起,劳动用工合规的含义也不再局限于国家制定的法律法规,而是转向富有更加开放、包容的意涵。梳理劳动关系治理中的规范形态,肯认其价值并揭示不同规范之间存在的紧张与冲突,继而在协同的意义上探究如何更好地胶合国家法与其他规范,以期推进劳动关系治理法治化,全面深化改革,助力社会善治。

一、劳动关系治理中的规范形态

今日中国,劳动关系治理的规范体系已然呈现出某种开放性结构,不同形态的规范客观上变相增强了劳动法律体系的“弹性”,包括但不限于劳动法律规范、地方劳动争议裁审口径、涉及劳动关系治理的相关政策、以用人单位规章制度和职业道德为代表的自治规范,等等。

(一)劳动法律规范

作为一个制定法国家,法律规范是我国国家和社会治理中首要的规范形态,表现为效力位阶不同的立法产品。调整劳动关系的法律规范包括国家和地方两个层面,如《劳动法》《劳动合同法》《劳动争议调解仲裁法》《工会法》《劳动合同法实施条例》《劳动人事争议仲裁办案规则》,以及地方性劳动法规和劳动法地方性规章等。它们在保护劳动者的合法权益,构建和发展和谐稳定的劳动关系方面功不可没,但是其自身存在的问题也较为突出。例如,《劳动法》与《劳动合同法》立法理念的不尽相同,造成了若干相关规定的差异;又如,一些制定于 20 世纪八九十年代的规范性文件,已然滞后于当下社会的发展,仍未被及时修改或废止;再如,劳动立法对零工经济、分享经济下用工方式的调整几乎空白;等等。

---

[1] 参见林嘉:《劳动法的原理、体系与问题》,法律出版社 2016 年版,第 9 ~ 13 页。

(二)地方劳动争议裁审口径

各地经济发展和治理水平的参差不齐,使得在"单一制基调"下的国家法律权力实践具有鲜明的"联邦制色彩",劳动法领域尤为典型。[1] 当已有的劳动法律规范、指导性案例难以为千差万别的个案审理提供明确的裁判依据时,各地司法机关,如省级高级人民法院或地方中级人民法院,通常会和劳动人事争议仲裁机构、人社部门等就劳动争议案件处理中的疑难问题,进行研判、讨论,然后出台相关文件释明规则,以统一裁审思路。从省级层面来看,如重庆市高级人民法院等六部门在2017~2019年共发布了五个《关于审理劳动争议案件法律适用问题的会议纪要》,浙江省高级人民法院、浙江省劳动人事争议仲裁院在2012~2019年也发布了五个《关于审理劳动争议案件若干问题的解答》,还有上海市高级人民法院、上海市人力资源和社会保障局发布的《关于疫情影响下劳动争议案件处理相关指导的意见》,江苏省高级人民法院、江苏省人力资源和社会保障厅和江苏省司法厅联合发布的《关于做好涉新冠肺炎疫情劳动争议调解和案件审理工作的指导意见》等。另外,多地多部门为落实国家区域一体化发展战略,协调处理跨区域的劳动人事争议案件,也会就各方达成的共识出台若干规范性文件,如《关于京津冀劳动人事争议协同处理工作的意见》《长三角区域"三省一市"劳动人事争议疑难问题审理意见研讨会纪要》等。

这些以"解答""意见""纪要"等命名的劳动争议裁审口径,为法官和社会各方指引了规范方向,对司法活动的影响力并不逊于法律规范,甚至有过之而无不及。在现有体制下,它们可以直指本区域内劳动争议中的突出问题,补强司法解释和指导性案例统一法律适用的功能,为案件审理提供清晰的指导意见。尽管其实际上也是对法律自身及如何适用法律作出的解释,但在性质上并非立法解释或司法解释,而是应归属于司法(审判)指导性文件。[2]

(三)涉及劳动关系治理的相关政策

规则之治是现代法治最基本的观念形态,法律规范是社会法治化治理所依

---

〔1〕 参见程金华、柯振兴:《中国法律权力的联邦制实践——以劳动合同法领域为例》,载《法学家》2018年第1期。

〔2〕 参见侯猛:《纪要如何影响审判——以人民法院纪要的性质为切入点》,载《吉林大学社会科学学报》2020年第6期。

循的主要规则,但不是唯一规则。在当代中国法治建设的过程中,政策始终发挥着不可替代的作用,其来源于执政权或行政权为履行国家和社会治理职能时,基于特定目标制定和发布的规范与准则。[1] 涉及劳动关系治理的相关政策,可以分为宏观层面的总政策,如《法治社会建设实施纲要(2020－2025年)》《中华人民共和国国民经济和社会发展第十四个五年规划和2035年远景目标纲要》等,以及主要由人力资源和社会保障部门制定的具体政策,如在新冠疫情暴发后,国家锚定稳企业、保就业的目标,陆续发布了《关于妥善处理新型冠状病毒感染的肺炎疫情防控期间劳动关系问题的通知》(人社厅明电〔2020〕5号)、《关于做好新型冠状病毒感染肺炎疫情防控期间稳定劳动关系支持企业复工复产的意见》(人社部发〔2020〕8号)、《关于妥善处置涉疫情劳动关系有关问题的意见》(人社部发〔2020〕17号)等规范性文件。2020年7月10日,人力资源和社会保障部、最高人民法院联合发布了第一批劳动人事争议典型案例,其中涉疫情类案例基本都援引了前述政策规范进行裁判说理。

相较于法律规范,政策规范具有一定程度的灵活性,可以因时因势回应社会现实中出现的新问题。譬如,随着互联网平台经济的迅猛发展,网约工的数量急剧攀升,游离在"劳动二分法"框架之外的他们,不仅没有清晰的"劳动者"身份,而且相关权益的保障也处于灰色地带。[2] 对此,中央和地方都展开了积极探索创新,制定了相应的政策,如《关于维护新就业形态劳动者劳动保障权益的指导意见》(人社部发〔2021〕56号)、《关于规范新就业形态下餐饮网约配送员劳动用工的指导意见(试行)》(宁人社规〔2021〕4号)等。

(四)自治规范

无论是劳动法律规范,还是地方劳动争议裁审口径,抑或涉及劳动关系治理的国家政策、党的政策,制定主体皆为国家。以国家为中心建构法治秩序是当代中国法治建设初期势所必然的选择,而在法治国家、法治政府、法治社会一体建设的逻辑中,推进国家治理现代化、法治化既需要倚赖国家,也离不开社会

〔1〕 参见彭中礼:《为国家政策辩护——基于〈民法总则〉第十条的思辨》,载《探索与争鸣》2019年第7期。

〔2〕 参见王天玉:《超越"劳动二分法":平台用工法律调整的基本立场》,载《中国劳动关系学院学报》2020年第4期。

自治与个体自主的协同，劳动关系领域的治理概莫能外。[1]

1. 用人单位规章制度

用人单位规章制度不仅是资方用工管理权的体现，也是企业合规经营中企业所应遵守的规则之一。[2] 我国《劳动法》和《劳动合同法》都把“依法建立和完善规章制度”规定为用人单位的法定义务，最高人民法院《关于审理劳动争议案件适用法律问题的解释(一)》[以下简称《劳动争议司法解释(一)》]第50条还进一步明确了，“通过民主程序制定的规章制度，不违反国家法律、行政法规及政策规定，并已向劳动者公示的，可以作为确定双方权利义务的依据”。譬如，在我国劳动立法奉行“宽辞职、严解雇”的基本立场之下，用人单位可与被追究了刑事责任的劳动者依法解除劳动合同。但是，倘若劳动者的行为只是具有违法性，或者违背了社会公序良俗，如打架斗殴、嫖娼、已婚员工与同事有染等，用人单位直接据此辞退员工则可能面临违法解除的风险，因为类似情形并不必然属于法定解除劳动关系的事由。此时，完善的规章制度便是用人单位进行合规用工管理的重要依凭，体现民主性，且内容合法、合理的规章制度能够为用人单位解除劳动关系提供权利来源。当然，“用工自主权”和“规章自治”不等于用人单位可以肆意妄为，即便是当员工作出异常行为时，如在微信工作群发淫秽视频、[3]食堂员工用洗菜盆洗内裤[4]等，用人单位判断其是否属于“严重违反规章制度”仍需秉持限度、善意的原则，谨慎行事。

2. 职业道德

“法安天下，德润人心”，依法治国和以德治国相结合是中国特色法治中的规范性命题。[5] 法律是以人的行为为调整对象，具有外部强制力的制度规则，而道德是关于善恶的认知和评价，诉诸人的良知和内心确信的自主选择和自由

---

[1] 参见张志铭：《中国法治进程中的国家主义立场》，载《国家检察官学院学报》2019年第5期。

[2] 参见陈瑞华：《论企业合规的性质》，载《浙江工商大学学报》2021年第1期。

[3] 参见江苏省无锡市中级人民法院民事判决书，(2016)苏02民终2693号。

[4] 参见《食堂员工用洗菜盆洗内裤遭开除　公司被判赔7万》，载搜狐网，http://news.sohu.com/20161014/n470272857.shtml。

[5] 参见习近平：《坚持和完善中国特色社会主义制度推进国家治理体系和治理能力现代化》，载《求知》2020年第2期。

裁量。[1] 对于国家和社会的法治化治理而言,法律和道德都是不可或缺的,尤其是当"规则允许但道德不允许"[2]的情形出现时,道德则是维系社会秩序的另一种形式的重要担保。以"阿里巴巴诉丁某生劳动争议案"为例,此案历经仲裁、一审、二审和再审,争议的焦点是员工到国外休病假的行为是否应与其请假事由相符。进言之,在员工请病假后,当公司发现其非因休养或治疗原因出国时,是否可以与之解除劳动关系。再审法院认为,法律法规和规章制度虽然未对员工休病假期间的休假地点作出限制性规定,但诚信既是劳动者应当恪守的职业道德和社会公德,也是其与用人单位建立和履行劳动关系的基石,因此认为公司与丁某生解除劳动合同合法有效。[3] "爱国、敬业、诚信、友善"是社会主义核心价值观中公民个人层面的价值准则,也是贯穿劳动关系治理中的统一的职业道德要求,还是劳动争议司法裁判中法官进行释法说理的重要论据。

二、劳动关系治理中的规范紧张

中国特色社会主义法律体系的如期形成只是全面依法治国的一个起点,法秩序生成意义上所需的法律体系和法治体系建设依旧道阻且长。一方面,法律体系内部尚未达致和谐统一的标准,即实现"上下""左右""前后""里外"彼此之间的相互协调、不相矛盾;[4]另一方面,以往建构主义的立法思路或者说"法条主义的单边情结",遮蔽了法律与其他规范在国家与社会治理中良性互动、彼此交融的现实需求。[5] 表现在当下的劳动关系领域,"劳动基准法""集体合同法"等基础性法律还是空白,立法、司法和执法等不同路径供给的规范之间存在紧张,甚或冲突的现象数见不鲜。

---

〔1〕 Being moral concerns human actions that can be evaluated as good or bad and right or wrong. See Nicholas Bunnin & Jiyuan Yu, *The Blackwell Dictionary of Western Philosophy*, Oxford, Blackwell Publishing, 2004, p.443.

〔2〕 陈景辉:《法律的"职业"伦理:一个补强论证》,载《浙江社会科学》2021年第1期。

〔3〕 参见北京市高级人民法院民事判决书,(2017)京民再65号。

〔4〕 参见李步云:《实行依法治国,建设社会主义法治国家》,载《中国法学》1996年第2期。

〔5〕 参见马长山:《国家"构建主义"法治的误区与出路》,载《法学评论》2016年第4期;徐媛媛:《中国法治进程中的国家角色》,载《人大法律评论》2020年第1辑。

(一)劳动法律之间的不一致

《劳动法》和《劳动合同法》是我国劳动法律体系中最主要的两部法律,均以保护劳动者的合法权益为立法宗旨,国家强制干预和劳资自由合意相结合为其显著特征。然而,通过国家的介入,究竟是倾斜保护还是只保护劳动者,即二者背后的制度理念其实是存在差异的。如检索劳动关系解除和终止的相关规定,劳动者"严重违反劳动纪律"是《劳动法》中用人单位依法与之解除劳动合同的情形之一,在《劳动合同法》中却消隐不见;当事人可以约定终止劳动合同被《劳动法》所认可,在《劳动合同法》中却被否定。另外,《劳动合同法》对经济补偿的适用范围相较于《劳动法》也作了明显的扩大。再如关于续订无固定期限劳动合同的规定,《劳动法》将双方延续劳动合同的意思一致作为必要条件,而《劳动合同法》却并未予以明确。关于用人单位与劳动者连续订立几次固定期限劳动合同后,续订合同应当订立无固定期限合同,在实践中也形成了两种截然不同的理解。一种观点认为是在"劳动者已经与用人单位连续订立二次固定期限劳动合同后,与劳动者第三次续订劳动合同时",[1]比如上海地区;而绝大多数地方则持另一种观点,即只要劳动者在第二次合同期满前提出续订无固定期限劳动合同,用人单位便无权拒绝,这实际等同于用人单位和劳动者在签订了一次固定期限劳动合同后便失去了选择权。

与《劳动法》相比,《劳动合同法》既压缩了劳资双方的自治空间,也限制了用人单位的自主管理权,以致在个别劳动关系调整的管制与自治之间失去了平衡。[2] 尤其是新就业形态的不断涌现,更进一步加剧了劳动关系治理中管制与自治、守成与创新等理念之间的分歧对立。虽然《立法法》为这两部法律当中的规范冲突提供了解决之道,但是如果我们无法就劳动立法的逻辑假设和基本理念达成共识,不仅修法会被一再搁置,完善劳动法律体系更是无从谈起。

(二)劳动行政法规对法律规定的修改

不同类别规范性法律文件之间的效力等级和适用顺序在中国法律渊源体系中已有制度安排,上位法优于下位法是其中的基本原则,同时也是法律规范

〔1〕 上海市高级人民法院《关于适用〈劳动合同法〉若干问题的意见》(沪高法〔2009〕73号)。

〔2〕 参见董保华:《〈劳动合同法〉的十大失衡问题》,载《探索与争鸣》2016年第4期。

的冲突解决方法。不过,在劳动关系治理的现实中,相关法律与行政法规之间的层级关系却往往显现出与法理的相悖。以工作时间基准为例,《劳动法》规定“劳动者每日工作时间不超过八小时,平均每周工作时间不超过四十四小时的工时制度”,而《国务院关于职工工作时间的规定》对此作出了更改。尽管行政法规中的“平均每周工作 40 小时的工时制度”没有超过法律限定的“44 小时”,但不同规范之间的冲突是显而易见的,且社会通行的工时制度和司法实践皆以“40 小时”为准,也就是说事实上行政法规的效力是居于法律之上的。

再如,《劳动合同法》规定,“劳动者开始依法享受基本养老保险待遇的”,劳动合同终止,而《劳动合同法实施条例》第 21 条规定的是“劳动者达到法定退休年龄的,劳动合同终止”。根据《社会保险法》的规定,达到法定退休年龄的劳动者并不必然享受基本养老保险待遇,还需符合累计缴费满 15 年这一要件。《劳动合同法实施条例》作出如此修改固然有现实考量,毕竟劳动者达到退休年龄而未能享受养老保险待遇的原因多种多样,如果不允许用人单位与其终止劳动合同,那么劳动关系甚至可能会一直延续至一方主体资格丧失,这对用人单位无疑有失公平。但是,劳动权是公民的基本权利之一,《宪法》和《劳动法》并未规定劳动关系中的劳动者的年龄不得高于法定退休年龄,“一刀切”地将超龄就业人员排除在劳动法调整范围之外,在法理上难获有力证成。[1]

(三)司法与执法场域中的劳动规范冲突

针对上述问题,最高人民法院民一庭曾在《关于达到或者超过法定退休年龄的劳动者(含农民工)与用人单位之间劳动关系终止的确定标准问题的答复》(〔2015〕民一他字第 6 号)中指出,“对于达到或者超过法定退休年龄的劳动者(含农民工)与用人单位之间劳动合同关系的终止,应当以劳动者是否享受养老保险待遇或者领取退休金为标准”。虽然该答复不是正式的司法解释,但也常被法官作为裁判理由,以强化论证说理。《劳动争议司法解释(一)》第 32 条规定,“用人单位与其招用的已经依法享受养老保险待遇或者领取退休金的人员发生用工争议而提起诉讼的,人民法院应当按劳务关系处理”。换言之,劳动者只要享受基本养老保险待遇,劳动合同即终止,用人单位与这类人员建立的用

〔1〕 参见林嘉:《劳动法的原理、体系与问题》,法律出版社 2016 年版,第 88 ~ 89 页。

工关系,不应当认定为劳动关系。至于达到退休年龄同时又未享受基本养老保险待遇的人员,则需要分辨是由用人单位还是其他原因造成的,从而作出“不能随意终止劳动关系”或“可以终止劳动关系”的区别对待。[1]

行政机关与最高司法机关的态度有所不同,除了《劳动合同法实施条例》中规定劳动合同终止仅与退休年龄相关之外,人力资源和社会保障部在《对十二届全国人大四次会议第4419号建议的答复》(人社建字〔2016〕69号)中更加清晰地指出,“劳动者只要达到法定退休年龄,无论其是否享受养老保险待遇,劳动合同自然终止。女工人年满50周岁仍继续就业的,不属劳动关系”。这种简单明了的回答,意味着超龄就业人员如若因工作遭遇事故伤害或者罹患职业病将无法被认定为工伤,因为根据《工伤保险条例》的规定,目前工伤认定的前提是必须有劳动关系的存在。从保障超龄劳动者权益的角度,浙江、江苏、广东等地近年来先后出台了超龄劳动者等特定人员参加工伤保险的规范性文件,人力资源和社会保障部也多次发文要求由用人单位承担工伤保险责任。[2] 但是,国家政策始终没有明确超龄劳动者和用人单位之间存在劳动关系,也没有对除了工程建设领域可按项目参保之外的超龄劳动者如何缴纳工伤保险作出规定。

(四)各地劳动争议裁审口径的不统一

超龄人员的用工认定问题至今未有共识,而“法官不得拒绝裁判”,大多数地方法院考虑已达到退休年龄的人员不符合目前国家“五险一金”缴纳条件的相关规定,为避免用人单位陷入司法裁判确立义务难以履行的困境,在裁判此类案件时便直接适用《劳动合同法实施条例》第21条,按劳务关系处理,并在地方劳动争议裁审口径中予以明确,如北京市《关于劳动争议案件法律适用问题研讨会会议纪要(二)》、广东省《关于审理劳动人事争议案件若干问题的座谈会纪要》、浙江省《关于审理劳动争议案件若干问题的解答(二)》等。

上海市早在2003年曾将用人单位雇用退休人员等劳动者的关系界定为特

---

〔1〕 参见郑学林等:《〈关于审理劳动争议案件适用法律问题的解释(一)〉几个重点问题的理解与适用》,载《人民司法》2021年第7期。

〔2〕 如《关于执行〈工伤保险条例〉若干问题的意见(二)》(人社部发〔2016〕29号)、《人力资源社会保障部对十三届全国人大一次会议第7851号建议的答复》(人社建字〔2018〕9号)、《人力资源社会保障部对十三届全国人大二次会议第6979号建议的答复》(人社建字〔2019〕37号)等。

殊劳动关系,[1]彼时《劳动合同法》、《劳动合同法实施条例》、最高人民法院《关于审理劳动争议案件适用法律若干问题的解释(三)》(已废止)均未出台。之后,在上海市高级人民法院《民事法律适用问答》(2012 年第 1 期)中对此问题又区分了三种情况:第一,已经享受基本养老保险待遇的超龄人员与用人单位之间建立的是劳务关系;第二,劳动者达到退休年龄,在用人单位未解除劳动合同、未办理退休手续的情况下,双方存在劳动关系;第三,达到退休年龄但缴费年限不够,补缴社保费就可享受养老保险待遇的劳动者,与再就业单位之间为劳务关系。江苏省曾将用人单位与其招用的超龄人员之间的用工关系按雇佣关系处理,[2]如今采取的也是具体问题具体分析的方法,规定:用人单位与其招用的达到退休年龄且已享受养老保险待遇的人员发生的用工争议,按劳务关系处理;若招用的是未享受养老保险待遇的超龄人员,且双方之间用工情形符合劳动关系特征的,则按劳动关系特殊情形处理。[3]

各地劳动争议裁审口径的大相径庭,难免造成裁判不一的现象。另外,这些提供裁判标准的规范,归根结底只属于裁判所依据来源中的说服性材料,法官即便不采用也不承担说明理由的责任。所以,即便是在同一个地方,对超龄人员用工关系的认定仍会出现不同的结果,而裁判结果输出的不稳定将会减损法治的权威,影响民众对公正的体悟。

三、劳动关系治理中的规范协同

从上述可知,当下劳动关系领域客观存在各种规范,每一种规范都有其不同的规范属性、特定的调整对象、发挥作用的场域、时间和空间。[4] 它们共生共存,交互竞争,彼此博弈,如果处理不好不同规范之间的冲突,则有可能迟滞,甚至阻断我国劳动关系治理法治化的进程。某种意义上,"协同"这个语词实际

---

〔1〕 参见上海市劳动和社会保障局《关于特殊劳动关系有关问题的通知》(沪劳保关发〔2003〕24 号)。

〔2〕 参见江苏省高级人民法院、江苏省劳动争议仲裁委员会《关于审理劳动争议案件的指导意见》(苏高法审委〔2009〕47 号)。

〔3〕 参见《江苏省劳动人事争议疑难问题研讨会纪要》(苏劳人仲委〔2017〕1 号)。

〔4〕 参见刘作翔:《当代中国的规范体系:理论与制度结构》,载《中国社会科学》2019 年第 7 期。

已经暗含了解决之道，因为其不仅指各方互相配合，还有协助、协理、辅助之意。进言之，“规范协同”寓意多元规范之间是有位序差异，主次之分的，法律规范理应居于主导地位，劳动关系治理必须在法治轨道上予以推进。

（一）坚持推进劳动关系治理法治化

选择法治是中华人民共和国成立以来最重要的制度成就。一方面，法治是内含德性的饱满概念，为国家治理注入了全人类珍视的共同价值；另一方面，法治也为国家治理创新了“国家—社会—个体”的三元协同机制。[1] 是故，国家治理与法治密不可分，推进国家治理现代化的关键就在于法治化。

劳动关系治理法治化是国家治理法治化中不可或缺的环节，应充分发挥法治在劳动关系治理中固根本、稳预期、利长远的作用。2020 年年初，新冠疫情的暴发给我国劳动关系的治理带来了巨大挑战，尽管时至今日我们还处于平稳抗疫的阶段，但及时总结、剖析前期导致治理与法治之间出现张力的原因，亦可以为促进劳动关系治理法治化提供省察的素材。本次疫情属于突发公共卫生事件，属于不可抗力。中央与地方政府迅速出台了一系列有针对性的举措，如“企业停工停产”“限制人员流动”“延长假期”“发放工资待遇”“社保延期缴费”等，在有力稳定了社会秩序的同时，也使如何以“法律之治”实现非常态劳资关系中的用人单位和劳动者之间的利益平衡问题显露出来。[2]

争议主要集中在两个方面：一是关于疫情期间停工的工资支付。“不劳动，无工资”的原则在公共卫生事件中受到国家干预，具有合理性和必要性，但也要符合比例原则，不能过度加重企业负担。而不同地方出台的五花八门的政策，既让企业内部管理无所适从，也使得疫情防控中的停工待遇混乱分化。[3] 另外，将 1994 年制定的《工资支付暂行规定》作为法律依据适用于这次疫情期间的工资支付情形亦有待商榷。二是关于疫情期间的劳动合同中止。疫情原因虽然造成了劳动合同的一时履行不能，但合同中止制度只是规定在上海、天津、山东、江苏等一些地方性法规或地方裁审口径中，至于工作年限计算、社保支付义务、恢复履行事项等操作要点也是各行其是。因此为了保障劳动者的生存

〔1〕 参见李忠夏：《风险社会治理中的宪法功能转型》，载《国家检察官学院学报》2020 年第 6 期。

〔2〕 参见蒋悟真：《疫情防控的社会法省察》，载《政治与法律》2020 年第 4 期。

〔3〕 参见黎建飞：《公共卫生事件对劳动关系的影响与应对》，载《法治研究》2021 年第 1 期。

权,即便在这些地方,国家父爱主义的关怀也不支持暂时停止履行劳动合同的做法。依法治疫,是对国家治理体系和治理能力的重要考验,劳动关系治理要改变过度倚赖“政策之治”的治理模式,完备的法律规范体系是首要前提。

(二)坚持立改废释并举,完善劳动法律规范

良法善治是现代法治最简明的表述,“法律是治国之重器,良法是善治之前提”。劳动法律规范与我们的工作生活息息相关,抓住提高立法质量这个关键,方能推进劳动关系治理法治化,积极回应人民群众的新要求、新期待。

后民法典时代,适时编纂劳动法典成为学界的重要关切。在我国劳动法体系中,团体自治法和国家干预法部分仍存在明显短板,相关单行法律尚未齐备。尤为突出的是劳动基准法的空缺,它是有关劳动条件的法律,包括工作时间、工资、休假、职业安全健康、女职工和未成年工的特殊劳动保护等内容。而目前这些对劳动者权益进行保护的最低标准相对分散,相关规范性文件出台时间较早且立法层级不高。比如对“工资”的界定,主要依据的是原劳动部《关于贯彻执行〈中华人民共和国劳动法〉若干问题的意见》(劳部发〔1995〕309 号)、1990 年国家统计局发布的《关于工资总额组成的规定》和 2009 年财政部制定的《关于企业加强职工福利费财务管理的通知》。

新业态从业者的权益保障更是数字经济时代对劳动法提出的新问题。一方面,国家的立场非常明确,“支持新兴业态发展”,“支持劳动者通过新兴业态实现多元化就业”,允许网约工与平台企业在劳动关系与民事关系之间自由选择,避免劳动关系泛化。[1] 另一方面,劳动关系认定困难是目前快递员、外卖骑手、网约车司机等平台从业者权益保障的最大障碍,无论“类劳动者”“类雇员”的理论最终是否为顶层设计所接纳,若将灵活就业人员纳入劳动法适用范

〔1〕 参见 2016 年由交通运输部等七部门联合发布的《网络预约出租汽车经营服务管理暂行办法》(已于 2019 年修改)、2017 年《国务院关于做好当前和今后一段时期就业创业工作的意见》(国发〔2017〕28 号)、《人力资源社会保障部对政协十三届全国委员会第三次会议第 3927 号(经济发展类 305 号)提案的答复》(人社提字〔2020〕82 号)、2020 年国务院办公厅《关于支持多渠道灵活就业的意见》(国办发〔2020〕27 号)等。

围，都将涉及对现行劳动法律制度及与之配套的社会保障法律制度和体系的突破。[1]

(三)尊重劳资合意，强化企业合规管理

“治理”是一种偏重于技术性的政治行为，权力向度是多元的，自治规范应当在劳动关系法治化治理中更加积极作为。2018 年被视为“中国企业合规元年”，强化企业合规管理是新时代坚定不移走高质量发展之路的必然选择。

企业规章制度合规是一个不容忽视的问题，不仅可以加强企业自身规范运作，也是对员工进行考核管理的重要依凭，涉及员工选聘、晋升、调岗、辞退、薪酬待遇、保险福利、考核标准、奖惩制度等各方面内容。有效防范用工风险的规章制度需要满足内容合法、程序民主和公示告知三个要件。不过现行法之下，民主程序仅体现为两个步骤：一是“经职工代表大会或者全体职工讨论、提出方案和意见”；二是用人单位“与工会或者职工代表平等协商确定”。由此，职工参与程度的深浅、参与权保障制度的有无，以及劳资双方是否协商一致，其实都并不影响规章制度的效力，司法裁判也大多对民主程序的要求作出了妥协，即没有严苛地要求履行完整的民主程序，只要是“合法、合理且公示或告知劳动者”的规章制度，便可作为用人单位惩处职工的依据。[2] 从长远来看，规章制度作为平衡资方经营自主权和劳方合法权益的自治规范，无论是在形式还是在实质上都应当尊重劳资双方合意。[3]

再有，最高人民法院近年来积极践行和弘扬社会主义核心价值观，在劳动

---

〔1〕 我国劳动法原本就没有解决好劳动关系、劳务关系与雇佣关系的问题，在“互联网 +”时代更加复杂，劳动关系的认定愈加不易。参见娄宇：《平台经济从业者社会保险法律制度的构建》，载《法学研究》2020 年第 2 期；常凯、郑小静：《雇佣关系还是合作关系？——互联网经济中用工关系性质辨析》，载《中国人民大学学报》2019 年第 2 期；田思路、刘兆光：《人工智能时代劳动形态的演变与法律选择》，载《社会科学战线》2019 年第 2 期；谢增毅：《互联网平台用工劳动关系认定》，载《中外法学》2018 年第 6 期；王全兴：《“互联网 +”背景下劳动用工形式和劳动关系问题的初步思考》，载《中国劳动》2017 年第 8 期。

〔2〕 如广东省高级人民法院、广东省劳动争议仲裁委员会《关于适用〈劳动争议调解仲裁法〉、〈劳动合同法〉若干问题的指导意见》第 22 条第 2 款，深圳市中级人民法院《关于审理劳动争议案件的裁判指引》第 72 条第 2 款等。

〔3〕 参见郑尚元、王艺非：《用人单位劳动规章制度形成理性及法制重构》，载《现代法学》2013 年第 6 期；朱军：《论我国劳动规章制度的法律性质——“性质二分说”的提出与证成》，载《清华法学》2017 年第 3 期。

争议案件中也越来越多地将社会主义核心价值观融入裁判文书释法说理。适用“诚信”“敬业”“公序良俗”等基本原则或法律标准是法治和德治相结合的彰显,而如何与事实要件进行勾连并在个案中作出价值判断,则更多地与法官的自由裁量相关。[1] 从降低企业用工风险和成本的角度,可将社会主义核心价值观内化于企业规章制度之中,通过合规管理既做到在争议发生前防患于未然,也是劳动关系治理法治化的要求和表现。

(四)在司法中建立健全规范协同的落实机制

“公正是法治的生命线”,在价值观日趋多元的现代社会,司法被公认为是维护社会公平正义的最后一道防线,完成司法上的法律发现和论证,给出判决理由,即作出法律决定的直接依据,以及提出这一依据的依据,是防止恣意裁判、保障司法公正、实现法治目标的重要路径。[2]

在中国法治语境下,司法裁判之依据来源的范围非常广泛,除了效力渊源,还包括认知渊源。[3] 前者指的是有效力的法律表现形式,或者说具有效力位阶的制度性权威,后者则是脱离效力的规范概念,譬如与劳动争议纠纷相关的司法解释、政策、企业规章制度、公序良俗、社会公德等。而对于没有效力层级的规范的适用顺序及冲突解决,似乎取决于法官的自由选择,也就容易导致同案不同判的现象。因此,在司法中建立健全规范协同的落实机制,意义广泛而深远。

第一,促进劳动法领域的司法解释和指导性案例同向同行。针对《劳动法》中不够具体明确的规定而使实践中理解执行出现差异的情形,如法定节假日加班工资究竟是 3 倍还是 4 倍、视为订立而实际未订立无固定期限劳动合同的双倍工资是多少个月的等,司法解释应当及时挺身而出。同时,指导性案例对于制定法进行解释和补充的基本功能也是有目共睹的,其中的“裁判要点”在某种意义上就是司法解释的另一种面目。截至 2021 年 12 月 3 日最高人民法院共发布 31 批 178 个指导性案例,其中涉及劳动法类的仅 5 个。因此,统一法律适用

---

[1] 参见陈林林、严崴:《公序良俗的法理分析:性质、类型与适用》,载《南京社会科学》2021 年第 2 期。

[2] 参见陈林林:《裁判的进路与方法》,中国政法大学出版社 2007 年版,第 9 ~ 12 页。

[3] 参见雷磊:《法的渊源理论:视角、性质与任务》,载《清华法学》2021 年第 4 期。

标准既要主动通过个案进行解释,将指导性案例作为解释的工具,淡化司法解释的立法色彩,还要尊重判例生成的自然性与司法性,综合立法与司法的双重视角来提升指导性案例的品质,并在指导性案例的运用中彰显司法解释的生命力。[1]

第二,完善劳动法领域的法律适用分歧解决机制和类案检索工作。自2019年以来,最高人民法院先后发布了《关于建立法律适用分歧解决机制的实施办法》《关于统一法律适用加强类案检索的指导意见(试行)》《关于完善统一法律适用标准工作机制的意见》,也为解决劳动法领域中的同案不同判问题指明了方向。如劳动关系确认是劳动争议案件中的基本类型之一,它也关系到经济补偿、双倍工资、赔偿金、加班费等争议的解决,尤其是互联网平台用工劳动关系的认定,在判断双方是否存在建立劳动关系的合意、是否符合劳动关系从属性的特征、如何作出与民事法律关系的区分等方面,都需要通过不断完善类案检索和法律适用分歧机制工作予以明确。

从“有法可依”到“科学立法”,从“法律体系”到“法治体系”,从“依法治国”到“全面依法治国”,中国国家治理体系和治理能力现代化建设在法治轨道上稳步前进。将人民群众对美好生活的向往融入劳动关系治理中,践行“以人民为中心”的理念,完善劳动立法,坚持以劳动法律规范为主导,多元规范协同,协同共治,从而提升人民群众的获得感、幸福感和公平感。

---

[1] 参见徐媛媛:《案例指导制度中的理性建构偏好——基于审判指导性案例的展开》,载《国家检察官学院学报》2019年第5期。

成文宪法国家宪法惯例的运作机理*

——以澳大利亚1975年宪法危机事件为例

张玉洁**

内容摘要：澳大利亚拥有美国式的成文宪法，但是不成文的宪法惯例在其政治运作和宪法体制中作用巨大。在1975年因总督科尔罢免总理惠特兰所引发的宪法危机事件中，宪法惯例解决了《1901年宪法》第63条和第64条，以及第63条和第76条规定之间的龃龉，明确了总督享有罢免总理的权力，但是联邦高等法院无权就这一权力所涉问题给出正式的咨询意见；宪法惯例也补充了成文宪法未能规定的总督罢免总理的理由和程序，排除了因政府未能获得财政拨款就在未事先警告的情况下直接罢免总理的做法的正当性；宪法惯例还为《宪法》第53条、第57条和第64条提供了解释，昭示了宪法并未赋予参议院拒绝通过政府财政法案的权力，以及即便政府财政法案未获通过，总督也可以选择双重解散重选议员的方式解决争端，并不必然罢免总理。正是由于宪法惯例的存在，此次宪法危机事件才没有最终酿成影响澳大利亚政治体制的严重后果——宪法惯例可以说是成文宪法的危机应对机制。

关键词：澳大利亚　宪法危机　成文宪法　宪法惯例　保留权力

宪法惯例对于维持一个国家的宪法秩序具有重要的作用，在有的情况下，宪法惯例的影响力甚至不亚于成文宪法。澳大利亚（以下简称澳洲）是一个既

---

* 本文系重庆市社会科学规划项目“党内法规与国家法律事后合宪性审查衔接联动机制研究”（2019BS112）、教育部哲社重大攻关项目“加强宪法实施、教育和监督研究”（18JZ036）的阶段性成果。

** 西南政法大学行政法学院讲师，法学博士。

拥有美国式的成文宪法,[1]又在宪法制度的设计层面上基本遵从英国的政治架构和不成文法传统的特殊国家。因此在澳洲,宪法惯例与成文宪法之间的关系,以及宪法惯例对于无法律明文规定之领域的影响,都呈现出极其特殊之处。这些关系和影响在著名的1975年宪法危机事件中得以集中呈现。

一、引言:1975年宪法危机中的成文宪法与宪法惯例

1975年澳洲宪法危机,也被称为免职事件,发生于1975年11月11日。当时的澳洲总督约翰·科尔(John Kerr)将时任总理的工党主席高夫·惠特兰(Gough Whitlam)免职,[2]并重新任命反对党,即自由党主席马尔科姆·弗雷泽(Malcolm Fraser)为临时代理总理。

惠特兰的工党政府在1972年以微弱优势获得了众议院的多数席位,[3]但是当时参议院由反对党执掌。[4] 在1974年参众议院被双重解散时,[5]惠特兰政府仍然获得了众议院的微弱多数,但是任何党派都未在参议院获得多数。惠特兰带领其政府试图引入许多新的政策以缓解澳洲当时面临的经济危机,但是这些政策中多有失误,惠特兰政府也在政策执行过程中爆出多起丑闻。1975年10月,反对党利用这一点以及其在参议院的势力,使得旨在维持政府日常开销的《拨款法案》(Appropriation Bill)在参议院推迟(deferred)通过,虽然这一法案先前已经在工党占据多数的众议院得以通过。由于澳洲《1901年宪法》要求法案必须由参众两院共同通过,并获得总督同意之后方能施行,[6]参议院未能通过法案意味着惠特兰政府将无法拥有足够的资金维持其正常的工作。反对党

---

〔1〕 澳洲现行宪法是《1901年宪法》。

〔2〕 总督(governor general)是英国君主在澳洲以及其他曾经属于英国殖民地的国家的代表,代行女王权力。澳洲政府的首脑称为总理(prime minister)。

〔3〕 根据英国的责任政府传统,政府首脑由在民选议院占据多数席位的党派主席担任。

〔4〕 澳洲议会仿美国制,分为代表各州利益的参议院和代表普通民众利益的众议院。

〔5〕 同时解散参议院和众议院被称为"双重解散"(double dissolution)。关于双重解散的具体规定和实践做法,请参见本文第四个大标题之下第一个小标题。

〔6〕 *Commonwealth of Australia Constitution Act* 1901, Art 58.

宣称,如果惠特兰不重新选举众议院[1]——当时反对党相信,如果对众议院成员进行重选,那么是他们而不是工党将获得多数席位——他们就不会改变立场,并且敦促总督科尔解雇惠特兰,除非惠特兰满足他们的要求。

1975 年 11 月 11 日,惠特兰试图对参议院的一半席位进行重选以打破这一僵局,促使《拨款法案》能够尽快通过。但是当他寻求总督科尔的同意时——根据《1901 年宪法》第 5 条的规定,只有总督才能宣布解散议会[2]——科尔却罢免了他,并且将反对党主席弗雷泽置于这一职位——根据传承于英国的惯例,如果现任政府因某些原因缺位,在议会重新选举并据此产生正式的新任政府之前,总督会先任命反对党主席组建临时过渡政府。科尔甚至没有提前告知总理惠特兰自己可能将他罢免的意图,使得反对党主席弗雷泽在工党议员们意识到政府换届之前,就以正常程序使得《拨款法案》在参议院获得通过,为弗雷泽临时政府提供了足够的财政保障。由于众议院在解散重选之前仍然由工党占据多数席位,因此随后弗雷泽就在众议院遭到了不信任案;但是由于总督科尔的支持,他得以对众议院和参议院进行双重解散和重选。在这次大选中,弗雷泽政府获得了参众议院中的绝对多数,正式开始执政。

此次免职事件提出了许多宪法上的问题,既涉及对成文宪法相关条文的理解,也深入成文宪法未能明确规定之事项范围。例如,《1901 年宪法》第 64 条规定的"行政官员掌管各部应当合总督之意",是否意味着总督享有罢免总理的权力;如果答案是肯定的,那么总督应当依据何种理由、经由何种程序行使这一权力,尤其在没有寻求任何其他方式且没有提前告知现任总理的情况下,仅依循联邦高等法院(High Court of Australia)的建议就如此行为的正当性何在;[3]联邦高等法院的首席大法官是否有权就总督咨询给出正式的咨询意见并影响总督的后续行为;[4]除罢免总理之外,当时面临政府与参议院之间僵局的总督科尔,是否有可能诉诸《1901 年宪法》第 57 条提供的解散议会等其他途径解决

[1] 除同时解散参众议院之外,解散一个议院或仅就一个议院部分席位进行重选也是允许的。

[2] *Commonwealth of Australia Constitution Act* 1901, Art 5.

[3] 联邦高等法院是澳洲联邦层面的最高法院。

[4] 澳洲联邦高等法院的法官也称为大法官(justice),其中有一名首席大法官(chief justice)。*Commonwealth of Australia Constitution Act* 1901, Art 71.

政府财政困境;以及根据《1901年宪法》第53条关于参议院不得提出或修改为维持政府日常工作要求财政拨款议案的规定,能否得出参议院有权“推迟”通过已经在众议院通过的惠特兰政府《拨款法案》的结论,等等。这些问题的答案同时存在于澳洲《1901年宪法》和该国因历史原因传承的英国习惯法之中,其中,基于实践中的反复做法而形成的宪法惯例,为这些问题所提供的答案更为明晰和可行。尤其是在成文宪法的条文之间出现冲突之时,宪法惯例得以居间调和;在成文宪法因某种原因未能就具体细节进行规定之时,宪法惯例能够予以填补;在成文宪法的含义模糊不清之时,宪法惯例能够予以疏解。尽管澳洲采取了成文宪法模式,但是宪法惯例也无时无刻不与成文宪法息息相关、休戚与共,宪法惯例总是处于成文宪法之上、之间或之内。

二、冲突调和:处于成文宪法之上的宪法惯例

(一)总督罢免总理的权力

在英国的历史上,君主享有两项最重要的、基于习惯法所保留下来的权力,称为保留权力(reserve power),是任命和罢免英国首相的权力。同样在澳洲,总督也拥有任命和罢免总理的权力,这一权力获得了成文宪法的认可。《1901年宪法》第64条规定,总督可以任命联邦各部的部长,其中包括总理;此条还规定,包括总理在内的“行政官员掌管各部应当合总督之意”。[1] 这两条实际上承认了总督基于习惯法所享有的任免总理的权力,尤其是在总理的人选不合总督之意时,总督可以罢免之。不过根据第63条的规定,《1901年宪法》所赋予总督的权力应当根据联邦执行委员会(Federal Executive Council)的建议行使。[2] 执行委员会由联邦行政机关各部现任和前任部长、部长助理组成,[3]因而执行委员会的成员绝大多数都是执政的总理所任命的本党派成员。由这些成员所形成的真正掌握行政权的是内阁,而内阁以总理为领袖,因此总督的权力实际上根据总理的建议行使。在现实中,总督也总是寻求总理的建议,而不

[1] *Commonwealth of Australia Constitution Act* 1901, Art 64.
[2] *Commonwealth of Australia Constitution Act* 1901, Art 63.
[3] *Commonwealth of Australia Constitution Act* 1901, Art 64.

是真正召集各部部长举行执行委员会会议以直接寻求部长的意见;反之亦然,总理在需要总督进行行为时也会直接向总督提出建议,而不是交由各部部长通过执行委员会会议的方式向总督谏言。

在涉及政府各部部长的问题上,《1901 年宪法》第 63 条和第 64 条之间一直运转良好。例如,1975 年 6 月——宪法危机出现当年早些时候——总督科尔就根据总理惠特兰的建议,罢免了克莱德 · 卡梅隆(Clyde Cameron)劳动和移民部部长的职位。该事件的起因是惠特兰想让卡梅隆出任科学和消费事务部部长,但是遭到了后者的拒绝,惠特兰因而向总督求助。科尔本来在是否应当直接罢免卡梅隆还是通过其他途径解决二者之间争端的问题上犹豫不决,但是惠特兰向他指出,《1901 年宪法》第 64 条明确规定"行政官员掌管各部应当合总督之意",此条意味着总督在其不满意之时,可以罢免部长,当然前提是必须根据第 63 条的规定依循总理的建议方可为之。

但是,在总督是否有权罢免总理的问题上,《1901 年宪法》第 63 条和第 64 条之间出现了龃龉。因为在一般情况下,正常执政的总理都不会建议总督罢免自己,否则其通过艰难耗时的竞选活动成为总理并执掌政府的过程就变得没有意义,但是根据《1901 年宪法》和英国传统的习惯法,总督又的确享有罢免总理的权力。那么对这两个相互冲突的条文应当如何进行解释呢?

答案来自英国传统和澳洲境内的习惯性做法。在澳洲境内,总督罢免总理的权力在 1975 年之前从未在联邦层面启用,但是州层面州督和州长之间的冲突则曾经有过几次,[1]其中有两次都以州督罢免州长为结局。州长与州督之间冲突的第一次著名事件发生在 1916 年的新南威尔士州,当时新南威尔士州州长威廉姆 · 霍尔曼(William Holman)试图延长州众议院议员任期一年,以便延长自己的执政时间并为下一次大选做铺垫。州督杰拉尔德 · 斯特里克兰(Gerald Strickland)拒绝了州长的提议,可是最终的结果却是州督自己被罢免。在此后的 1932 年和 1952 年,州长和州督之间的斗争都以州督的胜利为结果。1932 年,新南威尔士州州长约翰 · 朗(John Lang)以违法方式经营政府财政,州督菲利普 · 乌尔科特 · 盖姆(Philip Woolcott Game)警告州长其行为涉嫌违法

[1] 类似联邦层面的总督和总理,各州也有自己的州督(state governor)和州长(premier)。

并要求其立即停止，但是遭到了州长的拒绝，此后州督罢免了州长并解散了政府，任命反对党主席组建临时政府，直至大选选举出新一任政府。1952年，维多利亚州政府提出的《拨款法案》未能在参议院获得通过，州督达拉斯·布鲁克斯(Dallas Brooks)同样罢免了州长J. 麦克唐纳德(J. McDonald)，拒绝了其提出的解散议会的要求，任命无党派人士组建政府。

1932年和1952年发生的事件，成为1975年总督科尔认定自己享有并且可以行使罢免总理权力的依据，即便总督并未根据《1901年宪法》第63条的规定遵循总理的建议。尤其是1952年的事件，同样是政府的《拨款法案》未能在参议院获得通过；唯一不同的是，在1952年，可能丧失财政支持并因此破产的政府是维多利亚州政府，而在1975年，这一政府变成了澳洲联邦政府。州督和州长之间的关系一向类比总督和总理之间的关系，因此如果州督享有罢免州长的权力，那么似乎总督也应当享有罢免总理的权力。正是基于这种理解，总督科尔确信自己拥有罢免总理的权力，并据此行使了这一权力。当然，也有学者认为，总督科尔在1975年11月罢免总理惠特兰，是受到惠特兰先前提醒他根据宪法有罢免部长的权力的启发。换句话说，惠特兰对《1901年宪法》第64条的解释将自己的政府埋入了坟墓。[1]

不过，尽管澳洲在州层面曾经出现的州督罢免州长的先例，为总督在不经过总理建议的情况下对其进行罢免提供了权力依据，但是涉及公权力的行使并非如此简单。即便总督有权罢免总理，其也必须以正当的理由，经过正当的程序罢免总理，对于这些内容，澳洲《1901年宪法》或者其他的成文法都没有进行规定，因此属于完全由不成文的习惯所规制的领域。

（二）高等法院提供咨询意见的权力

1975年澳洲总督科尔在罢免总理惠特兰之前，曾经征询过联邦高等法院的意见。《1901年宪法》规定，联邦司法权力属于联邦层面的最高级别的法院和由联邦国会创设的其他联邦法院享有。[2] 澳洲境内的联邦最高法院称为高等法院，享有一般案件的最终上诉管辖权和涉及联邦与州际事务案件的初审管辖

〔1〕 See A. Reid, *The Whitlam Venture*, Melbourne, Hill of Content, 1976, p. 309 – 315.

〔2〕 *Commonwealth of Australia Constitution Act* 1901, Art 71.

权。[1] 高等法院同时享有解释宪法含义的权力——根据《1901 年宪法》第 76 条的规定,高等法院根据国会立法的授权可以享有解释宪法和判定国会通过立法是否在宪法规定的立法权限之内的权力。[2] 因此,在总督科尔对应当如何理解《1901 年宪法》第 64 条——尤其是总督是否享有罢免总理的权力——犹豫不定之时,他选择了咨询高等法院大法官的意见。

在与总督的多次交谈中,联邦高等法院大法官安东尼 · 麦森(Anthony Mason)确认总督享有罢免总理、解散政府的保留权力,但是麦森提醒科尔,在其采取行动之前应当将自己的这一想法事先告知总理惠特兰。[3] 随后在事件发生的前一天,即 1975 年 11 月 10 日,高等法院首席大法官加菲尔德 · 巴维克(Garfield Barwick)以正式的书面形式回复了总督的咨询,再次确认总督享有罢免总理的保留权力。巴维克的这一意见成为科尔罢免惠特兰的直接依据。[4]

可是,根据《1901 年宪法》第 63 条的规定和实践中所形成的习惯性做法——这一点前面已经指出——总督行使权力应当遵循总理的建议。因此该条和第 76 条的规定之间因而在总督提出咨询的时候出现了龃龉——在涉及对宪法条文的理解之时,总督应当遵循谁的意见,高等法院还是总理——尤其是高等法院的法官与总理的意见存在冲突的情况下。以及更重要的,在联邦高等法院接到总督或者其他政府成员关于宪法条文理解问题的咨询之时,大法官们有权根据第 76 条的授权给出正式的咨询意见并影响总督和其他人的行为吗?抑或大法官们应当告知总督,他只能根据第 63 条的规定咨询总理的意见?

对于最后一个问题,正如惠特兰总理在面对总督科尔就是否咨询高等法院大法官意见的询问时所给出的答复,澳洲自 1914 年至 1975 年的历史上,从未

---

〔1〕 *Commonwealth of Australia Constitution Act* 1901, Art 73.

〔2〕 *Commonwealth of Australia Constitution Act* 1901, Art 76.

〔3〕 See Peter Edwards, *Kerr, Sir John Robert (1914 - 1991)*, in Australian Dictionary of Biography, http://adb.anu.edu.au/biography/kerr-sir-john-robert-23431, published in 2017, last visited on 27 March, 2020.

〔4〕 See L. J. M. Cooray, *Conventions, The Australian Constitution and the Future*, California, Legal Books, 1979, p. 127.

有过总督就涉及宪法的问题询问高等法院意见的实践。[1]

对于第二个问题,既有实践所给出的答案也是否定性的。即便总督可以征询高等法院的意见,高等法院也无权给出正式的答复。总督科尔或许可以以朋友的身份与高等法院的大法官在私下以非正式的方式进行沟通,就像他与大法官麦森所做的那样,大法官或许也可以在这一非正式的会晤过程中给出口头的建议,但是,像首席大法官巴维克所给出的正式的书面意见却是无法接受的。之所以形成这一习惯性做法,原因可能在于,澳洲联邦高等法院与美国联邦最高法院类似,是专司裁判的司法机关,其并不承担类似法国宪法委员会或德国、奥地利宪法法院事前或抽象审查立法或行为合宪性的职能。经典理论认为,司法的一个重要特征在于其被动性,即仅在相关案件发生并被提交至法院之后,法官才有权运用司法权正式介入案件的处理;如果事情尚未发生,那么法官不能主动干预之。这是美国和澳洲的法院所一直秉承的观念。[2] 在1975年总督科尔寻求意见时,相关的行为尚未作出,如果高等法院所提供的是类似朋友间的麦森式的非正式建议,那么尚不会触动司法权的根基。可是大法官巴维克所给出的却是正式的书面意见。巴维克本人非常清楚自己这一意见所具有的效力和影响力,有学者甚至认为他有意影响总督的行为。[3] 因此,巴维克的行为无疑超越了司法权的合理范围。此外,无论是正式的还是非正式的意见,如果事后总理惠特兰据此将总督科尔告上法院,那么事先给出意见的大法官——巴维克和麦森——都必须回避案件的审理,他们所给出的意见也将丧失实际的效力。

既然高等法院提供给总督的不是也不应当是正式意见,那么总督在行使权力时仅能够参考这一意见,更多的权重应当放在总理所给出的建议和意见上。因此,对于第一个问题,传统习惯所给出的答案是,总督不应当,至少不能完全依循联邦高等法院的意见进行行为,他必须征求总理的意见和建议,并以此为

---

〔1〕 See Paul Kelly, *November 1975: The inside Story of Australia's Greatest Political Crisis*, Australia, Allen and Unwin, 1995, p. 151.

〔2〕 例如澳洲联邦高等法院在先前的一个案件中裁决,其无权在事件发生之前提供关于宪法问题的咨询意见。*In the Judiciary and Navigation Acts* (1921) 29 CLR 257.

〔3〕 See L. J. M. Cooray, *Conventions*, *The Australian Constitution and the Future*, California, Legal Books, 1979, p. 126.

准据。换句话说,即便总督所提出的是涉及宪法的问题,《1901年宪法》第63条的规定也必须适用,在涉及总督行为时,第76条的规定应当让位于第63条。

三、空隙填补:介于成文宪法条文之间的宪法惯例

(一)总督罢免总理的理由

1975年宪法危机事件为《1901年宪法》第64条增加了一个补充性规定,尤其是补充了关于总督罢免总理之正当理由的一个禁止性事项,禁止总督因政府未获得财政支持罢免其首脑。

无论是英国的制定法还是澳洲的《1901年宪法》,都没有规定总督在何种情况下可以罢免总理。在英国传统上,当总理进行了严重违背宪法和国家原则的行为时,可以被罢免。[1] 例如,1932年新南威尔士州州长违反州宪法规定,以现金的形式收支财政资金,就得以正当化州督对其的罢免。但是,1975年科尔对惠特兰的罢免并非基于其非法行为,而是因为其无法获得财政支持。[2] 在许多学者看来,这与先例不符,尤其违背了责任政府原则中政府首脑由在民选议院占据多数席位的党派主席担任的惯例。这一惯例与英国君主以及澳洲总督所享有的一项保留权力相关,即任命首相或总理的权力。在英国根据惯例,在澳洲根据《1901年宪法》第64条的规定,君主或总督有权任命首相或总理,但是由于该宪法惯例的存在,这一权力却几乎只具有名义上的效力——君主或总督必须任命在下议院或众议院中拥有多数席位的党派或党派联合的主席。这就是为何在1972年和1974年,虽然工党只在众议院获得了多数席位,却未在参议院获得多数席位的情况下,总督科尔将工党主席惠特兰任命为总理——事实上,他别无选择。但是,当1975年11月科尔罢免惠特兰时,惠特兰的工党却仍然在众议院占据多数席位——尽管是微弱多数——科尔的罢免行为因此似乎有忤逆民意之嫌。

---

〔1〕 See Ivor Jennings, *Cabinet Government*, Cambridge, Cambridge University Press, 1959, p.412; S. A. de Smith, *Constitutional and Administrative Law*, London, Penguin Books, 1975, p.103-104.

〔2〕 这一理由虽然与1952年维多利亚州事件相同,但是1975年总督科尔所诉诸的程序却与达拉斯·布鲁克斯完全不同。这一点将在下一个小标题详细呈现。

当然,也有学者认为总督对总理的罢免是正确的。在英国法的传统中,不仅有在下议院拥有多数议员支持的总理有权进行统治的传统,还存在一项重要的宪法原则,即当首相或总理无法获得财政支持的时候,他/她要么应当提出辞职,要么应当提出对议院进行重新选举。而君主或总督,要么接受首相或总理辞职的申请,要么接受首相或总理的重选建议。但是鉴于1974年已经进行过的一次双重解散并未能有效改善惠特兰政府的尴尬境地,总督这一次选择罢免总理,而不是对议员进行重新选举,是可以理解的,也是符合先例的。

在这里,两个惯例出现了冲突——无法获得财政支持的总理应当辞职的传统和在下议院拥有多数议员支持的总理有权进行统治的传统。究竟两大惯例之间的冲突应当如何解决,是澳洲的制宪者一直都未能回答的问题。鉴于成文宪法也没有明确的规定,因此,究竟总督科尔当时应当选择贯彻哪个原则,并没有一个完全确定的答案。[1] 有支持者进一步指出,在澳洲的维多利亚州层面曾经出现过两次危机,足以正当化科尔的选择。1864年至1865年,维多利亚州州长詹姆士·麦卡洛克(James McCulloch)在其《拨款法案》中加入了一项涉嫌地方保护主义的关税政策,该政策遭到占据议会多数席位的商人和地主的强烈反对,导致整个法案被议会拒绝通过。州长当时并没有解散并重选议会议员,而是凭借州督的支持从国库中获得了政府开支所需的经费;但是结果导致大量公务员被减薪或解雇,维多利亚州的经济也出现了严重危机。这种情况的出现迫使议会在6个月之后通过了这一法案。虽然麦卡洛克在1866年的临时选举中获得了绝对多数并得以继续执政,但是当时支持其行为的(因而导致州内经济危机的)州督查尔斯·达令(Charles Darling)却被殖民地大臣解雇。1878年,类似的事情再次发生,维多利亚州州长布里(Berry)在其《拨款法案》中加入了一项涉及议员薪水的政策,同样遭到占据议会多数席位的中产阶级的反对,导致法案无法通过。这一次州督乔治·弗格森·鲍文(George Ferguson Bowen)的支持并不太坚决,他没有根据州长的建议解散议会进行重选。而且,这一次布里政府的后续措施更加严厉,布里没有削减公务员的薪资,相反,他直接解雇

---

〔1〕 See L. J. M. Cooray, *Conventions*, *The Australian Constitution and the Future*, California, Legal Books, 1979, p. 127, 131, 133.

了许多公务员,导致维多利亚州经济出现了比 60 年代更加严重的危机。7 个月后,议会同样被迫通过了政府的《拨款法案》。支持者指出,正是因为这些先前的教训,在 1975 年的事件中,总督科尔没有站在惠特兰政府一边,以避免可能出现的严重的全国性经济危机,当然也避免他自己可能在事后被罢免的后果。[1]

但是反对者认为,如果总督能够以避免经济危机为由罢免无法获得财政支持的政府总理并解散现任政府,那么这将释放一个信号,即反对党可以通过操控参议院拒绝通过执政党的《拨款法案》,从而实现政府的更迭。反对党甚至不需要通过大选在众议院中获得多数席位,仅在参议院中联合其他党派,就能够经总督之手组建临时政府并执掌国家的行政权;或者反对党可以以拒绝通过《拨款法案》为由,要挟执政党在通过法案之时向他们的利益倾斜。如果是这样,那么通过众议院推选出的、代表多数选民意见的政府就变得没有意义,以多数人意见为基本决策依据的民主制度也无法实现。与此同时,政府也会变得不稳定——因为拒绝与反对党合作的政府很可能因无法获得财政支持而被总督解散,而反对党组建的新政府也会遭到原执政党依据相同理由的反击。因此反对者指出,科尔以避免经济危机为由正当化其罢免总理惠特兰的行为是无法成立的。

此外,如果总督能够在不顾总理建议和众议院多数席位支持的情况下罢免总理,那么甚至可能会出现威胁整个政治体制的后果。英国传统中未能获得财政支持的总理主动辞职与总督对其进行罢免不同,辞职是主动的行为,总督仅仅具有同意或不同意的权力。换句话说,总督的这一权力是象征性的,与总督的身份相符。从 18 世纪初至今所架构的议会内阁制是英国和澳洲最重要的宪法惯例——或许这里甚至可以省略"之一"——其核心在于"君主统而不治",真正的国家权力掌握在议会及内阁手中,君主或总督只享有象征性的权力。可是罢免是被动的行为,如果总督拥有罢免总理的实权,那么就是总督而不是总理拥有实质上的行政权力。这一权力的后果可能葬送现代国家的基本民主诉

---

〔1〕 See L. J. M. Cooray, *Conventions, The Australian Constitution and the Future*, California, Legal Books, 1979, p. 124.

求。一方面，总督如果可以罢免总理，那么总理执政就必须迎合总督的口味——真正实现《1901年宪法》所规定的“行政官员掌管各部应当合总督之意”。通过将第64条的这一规定落到实处，总督就能够控制总理的行为，并进而控制整个政府的行为。政府通过向议会负责进而向民众负责的传统就会在实质上泯灭。另一方面，总督如果能够罢免在众议院中获得多数支持的党派的主席，并任命获得少数支持的反对党主席作为总理，那么总督也能够变相地控制民意。因为无论众议院选举的结果为何，总督都能够将自己中意的人选推上总理的职位，并通过不断要求众议员重选以最终支持总理的任命；总督甚至还可以诉诸英国君主所曾经采取的手段，即如果众议院多次重选都无法形成围绕总督所选任总理的多数，那么总督可以干脆宣布休会，停止议会的所有重要活动。如果总督的确享有了这些权力，那么无疑会对澳洲的政治制度产生根本性的影响，甚至将崇尚民主制的澳洲重新推回君主制时期。

有学者指出，1975年的总督科尔在罢免总理惠特兰的时候，很有可能的确持有类似想法，即通过罢免总理权力的行使，使总督的地位变得更加重要，权力也更加充盈。[1] 但或许正是因为这一巨大的潜在风险，总督科尔的行为备受当时澳洲国内民众，尤其是工党支持者的质疑，悉尼乃至全国都出现了大规模的反对游行。许多澳洲公民甚至表示，他们丧失了对澳洲政治生活的基本信心。科尔只得于1977年提前辞去了总督的职位，[2] 余生大部分时光在澳洲之外度过。宪法惯例有一个重要特征，其对政治行为的约束力主要通过社会整体舆论和民众评价为后盾实现，而不是通过法院的违宪判决。尽管法院在相关问题上的裁决能够间接证明宪法惯例的存在，但是宪法惯例往往不是法院裁决的直接依据。鉴于此，澳洲民众的行动实际上为总督是否有权因总理的政府未获得财政支持就罢免之的问题提供了答案——这个答案是否定的。

（二）总督罢免总理的程序

对于总督罢免总理应当遵循何种程序，无论是英国的立法还是澳洲的《1901年宪法》以及其他立法都没有进行规定。这一点可以理解，毕竟只有在

〔1〕 See L. J. M. Cooray, *Conventions, The Australian Constitution and the Future*, California, Legal Books, 1979, p. 144.

〔2〕 澳洲总督一届任期为5年，科尔于1974年上任，正常任期应当在1979年结束。

极端例外的情况下,英国的君主或者澳洲的总督或州督才会罢免首相、总理或州长。因此,没有必要就这一几乎不会行使的权力作出详细的规定。当然,一个更重要的原因可能是,在奉行议会内阁制的英国和澳洲,王室成员罢免政府首脑权力的保留,仅是为政治体制在历史进程中可能面临危机之时提供应急处置机制。换句话说,罢免的启动是正常政治运作的例外,〔1〕只有在国家面临重大威胁的情况下方才发生,因此不应当通过成文法的规定使其具有某种固定程序或合法制度的外观。罢免的程序同样主要由以宪法惯例为核心的不成文法传统来调整。

例如,澳洲维多利亚州州督在 1952 年处理州政府《拨款法案》未获州议会通过的程序,就被认为符合英国传统和澳洲的政治体制,因此能够作为惯例传承下来。1952 年,维多利亚州参议院拒绝通过由州长 J. 麦克唐纳德提出的且已经过众议院通过的《拨款法案》。参议院的拒绝与法案的内容无关,仅是占据参议院多数席位的工党和执政的自由党内部持有不同意见的成员想要以《拨款法案》为威胁,迫使政府重新制定选举法,从而改变维多利亚州境内议员选举不平衡的状态。州长麦克唐纳德试图解散众议院并重新选举众议员以打破这一僵局,〔2〕但是当时维多利亚州州督达拉斯 · 布鲁克斯并没有同意;不过州督也并没有罢免或建议将要破产的政府的首脑麦克唐纳德辞职,而是召集各党派主席会晤协商以寻求解决方案。最终,自由党主席诺曼(Norman)与麦克唐纳德,以及工党主席 J. 凯恩(J. Cain)之间达成了一致,同意由前一任州长、原属自由党成员但在当时成为无党派人士的托马斯 · 霍威(Thomas Hollway)接任州长并重新组阁;工党也承诺,如果霍威执政,那么其将促使参议院通过政府的《拨款法案》;霍威本人则保证,如果自己上台,那么一定能够为政府获得财政支持,并且将在执政期间推动新的选举制度的建立和相关法案的通过。在这一共识达成之后,州督拒绝了原州长因无法获得财政支持而解散议会并重选议员的提议,

---

〔1〕 参见[法]埃米尔 · 布特米:《斗争与妥协:法英美三国宪法纵横谈》,李光祥译,北京大学出版社 2018 年版,第 33 页。

〔2〕 重选众议员是当政府和议会之间出现冲突之时所采取的一种策略,其核心是将政府执政的合法性交由民众直接判断。如果民众仍然支持现任政府,那么作为议会不通过政府法案就是与民众意志相违背的;如果民众不再支持现任政府,那么政府将因丧失民主基础而倒阁。

并任命霍威为新州长。1952年10月28日霍威就任,《拨款法案》果然顺利在参议院获得通过,政府也获得了继续执政的足够经费。但是由于众议院并没有经过重新选举,因此自由党成员仍然占据大多数席位,这导致霍威很快就在众议院遭到不信任投票。为了能够继续执政,霍威向州督请求支持,希望能够同意解散众议院并重新选举众议员。但是州督拒绝了霍威的请求,霍威别无他法,只得在1952年10月31日,即执政3天之后根据州督的建议辞去了州长的职务。霍威卸任后,麦克唐纳德重新回到州长的位置并组建政府,并获得制度的支持得以解散议院重选议员。到此刻为止,一场因《拨款法案》未获通过而可能导致的政府破产危机得以妥善解决,在众议院获得多数席位因此具有民主正当性的政府及其首脑能够继续执政,反对党也能够继续维持其在参议院中的优势地位。因此,无论是执政党还是反对党都会接受这一结果。与此同时,州督拒绝重选众议员而是诉诸政治手段解决僵局,也体现出极高的政治智慧,有效地避免了将各种政治问题都交由选民通过费时费力的议会重选方式来判断和解决。

处于1975年事件旋涡中的总督科尔,完全可以仿效1952年维多利亚州州督处理危机的方式以应对联邦层面的冲突——至少可以召集各党派主席,以协商的方式沟通冲突解决途径——但是科尔并没有。更加蹊跷的是,科尔罢免总理惠特兰是因为直接受到联邦高等法院首席大法官巴维克的建议的影响。[1]前面已经指出,根据澳洲《1901年宪法》第63条的规定,总督行使各种权力需要遵循包括总理在内的部长们的建议。可是在1975年事件中,科尔不仅没有遵循(事实上他甚至没有咨询)总理或联邦执行委员会成员的建议,反而依据高等法院的咨询意见进行行为。

此外,许多学者认为,即便总督罢免总理无须征询总理本人的同意,总督也应该在公布罢免决定之前向总理提出警告,给予其纠正行为的机会。[2] 例如,1932年新南威尔士州州督盖姆在罢免以非法方式经营财政的州长朗之前,就事先提出过警告;因为州长拒绝纠正其行为,州督才不得不采取罢免州长解散政

---

〔1〕 See L. J. M. Cooray, *Conventions, The Australian Constitution and the Future*, California, Legal Books, 1979, p. 123.

〔2〕 See H. V. Evatt, *The King and His Dominion Governors*, London, Routledge, 1967, p. 164 - 165.

府这一极端手段。然而在 1975 年事件中,根据事后对惠特兰的采访,他当时并没有觉察到任何自己可能会被罢免的迹象,总督科尔也从未向其流露过此类想法。[1] 1975 年 11 月 11 日当天,惠特兰拜访总督本来是打算继续劝说其同意对议院进行解散重选,或者商量其他途径以解决僵局;结果科尔并没有给他辩解的机会,而是直接递给他一封宣布罢免他的信。据事后的报道,在科尔罢免惠特兰的当天,曾有工作人员命令访问总督的反对党主席弗雷泽所乘坐的车辆停在停车场的角落。有心者揣测,这一举动可能正是为了不让惠特兰知道弗雷泽即将就任,并就可能被罢免这一结果提前做好相应准备。[2] 不过,无论该行为是否有意为之,不可否认的是,科尔的确没有提前警告惠特兰自己认为他不再适合担任总理这一职位的想法,而是秘密决定之后释放出的晴天霹雳。

1975 年宪法危机事件中,科尔的行为之所以遭到澳洲学者和民众的诟病,除了理由不具有正当性外,另一个重要原因就是科尔没有遵循先前习惯性做法中关于罢免总理或其他争端解决的程序。相反,科尔的行为模式为关于罢免总理程序的宪法惯例提供了反面教材,即罢免总理以及总督行使其他保留权力,不得在事先没有警告的情况下为之。综合考虑本标题项下所提到的关于总督行使权力的所有正反面习惯,相关规则应当是:在一般情况下,总督行使权力应当遵循总理的建议,即便是罢免总理也应当提前向总理提出警告;在出现政治纠纷时,应当尽量诉诸其他途径解决问题,除非出现政府严重违反宪法原则且拒绝纠正等极其特殊的情况,否则不应当诉诸极端的途径,例如直接罢免总理或反复解散议会并重新选举议员。

四、内涵疏解:居于成文宪法条文之内的宪法惯例

(一)总督解散议会的权力

在 1975 年的宪法危机事件中,总督科尔除了自己选择的罢免总理和他没

---

〔1〕 See L. J. M. Cooray, *Conventions*, *The Australian Constitution and the Future*, California, Legal Books, 1979, p. 140.

〔2〕 See D. P. O'Connell, *The Dissolution of the Australian Parliament*, in The Parliamentary, (1976), p. 8.

有选择的召开执政党和反对党联席会议之外，还有一条解决《拨款法案》困境的途径，就是他可以根据总理的建议解散参众议院，通过重选议员的方式使得政府和议会之间能够重新维持和谐。

解散议会并宣布重新选举议员是君主或总督所享有的除任命和罢免首相或总理之外的另一项重要权力。该权力也在澳洲《1901 年宪法》中得以明确规定。[1] 《1901 年宪法》第 5 条赋予总督通过宣告或其他方式解散众议院的权力，第 57 条进一步赋予其在特殊情况下同时解散参众议院的权力。在英国，君主能够解散的议院仅仅包括民选的下议院，对于在 1999 年《议会法》改革之前一直由贵族成员世袭的上议院议员，君主无权宣布重选；但是澳洲的参众议院均由选举而来，因此可以由总督根据总理的建议予以同时解散，即双重解散。具体来说，《1901 年宪法》第 57 条的规定是，如果众议院通过的法案遭到参议院拒绝或未能通过，或者被参议院附加了众议院不会同意的修正案，且在 3 个月之后众议院在同一议会会议期间或者下一次会议期间再次通过该议案（无论其通过的议案是否加入了参议院提出、建议或赞同的修正案），但是参议院再次拒绝或者未能通过，或者附加了众议院不会同意的修正案，那么总督可以同时解散参众议院；如果前述情形发生在众议院议员任期届满之前的 6 个月之内，那么总督不得宣布双重解散。[2] 参众议院解散之后，需要对两院议员进行重新选举，以组成新一届的议会。

在澳洲历史上，1975 年宪法危机之前双重解散发生了三次：1914 年，自由党主席约瑟夫·库克（Joseph Cook）试图在公共服务领域废除工会成员优先就业的制度，相关法案两次在众议院通过之后都遭到参议院的否决，导致当年 7 月 30 日的双重解散；不过随后自由党在 1914 年 9 月 5 日的选举中被反对党工党击败，因而这一法案没有被再次提出。第二次双重解散发生在 1951 年，当时由罗伯特·孟席斯（Robert Menzies）领导的自由党——国家党联合政府试图推翻上届工党政府提出的银行国有化法案，但是这一提议两次在众议院获得通过后，都遭到参议院中工党议员的联合反对。当年 3 月 19 日，参众议院被同时解

〔1〕 *Commonwealth of Australia Constitution Act* 1901, Art 5.

〔2〕 *Commonwealth of Australia Constitution Act* 1901, Art 57.

散并于 4 月 28 日完成重选。重选之后联合政府在众议院的席位变少,但仍然占据多数,并同时获得了参议院的多数席位,因此 1951 年 6 月 26 日当该提议再次提交国会之时获得了两院的一致通过。第三次双重解散发生在 1974 年惠特兰的工党政府执政期间。由于参议院的多数议员是反对党成员,他们所持有的对政府的敌对态度致使惠特兰所提出的许多法案都无法获得通过。惠特兰曾经尝试对参议院的一半议员进行选举以打破僵局,但是效果不佳,因此随后惠特兰决定以六部法案未获得通过为契机,在 1974 年 4 月 11 日进行双重解散。可是当年 5 月 18 日重选之后,惠特兰政府仍然维持着众议院多数但参议院少数的局面。此后六部未通过的法案被再次提交国会讨论,仍然被参议院拒绝通过。惠特兰因此向当时新上任的总督科尔求助。1974 年 7 月 30 日,科尔批准了惠特兰举行联席会议的请求,该会议于当年 8 月 6 日至 7 日召开;会议期间,所有六部法律全部获得通过,惠特兰政府所处的尴尬境地也暂时得以缓和。

在 1975 年之前发生的双重解散和重选实践将澳洲《1901 年宪法》第 57 条带入对第 64 条的理解之中,即在政府与议会之间发生龃龉的时候,总督并不必须罢免总理或要求总理辞职,也可以选择解散参众议院重新选举的方式。这一理解之下包含几个重要方面:第一,当总督面临政府重要法案无法在议会获得通过的情况时,他并非只能诉诸《1901 年宪法》第 64 条所规定的罢免总理的权力或者要求总理辞职,而也可以采取第 57 条所规定的解散议会的方式。例如,1974 年科尔就曾经同意惠特兰的请求,对参议院的一半议员进行选举。事实上,在 1975 年《拨款法案》未获通过时,科尔完全可以继续采取重选议员的方式,可是科尔并没有。更加讽刺的是,1975 年在惠特兰被罢免之后,执掌临时政府的弗雷泽以惠特兰政府期间众多法案被参议院拒绝通过(事实上是弗雷泽主导的拒绝通过)为由,要求对参众议院进行双重解散,这一请求却获得了科尔的同意。当年 12 月 13 日重选之后,弗雷泽政府获得了参众议院中的双重多数,那些在惠特兰执政期间未获得通过的法案,在弗雷泽执政期间再未被提出。

第二,总督采取较为极端的行动(无论是双重解散议会还是罢免总理)应当在参议院两次拒绝或未能通过众议院已经通过的政府法案的情况下。在一般的政治实践中,参议院一次未能通过政府法案的情况并不会带来严重的政治危机,很有可能的情况是,参议院对法案有不同于众议院的看法,因此需要通过拒绝法案通过的方式提出意见,并返回众议院参考修改。如果众议院同意参议院的意见,那么修改之后的法案将能够顺利通过议会审议,并最终获得御准公布生效。但是如果参议院两次拒绝或未能通过众议院所通过的政府法案,那么这一行为背后更加可能的情况是参议院决意找政府的麻烦,尤其是当政府的反对党占据参议院多数席位之时,这种情况出现的概率很大。在后一种情况中,政府与议会之间的矛盾已经昭然若揭,政治危机一触即发,此时就需要总督介入进行协调和处理,要么选择诉诸直接民意以证明政府执政的合法性,要么选择尊重民意代表机关的意志,罢免或劝说总理辞职。可是在 1975 年的事件中,科尔并没有等到参议院第二次拒绝或未能通过政府的《拨款法案》,仅在第一次拒绝之时就采取了罢免惠特兰的行动。许多学者认为,科尔完全可以等到参议院在 3 个月后第二次拒绝通过《拨款法案》之后,诉诸双重解散与重选的方式,重新选举参议员和众议员以维护政府的权威和统治,但是在科尔采取他所决定的行动之后,这一选项已经不复存在。[1]

第三,结合《1901 年宪法》第 63 条的规定和英国与澳洲历史上的习惯性做法,总督解散议会应当根据总理的建议为之。解散议会往往是在政府无法获得议会(无论是参议院还是众议院)支持的情况下,所采取的通过诉诸民意的直接表达,以判定究竟是政府还是议会在某个问题上的态度更加符合民意的途径。因此解散议会这一争端解决机制直接针对的是政府和议会之间的冲突,总督并不牵涉其中。如果是这样,那么是否诉诸解散议会这一途径应当由政府首脑——总理,或者议会作出决定,而不是总督。在 1975 年的事件中,在被罢免之前惠特兰事实上向科尔提出过解散议会重选议员的建议,但是科尔并没有同意;在被罢免当天,惠特兰本来也是打算与科尔继续商议解散议会的事宜,可是科尔不仅没有遵循总理惠特兰的建议,反而逆其建议而行,这无疑也是对先前习惯性做法的反叛。

第四,即便双重解散和重选仍然无法使《拨款法案》在参议院获得通过,联席会议的模式也是一个可选项。《1901 年宪法》第 57 条不仅规定了双重解散

〔1〕 See L. J. M. Cooray, *Conventions, The Australian Constitution and the Future*, California, Legal Books, 1979, p. 117.

的程序,也同时规定,如果在双重解散之后,众议院再次通过同一个法案(无论其通过的议案是否加入了参议院提出、建议或赞同的修正案),但是参议院仍然拒绝或者无法通过,或者附加了众议院不会同意的修正案,那么总督可以召开两院议员的联席会议。出席该会议的议员就众议院所提出法案的最后版本进行投票,同时也投票决定是否在法案中纳入那些由议会一院提出而另一院不同意的修改建议。如果修改建议或者修改后的法案经过参众议员的绝对多数投票通过,那么这一法案就视为已经正式获得两院的通过,应当递至总督处获得御准并颁布生效。[1] 事实上,在 1974 年多部惠特兰政府所提出的法案难以在参议院通过的情况下,总督就诉诸了联席会议模式使得法案最终获得通过,政府也得以正常运转。可是在 1975 年,总督科尔的行为却完全排除了诉诸这一有效争议解决模式的可能。

(二)参议院否决政府财政法案的权力

1975 年宪法危机事件中还涉及另外一个对《1901 年宪法》条文理解的问题,即参议院是否拥有拒绝通过政府财政法案(如惠特兰政府的《拨款法案》)的权力。根据《1901 年宪法》第 53 条的规定,参议院不得提出涉及拨款或征税的法律案,但是如果仅涉及罚金、执照费或服务费等规定的法律案,不视为拨款或征税。参议院不得修改征税或者为维持政府日常工作要求财政拨款的法律案。参议院不得修改任何议案以加重公民的税赋负担。参议院可以在任何时候将其无权修改的法律案退回至众议院,并书面要求众议院删除或修改该法律案中的任何条款。众议院如认为恰当,可以根据其要求进行删除或修改,但是众议院也可以对参议院所提出的需要删除或修改的内容进行调整。除本条规定之外,对于其他一切法律案,参议院和众议院所享有的权力相同。[2]

此条仅规定,参议院不得修改政府财政《拨款法案》,并可以将其退回众议院以修改或删除其中的条款,但是并没有明确参议院能否拒绝通过众议院已经通过的法案。当然,1975 年宪法危机事件中,参议院所使用的语词是"defer",

---

〔1〕 *Commonwealth of Australia Constitution Act* 1901, Art 57.

〔2〕 *Commonwealth of Australia Constitution Act* 1901, Art 53.

其含义显然是"推迟"或"延期",并没有拒绝或否定的意涵。[1] 在同年早些时候的维多利亚州诉澳洲一案中,联邦高等法院也曾经作出裁决,认为"推迟"不等于《1901 年宪法》第 57 条规定的"拒绝"或"未能通过"。[2] 可是在 1975 年,参议院推迟通过政府的《拨款法案》的确产生了几乎等于拒绝的后果,在推迟决定作出的 10 月之后再有一个多月,惠特兰的政府就会破产。与此同时,也正是在相信参议院将会拒绝通过政府《拨款法案》的前提下,总督科尔才选择了罢免总理惠特兰这一极端做法。[3] 因此,参议院能否不予通过众议院已经通过的政府财政法案,也是一个需要回应的重要宪法问题。

一些学者认为,参议院没有通过某种行为产生实质上拒绝通过政府财政法案后果的权力,例如理查德·艾格勒森(Richard Eggleston)采用历史解释、严格文义解释和目的解释的方法都认为能够得出这一结论。[4] 但是,也有学者持截然相反的意见,认为参议院拥有拒绝通过政府财政拨款法案的权力,例如澳洲联邦高等法院的首席大法官巴维克、霍华德(Howard)和桑德斯(Saunders)就诉诸体系解释的方法得出了与艾格勒森相反的结论。[5]

诉诸通常的解释方法——文义解释、历史解释、目的解释和体系解释,并没有获得学者所期待的具有确定性的结论,所有这些争议最终都落到宪法惯例。只有在历史中不断积淀的不成文习惯性做法能够为基于文本所产生的无休止争论提供答案。在澳洲的传统上,参议院一般不会拒绝通过众议院已经通过的政府法案,除非法案本身存在重大瑕疵或者法案对某些州,尤其是面积较小、人

---

〔1〕 See L. J. M. Cooray, *Conventions*, *The Australian Constitution and the Future*, California, Legal Books, 1979, p. 123.

〔2〕 See *Victoria v. Commonwealth* (1975) 50 ALJR 7.

〔3〕 See L. J. M. Cooray, *Conventions*, *The Australian Constitution and the Future*, California, Legal Books, 1979, p. 136.

〔4〕 See L. J. M. Cooray, *Conventions*, *The Australian Constitution and the Future*, California, Legal Books, 1979, p. 114 – 115.

〔5〕 See *Victoria v. Commonwealth* (1975) 50 ALJR 7 (Barwick C. J.); George Winterton, 1975: *The Dismissal of the Whitlam Government*, in Hoong Phun Lee and George Winterton eds., Australia's Constitutional Landmarks, London, Cambridge University Press, 2003, p. 237 – 248; C. Howard and C. Saunders, *The Blocking of the Budget and Dismissal of the Government*, in Gareth Evans ed., Labor and the Constitution, Columbus, Heinemann, 1976, p. 251 – 257.

口数较少的州的利益有所损害。前一个例外是立法控制的应有之义,无论是参议院还是众议院,如果发现法律存在重大瑕疵都应当避免其通过,如果众议院没有意识到法律中的瑕疵,那么参议院得以拒绝或退回修改的方式向众议院指出。后一个例外则涉及澳洲采取美国参议院制而非英国上议院制的主要原因,即保障较小的州的利益。众议院的议员数量根据人口比例确定,因而人口众多的大州在众议院的支持者较多,维护大州利益的法案也较为容易通过;但是这些法案很可能以小州的利益为代价,这时就需要由每州都有同等数量代表组成的参议院对法案进行再次审查,以确保小州的利益不会因此遭到减损。一般情况下,政府的《拨款法案》不会存在重大瑕疵或影响小州利益的情况。《拨款法案》是政府获得执政所需财政拨款的必要前提,在大多数时候法案的条款内容和通过程序都是例行公事,除非政府在其中加入一些对税款的缴纳或使用存在实质性影响的政策性条款。例如,维多利亚州政府在 1864 年《拨款法案》中加入的涉嫌地方保护主义的关税政策和 1878 年《拨款法案》中加入的涉及议员薪水的政策,就因为影响了关税的收入和财政的支出而受到维多利亚州参议院的严格审查,并在一开始被拒绝通过。不过由于随后出现的严重经济危机,这两部法案也最终在维多利亚州参议院获得通过。可是,1975 年惠特兰政府提出的《拨款法案》并没有加入此类内容,也不存在重大瑕疵或侵犯小州利益的问题。因而参议院拒绝通过(或者以“推迟”的形式实际上产生拒绝的后果)该法案的做法与先例不符。

此外,尽管参议院拒绝通过众议院已经通过的政府《拨款法案》在州层面有过几次实践,但是从 1901 年澳洲独立到 1975 年宪法危机发生,澳洲联邦层面不曾有过一个参议院拒绝通过政府的《拨款法案》,其中 18 年同样也是由反对党执掌参议院。75 年来联邦议会参议院的做法,尤其是其中 18 年来联邦参议院中反对党的做法,可以说已经形成了一个宪法惯例,即无论参议院由执政党还是反对党执掌,其都应当在最低限度上保证的政府正常运作,至少不能以迫使政府破产为威胁——当然,除非出现政府行为违背宪法原则且拒绝纠正等极其特殊的情况。鉴于此,1975 年弗雷泽煽动参议院推迟通过惠特兰所提出的政府财政《拨款法案》,并随后告知总督参议院将不会通过该法案并因此引发总督罢免总理的做法,也同样与先例不符。这也是为何在弗雷泽上台之后很快遭到众议院的不信任案,当然更重要的原因是改选以前的众议院仍然由惠特兰的工党执掌。

五、结语:宪法惯例作为成文宪法的危机应对机制

世界上大多数国家都选择了成文宪法,概因之确定性和稳定性。但是,这一确定性和稳定性同时也成为成文宪法的劣势所在。由于修宪程序的烦琐,社会中出现的最新发展和变化难以在宪法中及时得到反映;由于社会价值观的日益多元,宪法修改所经常需要的绝对多数统一意见也难以形成;宪法文本所承载的巨大妥协使得其条文表述高度抽象,有时模糊不清,有时甚至互相抵牾。在面对危机之时,成文宪法的确定性和稳定性无疑变成了僵化性,宪法的危机公关能力也大打折扣。在这种情况下,宪法惯例的作用就越发显现。当然,在各国国家机构的日常工作中,即便是在各项政治运作规则都高度成文法化的国家,宪法惯例也起着重要的磨合和润滑作用。宪法惯例可以调和成文宪法明确规定的内容之间可能存在的互相冲突之处,弥补成文宪法因高度概括性和强烈妥协性所不得已的留白,并为成文宪法条文表述不清之处提供习惯和传统所接受的解释,使得宪法能够泰然自若地面对各种危局和变革。在澳洲1975年的总理罢免事件中,总督、反对党和参议院的行为并没有违反《1901年宪法》的明确规定,但是却被公众普遍视为影响根本宪法制度的危局。如果不是因为宪法惯例在背后的支撑,单凭一部成文宪法根本无法承担谴责并抵御此类行为再次出现的责任。或许这一事件所带来的最重要的启发是,即便在最根本的宪法层面也必须尊重和依赖传统上的习惯性做法,并非所有的规则都可以或者适宜成文化。事实上,支撑美国《1787年宪法》至今230多年一直适用无须大幅修改的,不仅是联邦最高法院的宪法解释和不断更新的各州宪法,还有无处不在的宪法惯例。

《立法意图的性质》中的中心情形法*

安德里亚·多尔塞蒂** 著

李露雅*** 译

内容摘要:在《立法意图的性质》一书中,理查德·艾金斯探讨了立法意图的性质,并进而探讨了立法机构的性质。为了弄明白立法机构的性质,艾金斯采用了中心情形法。尽管采用此种方法有着好的理由,但该书并没有对支撑该方法的方法论进行全面解释。本文分析了支撑立法机构中心情形认定的方法论,以期讨论艾金斯对立法机构性质理解的某些方面。本文的分析还提出了一些问题,建议以新的方式参与艾金斯关于立法意图富有启发性的研究中的论点,以及探索立法机构性质的未来途径,作为一个独立的调查对象和/或与我们对法律性质的理解有关。文章的第一部分,阐释了约翰·菲尼斯的中心情形法,这是艾金斯的方法论的主要灵感来源。在第二部分中,利用这些要素就艾金斯对立法机构性质理解的三个主要方面提出了一些问题:形式良好的立法机构与良好政体理念之间的关系;形式良好的立法机构出于善的理由行事的概念;形式良好的立法机构与法律中心情形之间的关系。

关键词:方法论　中心情形法　立法机构　理查德·艾金斯　约翰·菲尼斯

---

* 本文发表于《美国法理学杂志》第64卷,2019年第1期,第41~60页。

** 牛津大学三一学院(Trinity College,University of Oxford)法学研究员,热内亚大学Tarello研究所[the Tarello Institute for Legal Philosophy (University of Genoa)]通讯研究员,麦考瑞大学(Macquarie University)法学院高级研究员。

*** 上海政法学院讲师,法学博士。

在《立法意图的性质》一书中,理查德·艾金斯探讨了立法意图的性质,并进而探讨了立法机构的性质。[1] 更准确地说,艾金斯旨在"感知并解释形式良好的立法机构的形态",并试图确定立法机构的中心情形——也就是说,"立法机构的形式,如果有的话,是由具有实践理性的人选择和维持的"。[2] 为了接近立法机构的性质,艾金斯采用了中心情形法。尽管采用这种方法有善的理由,但该书没有对包括支撑其方法的方法论进行全面解释。本文分析了支撑立法机构中心情形认定的方法论,以期讨论艾金斯对立法机构性质理解的某些方面。本文的分析还提出了一些问题,建议以新的方式参与艾金斯关于立法意图富有启发性的研究中的论点,以及探索立法机构性质的未来途径,作为一个独立的调查对象和(或与)我们对法律性质的理解有关。

本文分为两个部分,采用从一般到特殊的论证方式。文章的第一部分,阐释了约翰·菲尼斯的中心情形法,这是艾金斯的方法论的主要灵感来源。这部分首先解释了菲尼斯发展其方法论的背景,即一般法理学中的方法论辩论。然后,集中讨论了菲尼斯方法论的三个关键要素:对阿奎那的四种知识秩序的接受;"为什么问题"(相对于"是什么问题")的认知论优先性;中心情形和边缘情形之间的关系。文章的第二部分,利用这些要素就艾金斯对立法机构性质理解的三个主要方面提出了一些问题:形式良好的立法机构与良好政体理念之间的关系;形式良好的立法机构出于善的理由行事的概念;形式良好的立法机构与法律中心情形之间的关系。

一、艾金斯方法论的背景

《立法意图的性质》的许多方面表明,艾金斯的方法论受到了约翰·菲尼斯理论化的中心情形法的启发,并采用这种方法来发展法律的解释性定义。艾金斯的语言经常呼应菲尼斯在其开创性的《自然法与自然权利》一书中使用的一些表达方式(现在通常与他的方法论联系在一起),例如,实践理性、(不)理性

---

〔1〕 参见[新西兰]理查德·艾金斯:《立法意图的性质》,牛津大学出版社 2012 年版。

〔2〕 [新西兰]理查德·艾金斯:《立法意图的性质》,牛津大学出版社 2012 年版,第 9、18 页。

的人、对所有人都有价值的善、对共同善的协调,中心情形。此外,当讨论概念化和理解社会现实的最佳方式时,艾金斯明确提到了菲尼斯的作品。艾金斯对集体行动和立法行动的处理提供了两个明显的例子。关于集体行动,艾金斯认为,可以根据共同目的的存在来识别一个集体,包括参考菲尼斯关于阿奎那的书。[1] 当考虑到作为集体成员的个人的行动与集体程序之间的关系时,艾金斯明确使用了菲尼斯《自然法与自然权利》中的一个例子——工厂的守门人。[2] 就立法行动而言,艾金斯确信,理性立法者的复杂推理应该结合阿奎那所确定的所有四种知识秩序来理解。[3] 在这里,艾金斯再次为读者指出了菲尼斯对圣托马斯 · 阿奎那哲学的接受方向。[4]

此外,在第五章(题为《立法是什么》)的开头,艾金斯认为,“社会理论的经典方法是采用实践理性的人的视角来确定完全理性的人类行为的目的或对象,从而或多或少的理解混乱的或以其他方式理性地理解有缺陷的目的、行动和制度”。[5] 这句话后面紧跟着一个脚注,其中包括对《阿奎那》中第 40 ~ 51 页和《自然法与自然权利》第一章的参考。[6] 后者特别有意思,因为菲尼斯正是在那一章中阐释了他自己版本的中心情形法。[7] 因此,可以公平地说,《立法意

[1] 参见[新西兰]理查德 · 艾金斯:《立法意图的性质》,牛津大学出版社 2012 年版,第 52 页。在脚注(n18)中,艾金斯补充道:“Aquinas 将行动中的集体理解为一个秩序的统一体,在这个统一体中,单个人的行动通过(i)他们的协作和(ii)协作的目的或意图。”这里,艾金斯指的是[澳]约翰 · 菲尼斯:《阿奎那:道德、政治和法律理论》,牛津大学出版社 1998 年版,第 24 ~ 25 页。

[2] 参见[澳]约翰 · 菲尼斯:《自然法与自然权利》,牛津大学出版社 2011 年版,第 151 ~ 152 页;[新西兰]理查德 · 艾金斯:《立法意图的性质》,牛津大学出版社 2012 年版,第 60 ~ 61 页。

[3] 参见[新西兰]理查德 · 艾金斯:《立法意图的性质》,牛津大学出版社 2012 年版,第 130 页。阿奎那确定了知识的四个顺序:事物本质的知识(主要是经验事实)、逻辑、道德评价和技艺。

[4] 参见[新西兰]理查德 · 艾金斯:《立法意图的性质》,牛津大学出版社 2012 年版,第 130 页 n20。这里指的是[澳]约翰 · 菲尼斯:《阿奎那:道德、政治和法律理论》,牛津大学出版社 1998 年版,第 21 ~ 22 页。

[5] [新西兰]理查德 · 艾金斯:《立法意图的性质》,牛津大学出版社 2012 年版,第 118 页。

[6] 参见[新西兰]理查德 · 艾金斯:《立法意图的性质》,牛津大学出版社 2012 年版,第 118 页 n2。

[7] 菲尼斯中心情形法的版本与所谓的新古典自然法理论有关。参见[澳]约翰 · 菲尼斯、杰曼 · 格里塞兹、约瑟夫 · 博伊尔:《实践原则、道德真理和最终目的》,载《美国法理学杂志》1987 年第 32 期;[澳]约翰 · 菲尼斯:《自然法理论》,载[美]爱德华 · N. 扎尔塔编:《斯坦福哲学百科全书》(2016 年冬季版),URL = < https://plato. stanford. edularchives/win2016/entries/natural-law-theories/ >。

图的性质》是由《自然法与自然权利》中提供的理论化的方法所启发的。[1] 必须在20世纪分析法学的背景下，并结合学术界对一般法律理论中最佳方法论的争论，正确理解菲尼斯中心情形法的意义。因此，本文将从简要回顾所谓的“法理学中的方法论难题”开始，阐述艾金斯方法论的理论背景。随后，将集中讨论菲尼斯方法论中的三个关键要素，即对阿奎那的四种知识秩序的接受、“为什么问题”（相对于“是什么问题”）的认知论优先性，以及中心情形和边缘情形之间的关系。

（一）法理学中的方法论难题

布莱恩·莱特于2003年发表在《美国法理学杂志》上的一篇文章，为当代关于方法论和法律理论的辩论提供了一个很好的切入点，这一辩论被恰当地描述为“法理学中的方法论问题”。[2] 在这篇文章中，莱特指出，在21世纪初，法律实证主义者所面临的难题与德沃金在20世纪七八十年代所提出的问题在本质上是不同的。莱特认为，这些新问题可以分为两大类：一类是“对承认规则的内容及其与法律权威可能性的关系的正确说明”（莱特称之为“哈特/拉兹之争”）；另一类是“法理学的最佳方法论”。[3] 按照莱特的说法，学界关于一般法律理论最佳方法论的争论比哈特/拉兹之争更有意义，因为“它有望通过挑战法律实证者的方法论逻辑预设来表明，在相关意义上，法律和道德是不可分离的”。[4] 值得一提的是，尽管他为一种非常不同的方法论辩护，莱特明确承认菲尼斯的学术研究在当代关于方法论和法律理论的争论中发挥了关键作用。[5] 特别是，

[1] 参见[澳]约翰·菲尼斯：《自然法与自然权利》，牛津大学出版社2011年版，第1章和第10章。

[2] [美]布莱恩·莱特：《超越哈特/德沃金之争：法理学中的方法论问题》，载《美国法理学杂志》2003年第48期。这篇文章后来被重印入[美]布莱恩·莱特：《归化法理学》，牛津大学出版社2007年版，第6章。

[3] [美]布莱恩·莱特：《超越哈特/德沃金之争：法理学中的方法论问题》，载《美国法理学杂志》2003年第48期。

[4] [美]布莱恩·莱特：《超越哈特/德沃金之争：法理学中的方法论问题》，载《美国法理学杂志》2003年第48期。根据莱特的说法，哈特/拉兹之争“是内部的，是在一些共同的实证主义假设背景下进行的。”

[5] 指导莱特“自然主义研究（课题）”的一种历史概述方法论，参见[美]布莱恩·莱特：《法理学的自然化》，牛津大学出版社2007年版，导言。

莱特承认,这场争论是由对菲尼斯的方法论主张的理解而形成的。[1]

菲尼斯《自然法与自然权利》中的第一章捍卫并发展了一种方法,这种方法改进了,在某种意义上,挑战了 H. L. A. 哈特在《法律的概念》一书中所提出的方法论。[2] 哈特明确地将他的书看作既是分析法学的作品,也是描述性社会学的作品。[3] 由于这种双重特征,哈特在《法律的概念》中所采用的方法,可以被视为"概念分析的一种,其目的是描述某些现象可凭借哪些特征被归类为'法律'"。[4] 哈特用这种方法来回答"什么是法律"——这个问题一直是而且在某种程度上仍然是一般法理学的核心。事实上,有影响力的法哲学家,如约翰 · 奥斯丁和汉斯 · 凯尔森,都在努力解决同一个问题。哈特的理论保留了奥斯丁和凯尔森将法理学的对象认定为明确的、人类制定的法律。然而,哈特的概念分析与奥斯丁和凯尔森的理论之间存在重要的方法论差异。哈特的工作旨在识别和解释能使某一事物成为"法律"的某些特征,但这并不被视为要求确定和解释一系列允许人们能够从可被归类为"非法律"的现象中区分出所谓"法律"现象的必要和充分条件。[5] 相反,为了理解法律的性质,哈特聚焦于"标准"或

〔1〕 菲尼斯的方法论在法哲学家中备受关注。莱特在其于 2003 年发表在《美国法理学杂志》中的一篇文章中回顾道:[美]斯蒂芬 · R. 佩里:"哈特的方法论实证主义",收录在朱尔斯 · 科尔曼主编的《哈特的后记:关于〈法律的概念〉后记的论文集》(牛津大学出版社 2001 年版)和朱莉 · 迪克森的《评价与法律理论》(哈特出版社 2001 年版)中。(译者注:都涉及菲尼斯的方法论。)

〔2〕 关于菲尼斯方法论的讨论,被视为对哈特"描述性"法理学的反对。参见[美]亚历克斯 · 兰利奈斯、布莱恩 · 莱特:《法哲学的方法论》,载赫尔曼 · 卡佩伦、塔玛尔 · 萨博 · 詹德勒、约翰 · 霍桑主编:《牛津哲学方法论手册》,牛津大学出版社 2016 年版。

〔3〕 参见[英]H. L. A. 哈特:《法律的概念》,牛津大学出版社 2012 年版。"法律人会将此书视为分析法学(analytical jurisprudence)的一篇论文,因为它所关心的是阐明法律思维的一般架构,而非批评法律或法律政策……然本书所关心的是分析,但是它亦可被视为一篇描述社会学(descriptive sociology)的论文。"(译者注:引号中的译文详见中译本,[英]H. L. A. 哈特:《法律的概念》(第 3 版),许家馨、李冠宜译,法律出版社 2018 年版,第 1 页。)

〔4〕 [英]尼古拉斯 · 麦克布莱德、桑迪 · 斯蒂尔:《法理学中的大辩论》,帕尔格雷夫 2014 年版,第 15 页。强调在原文中。

〔5〕 参见[英]H. L. A. 哈特:《法律的概念》,牛津大学出版社 2012 年版,第 199 页。"我们将不必在两种不恰当的基本选择中游移:一方面,有人说,'法律'或'法律体系'这些语词的意义本身就包含了要有制裁;另一方面,有人说,大部分法律体系有制裁规定,就'是一个事实'。这两个选择都无法令人满意。即使没有核心的制裁机构,我们也不能根据任何一成不变的原则,认为这样的体系没有'法律',而我们也有很好的理由说某个体系有'国际法',即使他们没有任何制裁机构。"(译者注:引号中的译文详见中译本,[英]H. L. A. 哈特:《法律的概念》(第 3 版),许家馨、李冠宜译,法律出版社 2018 年版,第 265 页。)

“中心”法律情形上——最重要的是,我们承认作为“国内法”的法律体系。[1] 哈特把他的方法与一种法律的描述性理论联系起来,在这种理论中,评价可能是研究对象的一部分,而不是理论本身。[2] 菲尼斯对这种观点提出了挑战,他认为评价是研究对象(在这里是指法律现象)的一部分,也是描述和解释该对象的理论(在这里是指法律的一般理论)的一部分。这是因为一般的描述性理论家必须在与我们称之为“法律”的现实相关的无数现象中作出选择,这是描述性法律理论的主要目的——这种选择相当于一种评价。尽管它在方法论上具有重要意义,但价值判断对于描述性法律理论目的的重要性,并不是菲尼斯方法论的决定性方面。菲尼斯方法论的特点在于,一般描述性理论家应该用什么样的评价方式来选择观察到的现象,也就是说,理论家们应如何确定什么是描述性的一般法律理论的主要目的。

菲尼斯承认,哈特和拉兹的方法论比“边沁、奥斯丁和凯尔森的相当天真的方法论”具有更大的解释力。[3] 哈特和拉兹发展的方法论优势有以下三个特点:注重实践(实效/实际);中心情形和核心意思的选择;对视角的选择。就本文而言,最后一个特点尤为重要,因为菲尼斯方法论的独特之处恰恰在于他对一般法律理论最佳视角选择的理解。菲尼斯认为:“(在)与法律有关的方面,理论家们所要了解和描述的最重要的事情是,根据理论家们的判断,这些事情使

〔1〕 参见[英]H. L. A. 哈特:《法律的概念》,牛津大学出版社 2012 年版,第 3 页。“除了由现代国家的法体系所构成的明白的标准事例之外(没有人会怀疑这些标准事例是法体系)”(译者注:引号中的译文详见中译本,[英]H. L. A. 哈特:《法律的概念》(第 3 版),许家馨、李冠宜译,法律出版社 2018 年版,第 51 页。);[英]H. L. A. 哈特:《法律的概念》,牛津大学出版社 2012 年版,第 216 页。“将国内法视为‘什么是法律’之清楚的、标准的典范事例。”(译者注:引号中的译文详见中译本,[英]H. L. A. 哈特:《法律的概念》(第 3 版),许家馨、李冠宜译,法律出版社 2018 年版,第 282 页。)

〔2〕 在对德沃金的回应中,哈特申明:“即使在一般性及描述性的法理论家所必须说明的所有法律体系中,法官和律师事实上真的是以此种诠释性和部分评价性的方式来解决意义问题,这也无非是一般性及描述性之理论家要去记录的一个事实,在这个事实的基础上,法理论家能够得出关于法律命题之意义的一般性、描述的结论。”[英]H. L. A. 哈特:《法律的概念》,牛津大学出版社 2012 年版,第 244 页。(译者注:引号中的译文详见中译本,[英]H. L. A. 哈特:《法律的概念》(第 3 版),许家馨、李冠宜译,法律出版社 2018 年版,第 314 页。)

〔3〕 根据菲尼斯的说法,边沁和奥斯丁没有将大部分的注意力放在关注理论家们应该如何决定什么是为了他们的理论目的而被当作法律:他们根据在他们的调查开始时简单提出的定义来解释一些法律现象。而凯尔森比边沁和奥斯丁对方法论更感兴趣,他试图找到所有法律(被定义为一种社会技术)的具体实例的一个或多个共同特征。

从实践的视角来看,拥有法律是很重要的——因此,在安排人类事务时,在实践中'注意'这些事情是很重要的。"[1]

应当指出的是,菲尼斯的中心情形法已经被理论化并被用于与法律有关的方面,但它是一种方法论的一部分,对许多关心社会现实和人类事务的学科都是有效的。菲尼斯指出,对社会学中一般理论的挑战"不是寻找或设计定义,使其延伸到所有的情况,而是不管特定的观点如何,被定义的词可以'正确'地被使用"。[2] 相反,人们应该带着发展一种"解释性定义"的目的,去寻找并确立理论性概念的中心意思。[3] 为了做到这一点,有必要遵循一种旨在阐释"人类制度和实践理性价值、要求之间关系"的方法。[4]

因此,《自然法与自然权利》第一章的结论不仅可以适用于一般法理学,也适用于关心社会现实和人类事务的任何其他学科和任何其他探索。"我们在《自然法与自然权利》第一章中所发现的概念形成的方法论难题迫使我们认识到,描述性社会学中的反思平衡点只有通过将一个人对数据的广泛了解和对其他人实际观点和看法的透彻理解与一种关于真正的人类繁荣和真正的实践理性的所有方面的合理判断相联系才能获得。"[5]

(二)菲尼斯方法论中的三个关键要素

这一小节的目的是扩充菲尼斯方法论中的三个关键要素:接受阿奎那的四重知识秩序;"为什么问题"(相对于"是什么问题")的认知论优先性;中心情形和边缘情形之间的重要关系。在文章的第二部分,这三个要素将帮助我们讨论艾金斯对立法机构性质理解的三个主要方面。

---

〔1〕 [澳]约翰 · 菲尼斯:《自然法与自然权利》,牛津大学出版社 2011 年版,第 16 页。

〔2〕 [澳]约翰 · 菲尼斯:《自然法与自然权利》,牛津大学出版社 2011 年版,第 265 页。强调在原文中。关于他对法律的定义——被视为可以被一个一般概念所捕获的社会现实——菲尼斯强调他的目的不是去解释:"一个没有重点的'一般概念',而是发展一个概念,用于对一系列人类行动、天性、相互关系和观念的理论解释。"[澳]约翰 · 菲尼斯:《自然法与自然权利》,牛津大学出版社 2011 年版,第 278 页。

〔3〕 参见[澳]约翰 · 菲尼斯:《自然法与自然权利》,牛津大学出版社 2011 年版,第 265、278 页。

〔4〕 参见[澳]约翰 · 菲尼斯:《自然法与自然权利》,牛津大学出版社 2011 年版,第 265 页。更一般地说:"像本章中举例的法理学的要点在于,通过说明某些人类制度是如何对实践理性的要求做出回应,来解释这些制度。"

〔5〕 [澳]约翰 · 菲尼斯:《自然法与自然权利》,牛津大学出版社 2011 年版,第 17 ~ 18 页。

1. 菲尼斯对阿奎那的四种知识秩序的接受

菲尼斯中心情形法的第一个关键要素是对一系列可以被概念化为一个统一体的不同方式的评价，由此，其作为一个独立的研究对象。在这里，菲尼斯遵循阿奎那对“人类对统一关系理解的四种基本方式”的认定。[1] 根据菲尼斯的说法，有四种方式可以将特定的人们看作形成了一个群体（或一个共同体）。[2] 对这四种统一关系（或秩序）进行说明是必要的，这样才不会忽视社会现实的复杂性。否则，仅关注到社会现实的某些方面和/或试图用一种属于不同知识秩序的概念架构来解释该现实的一个秩序是有风险的。

通过“自然科学”来研究第一种秩序，即一种人类无法创造但能够理解的秩序。如果我们考虑一个人类群体，例如，一个家庭，看起来该群体的个体成员具有物理上的和生物上的关系，这使他们作为一个群体可以与其他个体以及其他群体区分开来。继续这个例子，如果说一个家庭的成员因为共同的遗传而形成了一个群体，这么说是正确的。[3] 然而，人们普遍认为，一个家庭不仅是一些人共享的遗传关系。菲尼斯使用的另外一个例子是一个教室里面听讲座的人构成的群体。在这种情况下，我们可能能够确定一种统一关系，这种关系是由学生感知到演讲者声带产生的声音（包括这种物理互动的所有元素和预设条件）的事实所带来的。在这里，我们对一场讲座的经验（作为学生或者作为演讲者）再次告诉我们，在同一个房间里花时间，产生和/或感知声音的事实只是讲座的要素之一（而不是最重要的）。换句话说，学生和演讲者之间物理上的互动，只是抓住了他们形成一个群体的一种意义。

通过逻辑学、认识论和方法论等学科来研究第二种秩序，即一种人类能够带入自己的理解的秩序。这种类型的秩序，或统一关系，体现在每个知识体系的内部一致性上。回到家庭的例子上，可以说“一个家庭可以在这种关系的秩

---

〔1〕 参见［澳］约翰·菲尼斯：《自然法与自然权利》，牛津大学出版社 2011 年版，第 136 页；［澳］约翰·菲尼斯：《阿奎那：道德、政治和法律理论》，牛津大学出版社 1998 年版，第 20～23 页。

〔2〕 当菲尼斯讨论与一组特定的人应该何时被视为一个群体的难题有关的不同层次的现实时，菲尼斯的方法论的这个关键要素出现了。为了说明这一点，菲尼斯举了一个看门人的例子，这个看门人为进出工厂的独立承包商的卡车打开和关闭大门，这些卡车将工厂的供应品带过该门。参见［澳］约翰·菲尼斯：《自然法与自然权利》，牛津大学出版社 2011 年版，第 152 页。

〔3〕 就本段而言，家庭成员之间的遗传联系既不对称也不双重这一事实被忽略。

序中拥有一种特殊的统一性,因为它的成员一起思考和学习,获得共同的经验和洞察力,甚至知道其他人知道多少”。[1] 这类统一关系表明,在遗传的统一性(上一段考虑的第一种秩序)之上,还有家庭成员可以被视为一个群体的另一种意义。在讲座的例子中,当学生不仅听到,而且听着演讲者的解释和论证时,他们最终与演讲者分享对一组特定命题的相同理解。这样一来,学生和演讲者就可以被视为构成了一个群体,其统一性取决于他们智力活动的统一性,因而也取决于他们知识的统一性。这种类型的秩序,或者说统一关系,当然与教室里的物理互动是兼容的,然而,第二种秩序似乎更能解释学生和演讲者形成了一个群体的说法。

通过艺术和应用科学来研究第三种秩序,即一种由人类创造并强加于特定(主题)事物的秩序。一个家庭中的成员“在这种关系的秩序中可以有着一种特殊的统一性,因为其成员不仅分享房屋、财产和财物,而且之间还有着一系列特别微妙的相互交流模式”。[2] 在一个更普遍的层面上,一个特定的人类群体的成员之间有着共同的元素,如共同的语言、共同的技术、相同的股本,这些元素形成了不同于上述两种秩序的统一性。再考虑讲座的情形,当学生们有能力解码和理解演讲者用来向他们传达意思和传授知识的符号和表达方式时,那么参加讲座的个体可以被视为在某种意义上形成了一个群体,这就补充了前两段中所确定的两种统一关系。

第四种秩序是人类基于有意的和选择的基础上,通过有目的地行动而创造的秩序。通过心理学、历史学和伦理学等学科来研究这种类型的秩序,或者说统一关系。在前几段所考虑的三种秩序之上,“一个家庭在这种关系中可以有一种特殊的统一性,因为它的每个成员(尤其是指导和塑造共同生活的人)都致力于在帮助其他成员实现自我的过程中找到自己的自我实现(至少是部分的),通过照顾其他成员、帮助其他成员在自由和责任以及人类繁荣的其他基本方面得到成长而获得自己的自我实现”。[3] 有意的联合行动所创造的统一性——即使群体的个别成员并不执行相同的行动——是将一组特定的个体确定为一

[1] [澳]约翰 · 菲尼斯:《自然法与自然权利》,牛津大学出版社 2011 年版,第 137 页。
[2] [澳]约翰 · 菲尼斯:《自然法与自然权利》,牛津大学出版社 2011 年版,第 137 页。
[3] [澳]约翰 · 菲尼斯:《自然法与自然权利》,牛津大学出版社 2011 年版,第 138 页。

个群体的关键因素。想想一个运动队和个体运动员(包括后备运动员)所形成的不同行动。回到讲座的例子,学生和演讲者形成一个群体最强烈的意义是,他们有意选择在传播和分享知识方面共同行动。在这种情况下,知识的交流和获取是同一个有意的联合行动(或计划)的所有方面。

在考虑人类事务时,第四种秩序是最强的统一关系形式,对理论而言也是最重要的。应该强调的是,上文所述的四种统一关系并不是相互排斥的。在某种程度上,每个"上级"秩序都包括"下级"秩序,例如,有意的联合行动需要一些前提条件,这些条件被其他三个统一关系所涵盖。还应该注意的是,由有意的联合行动所创造的统一关系类型,提出了两个关于人类群体和共同体性质的关键问题:(1)一些个体如何形成一个群体(在第四种秩序上)?(2)为什么一些个体能够形成一个群体(在第四种秩序上)?菲尼斯的方法论不仅回答了这两个问题,而且还证明了它们之间的联系。首先,个体通过合作追求一个有意的联合行动(或计划)来创建一个团体(在第四种秩序上)。这种合作是通过协调群体中每个成员的个体行动来实现的——再想想一个运动队的成员们。[1]其次,人类群体(在第四种秩序上)以其目的为特征,因为他们是通过有意的联合行动创造的,而联合行动又是由其目的来界定和维持的。最后一点表明了菲尼斯对阿奎那的四种知识秩序的接受与"为什么问题"在菲尼斯方法论中享有认知论优先性之间的联系。

2."为什么问题"的认知论优先性

人们普遍认为,分析法学的主要任务之一,如果不是任务,就是回答"什么是法律"的问题。[2] 在"法律和我真正应该决定的东西"中,菲尼斯提出了一个强有力的论点来论证下述观点,即关于法律的理论研究,包括对法律性质(法律是什么)的调查,应该从以下问题开始,即"为什么出现一些被称之为法律、法律体系、法律制度以及我们称之为当代的和城镇的法律程序和法律安排的东

〔1〕 当菲尼斯谈到协调时,他也认为这个想法包括"消极协调",即相互不干涉。参见[澳]约翰·菲尼斯:《自然法与自然权利》,牛津大学出版社 2011 年版,第 138 页。

〔2〕 哈特追随着边沁和奥斯丁的脚步,坚定地将"实然的法"与"应然的法"区别开来,在前者中确定了法理学的研究对象。例如,参见[英]H. L. A. 哈特:《实证主义与法律和道德的分离》,载《哈佛法律评论》1958 年第 71 期。

西?"[1]根据菲尼斯的说法,这个问题包含了"如果有的话,我们为什么应该有法律"的问题。[2] 菲尼斯还解释说,这个问题是在一种实践推理训练的背景下,一个人在反思和慎重考虑他们真正应该做什么的时候提出的。菲尼斯接受了亚里士多德和自然法传统所特有的方法论——在一般法律理论的背景下,意味着对法律是"什么"的识别,取决于对法律"为什么"是一种对人类共同需求的理性回应的理解。[3]

在解释"为什么问题"在认知论上优先于"是什么问题"的原因之前,需要强调的是,菲尼斯的论点是在特别参照一般法学的情况下提出的,但也适用于关心人类事务的其他理论学科。[4] 根据菲尼斯的说法,一个善的理论更多的是一个判断问题而不是选择问题,在这个意义上,一个人的选择被限制在追求特定主题所引发的问题的可能性上。因此,更合适的说法是,一个人发展了而不是构建了,一个关于法律和/或其他社会现象的一般理论。[5]

与其问"法律是什么",我们可以思考"什么是论证",如果我说我认识到一个论证,通常是指我把一组有联系的命题作为接受一个由这些命题得出的结论 C 的理由。我也能够认识到,由另一个人提供的支持 C 的其他命题,事实上并不支持 C。在菲尼斯看来,为了掌握什么是论证,首先有必要了解我们为什么会有一个论证。也就是说,回答这个问题——为什么这些命题以一种特定的方式联系在一起(而不是简单地并列在一起),使人们能得出 C 是情形的结论?通过问自己,为什么有一个与 C 有关的论证,使我们有可能认识到,尽管为支持 C 而提供了不同的论证,但其中一些论证作为论证是不合格的(从根本上说,或与 C 有关)。尽管如此,人们应该明白,"论证的真正意义在于理解到为什么不是所有的论证都是真正的论证,即使这些非论证——失败的、错误的、无效的论

---

〔1〕 [澳]约翰 · 菲尼斯:《法律和我真正应该决定的事情》,载《美国法学杂志》2003 年第 48 期。

〔2〕 [澳]约翰 · 菲尼斯:《法律和我真正应该决定的事情》,载《美国法学杂志》2003 年第 48 期。

〔3〕 参见[澳]约翰 · 菲尼斯:《自然法理论》,载[美]爱德华 · N. 扎尔塔编:《斯坦福哲学百科全书》(2016 年冬季版),URL = <https://plato.stanford.edularchives/win2016/entries/natural-law-theories/>。

〔4〕 菲尼斯关于"为什么问题"重要性的观点最近在《在人类事务的研究中追问原因》一文中被重新审视。[美]格雷戈尔 · 韦伯:《在人类事务的研究中追问原因》,载《美国法学杂志》2015 年第 60 期。

〔5〕 参见[澳]约翰 · 菲尼斯:《法律和我真正应该决定的事情》,载《美国法学杂志》2003 年第 48 期。

证——在次要的或淡化的意义上,仍然是论证,如日食、时钟、人以及这个或任何可以想象的宇宙中的大多数其他主题都不是"。[1]

3. 中心情形和边缘情形的关系

菲尼斯方法论的第三个关键要素是关注理论家所研究的社会现实的中心情形。法律理论家应该根据人类的需求来确定这个中心情形,这些需求要求理性人建立起并维持着法律规范和法律制度;同时也要根据这些规范和制度所服务的共同体的共同善来确定这个中心情形。菲尼斯的中心情形法受到了亚里士多德确定友谊的中心情形和边缘情形的方法论的启发。为了本文的目的,有必要强调,对菲尼斯来说,"没有必要否认边缘情形是(友谊、合宪性……)的实例。事实上,把他们看作中心情形的淡化版本,或者有时看作是对参照中心情形而形成的人类态度的利用"。[2] 根据这种方法论,希特勒统治下的德国和斯大林统治下的俄国等政权,都可以被认为是宪政的边缘情形而加以研究。[3]

对菲尼斯来说,每一个中心情形都应该以一种保留其丰富性的方式来描述,抓住中心情形的所有方面,包括那些在边缘情形中不可能存在的方面。中心情形和边缘情形可以根据它们(不)共享的特征进行比较和研究。在这种情况下,菲尼斯谈到了"相似性和差异性的网络,例如,形式、功能、或内容在边缘情形和中心情形之间的类比和非类比"。[4] 探讨中心情形和边缘情形的关键是确定允许一个给定术语(该术语只有在关涉中心情形时才有其焦点意义),从中心案例延伸到边缘和边界案例的理由。[5]

在《自然法与自然权利》第二版的后记中,菲尼斯认为,一个概念的中心地位取决于使用中心情形法的人的观点和目的。[6] 菲尼斯的方法论要求一个理

〔1〕 [澳]约翰·菲尼斯:《法律和我真正应该决定的事情》,载《美国法学杂志》2003 年第 48 期。

〔2〕 [澳]约翰·菲尼斯:《自然法与自然权利》,牛津大学出版社 2011 年版,第 11 页。

〔3〕 参见[澳]约翰·菲尼斯:《自然法与自然权利》,牛津大学出版社 2011 年版,第 11 页。

〔4〕 [澳]约翰·菲尼斯:《自然法与自然权利》,牛津大学出版社 2011 年版,第 11 页。

〔5〕 参见[澳]约翰·菲尼斯:《自然法与自然权利》,牛津大学出版社 2011 年版,第 11 页。

〔6〕 应当指出的是,观点和目的并不一定一致,在这个意义上,它们可以独立地影响中心情形的发展。例如,菲尼斯的法律的中心情形与哈特的法律的中心情形是不同的,因为这两位理论家采取了不同的观点;尽管如此,这两种法律理论都是根据某些理论目的发展起来的,而这些理论目的是法学家将之与分析法律学科相联系起来的。而不同(理论)目的的存在,解释了为什么从历史学家或自然科学家的角度考虑,菲尼斯和哈特的法律理论可以被归类为提供法律的边缘情形。

论家从一个观点出发来发展一个中心情形,这个观点根据对某些基本的人类共同善的考量,以及指导我们对这些善(及其开放式实现)采取行动的某些实践理性原则而确定。关于这一点,菲尼斯考虑了那些直接反对基本善的现有实践是否会对他的方法论产生挑战。例如,考虑到理性人永远不会有意地选择建立一个奴隶制的劳动体系,或者运行一个灭绝营,理论家如何才能发现这些现象的中心情形?理论家们如何将他们的观点与那些有意参与直接反对一种(或一种以上)基本善的制度和/或意识形态的人的观点拉开距离?〔1〕菲尼斯对这些问题的回答基于对实践理性的有力说明,根据这一说明,即"这类行动和实践只有通过它们对那些它们伤害和蔑视,或对不合理的偏离和限制进行模仿,和/或对在那些善上的寄生和实践理性的要求的反对(伤害、威胁),才能在社会'理论'中获得一席之地"。〔2〕菲尼斯对实践理性的论述和他对基本善的理解——这些是他的中心情形法的特点——为艾金斯在《立法意图的性质》中的研究提供了方法论支持。

二、关于立法机构性质的三个问题

艾金斯对立法机构性质的研究集中在立法机构的中心情形上,即由政府选择并维持的形式良好的立法机构。本文的第一部分已经阐述了菲尼斯的方法论,以澄清艾金斯的中心情形法。艾金斯提出的立法意图理论,以及第一章开始时考虑到的文本证据表明,在一般层面上,艾金斯和菲尼斯在描述性社会科学一般概念的形成上的观点并没有明显的差异。然而,人们可能会想,菲尼斯运用中心情形法来解释法律的性质,而艾金斯则用它来解释立法机构的性质,在特定层面上,这是否也是真的。这种差异为文章的第二部分提供了背景,本

〔1〕 参见[澳]约翰 · 菲尼斯:《自然法与自然权利》,牛津大学出版社 2011 年版,第 430 页。"从那些选择这种行为或生活方式或机构或意识形态的人的角度来看,无论受害者付出什么代价,为其个人目的服务的有效性和可持续性无疑是一个首要的中心标准。"强调在原文中。关于这段话的讨论,参见[英]蒂莫西 · 恩迪克特:《法律的讽刺》,载[美]约翰 · 科文、罗伯特 · P. 乔治主编:《理性、道德和法律:约翰 · 菲尼斯的哲学》,牛津大学出版社 2013 年版,第 330 页。

〔2〕 [澳]约翰 · 菲尼斯:《自然法与自然权利》,牛津大学出版社 2011 年版,第 430 页。强调在原文中。

文将在第二部分讨论艾金斯对立法机构性质的理解的三个主要方面,特别聚焦于:形式良好的立法机构与良好政体的理念之间的关系;形式良好的立法机构出于良好的理由行动的概念;形式良好的立法机构和中心情形法之间的关系。

（一）形式良好的立法机构与良好政体的理念之间的关系

艾金斯对立法机构性质的描述似乎在形式良好的立法机构与良好政体的理念之间建立起了一种概念关系:“立法机构是任何良好政体中最重要的法律制定机构,也是核心政治机构,其审议和行动是民主政治生活的焦点。”[1]这一主张是否意味着没有立法机构就不可能有一个好的政体?在这里,艾金斯似乎暗示,立法机构的中心情形和政体的中心情形之间确实存在一定的联系。这种概念上的联系揭示了立法机构性质的三个方面。就良好政体而言,形式良好的立法机构是一个民主的、中心的以及有代表性的机构。立法机关的审议和行动是民主生活的焦点,这一说法表明,形式良好的立法机构在本质上是民主的。艾金斯认为,立法机构因其开放性和自由性,非常适合成为政体的核心法律制定机构。[2] 他还认为,鉴于政党和选举在现代政体的政治生活的作用,应该把形式良好的立法机构设想为代表着整个共同体。[3]

形式良好的立法机构的每个层面都能成为问题。首先,人们可能会问,民主是否是,或应该是,形式良好的立法机构和良好政体的一个要素;以及良好政体的民主生活如何,或应该如何形塑立法机构作为法律和政治机构的角色(考虑到这一双重角色可能会产生内部紧张)。[4] 其次,只要立法机构在为政体制定法律方面发挥的主导作用取决于其公开性和自由度,就有可能引发人们的疑问,特别是考虑到宪政的理念,立法机构的公开性和自由度是否应该受到某种

---

〔1〕 [新西兰]理查德·艾金斯:《立法意图的性质》,牛津大学出版社 2012 年版,第 9 页。

〔2〕 参见[新西兰]理查德·艾金斯:《立法意图的性质》,牛津大学出版社 2012 年版,第 11 页。“立法机构原则上对所有相关事物都是开放的,而且它可以自由采取审慎和全面的行动,这使它很适合成为政体的中心或主要的法律制定机构。”

〔3〕 参见[新西兰]理查德·艾金斯:《立法意图的性质》,牛津大学出版社 2012 年版,第 150 页。“在现代政体中,立法者通常会组成政党,并在这些政党中进行竞选。因此,立法者代表了一个选举他的选区,构成了一个代表整个共同体的机构(立法机构)的一部分,并属于一个通过参考共同的宣言和领导来协调其成员行动的共同体。”

〔4〕 关于立法机构作为一个法律和政治机构,见下文第二部分第三节。

程度的限制——以保持立法机构作为政体的中心和主要法律制定机构。[1] 最后,研究政党的形成以及每个立法者与特定选区之间的联系——考虑这些要求在不同民主制度的政治实践中的不同实施方式——可能不仅是必要条件,而且也是形式良好的立法机构代表整个共同体(包括不属于选民的共同体成员)的充分条件。

下面,将根据第一部分第二节中说明的中心情形法的三个要素,即四种知识秩序、"为什么问题"的优先性,以及中心情形和边缘情形之间的关系,讨论与立法机关的中心情形和政体的中心情形之间关系相联系的其他潜在问题和/或研究路径。

立法机构和政体都是能够根据其目的进行识别的人类群体。在考虑立法机构的中心情形和政体的中心情形之间的关系时,这两个人类群体之间最能说明问题的比较涉及他们统一性的第四等级。更确切地说,为了解释立法机构的性质,考虑形式良好的立法机构的目的与良好政体的目的是有帮助的。这两个目的(或目的集合)有着部分地重叠——这种重叠体现在政治共同体的共同善理念中。对那些有兴趣参与到艾金斯对立法机构的理解的人来说,这种重叠是重要的,因为它表明:一方面,形式良好的立法机构与(良好的)政体有内在的联系;另一方面,形式良好的立法机构有它自己的共同善,即人类群体。这是一个值得进一步探讨的问题。

正如第一部分第二节所解释的,知识的第四种秩序并不排除其他三个秩序,事实上,在某种程度上,第四种秩序预设并包括其他秩序。因此,探讨形式良好的立法机构的性质与它的物理统一性的联系也是很有意思的,这种统一性来自立法机构使用的推理和语言的类型,以及适合立法机构的技术的统一性。[2]

中心情形法的第二个要素,即"为什么问题"的认知论优先性,提出了另一种可以分析形式良好的立法机构和良好政体之间关系的方式。在这种情况下,"为什么问题"的最简单表述是,我们为什么要有一个立法机构?艾金斯的理论

---

[1] 对立法机构公开性的限制可以看作对立法内容的限制,而对立法机构自由度的限制则可以看作对立法过程的方式和形式的限制。

[2] 这也可能为法律和政治理论以及其他(理论和/或应用)学科之间富有成效的合作提供机会。

认为，这个问题只有在理解政体的目的时才能回答，即为什么在我们的政体中要有一个立法机构？人们回答最后一个问题的方式取决于（至少是部分地）“我们”政体的具体特征。因此，可以说，在探讨立法机构的性质时，关于政体的“是什么问题”应该（相对）优先于关于政体的“为什么问题”。例如，艾金斯意识到立法机构性质中的代议制特征对于一个大型政体来说特别重要，因为，在这个政体中直接民主是不可行的/或不可取的。因而，本文认为，立法机构是任何良好政体中最重要的法律制定机构（如果不合格的话）应该结合我们心目中的（良好）政体的结构特征来解读。

最后，可以根据一个社会现象的中心情形和边缘情形之间的关系来分析形式良好的立法机构的理念和良好的政体理念之间的关系。特别是，当人们的注意力从中心情形转移到边缘情形时，考虑这两种理念之间的联系是否能保持稳定将是很有意思的。例如，人们可能会问，一个有缺陷的立法机构在多大程度上可以与一个良好的政体共存，或反之亦然。在这种情况下，下面这个问题——本文将其称为“梯度问题”——值得特别关注。当我们考虑这两个人类群体的中心情形和最差的边缘情形时，立法机构和政体之间的联系似乎并不存在问题。梯度问题涉及位于这两个极端之间的情况，也就是说，某个政体的立法机构与立法机构的中心情形的接近程度，如何受到该政体与政体的中心情形的接近程度的影响。更确切地说，鉴于政体 P 中的立法机构 L，梯度问题的存在使得人们会产生这样的疑问，即立法机构 L 的性质是否可以被认为是 P 性质的一个直接功能。这个问题不仅在人们研究立法机构的特定实例时意义重大，而且在人们试图理解形式良好的立法机构时也是如此。因此，本文认为，《立法意图的性质》中进行的那种研究不应忽视梯度问题。另外，考虑到尽管立法机构（据称）处于中心地位，但它并不是政体中唯一的法律和/或政治机构，为了理解和解释形式良好的立法机构和良好的政体之间的关系，很可能需要考虑其他法律和政治机构的存在和作用会如何影响这种关系。

（二）立法和善的理由

艾金斯对立法机构性质理解的第二个方面，集中在立法机构行动所依据的理由上。就艾金斯研究的目的而言，确定这些理由是很重要的，因为正是根据这些理由，人们才可以解释立法机构的独特能力，这反过来又使人们能够解释形式良好的立法机构的行动和形态。[1] 在这种情况下,艾金斯认为,设立一个立法机构的理由在于这个立法机构有基于“善的理由”改变法律的能力。这意味着,为了能够适当地理解立法机构的性质,人们必须能够区分改变法律(和/或针对应该被规范的情况引入新的法律,尽管它们不受现有法律秩序的规范)的“善”和“恶”的理由。这是艾金斯论证中重要的一步,同时也要承认,如果不诉诸理由,“大体上”改变法律是不合理的。事实上,艾金斯认为,“理性”要求人们为了自己认为是善的理由去改变法律。[2] 这表明,立法机构的性质——或者,至少是其性质的一个方面——可以通过支撑法律制定过程的(善的)理由来阐明,而这些理由就是立法者认为的善的理由。

这个论点的要点来自中心情形法,并且是具有说服力的。然而,这一论点似乎将立法的理由,即以特定方式修改法律的理由,与支持建立和维持立法机构的决定的理由内在联系起来。事实上,艾金斯寻找的是“如果有的话,有什么理由要建立立法机构,担任立法者,并作为公民关注立法”。[3] 这一命题的提出背景表明,改变现有法律和/或制定新法律的理由(担任立法者的理由)可以——如果他们不相同——与建立一个立法机构和遵循该机构制定的法律的理由组合在一起。然而,本文认为,这三类理由应该被区分开,而且尽可能地保持分离状态,不仅因为它们与不同的行动者有关,而且与它们之间很可能存在的内部紧张关系有关。

在遵循法律的理由和制定法律的理由之间可能会出现第一种潜在的紧张关系。例如,在一个原本公正的法律秩序的背景下思考一个不公正的法律,公民很可能会基于善的理由去遵守这个不公正的法律,但是考虑到我们知道立法过程的结果是不公正的,立法者引入这项法律的理由从定义上来说就不可能是善的理由。另一个潜在的紧张关系是在建立立法机构的理由和立法的理由之间。例如,考虑到关于立法程序所固有的宪法规则的存在,虽然这一规则(确实

---

〔1〕 参见[新西兰]理查德 · 艾金斯:《立法意图的性质》,牛津大学出版社 2012 年版,第 9 页。“我的目标是了解和解释形式良好的立法机构的形态及其行动,这是其独特能力的行使。”

〔2〕 参见[新西兰]理查德 · 艾金斯:《立法意图的性质》,牛津大学出版社 2012 年版,第 113 页。“仅仅打算从大体上改变法律是不理性的,就像作者打算从大体上传达某种意思是不理性的一样。理性的法律制定是出于(立法机构)认为的善的理由,以特定的方式改变法律的行动。”

〔3〕 [新西兰]理查德 · 艾金斯:《立法意图的性质》,牛津大学出版社 2012 年版,第 118 页。

是立法机构建立的一部分)与立法机构的建立是一致的,但这一规则与法律制定的过程是紧张的(因为根据定义,它从形式上和/或实质上限制了这一过程)。因此,这一规则的存在会在支持法律制定过程的理由和支持建立立法机构的理由之间产生紧张关系——考虑到拥有类似固化规则的理由可以被视为建立立法机构的部分理由。

下面将参考第一部分第二节中说明的中心情形法的三个要素,以确定与以下概念相关的其他潜在问题和/或进一步的研究路径:我们对形式良好的立法机构的理解取决于我们对支持立法机构作为任何良好政体的核心机构行动的理由的理解。

根据艾金斯的说法,"立法机构要想很好地行动,就必须通过选择将某些命题引入法律来回应改变法律的善的理由"。[1] 立法机构是一个可以行动的群体;而它的行动(制定新的法律)可以回应理由。对立法机构性质的正确理解,要求人们反思在立法者之间建立起统一关系的联合行动,即我们称之为"立法机构"的人类群体中的个体成员。事实上,艾金斯肯定地说:"形式良好的立法机构是一个单一的、理性的代理人,我们有充分的理由推测它是出于善的理由而不是出于任何理由或者没有理由来行动。"[2]将立法机构视为一个单一的代理人,有助于人们关注作为立法机构特征的最重要的统一关系(知识的第四种秩序)。然而,承认第四种秩序的解释力不应该掩盖其他三个秩序的重要性。当艾金斯正确地解释立法机构通过将某些命题引入法律秩序来改变现有法律和/或制定新法律时,它触及了立法机构的一个特点。法律制定过程,无论是否出于善的理由,都会带来一种特殊类型的结果——法律条文及与之相关的法律规范。对立法机构性质的全面探索,不仅应阐明支撑立法过程的理由(连同支持建立、维护和/或遵守立法机构的决定的潜在不同理由),而且应阐明引起立法过程结果具有特定形式的理由——一般规范。关注(善的)理由和立法之间关系的这一层面——既可以理解为一种活动,也可以理解为这种活动的结果——将推动对立法机构性质的探索向两个方向发展。首先,它将引导人们去

[1] [新西兰]理查德·艾金斯:《立法意图的性质》,牛津大学出版社2012年版,第218页。

[2] [新西兰]理查德·艾金斯:《立法意图的性质》,牛津大学出版社2012年版,第256页。

探究所有四种统一关系之间的联系,这些关系使人们能够将立法机构视为一个群体。其次,它将引导人们考虑立法过程的目的与立法目的(被理解为一套一般法律规范)之间的关系。

法律制定是一项目的性很强的事业,这一概念也可以被独立地提出来。根据艾金斯的观点,形式良好的立法机构的行动,即立法的制定、评估、修订和颁布是对“事关共同善的理由”的回应。[1] 在一个形式良好的政体中,支持形式良好的立法机构行动的理由,应在多大程度上阐明该政体的共同善?或者说,在一个形式良好的政体中,与形式良好的立法机构的存在和活动相关的理由,是否应该通过对该政体的共同善的理解和表述来说明?

在本节结束时,对解释的顺序做一个简单地评论——“为什么问题”比“是什么问题”在认知论上的优先性。艾金斯认为,为了理解立法机构的性质,我们首先应该考虑立法机关的目标,然后再考虑依赖于这些目标的立法机关的行动,因为立法机关的行动阐明了它的能力,这是理解立法机关动态现实的关键。[2] 这个解释顺序考虑这个问题的优先性——为什么立法机构要修改法律(或制定新的法律)?这个“为什么问题”通过关注法律制定过程的目标,帮助人们理解这个过程的性质。本文认为,为了阐明立法机构的性质,不应孤立地考虑这个特定的“为什么问题”,而应与其他“为什么问题”联系起来考虑,例如为什么我们首先要有一个立法机构?为什么要维持我们的立法机构?为什么我们/他们(作为立法者)要立法?为什么我们/他们(作为公民)要遵守立法?

(三)形式良好的立法机构和法律的中心情形

最后一节考虑了形式良好的立法机构和法律的中心情形之间的关系,因为艾金斯认为,形式良好的立法机构被视为一个有能力通过审议改变法律的机构,是法律的中心情形的基础。[3] 艾金斯对立法机构概念和法律概念之间关系的理解,与法律实证主义者,特别是哈特和拉兹,对这种关系的理解不同。在

---

〔1〕 参见[新西兰]理查德 · 艾金斯:《立法意图的性质》,牛津大学出版社 2012 年版,第 124 页。

〔2〕 参见[新西兰]理查德 · 艾金斯:《立法意图的性质》,牛津大学出版社 2012 年版,第 118 页。“理解一个动态现实的性质的关键是理解它的能力,人们通过理解它的行动来理解它的能力,而这些行为人们又是通过了解它的目标——它为之行动的目标——来理解的。”

〔3〕 参见[新西兰]理查德 · 艾金斯:《立法意图的性质》,牛津大学出版社 2012 年版,第 121 页。

这一点上,艾金斯明确表示不同意拉兹的观点,即创造规范的机构(如立法机构)并不是法律体系的必要元素,而适用规范的机构,即法院,则是必要元素。[1]

简单地回顾一下拉兹的观点。拉兹认为,"法律的系统性的关键在于法律适用机构的运作"。[2] 根据拉兹的观点,规范机构是确定某一特定的规范体系是否有效,因而是否存在的关键,以及哪些规范属于该体系(因为那些机构在该体系的识别标准中发挥着作用)。拉兹批评了这样一种观点,即法律体系及类似的规范性体系是"一种同源的体系"。在一些理论中,如霍布斯或奥斯丁的理论,这种想法是通过以下概念来表达的,即一个法律体系是由一个(主权)立法者发布的所有规范的集合。在其他理论中,例如在凯尔森的理论中,这种想法是通过这样的概念来表达的,即一个法律体系是由一个(单一)规范产生效力的所有规范的集合。在这两种情况下,法律体系都被设想为有一个共同的起源。对拉兹来说,他认为法律体系是具有共同起源的体系的想法是有问题的,因为它不能解释作为一个复杂的制度化系统的法律体系的两个主要特征——它们的统一性和它们的存在。[3] 拉兹提出了反对法律体系是同源体系这一观点的两个论点。首先,他认为一个法律体系可能有多个立法者,每个立法者都享有独立的权力;其次,确定一个法律体系存在的关键在于该体系的规范被该体系的一些机构所实践。在第二个论点的背景下,拉兹确认,体系的规范被实践的事实不能被确定为与规范创造机构有关。[4] 相反,要确定一个法律体系是否生效,并因此而存在,应该依靠法律适用机构的实践。艾金斯和拉兹之间的分歧是基于方法论和理论上的缘由。在艾金斯和拉兹发展他们的法律概念的方式中,存在方法论上的紧张。艾金斯认为这一概念与法律的中心情形有关;而

---

〔1〕 参见[新西兰]理查德·艾金斯:《立法意图的性质》,牛津大学出版社2012年版,第121页。

〔2〕 [英]约瑟夫·拉兹:《实践理性和规范》,牛津大学出版社1999年版,第129页。

〔3〕 对于拉兹来说,只有最简单形式的制度化(法律)体系才能根据法律体系是具有共同起源的体系的观点来解释。

〔4〕 参见[英]约瑟夫·拉兹:《实践理性和规范》,牛津大学出版社1999年版,第131页。"(创造规范的机构)最多可以实践针对他们的那些规范,没有理由仅仅因为一个制度被那些制定规则的人所接受就认为它是有效的。它是否有效必须在某种程度上取决于那些作为规范体系的规范主体的人的遭遇。"

拉兹则对一系列规范成为法律体系所必须满足的必要和充分条件感兴趣。这样一来,拉兹在哈氏方法论范式中发展了他自己的研究。[1] 而艾金斯的研究参考了菲尼斯的方法论(该方法论发展了哈特的方法论,但也对其提出了挑战)。[2] 由于艾金斯和拉兹的方法论背景的不同,他们在立法机构在法律概念的发展中所扮演的角色上存在分歧并不奇怪。在抵制拉兹观点时,艾金斯提出,可以想象一个共同体有着一系列法律规范,但没有官员来改变(和/或应用)这些规范:这个共同体有一种法律形式,但他们的法律缺乏法律的中心情形的一些要素,包括官方对共同体的法律规范的修改(和/或公正的应用)。对艾金斯来说,拉兹的法律体系的概念抓住了一个法律现实,而这个现实只是类似于法律的中心情形。这是由于一个没有立法机构的共同体,无法对法律修改的需要作出回应。因此,这样一个共同体的法律缺乏一个有价值的法律秩序的显著特征,即"一个共同体有能力采取行动来修改规则,并以此构建其社会生活"。[3] 鉴于此,本文认为,艾金斯对形式良好的立法机构的理解(被视为共同体的核心规范创造的机构)取决于一般法律理论以及一般规范体系理论(考虑到法律规范是构成共同体社会生活的规范的一个子集)。

通过第一部分第二节所述的四个知识秩序的棱镜,有助于分析立法机构的中心情形和法律的中心情形之间的关系,因为这可以让人们发现这种关系中的不对称性。第四种统一关系,即由联合行动提供的统一性,再次显得尤为重要。虽然立法机构的性质可以根据其个别成员(立法者)的联合行动所形成的群体的想法来解释,但对法律性质的适当解释似乎需要的不止于此。毕竟,立法机构的现实没有法律的现实那么复杂,前者通常被视为包括在后者中(或作为其一部分)。当人们关注这两种理念的组成部分时,就会出现形式良好的立法机构理念与法律理念之间关系的不对称性。立法机构的理念可以在以下概念中得到解读,即赋予议会立法权的规范、称为"立法机构"的议会、该议会采取行动的立法程序,以及立法程序的结果(法律)。关于法律的概念,可以确定以下要素,即赋予权力的规则、法律机构、与法律有关的活动(法律的制定、适用和执

---

〔1〕 例如,参见[英]H. L. A. 哈特:《法律的概念》,牛津大学出版社 2012 年版,第 116 页。

〔2〕 见上文第一部分第一节。

〔3〕 [新西兰]理查德 · 艾金斯:《立法意图的性质》,牛津大学出版社 2012 年版,第 121 页。

行）、规定义务的规则（包括一般和个别）、法律原则和理论。在探讨法律的性质时，对立法机构（中心情形）的思考有利于反思法律机构以及法律的创设和修改过程在法律理论中应发挥的作用。然而，为了一个一般的法律理论的目的——被理解为对法律的中心情形的解释——立法机构作为法律制度机构，应该与其他主要法律机构一起研究；而立法（作为一个过程和/或这一过程的结果）的理论重要性应在其所有方面得到重视，包括其宪法规定、解释、执行以及政体成员对其的接受。

最后一点也与"为什么问题"在认知论上的重要性有关。通过对这个问题的关注，艾金斯确定了形式良好的立法机构的一个重要特征——这是一个为共同体立法而设立的议会。对艾金斯来说，立法行动的目的不仅是改变共同体的一系列法律规范，而且是为了社区的共同善而改变它们。这意味着，要理解立法机构的性质，就必须诉诸共同善的概念，这个概念对于识别和理解那些被我们称为"政治共同体"或"政体"的人类群体也至关重要。在这里，值得考虑的是，特定政体的立法机构和法律如何能够帮助该政体（以一种开放式的方式）实现其共同善。就艾金斯的理论而言，应该考虑的是，立法者仅对其政体的共同善有部分的认识，这会如何影响对形式良好的立法机构的解释，或者是直接地，或者是间接地，也就是说，通过对政体法律所特有的共同善的部分的理解进行调解（假设政体的共同善不等同于政体法律秩序的共同善）。[1]

最后，本文想在立法机构—法律与立法机构—政体之间建立一个平行关系。在第二部分第二节中，本文提出，在建立立法机构的中心情形与政体的中心情形的联系时，会产生一个"梯度问题"的问题。这是因为，一旦立法机构的中心情形与政体理念之间建立联系，意味着这一思想在政体的中心情形和边缘情形的范围内的转变，可能会影响我们对立法机构这一中心情形的描述，因而会影响我们对立法机构和/或法律的性质的理解。梯度问题也出现在形式良好

〔1〕 在讨论这个问题时，人们可能会说，尽管立法者关心其共同体的共同善的能力是有限的，但为了适当地立法，他们不仅必须理解，而且必须致力于促进其共同体的共同善。即使承认这一点，本文认为，一个政治共同体的（理性的）成员理解和实现其共同体的共同善的方式，与立法机构（理性的）成员对共同善的在制度上有限地理解和实现之间是存在重要的区别。因而，本文的观点是，关于形式良好的立法机构的理论应该承认并解释这种差异。

的立法机构和法律的中心情形之间的关系上。将这两个观点联系起来,意味着一个社会实体在其中心情形和边缘情形的范围内的转变,可能会影响我们对另一个社会实体的中心情形的描述,因而会影响我们对立法机构和/或法律的性质的理解。

对"梯度问题"的理解可以为进一步研究立法机构的理念和法律的理念之间的关系提供途径。此外,立法机构—法律的关系和立法机构—政体的关系可以结合起来,因为它们似乎是同一社会现实的一部分。立法机构是法律的一部分,而法律又是政体的一部分。这种结合提出了另一种可能的研究思路。艾金斯认为,立法机构是政体和法律生活的中心。的确,立法机构是一个法律和政治的中心机构,然而,将"立法机构(作为法律机构)—法律—政体"的联系与"立法机构(作为政治机构)—国家—政体"的联系区分来看可能是有益的。这种区分不一定等同于分割,因为这种区分的价值在于它为探索立法机构生活的不同方面带来明确性。与《立法意图的性质》中采用的中心情形法相一致,对立法机构生活的更细致的分析,将改善我们对形式良好的立法机构的描述,从而改善我们对立法机构性质的理解。

党内法规推动法治政府建设的逻辑理路

陈宇超*

内容摘要：党内法规作为社会主义法治体系的重要组成部分，不仅是管党治党的利器，还是建设社会主义法治国家的重要保障。中国共产党的领导地位和政治属性决定党内法规具有强大的“外溢效力”，能够有效推动法治政府建设，成为法治政府建设不可或缺的本土资源。两者之间总体关系上的高度重合性、党内法规自身具有的引领价值，以及新型党政关系需要党规之治都从理论上证成党内法规推动法治政府建设的逻辑。在法治政府建设的实践中，党内法规对政府职能体系优化的促进、加强行政权力制约和监督、推动严格规范公正文明执法，以及强化法治政府建设推进机制等方面，都具有举足轻重的作用。在注重党内法规推动法治政府建设的同时，还需注意其不得成为依法行政的直接法律依据。

关键词：中国共产党　党内法规　法治政府　依法行政

2021年8月，中共中央、国务院印发了《法治政府建设实施纲要（2021—2025年）》，指出法治政府建设是全面依法治国的重点任务和“主体工程”。《中共中央关于全面推进依法治国若干重大问题的决定》指出，“全面推进依法治国，总目标是建设中国特色社会主义法治体系，建设社会主义法治国家”。其中，形成完善的党内法规体系是中国特色社会主义法治体系的五大子体系之

---

* 上海社会科学院法学研究所助理研究员，法学博士。

一。[1] 中共十八届四中全会决议也明确指出,“党内法规是建设社会主义法治国家的有力保障”。党内法规体系为什么构成中国特色社会主义法治体系的重要组成部分呢?党内法规对于全面依法治国下的法治政府建设究竟有什么重要作用?这是我们研究中国特色社会主义法治理论和法治道路需要重点解决的基础性问题。既有的关于党内法规的研究对此问题还尚未有涉及,亟待学界对此作出回应。

一、党内法规指引法治政府建设的理论证成

根据《中国共产党党内法规制定条例》第 3 条的规定,党内法规是党的中央组织以及中共中央纪律检查委员会、中央各部门和省、自治区、直辖市党委制定的规范党组织的工作、活动和党员行为的党内规章制度的总称。也有学者认为,广义上的党内法规包括党内所有用以规范和保障党的行为的法律或规范性文件。[2] 无论采何种定义,就党内法规的语词表达及其规范性定义而言,其调整的都是党内事务,而法治政府建设调整的则是国家政权机关的行政事务。[3] 因此,仅从文理解释的角度观察,显然难以在两者之间建立直接联系。然而,“党内法规”“依规治党”“依法执政”“社会主义法治体系”这些极具中国特色的词汇,又明显地揭示了党在法治中国建设中的特殊地位,法治政府建设与形成完善的党内法规体系又似乎存在重要联系。故而,有必要证成党内法规推动法治政府建设的理论依据。

(一)党内法规与法治政府总体关系上具有高度重合性

中国共产党是中国特色社会主义事业的领导核心,处在总揽全局、协调各方的地位。有学者指出,“我国政治生活中最为重要的常量,即中国共产党的执

〔1〕 《中共中央关于全面推进依法治国若干重大问题的决定》将社会主义法治体系分为下述五大分支:完备的法律规范体系、高效的法治实施体系、严密的法治监督体系、有力的法治保障体系和完善的党内法规体系。

〔2〕 参见刘长秋:《关于党内法规的几个重要理论问题》,载《理论学刊》2016 年第 5 期。

〔3〕 参见中共中央、国务院印发《法治政府建设实施纲要(2021—2025 年)》。

政地位和政治属性”。[1] 政府、人大、政协、法院、检察院、军队等国家治理体系子系统第一要义就是坚持党的领导。党的领导是政治价值体系中最稳定的因素,是法治政府建设不可动摇的基石。党的性质和执政地位决定了党内法规必然在中国法治建设中发挥重大作用。而党内法规之所以能直接推动法治政府建设,在于两者总体关系上具有高度重合性。

第一,两者体现的意志具有重合性。依据《中国共产党党内法规制定条例》第3条的规定,党内法规是“党的统一意志”,而法治政府是党全面依法治国意志的体现,其本质上都是党的意志的体现。第二,两者体现的价值追求具有重合性。新时代加强党内法规建设是全面从严治党的必由之路,法治政府建设是全面依法治国的重点任务和“主体工程”,两者统一于“将权力关进牢笼”和“以人民为中心”的价值追求之中。第三,两者规范对象具有重合性。党内法规所规范的是“党组织的工作、活动和党员行为”。其具体主要包括四个方面,党的组织建设、党的工作与活动、对党员行为的规范以及对党组织、党员和领导干部的监督与问责。法治政府建设的目标是“用法治给行政权力定规矩、划界限,规范行政决策程序”。[2] 通过健全的党内法规可以“保障和促进各级党的干部运用法治思维和法律手段治党治国理政”,[3]进而推动法治政府建设以及中国法治的进程。第四,两者具有共同的经济基础。根据马克思主义经典理论,经济基础决定上层建筑。我国正处于社会主义初级阶段,实行公有制为主体、多种所有制经济共同发展的基本经济制度,实行社会主义市场经济。党内法规和法治政府作为上层建筑都是这种经济基础的产物。第五,两者的指导思想具有重合性。马克思主义是我们立党立国的根本指导思想。[4] 党内法规和法治政府建设都坚持以马克思主义为指导。《中国共产党章程》和《法治政府建设实施纲要(2021—2025年)》都明确规定了以马克思列宁主义、毛泽东思想、邓小平理论、“三个代表”重要思想、科学发展观、习近平新时代中国特色社会主义思想为

---

[1] 王浦劬、汤彬:《当代中国治理的党政结构与功能机制分析》,载《中国社会科学》2019年第9期。

[2] 习近平:《论坚持全面依法治国》,中央文献出版社2020年版,第4页。

[3] 姜明安:《论中国共产党党内法规的性质与作用》,载《北京大学学报(哲学社会科学版)》2012年第3期。

[4] 参见习近平:《在庆祝中国共产党成立100周年大会上的讲话》,载《求是》2021年第14期。

指导。

综上所述,党内法规与法治政府总体关系上的高度重合性,是党推进全面依法治国和国家治理体系现代化的重要组成部分。两者的紧密联系也决定着它们是一荣俱荣,一损俱损的关系。法治政府若政令不彰,党内法规则必然也处于边缘虚化状态。反之,法治政府建设卓有成效,则必然离不开党内法规所发挥的全面从严治党的功劳。对此,习近平总书记归纳指出,"要发挥好党内法规在维护党中央集中统一领导、保障党长期执政和国家长治久安的重大作用"。[1]

(二)党内法规是法治政府建设的重要本土法治资源

综观世界各国法治发展道路,都是一个历史因素不断现实化的过程。法治政府建设则是其中一种具体的制度实践,制度的构建及其发展通常与其"植入"的社会土壤紧密相关,不同的环境塑造不同的制度。[2] 纯粹就法理而言,世界各国法治政府都有着共同的理念追求,包括依法行政、规范公权力的行使、增进民众福祉等。但这类抽象原则在转化的过程中以何种具体制度样态呈现,则会受所在国国情影响。萨维尼对此曾作出过系统论述,认为:"一个民族的法律制度,像艺术和音乐一样,都是他们的文化的自然体现,不能从外部强加给他们……法律随着民族的成长而成长,随着民族的壮大而壮大,当这一民族丧失其个性时,法便趋于消逝。"[3]我们可以发现,即使同为盎格鲁 - 撒克逊民族建立的法治国家,英国和美国也在相当程度上存在不同的法治发展道路选择,它们的法治政府构建也具有各自鲜明的特点。[4] 鉴于此,中国法治政府建设必

---

[1] 《发挥好党内法规在维护党中央集中统一领导和国家长治久安方面的重大作用》,载《人民日报》2021 年 12 月 21 日,第 1 版。

[2] 参见何勤华:《法的移植与法的本土化》,载《中国法学》2002 年第 3 期。

[3] [德]萨维尼:《论立法与法学的当代使命》,许章润译,中国法制出版社 2001 年版,第 18 页。

[4] 英国早在 1066 年"诺曼征服"后便在全国范围内建立起强大的王权统治,国王亲信组成的小议会演变为中央政府,各地则建立起 36 个郡的地方政府。英国法治发展前期是以国王和贵族组成的上议院主导,近代则逐渐转移到下议院,形成了较为强大的中央集权政府。整体来看,英国是以中央权威为驱动的法治发展模式。参见王霄燕:《英国法治现代化研究:以国会立法为视角》,法律出版社 2012 年版。美国法治发展则是以成文宪法为基石,违宪审查机制为核心的司法中心主义。美国较少受到历史传统的羁绊,从北美十三州独立出来的美国没有王权、贵族、等级、世袭的掣肘,建立起相对平等的政治体系。联邦体制下,地方政府权力较大,中央政府只负责特定事务。两者都受到宪法和法院的监督。参见彭诚义:《美国法治的蜕变》,载《光明日报》2017 年 2 月 26 日,第 8 版。

须运用好本土法治资源，主动探索具有中国特色的制度进路，不简单照抄照搬西方法治理论。

党内法规是由中国共产党创立的，历经新民主主义革命和社会主义建设而蓬勃发展起来的具有管党治党功能的本土法规。1921 年建党之始，党的创始人们就意识到党的法规制度建设的重要性，党的一大制定了党的第一个纲领，二大通过了党的第一个章程。1938 年 10 月，毛泽东在中共六届六中全会（扩大会议）上首次提出"党内法规"这一概念。[1] 1978 年，邓小平在总结新中国成立以来党领导法治建设的经验基础上指出，"国要有国法，党要有党规党法。党章是最根本的党规党法。没有党规党法，国法就很难保障"。[2] 党的十八大以来，习近平总书记高度重视党内法规在全面依法治国中的战略作用，专门强调："全面推进依法治国，必须努力形成国家法律法规和党内法规制度相辅相成、相互促进、相互保障的格局。"[3]党内法规因之迎来发展的黄金时期，有学者统计党的十八大以来，仅中央党内法规就制定、修订 90 多部，约占现行有效的中央党内法规总数的 50%。[4] 在党的百年诞辰之际，权威部门公布现行有效的党内法规已共计 3615 部之多。[5] 党内法规制度体系初步形成，是以党章为根本，以民主集中制为核心，以准则、条例等中央党内法规为主干，由各领域各层级党内法规制度组成的有机统一整体。[6]

回顾党内法规的百年制度史可以发现，党内法规与中国共产党、中国法治

---

〔1〕 毛泽东在报告中指出："鉴于张国焘严重地破坏纪律的行为，必须重申党的纪律……还须制定较详细的党内法规，以统一各级领导机关的行动。"参见《毛泽东选集》（第 2 卷），人民出版社 1991 年版，第 528 页。

〔2〕《解放思想，实事求是，团结一致向前看》，载《邓小平文选》，人民出版社 1994 年版。

〔3〕 中共中央纪律检查委员会、中共中央文献研究室编：《习近平关于党风廉政建设和反腐败斗争论述摘编》，中央文献出版社 2015 年版，第 45 页。

〔4〕 参见王伟国：《国家治理体系视角下党内法规研究的基础概念辨析》，载《中国法学》2018 年第 2 期。

〔5〕 参见中共中央办公厅法规局：《中国共产党党内法规体系》，载《人民日报》2021 年 8 月 4 日，第 1 版。

〔6〕《中共中央关于加强党内法规制度建设的意见》依据调整对象的不同，又将党内法规制度体系的基本框架概括为"1 +4"，即在党章之下，分为党的组织法规制度、党的领导法规制度、党的自身建设法规制度、党的监督保障法规制度四大板块。参见宋功德、张文显主编：《党内法规学》，高等教育出版社 2020 年版，第 7 页。

建设的命运息息相关。党内法规作为具有超强制度刚性的实效性规范,成为法治政府建设不可或缺的本土法治资源。

(三)法治政府建设需要政治权威保障,政治权威又需要依法规制

政治权威是推进法治发展的决定性力量。一方面,法治体系的稳定依赖于政治权威的保障。[1] 法治虽然强调法律的至高无上性,要求一切组织和个人都按照法律的意志和规定行事,但这种形式上的权威必须由实质性的权威做背书,否则只能是空谈。当今世界许多发展中国家虽拥有形式上较为完善的法律体系,却依旧深陷腐败、衰弱、混乱的窘境,原因就是缺少一个强大且稳定的政治权威作为保障。另一方面,权威自身需守法。法治建构需要权威保障,但权威天然具有凌驾于一切的特质,总是试图将权力绝对化且不受法律制约,两者之间存在复杂的动态博弈。仰赖权威存在,又要权威守法,这或许是现代政治的元问题。林肯曾感慨道:"政府必然要么过于强大,危及人民的自由,要么过于软弱,无法维持自身的生存,一切共和国都有这种内在的致命弱点"。[2] 形式上,世界各国都设计出了一套既能维持政府高效运转,又能将权力限制在合理范围内的制度,[3]但实质上,能够真正平衡好两者之间关系的并不多见。

具体到我国语境,当代中国最大且唯一的政治权威就是中国共产党。[4] 中华人民共和国成立后到改革开放前,党领导法治建设的历史经验得失也印证了前述理论。当党重视法治、依靠法治、发展法治时,中国的法治建设便迈入"快车道";反之,当党受到法律虚无主义错误思想影响,批判和否定法治时,中

〔1〕 亨廷顿认为一个国家的法治发展需要权威来推动和掌控,权威是动力机制也是保障装置。现代法治秩序的构建,本质上是一个国家现代转型的过程,是现代性下平等观念形成和利益多元化后政治参与的范围不断扩大的过程。强大而稳定的权威可以保证这种参与的有序化,其建构的制度即是政治参与的渠道。参见[美]亨廷顿:《变化社会中的政治秩序》,王冠华等译,上海人民出版社2008年版,第25页。

〔2〕 [美]曼斯菲尔德:《驯化君主》,冯克利译,译林出版社2005年版,第5页。

〔3〕 有效限制政府权力,保障依法行政是现代世界所公认的价值,也为各国法律所一致认同。

〔4〕 中国共产党的政治权威不仅是宪法和党章在形式上赋予的,更是构成其执政的实质性根基赋予的。从历史上看,党的长期领导和执政地位是历史和人民的选择。中国共产党是中华人民共和国的缔造者,没有共产党就没有新中国。从执政功绩来看,中国共产党领导下的新中国,创造了持续高增长的"中国奇迹",是"世所罕见的经济快速发展奇迹和社会长期稳定奇迹"。从政治现实来看,中国共产党是唯一具有长期执政能力,可以推动中国完成现代化转型和实现中华民族伟大复兴的政治势力。

国的法治事业就遭到根本性的破坏。[1] 改革开放以后,党深刻意识到加强法治建设的重要性和紧迫性,也意识到党依法执政、依规执政的必要性。依规执政既可以保障推进全面依法治国进程中政治权威不被消解,又可以在根本上保证依法执政,还可以有效推进法治建设进程,其制度优势非常明显。[2] 法治政府建设作为全面依法治国的"主体工程"和"前哨站",自然也需要党内法规所发挥的管党治党功能保驾护航,促进政府依法行政。

(四)党内法规对法治政府建设具有价值引领作用

党内法规不是以完全国家强制力保障实施的法律,而是以组织纪律、价值、道德、舆论等软约束力或激励、引领机制保障实施的法律,是一种高度制度化的信仰价值体系。这种信仰价值体系具有规范功能、指引功能、预测功能、评价功能、教育功能以及强制功能等。当党内法规体系作为规范体系适用于党内,对所有党员的行为、观念以及认知心态进行塑造时,它的价值体系也将传导至国家政治生活的全方面、各领域,法治政府建设自然也在其辐射传导范围之内。

首先,通过党组织的整体嵌入实现价值引领。与西方国家执政党通过任命本党党员为政府官员的人事嵌入方式实现政权控制不同,中国共产党对政府的嵌入是多重要素的整合性嵌入,是从意识形态到组织体系的全方位嵌入。通过对国家机构的全面嵌入,党将自身的组织机构、行动逻辑、价值导向等基因植入国家机构,使政权体系成为承载党初心使命的中国特色科层制。[3] 党内法规所倡导的党的价值体系通过党组织的整体嵌入,转化为政府的价值体系和行为

〔1〕 中华人民共和国成立前后,中国共产党高度重视政府履职有法可依的问题,1949 年 9 月即通过《中华人民共和国中央人民政府组织法》,规定了包括国家最高行政机关政务院在内的中央国家政权机关组织、职权、活动方式及构成原则,为中央政府开展工作提供了法制保障。1949 年 12 月 2 日、16 日,又先后通过了《中央人民政府政务院及其所属各机关组织通则》《大行政区人民政府委员会组织通则》。不久又颁布了《省人民政府组织通则》《市人民政府组织通则》《县人民政府组织通则》《乡(行政村)人民政府组织通则》等,完善了地方行政机关组织体系。这些法律规范明确了各级行政机关的产生方式、组织机构和职权,其中对于各级政府权限的规定、组织机构的设置,对政府行政管理活动的监督等,都具有依法行政的法治政府精神。然而,令人遗憾的是,在中共八大以后,法律虚无主义和极端左倾思潮蔓延,法治建设遭遇重大挫折。

〔2〕 参见王若磊:《依规治党与依法治国的关系》,载《法学研究》2016 年第 6 期。

〔3〕 参见王浦劬、汤彬:《当代中国治理的党政结构与功能机制分析》,载《中国社会科学》2019 年第 9 期。

依据,进而在整体价值观层面推动法治政府的建设。

其次,通过从事行政公务的党员实现价值引领。数据显示,中国共产党党员有 9671.2 万名,在党政机关工作的党员有 780.5 万人,机关基层党组织有 74.5 万个。[1] 这意味着从事行政公务的公务员中有很高的比例是中共党员,他们在执行行政公务时,既要受到《公务员法》等行政法规制,也要受到党内法规的约束和监督,具有身份上的二重性。不同于法律调整的只能是人的行为,不能扩大到人的思想领域,党内法规从党的纪律要求出发,可以对党员的思想道德、价值信念和行为规范设置更为严格的标准。党自身的性质以及党保持先进性和纯洁性的需要,也必然要求党员具有远超一般公民的思想觉悟与道德修养。比如《中国共产党党内监督条例》第 8 条规定,“党的领导干部应当强化自我约束,经常对照党章检查自己的言行,自觉遵守党内政治生活准则、廉洁自律准则,加强党性修养,陶冶道德情操,永葆共产党人政治本色”。党内法规的价值体系通过党员公务人员执行公务的言行举止,在日常行政执法层面推动法治政府建设。

最后,通过转化为国家法律实现价值引领。部分党内法规会在经过特定国家立法程序后转化为国家法律或法律明确直接援引党章等作为条文内容。[2] 在法制建设尚不完善的时期,我国在实践中长期存在在国法尚未制定的领域以党规代行的现象,积累了相当丰富的经验。其中,对政府公务员的管理就是非常典型的例子。迟至 1993 年,我国才颁行《国家公务员暂行条例》,《公务员法》更是在 2005 年才由人大常委会立法通过。此前国家公务人员录用、考核、任免、调动、交流、奖惩、培训等事项都是由党内法规作出规定的。在今天,如《中国共产党党组工作条例》《中国共产党和国家机关基层组织工作条例》《中国共产党党内监督条例》《关于实行党风廉政建设责任制的规定》中,仍旧规定有很多涉及政府事务的重要内容。例如,《党政领导干部选拔任用工作条例》直接

〔1〕 参见中共中央组织部:《2021 年中国共产党党内统计公报》,载共产党员网,https://www.12371.cn/2022/06/29/ARTI1656486783270447.shtml。

〔2〕 例如《高等教育法》第 39 条第 1 款后半段规定:“中国共产党高等学校基层委员会按照中国共产党章程和有关规定,统一领导学校工作……”《公司法》第 19 条规定:“在公司中,根据中国共产党章程的规定,设立中国共产党的组织,开展党的活动。公司应当为党组织的活动提供必要条件。”等。

规定了党员干部选拔任用标准与程序,直接影响甚至决定政府的运作;《党政机关厉行节约反对浪费条例》第2条直接规定,“适用于党的机关、人大机关、行政机关、政协机关、审判机关、检察机关,以及工会、共青团、妇联等人民团体和参照公务员法管理的事业单位”,直接将党内法规的效力扩展到政府。这些党内法规针对如何优化党的领导,通过先锋队促进法治政府建设方面具有内在一致性。

从中国共产党领导中国人民进行法治建设的历程来看,如何全面加强和完善党的领导,使党的领导和依法治国有机结合,一直是中国共产党高度重视的核心问题之一。正所谓,治国必先治党,治党务必从严,从严必依法度。只有全面从严治党,统筹推进依规治党和依法执政,才能保证中国法治建设始终处于正确方向。党内法规自身所具有的高道德标准、严格的纪律义务和纯洁的信仰价值,能够保证党的先锋队性质,充分动员党员干部投身于法治政府建设的事业中去。

(五)新型党政关系呼唤党规之治

新时代加强党的统一集中领导,就是要把党的领导贯彻落实到治国理政的各个领域,体现在党和国家工作的各个方面。《中国共产党章程》总纲规定:“党必须按照总揽全局、协调各方的原则,在同级各种组织中发挥领导核心作用……党必须保证国家的立法、司法、行政、监察机关,经济、文化组织和人民团体积极主动地、独立负责任地、协调一致地工作。”在“以党领政”的新型格局下,我国法治政府建设的政治环境、内生动力和发展模式进而产生了新变化。[1]整体来看,“以党领政”展现出四大新特点:其一,党政机关合署办公,“两块牌子,一个机构”的现象增多,党的机关开始对行政事务进行直接管理。其二,重大行政决策形成由各级党委作出决策,各级政府负责部署执行的框架。《重大行政决策程序暂行条例》第4条规定:“重大行政决策必须坚持和加强党的全面领导,全面贯彻党的路线方针政策和决策部署,发挥党的领导核心作用,把党的领导贯彻到重大行政决策全过程。”其三,各级党委政府联合发文成为行政执法

〔1〕 参见景跃进等主编:《当代中国政府与政治》,中国人民大学出版社2016年版,第27~29页。

活动的重要依据。[1] 这种做法是由其自身属性决定的。一方面,有利于保障宪法、法律法规的实施;另一方面,又能促进法治建设进程,推动依法治国方略的实施。党政联合发文作为一种具有实质法律效力的重要文本,对我国经济、政治、文化等领域产生着深远影响,也是社会发展过程中各级行政执法机关不可或缺的执法依据。其四,在政府治理向社会治理转型的背景下,党的领导制度优势也逐渐凸显出来。比如,源于党的执政方式的督察、示范创建、党政同责等,不断向法治政府建设延伸。新型党政关系的特点亟须党内法规提供制度供给,以规范党直接行使国家公权力的方法并直接提供"法"的依据,确保党始终在宪法和法律的框架内活动。

二、党内法规推动法治政府建设的具体实践领域

法治政府建设实践千头万绪,纷繁复杂,即使是简明扼要的《法治政府建设实施纲要(2021—2025 年)》也将其分为 10 个大方面,35 个小点进行谋篇布局。如何抓住主线,找准突破口,高质量推动法治政府建设成为一个关键的实践难点。习近平总书记曾对此作出重要指示:"行政机关是实施法律法规的重要主体。执法者必须忠实于法律。各级领导机关和领导干部要提高运用法治思维和法治方式的能力,努力以法治凝聚改革共识、规范发展行为、促进矛盾化解、保障社会和谐。要加强对执法活动的监督,坚决排除对执法活动的非法干预,坚决防止和克服地方保护主义和部门保护主义,坚决惩治腐败现象,做到有权必有责、用权受监督、违法必追究。"[2] 党内法规就是在习近平总书记高屋建瓴的指引下,从重点、难点、堵点入手,推动法治政府建设的。

(一)党内法规有效促进政府机构职能体系优化

法治政府必然是职能科学、权责一致、运行高效、分工合理的政府,这也决

---

〔1〕 党政联合发文是指在具有"中国特色社会主义事业建设过程中形成的党的领导制度"的基础上,为维护党对国家权力的领导地位而制定的党内法规、规章等规范性文件,以及其他有关国家公共事务管理行为的总称。参见秦前红、张晓瑜:《论党政联合发文的制度属性》,载《中共中央党校(国家行政学院)学报》2021 年第 4 期。

〔2〕 习近平:《习近平谈治国理政》(第一卷),外文出版社 2018 年版,第 145 页。

定了必须推进政府机构职能体系优化,促进政府职能转变、理顺部门职责关系。然而,健全政府机构职能体系虽然在近年来已逐步走向法治正轨,但依然存在不少顽瘴痼疾,“政府部门踢皮球”、推诿卸责、不作为乱作为的现象仍屡禁不绝。[1] 这类问题不仅与法治政府坚持法定职责必须为、法无授权不可为的要求相左,更是严重背离全心全意为人民服务的中国共产党根本宗旨和初心使命。

健全政府机构职能体系不但需要行政法的规范,也需要党内法规的协助。首先,依据《中国共产党党组工作条例》的要求,政府及其职能部门必须设立党组。党组是本部门的领导核心,提出“讨论和决定本单位的重大问题”和“指导直属单位党组织的工作”等重要内容,是党对国家政权机关领导的重要体现。2019 年,习近平主持中共中央政治局会议指出,“党组在党的组织体系中具有特殊地位。中国特色社会主义进入新时代,我们党要更好管党治党、执政兴国,必须与时俱进做好党组工作,确保党组更好发挥把方向、管大局、保落实的重要作用”。[2] 因此,党内法规对于政府及其职能部门党组的规范和制约作用至关重要。其次,相较于行政法而言,党内法规除同样具有强制的规范性和约束力外,还具有更强的价值治理功能。中国共产党是马克思主义使命型政党,是在系统完备的世界观、人生观、价值观指导下,被共同体成员认为具有神圣性的,成员自身深深认同并为之奋斗、奉献,乃至牺牲的具有某种超越性的价值使命。[3] 健全政府机构职能体系下的各项改革多是政府自我限权的举措,如“全面实行政府权责清单制度”“加快建设服务型政府”“推动有效市场和有为政府更好结合”“全面落实政务公开制”等。如果缺少党内法规的价值鞭策,政府及其职能

[1] 2021 年 4 月 8 日,央视新闻以《“踢皮球”踢走的是群众的信任》为标题,公开报道批评河南禹州发改委、住建局和市场监管局等政府职能部门推诿卸责,不能排民难、解民忧。事实上,类似的事件和报道在中国媒体上并不罕见。

[2] 《习近平主持中共中央政治局会议审议〈中国共产党党组工作条例〉和〈中国共产党党员教育管理工作条例〉》,载新华网,https://www.xinhuanet.com/politics/leaders/2019-03/29/c_1124303053.htm。

[3] 参见李海青:《使命型政党的治党逻辑——十九大全面从严治党的内在理路》,载《经济社会体制比较》2018 年第 2 期。

部门和党员领导干部可能以“行动目的是追求权力和利益的最大化”[1]的理性人视角消极作为,延宕改革进程。最后,党内法规的纪律处分机制在威慑和惩戒部分党政机关和党员干部为本部门利益而拒绝或消极推进改革方面发挥作用,成为挺立在行政法面前不可逾越的红线。

(二)党内法规有效加强对行政权力的制约和监督

法治政府建设的主体是行政机关和行政权,其核心问题是规范行政权力的运行。从历史发展脉络来看,中国特色社会主义进入新时代,对行政权力监督提出更高、更新的要求,即通过制度约束行政权力,防止滥用或不当行使行政权力。《法治政府建设实施纲要(2021—2025 年)》指出,“坚持有权必有责、有责要担当、失责必追究”的监督原则。当前我国正处于全面深化改革的深水攻坚阶段,构建法治化国家治理体系和推进依法行政已迫在眉睫。依法行政的关键在于落实到每一个具体的行政行为上,并让每一个违法的行政行为都得到监督。因此,建立科学、高效、廉洁的行政监督机制,成为新时代中国特色社会主义法治建设进程中一项极为重要的任务。

我国行政监督机制是以党内监督为主导,人大监督、民主监督、行政监督、司法监督、群众监督、舆论监督、审计监督、财会监督、统计监督、执法监督、行政复议等各类监督有机贯通,合力协作的综合监督。党的领导地位和执政地位,决定着奠基于党内法规体系之上的党内监督在监督和制约行政权力运行上起着主导性作用。在推进我国治理体系和治理能力现代化过程中,完善党内法规体系是加强党风廉政建设、规范行政权力的重要保障。据统计,共有 916 部党的监督保障法规,约占党内法规总数的 25%。[2] 这些党内法规已然成为监督和制约行政权力行使的有效制度供给。比如,《中国共产党党组工作条例》第 41 条规定:“党组(党委)及其成员、有关党组织及其工作人员应当严格按照本条例履行职责。违反本条例的,根据情节轻重,给予批评教育、责令作出检查、诫勉、通报批评或者调离岗位、责令辞职、免职、降职等处理,或者依规依纪依法

[1] 张康之:《社会治理中的价值》,载《国家行政学院学报》2003 年第 5 期;张五常:《经济解释》,中信出版社 2015 年版,第 943 页。

[2] 参见中共中央办公厅法规局:《中国共产党党内法规体系》,载《人民日报》2021 年 8 月 4 日,第 1 版。

给予处分;涉嫌犯罪的,依法追究刑事责任。”政府党组成员是政府内具有较高行政职务的党员领导干部,制约和监督好这些“关键少数”,是防止行政权力滥用的核心节点。以省政府为例,省长担任党组书记,省委常委、副省长任党组副书记,其他党员副省长为党组成员,省政府秘书长一般也会进入党组。省长是行政首长,常务副省长负责省政府常务工作,主要分管财政和金融等关键领域。非分管常务的副省长大都兼任重要厅局的主要领导,例如公安厅、国资委等,也都明确划分了分管领域和事务。党内法规监督好这批党政要员,就做好了对行政权力监督和制约的基本面。

同时,随着我国经济社会快速发展,对外交流日益密切,对依法行政的要求也越来越高。但以行政监察法为核心的传统法律法规,在行政监督体系中的作用却日渐虚化,亟待进一步优化升级。以管党治党为核心任务的党内法规正成为监督行政权为主的国家监察体系的关键环节。党的十八大以来,以习近平同志为核心的党中央高度重视监督体系的顶层设计,坚持和完善党和国家监督体系,强化对权力运行的制约和监督。[1] 党内法规无疑正在成为以党内监督为主导的行政监督机制的重要法律依据。

(三)党内法规有效推动严格规范公正文明执法

法治政府必须是职能性、科学性、合法性、公正性、公平性、廉洁性、效益性、守法性、严谨性兼具的政府,这也就决定了行政执法必须严格规范公正文明。然而现实中的行政执法却并没有完全遵循法治轨道,其中基层执法乱象尤为突出,出现了诸如“钓鱼”执法、多头执法、暴力执法、选择性执法等诸多问题。这些乱象与法治政府“努力让人民群众在每一个执法行为中都能看到风清气正、从每一项执法决定中都能感受到公平正义”的建设目标相背离,如若放任其蔓延,不仅将导致人们对政府和法律的疑虑,甚至会动摇对党的领导的信念。

规范行政执法乱象既需要行政法、刑法等国家法律的强制规范,也需要党内法规的治理:第一,党内法规价值激励可以补充物质激励受限的短板。基

〔1〕 参见杨维汉、罗沙等:《释放“中国之治”最强信号——解析党的十九届四中全会公报关键词》,载《民主法制建设》2019 年第 2 期。

层执法人员的物质激励存在政治制约性、[1]财政制约性[2]和考核量化困难性[3]等多重客观因素的限制，如若理想信念再缺失，极易诱发行政执法乱象。在党的十九大报告中，习近平总书记深刻论述了如何坚定理想信念的问题，“解决好世界观、人生观、价值观这个总开关问题，自觉做共产主义远大理想和中国特色社会主义共同理想的坚定信仰者和忠诚实践者”。[4] 党内法规所蕴含的价值信念对党员执法人员提出了更高的党性和作风要求，引导他们自觉做具有共产主义觉悟的先锋战士，发挥模范作用，进而带动其他非党员执法人员自觉跟随。第二，党内法规的柔性特质可以让执法既有力度又有温度。“法治政府”要求在执法实践中广泛运用说服教育、劝导示范、警示告诫、指导约谈等方式，努力做到宽严相济和法理相融。党内法规相较于国家法律更具有柔性特质，注重发挥党规的教育、引导、评价等教化作用。行政执法人员在党内法规的督促下，能够摒弃私心、竭诚奉公，以更高的政治站位做好人民公仆的服务角色，践行以德执法的理念。第三，党内法规的严厉性可以震慑执法乱象。为彻底杜绝执法乱象，党中央高度重视积极建设行政执法的党内法规制度防线，已形成严密且全面的监督惩戒格局。一方面，通过在专门的单行党规中予以规定来推进行政执法的法治化。如 2016 年 7 月，中共中央办公厅、国务院办公厅印发了

[1] 人力资源和社会保障部 2018 年 5 月 21 日发布的《2016 年度人力资源和社会保障事业发展统计公报》显示，截至 2016 年年底，全国共有公务员 719 万人。有研究表明，从科员到县处级干部的升迁比例仅为 4.4%，从县处级升迁为厅局级的比例更是低至 1%。在现实政治条件下，职级晋升所能激励到的人数较少，大部分公务员终其职业生涯都将在基层奋斗。参见《大数据解读真实基层公务员　九成是科级以下干部》，载中国共产党新闻网 2014 年 4 月 15 日，http://theory_people.com.cn/n/2014/0415/c40531_24895856.html。

[2] 公务员的工资、绩效、奖金等收入由《公务员法》作出基础性规定，具体由各地方党委、政府、人大组成的地方财政权力机构根据本地区经济状况决定。与公司可根据经营状况自主决定对员工的薪酬激励方案不同，公务员的收入较为固定且不能超出当地平均收入水平太多。地方政府组织激励还要受到中央强力监管，近两年来部分经济发达地区的公务员收入甚至还出现下降的趋势。参见薛立强、李德伟：《中国公务员激励问题研究述评：现状、问题与展望》，载《公共管理与政策评论》2019 年第 4 期。

[3] 公司一般都制定有科学规范的薪酬发放制度，调动员工工作积极性，以保证自身竞争力。政府工作不以营利为目的，因此，很难设计出一套具有财务指标属性，可以衡量公务员工作中完成任务经济价值的绩效考核制度。参见麻宝斌、李广辉、李辉：《基层政府公务员激励状况调研报告》，载《云南行政学院学报》2006 年第 2 期。

[4] 习近平：《决胜全面建成小康社会　夺取新时代中国特色社会主义伟大胜利》，载中共中央党史和文献研究院编：《十九大以来重要文献选编》(上)，中央文献出版社 2019 年版，第 44～45 页。

《行政执法类公务员管理规定(试行)》共计6章32条规定,涉及行政执法类公务员的方方面面,较之行政法规更为严格和全面。另一方面,通过颁布综合性党内法规来夯实规范行政决策的制度基石。2019年修订的《中国共产党问责条例》就是一部兼具系统性、全面性和权威性的党内法规,问责包括行政执法在内的所有党政活动。因此,关涉人民群众切身利益的行政执法活动要嵌入党内法规的框架中去审查和规范,党内法规的治理在规范行政执法行为方面具有重大现实意义。

(四)党内法规强化法治政府建设推进机制

法治政府建设的推进机制主要有三个方面,包括党委对法治政府建设的领导和督察、政府自身的推进和开展法治政府建设评估。

政府作为法治政府建设的主体和第一责任单位,理应承担起主要推进责任。然而,考虑到法治政府建设涉及公共权力运行的方方面面,单纯依靠政府自觉是难以解决法治政府建设的深层次问题的。尤其是,政府推动必须依靠传统的科层制与部门架构,而法治政府的改革对象主要就是传统的管理办法与制度,因此,政府推动在面临“攻坚”任务时,极容易出现失去动力的结果。[1] 法治政府建设评估在推进效果上天然具有局限性,它主要是一种事后考核评估,无法解决正在进行中的问题。[2] 而且,我国法治政府建设评估既有政府部门的内部评估,也有包括学术研究机构、智库单位等第三方评估。由于不同评估主体采用的标准和方法不同,评估的一致性和稳定性存在偏差,在一定程度上会影响评估的可信度和权威性。因此,考虑到党委在同级政治体系中的绝对领导核心地位,以及党委强大的动员组织能力,党委推进法治政府建设成为目前推进机制中最为重要的方式。

党委推进法治政府建设的方式包括压实压紧法治政府建设责任、党建引领法治政府建设、组织学习习近平法治思想、扎实开展法治政府建设示范创建活动和专项活动等多元化的手段。党内法规则是保障党委依法依规有序推进的重要法律依据。

---

〔1〕 参见江必新、郑礼华:《全面深化改革与法治政府建设的完善》,载《法学杂志》2014年第1期。

〔2〕 参见马怀德:《我国法治政府建设现状观察:成就与挑战》,载《中国行政管理》2014年第6期。

三、党内法规推进法治政府建设应恪守的原则——党内法规不能成为依法行政的法律依据

党内法规是我国社会主义法治体系的重要组成部分,是建设社会主义法治国家的有力保障。前文已在理论和实践的角度论证了党内法规推动法治政府建设的作用,但在推动过程中,党内法规又必须恪守不能直接成为依法行政法律依据的原则。行政在英语中对应的单词是 administration,是治理、管理和执行的意思。早在《左传》中就有"行其政令,行其政事"的记载。〔1〕根据依法行政的法律概念,〔2〕可以推知具体行政行为的法律依据只能是法律、行政法规、部门规章等,并不包括党内法规。〔3〕党内法规之所以不能成为依法行政的法律依据,主要有以下几点原因:

首先,党内法规不得与宪法法律相抵触。学界有关党内法规的性质问题已有相当的研究成果,本文不再赘述。〔4〕尽管学界就该问题意见尚有分歧,但对国家法律在效力上高于党内法规,党内法规必须在不违反宪法与法律规定的前提下方才有效,大体都能达致共识。《宪法》第 5 条规定,"一切国家机关和武装力量、各政党和各社会团体、各企业事业组织都必须遵守宪法和法律……任何组织或者个人都不得有超越宪法和法律的特权"。《中国共产党章程》也明确指

〔1〕《左传 · 昭公》。

〔2〕是指国家行政机关及其工作人员依据宪法和法律赋予的职责权限,依法进行管理的活动。

〔3〕参见王振民、施新州等:《中国共产党党内法规研究》,人民出版社 2016 年版,第 12 ~ 14 页。

〔4〕王伟国教授认为党内法规是依法执政之"法"的重要一极,是中国特色社会主义法治体系的重要组成部分,参见王伟国:《国家治理体系视角下党内法规研究的基础概念辨析》,载《中国法学》2018 年第 2 期。宋功德教授认为按照国家强制力保证实施这个形式标准,中国共产党作为一种政治组织,其所制定的党规属于软法,参见宋功德:《党规之治》,法律出版社 2015 年版,第 63 ~ 65 页。强世功教授认为法的概念有广义、狭义之分。"国家法中心主义"的"法"仅是狭义上的法。所有指导人类共同生活、为人的行为提供遵从的依据、从而提供稳定行为预期的形形色色的规则,都可以称之为广义的法,党内法规即属于广义的法,参见强世功:《从行政法治国到政党法治国——党法和国法关系的法理学思考》,载《中国法律评论》2016 年第 3 期。屠凯教授认为,党内法规兼具法律特征和政策特征,从外在形式揭示了它的复杂性,参见屠凯:《党内法规的二重属性:法律与政策》,载《中共浙江省委党校学报》2015 年第 5 期。姜明安教授认为党内法规是具有某些硬法因素的软法,并论证了党内法规在依法治国中的作用,参见姜明安:《论党内法规在依法治国中的作用》,载《中共中央党校学报》2017 年第 2 期。

出,“党必须在宪法和法律的范围内活动”。党的十八大以来,习近平同志围绕依法治国作了一系列重要论述,其中多次强调党要依法执政、依宪执政。党规在国法之下,党规必须服从国法,这既是《中国共产党章程》和《宪法》的要求,也符合法律优先原则的基本法理。

其次,党内法规推进法治政府建设主要是依托“外溢”效力的政治影响,[1]并非严格意义上的法律影响。[2] 要言之,党内法规调整的对象是党组织和党员,其效力主要适用于党内,有学者对此论述道:“党内法规的直接约束力仅限于党的组织、党员行为、党的建设、党的运行、党的领导、党的纪律等方面,直接约束对象仅是党员和党的机构,与国家法律不同,不直接给国家、社会和非党员的公民施加义务。”[3]党内法规的“外溢”效力之所以可以推进法治政府的建设,是因为其规制的对象——中国共产党的特殊政治地位和在全面依法治国中的核心领导地位。中国共产党的领导是法治政府建设的根本保证,其领导方式主要是政治领导、价值领导、组织领导等,而不是直接领导法治政府的每一项具体行政行为。

再次,党内法规不得进入法律保留事项。《立法法》第 11 条规定:“下列事项只能制定法律:(一)国家主权的事项;(二)各级人民代表大会、人民政府、监察委员会、人民法院和人民检察院的产生、组织和职权;(三)民族区域自治制度、特别行政区制度、基层群众自治制度;(四)犯罪和刑罚;(五)对公民政治权利的剥夺、限制人身自由的强制措施和处罚;(六)税种的设立、税率的确定和税收征收管理等税收基本制度;(七)对非国有财产的征收、征用;(八)民事基本制度;(九)基本经济制度以及财政、海关、金融和外贸的基本制度;(十)诉讼制度和仲裁基本制度;(十一)必须由全国人民代表大会及其常务委员会制定法律的其他事项。”对于实践中出现的立法条件尚未成熟的情况,第 12 条又作了补

---

〔1〕 党内法规的“外溢”效力指其强制力、约束力和影响力超出了党内法规本身设定的约束范围的现象,参见欧爱民:《党内法规的双重特性》,载《湖湘论坛》2018 年第 3 期。

〔2〕 效力外溢是指组织内部之规则不仅会对组织内部人员的权利义务产生预期的效果,而且会对组织之外的人或社会产生的影响。参见闫映全:《党内法规“溢出效力”的三重维度》,载《广西社会科学》2012 年第 12 期。

〔3〕 常纪文:《把握好国家立法与党内法规制定的关系》,载《学习时报》2014 年 3 月 3 日,第 A5 版。

充规定:“本法第十一条规定的事项尚未制定法律的,全国人民代表大会及其常务委员会有权作出决定,授权国务院可以根据实际需要,对其中的部分事项先制定行政法规,但是有关犯罪和刑罚、对公民政治权利的剥夺和限制人身自由的强制措施和处罚、司法制度等事项除外。”依法行政中的诸多具体行政行为涉及上述法定的法律保留事项,比如行政强制措施就有可能涉及对公民的人身自由实施暂时性限制,该项措施的执行必须严格依照《行政强制法》的有关规定。党内法规也需遵守法律保留原则,不得对上述事项作出规定和补充。

最后,依法行政就是国家行政权力执行相关法律法规规定的过程,这就意味着其所执行的必须是“硬法”。有学者指出,“法根据其强制效力可以分为‘硬法’和‘软法’”。[1] 简言之,法既包括以国家强制力为保障的硬性法律,如刑罚、行政处罚、行政强制、民事责任条款等;也包括以组织纪律、道德、舆论、道理等软约束力为保障的软性法律。部分党内法规虽具有某种“硬法”因素,但整体上仍属于“软法”。以《中国共产党问责条例》第 8 条规定为例,其所列举的问责方法如检查、通报、改组、诫勉、停职检查等基本属于“软法”范畴。又如惩戒色彩浓厚的《中国共产党纪律处分条例》第 29 条规定,党员严重涉及违法犯罪的,需移送有关国家机关依法处理,而不是通过该条例直接行使国家强制力。因而,党内法规的“软法”属性使其不可能成为依法行政的直接法律依据。

四、结　　语

在中国的话语体系中,中国共产党领导革命,建立新中国的历史丰功伟绩和党居于核心领导地位的政治基础,决定了党的内部法规必然与政府法治有着紧密的联系。同时,党内法规和法治政府建设均是法治国家建构意义上的权力治理技术。治党作为政党国家话语体系中的重要组成部分,与治国及其相关的法律话语体系具有高度的内在一致性。这种内在一致性体现为政党国家内部各政治组织机构之间,以及政府权力结构之间的相互协调与配合,党和政府在治理结构上呈现出高度相融、互为犄角的态势。依规治党与依法治国是中国民

[1] 罗豪才等:《软法与公共治理》,北京大学出版社 2006 年版,第 6 ~ 7 页。

主法治制度的一体两面，决定着党内法规与国家法律之间具有共同的制度价值和规范目的，都是规范和约束权力运行的规则体系。

中国的法治政府建设是肇基于中国的特殊国情之上的。由于历史和传统，党的政治权威在构建法治秩序中具有特殊重要的地位，往往作为法治秩序构建的动力机制和保障装置。这就意味着法治政府的建设不能单纯依靠形式上的法律之治，法律很难产生出自发自为的效果，还需要党内法规的推动。中国法治建设的复杂性和困难性昭示着简单模仿和移植是行不通的，需要坚持改革创新，积极探索具有中国特色的法治政府建设模式和路径。党内法治对政府、社会、国家的强大外溢效应，无疑是建设法治政府的"中国道路"。同时，也应意识到党内法规作为党领导人民治理国家的重要制度安排，其本身就属于依法治国的有机组成部分，不能将党内法规作为一种独立于其他法律法规之外的正式法律制度来对待。因此，党内法规的发展和完善也必须在宪法和法律的框架内进行。法治政府建设中的行政法律法规与党内法规需要在中国特色的宪治体系下，在各自治理体系范围内行使职责，同时也要完善两者间的系统兼容性和机制协调性，不断提高国家综合治理体系和治理能力水平，形成制度间的合力，推动法治政府建设迈上新台阶。